马克思主义理论研究和建设工程项目
安徽省『十三五』重点图书出版规划项目
中国当代农村发展论丛

安徽农村改革实践研究

孙自铎 主编

中国科学技术大学出版社

内 容 简 介

"三农"问题事关中国现代化的成败,解决"三农"问题是实现中华民族伟大复兴和中国梦所要完成的艰巨任务之一,是党和政府工作的"重中之重"。因此,审视现实问题,厘清发展道路,判明前进方向,不仅是重大理论问题,也具有十分重要的现实意义。

本书系国家社科基金项目研究成果,系统总结、研究安徽农村改革经验,并将实践经验上升为理论,同时对下一步农村改革提出了展望,可为国家决策层针对农村改革提供决策参考,指导下一步我国的农村改革实践,具有较高的学术价值和思想价值。

图书在版编目(CIP)数据

安徽农村改革实践研究/孙自铎主编.—合肥:中国科学技术大学出版社,2017.9
(中国当代农村发展论丛)
马克思主义理论研究和建设工程项目
安徽省文化强省建设专项资金项目
安徽省"十三五"重点图书出版规划项目
ISBN 978-7-312-04226-3

Ⅰ.安… Ⅱ.孙… Ⅲ.农村经济—经济体制改革—研究—安徽 Ⅳ.F327.54

中国版本图书馆 CIP 数据核字(2017)第 132256 号

出版	中国科学技术大学出版社 安徽省合肥市金寨路 96 号,230026 http://press.ustc.edu.cn https://zgkxjsdxcbs.tmall.com
印刷	合肥华苑印刷包装有限公司
发行	中国科学技术大学出版社
经销	全国新华书店
开本	710 mm×1 000 mm 1/16
印张	25.75
字数	476 千
版次	2017 年 9 月第 1 版
印次	2017 年 9 月第 1 次印刷
定价	100.00 元

本书编委会

主　　任　曹征海
副 主 任　刘飞跃　朱士群
委　　员　邵晓辉　杨俊龙　孙自铎　唐国富　张德元
　　　　　庆跃先　孔令刚　何　平　张谋贵　程惠英
　　　　　程宏志
执行主编　孙自铎

本书编写人员

第一章　孙自铎　唐国富　罗　江　张谋贵
　　　　程宏志　李金玲
第二章　张谋贵　许　红　李　颖
第三章　张德元　常　伟　高钰玲
第四章　程宏志　吴华明　李纯芳　许　为
第五章　秦　柳　段金萍　彭玉婷
第六章　何　平　戚　嵩　史山山　王　淼
第七章　庆跃先　吴冬梅　赵　胜
第八章　孔令刚　蒋晓岚　严　静　赵延升
第九章　程惠英　宋盛楠　白　明　叶维根
第十章　储昭斌　占小凤　赵菁奇　沈东生
案　例　许　红　等

序
PREFACE

党的十一届三中全会以来,我们党在农村进行了一系列旨在解放和发展生产力的重大改革。农村改革拉开了我国改革的序幕,被称为"启动历史的变革"。党的十八大以来,在以习近平同志为核心的党中央的坚强领导下,农业、农村改革发展坚持了正确的方针和方向,把握住了各种机遇,有效应对了各种风险挑战,我们在建设中国特色农业现代化道路上迈出了重要步伐,谱写了新的篇章,为实现"两个一百年"的奋斗目标奠定了坚实基础。

农村改革的进程,实际上就是不断解放思想、实事求是的进程。始终坚持解放思想、实事求是的思想路线,是我国农村改革取得成功的基本前提。农村改革事先并没有现成的经验和先验的成功模式可以复制,也没有完整的改革理论设计和方案可以参考,完全是党的思想路线和农民实践创造相结合的产物,是党和政府充分尊重农民的意愿、创造和选择的产物。始终坚持一切从实际出发,尊重农民的意愿、选择和首创精神,是我国农村改革不断推进和顺利进行的重要保证。保障农民的物质利益和民主权利,保护和调动好农民的积极性,是党正确处理农业、农村和农民问题的基本准则。始终把保护和调动农民积极性作为制定农村政策的出发点和落脚点,是党的各项农村政策能够深入人心的根本原因。农业是一个社会效益高而经济效益低的弱质产业,改革开放以来,农业、农村之所以能持续快速发展,一个重要因素就是党和政府始终坚持把农业放在经济工作首位,千方百计地巩固农业的基础地位,着力加强对农业的支持和保护,为农业和农村经济发展创造了良好的宏观环境。从近40年农村改革的轨迹可以清楚地看出,改革始终是以市场为取向的。处理好政府和市场的关系,发挥市场在资源配置中的决定性作用,更好地发挥政府的作用,是农村改革的重要经验。回顾我国的改革历程,农村改革确实发挥了率先突破和示范的作用,有力地推动了整个改革的深化。

党的十八大以来,习近平总书记就事关"三农"改革发展的重大理论和实践问题,提出了一系列新理念、新思想、新战略。习近平总书记的"三农"思想,体现着真挚的"三农"情怀,是对我国农村历史变迁进程的深刻洞察,是对我国农村改革发展实践经验的系统总结,是对我国农村发展规律的深刻把握,是对新时期我们党"三农"科学理论体系的高度提炼,是当代马克思主义经济学最新理论成果的重要组成部分。做好新形势下的"三农"工作,开创"三农"工作新局面,必须以习近平总书记的"三农"思想武装头脑,深刻领会其理论渊源、科学体系、内涵要义和战略意义,着力增强政治意识、大局意识、核心意识、看齐意识,准确把握新时期"三农"重中之重的战略定位,切实增强做好"三农"工作的使命感、责任感、紧迫感。要深化对农民和土地关系这个主线的认识,坚定不移推进农村各项改革。紧紧围绕发展现代农业、增加农民收入、建设社会主义新农村三大任务,坚定不移地加快农村发展。牢牢把握"农村稳定是广大农民切身利益",坚定不移地维护农村的和谐稳定。始终坚持党管农村工作的传统,进一步加强党对"三农"工作的领导。

安徽是我国农村改革的发源地,在几次重大的农村改革中都走在全国前列。安徽凤阳小岗村的"大包干",开启了我国农村家庭联产承包责任制改革的先河。2000年安徽率先开展农村税费改革试点,为后来全国全面开展这项改革积累了经验。作为中部地区的农业大省,安徽的"三农"问题在我国具有重要的代表意义,许多宝贵的改革经验值得深入研究、系统总结。全面审视安徽农村改革的模式和经验,对全国各领域深入推进改革具有一定的借鉴意义。

党的十八大以来,安徽围绕农村改革发展中的难点、热点问题,先后开展了县乡村财政体制改革、农村行政管理体制改革、农村公共产品供给模式改革、农村经营体制改革、农村合作医疗体制改革、农村公共文化服务体制改革等。有的改革已取得较为明显的成效,并向全省推广;有的改革还在进行中;有的改革遇到一些困难和阻力,还需要进一步改进和完善。农村改革中出现的一些问题,有些是个别地方特有的,但大部分问题具有全局性、普遍性。不管怎样,安徽这种勇于创新、先行先试的精神和作风值得提倡。本书作者团队针对当前改革发展中的问题,立足农村实际,提出了一些现实性和操作性较强的对策和建议。总结分析安徽农村改革实践经验,尤其是党的十八大以来的改革探索,既有利于安徽衡量本省农村改革的得失,加快改革进程,对全国农村改革的深入推进和提升改革成效也有一定参考价值。

本书系中宣部马克思主义理论与建设工程项目"安徽农村改革实践研究"的成果汇集,作者是来自安徽的一批长期关注并跟踪研究农村改革问题的学者,对农村的改革发展提出了很多有价值的观点和建议。本书对安徽乃至全国进一步深化农村改革具有重要的参考作用,本书的出版对加快培育农业农村发展新动能,实现农业强、农民富、农村美具有积极推动作用。希望安徽农村改革不断有创新、有突破、有成就,也希望学术界始终关注且有所建树。

是为序。

韩　俊

2017 年 4 月 28 日

序 …………………………………………………………………………（ⅰ）

第一章　安徽农村改革实践研究总论 ………………………………（ 1 ）
　第一节　引言 ……………………………………………………（ 1 ）
　第二节　率先冲破旧体制的引领与示范作用 …………………（ 2 ）
　第三节　创新探索新体制的做法及成效 ………………………（ 9 ）
　第四节　安徽农村改革的基本经验与启示 ……………………（ 29 ）
　第五节　深化农村改革的政策和建议 …………………………（ 35 ）

第二章　以家庭联产承包责任制为核心的农村经营体制改革 ……（ 41 ）
　第一节　农村家庭联产承包责任制产生的背景 ………………（ 41 ）
　第二节　安徽家庭联产承包责任制改革实践及经济学原理 …（ 48 ）
　第三节　实行家庭联产承包责任制的意义 ……………………（ 55 ）
　第四节　安徽实行家庭联产承包责任制的实践经验和启示 …（ 59 ）

第三章　以价格改革为突破口的安徽农村市场体制改革 …………（ 63 ）
　第一节　农村改革前的城乡关系与农产品市场 ………………（ 63 ）
　第二节　以价格改革为主的农村市场经济的发育 ……………（ 68 ）
　第三节　现阶段农村市场经济的发展与完善 …………………（ 75 ）
　第四节　安徽农村市场体制改革的成效、意义与展望 ………（ 81 ）

第四章　安徽农村税费改革及其配套改革 …………………………（ 86 ）
　第一节　安徽农村税费改革的背景 ……………………………（ 86 ）
　第二节　安徽农村税费改革的总体方案及具体措施 …………（ 91 ）
　第三节　农村税费改革的配套措施 ……………………………（ 93 ）

第四节　后税费改革时期的安徽农村综合改革……………………（99）
　　第五节　改革的成效及其深远影响………………………………（104）

第五章　放松管理后农村生产要素配置的市场化改革………………（110）
　　第一节　乡镇企业异军突起………………………………………（110）
　　第二节　农村劳动力的自由流动…………………………………（120）
　　第三节　农村生产要素配置市场化改革的启示…………………（130）

第六章　以村民自治为主的农村政治建设……………………………（135）
　　第一节　村民自治制度在实践中创新发展………………………（135）
　　第二节　基层党组织建设在实践中全面加强……………………（143）
　　第三节　安徽农村基层民主政治建设的基本经验………………（155）
　　第四节　当前农村基层民主政治建设存在的主要问题…………（158）
　　第五节　深入推进农村基层民主政治建设的对策和建议………（160）

第七章　探索农村公共文化建设新路径………………………………（164）
　　第一节　全面实施农村文化惠民工程……………………………（164）
　　第二节　重点夯实县域公共文化体系基础………………………（172）
　　第三节　实现城乡公共文化服务标准化均等化…………………（179）
　　第四节　探索农村公共文化建设新路……………………………（184）

第八章　新形势下以农业现代化为目标的农村经济改革……………（188）
　　第一节　农业现代化发展趋势及主要特征………………………（188）
　　第二节　新形势下安徽构建促进现代农业发展的政策和管理体系……（195）
　　第三节　新形势下安徽提升农业现代化发展水平的措施与路径………（201）
　　第四节　新时期安徽推进农业现代化的成效与经验……………（208）

第九章　新形势下以和谐社会建设为基础的城乡一体化探索………（219）
　　第一节　安徽城乡社会保障一体化的实践与探索………………（219）
　　第二节　安徽精准扶贫的实践与探索……………………………（239）
　　第三节　安徽城乡一体化发展的探索与经验……………………（261）

第十章　以绿色发展为核心的安徽农村生态文明建设………………（269）
　　第一节　安徽农村生态文明建设背景……………………………（269）
　　第二节　安徽农村生态文明建设历程……………………………（274）
　　第三节　安徽农村生态文明建设的做法与成效…………………（278）

第四节　安徽农村生态文明建设的经验与启示 …………………………（289）

案例 …………………………………………………………………………（296）
- 案例一　金寨县深入推进农村金融综合改革 ……………………………（296）
- 案例二　农村基层治理能力现代化的创新及实践
  ——安徽亳州网上办事大厅做法及成效 ………………………（302）
- 案例三　农村小型基础设施建管机制探索
  ——安徽实施水库移民后期扶持项目成功经验与启示 ………（308）
- 案例四　推进传统农业向现代农业转化
  ——庐江郭河现代农业综合开发示范区调查 …………………（313）
- 案例五　城乡一体化建设的实践探索及经验启示
  ——以铜陵为例 ……………………………………………………（318）
- 案例六　"一委两村（居）"创新农村社会治理模式 ……………………（323）
- 案例七　安徽省淮北市建"开放式村部"促党务公开 …………………（326）
- 案例八　安徽省肥东县石塘镇创新流动党员教育管理与服务方式 ……（329）
- 案例九　农村扶贫的创新发展
  ——金寨县光伏扶贫的创新实践 ………………………………（333）
- 案例十　利益联结，融合发展
  ——宿州市创新现代农业产业化联合体经营模式 ……………（338）
- 案例十一　可复制可推广的龙亢农场垦地合作模式 …………………（341）
- 案例十二　庐江土地流转"流"出效益"转"出活力 ……………………（345）
- 案例十三　农村土地产权制度改革探索
  ——凤阳县土地确权成功经验及启示 …………………………（349）
- 案例十四　农村资金互助社的发展创新模式
  ——太湖县银山资金互助社发展历程及经验启示 ……………（352）
- 案例十五　贫困地区的文化扶贫模式
  ——岳西县莲云乡文化扶贫的做法及经验 ……………………（358）
- 案例十六　从农家大院到综合文化服务中心
  ——郑集文化站发展综述 ………………………………………（363）
- 案例十七　宁国市山门村美好乡村建设 ………………………………（369）
- 案例十八　深化股改新常态，催生发展新动力
  ——宣州区澄江街道花园村农村集体资产股份制改革 ………（372）

案例十九　小岗村改革发展再出发
　　　　　——高举两面旗帜，践行"三严三实" …………………………（375）
案例二十　岳西县实施"两品三化"，打造山区现代特色农业 …………（380）

附录　安徽农村改革大事记（1978～2015） ………………………………（384）

参考文献 ………………………………………………………………………（395）

第一章 安徽农村改革实践研究总论

第一节 引 言

新中国前30年的工业化道路,是通过"以农补工"的方式推进的。在这种体制下,农民利益受到严重侵害,农村发展严重滞后,农业成为国民经济的短板,农产品供给严重不足。这种情况使得农民的生产积极性不高,对原有体制有天然的反对情绪。在思想解放运动萌发的环境和气氛下,率先起来破除旧体制、进行改革的自然是农民。农民成为改革开放的先锋,是建立新体制的先驱者。

富有创新精神的安徽省凤阳县小岗村村民等一大批农民,发扬"敢为天下先"的大无畏牺牲精神,率先破除旧体制,成为勇敢探索者的代表。他们冒着被打成"反革命"、坐牢的风险,秘密实行家庭联产承包制的农业经营形式,在摈弃旧体制中起到了改革的引领和示范作用,几经反复,终于获得了中央高层领导的肯定与支持,自此展开了轰轰烈烈的改革,并取得了巨大成功。

此后,改革不断深入推进。安徽省又率先实行了农产品价格的双轨制,取消农业税费改革和农村综合改革等一系列举措解除了对农民的种种束缚。这些改革措施的实施,充分调动了广大农民群众的积极性,解决了我国农产品供给严重不足的问题,农业多种经营蓬勃发展。同时,放松了对农民和农村生产要素的管制,实行自由配置,极大地解放和发展了生产力,推动了国民经济的跃迁。

但是,中国的"三农"问题积重难返。虽然我国在破除旧体制的改革中取得了不可估量的成就,但许多问题仍然顽固地存在着,同时发展中仍不断出现需要解决的新问题。如何建立适应生产力发展要求的新体制、如何使农民全面发展等任务依旧任重道远。安徽人民在前期改革取得成功后并未停止不前,而是积极探索、不断创新,尤其是党的十八大之后,在中央顶层设计的指引下,安徽结合本地的情况和新的经济形势,有针对性地进行了多方面的探索与实践,如开展农村政治和社会治理方面的改革,促进农民全面发展的农村医疗和文化体制的改革,促进农业向现代化迈进的改革,加速实现城乡统筹发展的改革,以及加强生态文明建设、坚持可持续发展的改革。在农村众多方面的改革实践中,安徽始终走在全国前列,锐意进取,大胆创新,为全国的农村改革提供了一个个样本,也积累了丰富经验。

因此,总结安徽农村改革实践,将之上升到理论层面,既可为安徽下一步如何深化改革提供参考和借鉴,又可为全国的改革提供样本和启迪。希望借此为中国农村全面深化改革、彻底解决"三农"问题、促进农村经济社会走向繁荣昌盛尽微薄之力。

第二节 率先冲破旧体制的引领与示范作用

中国社会主义的改革始于农村。农村的改革调动了农民的生产积极性,解放和发展了生产力,为全国人民吃饱饭作出了贡献。安徽作为农村改革的发祥地,在率先冲破旧体制中起到了引领和示范作用,作出了巨大的贡献。

一、家庭联产承包制的推行极大地调动了生产者的积极性

家庭联产承包制的推行,是对已经无法再延续下去的农村原有经济体制所进行的改革。改革的起因只是为了满足吃饱饭这个简单的需求,而原有的农业经营体制已无法满足这个需求。

从20世纪60年代中期到农村改革开始前,全国平均每个农民从集体分得的收入不过五六十元。如1967年安徽省农村人均收入为60元,1978年增加到66元,年平均增加0.5元,考虑到货币贬值的因素,农民收入其实是下降的。

农村以集体经济为主,但是许多集体不但没有积累财富,反而欠下了大量债务。据对安徽省嘉山县的调查,1978年底全县农村公社中三级所有的固定资产总值为2 502万元,但社队欠国家贷款1 613万元,因此实际资产仅889万元。如果剔除历年国家的无偿支援和发放的救济款,集体还欠国家950万元。当年颍上县

盛堂公社的 166 个生产队,有 44 个生产队资不抵债,其中 11 个生产队债务高于资产 1 倍以上,有的甚至高达 5~6 倍。①

农业合作化开始后的 30 年中,我国农民的贫困状况没有得到多大改变,但为国家发展提供了大量的资金,人均 1 000 元以上。农民为国家工业化作出了贡献,但却未能及时享受到工业化带来的福利。国民经济中的工农业产值比由原来的 3∶7 转变为 7∶3,工业化却没有为农民提供充足的就业机会,全国农村人口份额高达 80% 以上。农民收入增长和农村集体经济发展受到了严重制约。

在管理体制上,各地人民公社虽有差别,但基本模式是一致的——"三级所有,队为基础"。公社体制的存在意味着逐级过渡存在必要与可能。公社和大队对下级可以任意平调财产。三级所有实际上是一种上下级关系,即政治上是领导关系,经济上是平调关系,管理上是指挥关系。在集体经济组织内部,分配上的平均主义、生产上的"大呼隆"等弊端盛行,生产者根本没有劳动积极性。

发端于 20 世纪 70 年代末的家庭联产承包制,打破了长期禁锢的思想大门,农民不顾个人和家庭安危,勇敢地承担起破除旧体制弊端的责任,打开了对传统体制进行微观基础再造的大门,由此引发一系列的改革,成为改革的先锋,极大地调动了农民的生产积极性。

1978 年,凤阳、肥西县等一批基层干部、群众,不满于旧体制的约束,在要吃饱饭的简单、朴素的要求下,冒着被打成"反革命"、被关押的巨大政治风险,成为旧体制的"叛逆者",实行改革,动摇了旧体制。事实证明,他们创造的农业家庭联产承包制,极大地调动了生产者的积极性,解放了生产力,短时间内即取得成功,并被推广到全国,成为我国农业基本经营制度。

实行家庭联产承包制的凤阳县,1979~1983 年间粮食产量增长 1.7 倍。1983 年全县粮食产量达到 40.8 万吨,比 1978 年增长 1.7 倍;农业总产值达 22 807 万元,比 1978 年增长近 2 倍。5 年累计向国家出售商品粮 50 万吨。1978 年农民人均收入只有 81 元,1983 年提高到 368 元。凤阳县农民"吃粮靠救济、种田靠贷款"的状况一去不复返。农村改革充分调动了农民的生产积极性,家庭经营模式成为相对独立的商品生产模式。地还是那些地,人还是那些人,但结果却大不同。

随着农村改革向全省推进,全省农村经济也发生了深刻变化。1978 年农业总产值为 58.58 亿元,1988 年达到 163.2 亿元。全省粮食总产量,1978 年为 1 482.6

---

① 孙自铎,田晓景,殷君伯.中国农村改革 30 年:来自改革发祥地的报告与思考[M].合肥:安徽人民出版社,2009.

万吨,1988年达到2 310.3万吨,增产827.7万吨,增加55.8%。粮食商品率过去一直徘徊在20%左右,1979年提高到25%,1982年达到28.2%。农村改革使国家和农民都获得了更多的经济利益。①

家庭联产承包制是在坚持土地等资产集体公有制下的改革。这个看似不起眼的改革掀起了翻天覆地的变化,为思想解放和真理标准的讨论提供了实践证明。

二、价格和流通领域改革使农民收入大幅度提升

随着家庭联产承包制的推行和实践,农民对部分产品有了处置权和交换权,上缴国家的,留足集体的,剩下都是自己的。自从农民有了多余农产品,自主和等价交换的要求也随之而来,价格和流通体制的改革被提上议事日程。价格的改革是沿着两条线展开的:① 农民有了多余的农产品,也有了自主处置权,必然要求按市场规律自主进行交换。国家顺应农民的要求,及时调整了相关政策,如允许农民进入市场,允许自主决策种植计划,农民从中得到一定的实惠。② 国家主动调整农产品价格。市场交换的结果,使农民认识到原来的收购价不合理。国家及时对农产品收购价作了调整,使之与市场价接近。1979年国家首先松动了对农产品的价格管制,大幅度提高了18种重要农产品的收购价格,提高幅度达22.1%,此间由于国家收购价定得比较合理,农民把粮棉的大部分甚至全部卖给国家,而不是投向自由市场。农村改革的前三年,农产品收购价提高了38%,平均年递增11.4%②,1983年国家规定农民完成粮食收购任务后可多渠道经营,价格由双方议定,即执行市场价格,自此开始推行粮食价格的双轨制。

与之同时,国家对统派购过于严格的农产品流通也作了相应调整。1983年开始对农副产品购销制度实行根本性改革,对关系国计民生的少数重要农产品继续实行定购派购,允许农民对统派购任务完成后的产品和非统派购任务的产品进行多渠道经营。到了1984年,安徽省商业厅系统实行统派购经营的只有生猪等两种,其他全部放开,自由购销。1985年取消生猪派购,实行合同定购,并对生猪和猪肉的价格实行有指导的议购议销,调高生猪收购价格,放开城乡猪肉零售价格管控,由此取消农产品的统派购制度,将市场机制引入到农产品流通领域中。

农产品价格的调整、农民收入的增加、购买力的增长促进了工业品下乡和购销

---

① 施培毅,等.当代中国:安徽卷[M].北京:当代中国出版社,1992.
② 黄家声,孙自铎.农村联产承包制及其发展趋势[M].合肥:安徽人民出版社,1989.

形式发生变化。城市也发展了多层次批发零售网络,以推动工业品下乡。改革前,由安徽省商业计划管理的工业品种共计137种,计划管理形式基本上是单一的,采取的是"统购包销"的做法。从1980年起安徽省取消了存在长达30年之久的对工业品的包销做法,实行多种购销形式,促进了工业品与农产品的交换。从20世纪末安徽省商业协会对全省514种消费品供求关系情况所做的调查分析可知,供求平衡的有190种,占37%,供过于求的有324种,占63%。

等价交换作用的发挥,也使商业经营渠道和经营主体更加多元化,加快了国有企业市场化改革的步伐,经营主体率先进入市场经济新体制,对推动经济体制的转换作出了贡献。1978年全省社会商品零售总额中,公有制经济占90%,非公有制经济仅占10%。到21世纪初,在限额以上的批发、零售贸易中,国有企业占24.3%,集体股份企业占19.8%,股份公司和有限责任公司占49.2%,私营企业占4.8%,其他占1.9%。商品供给关系的变化反过来又促进了商品的市场化定价,价值规律得到了更好的发挥。

农业生产的发展和等价交换原则的贯彻,使农民收入开始大幅度地提升,城乡居民收入差距呈逐渐缩小状态。1985年全国农民人均纯收入为398.82元,比1980年的169.96元增长了228.86元,年均递增18.6%。1985年城镇居民收入为652.41元,比1980年的399.66元增长了252.75元,年均递增10.3%,前者每年增幅大于后者8.3个百分点。于是城乡居民收入比由1980年的1∶0.43变为1985年的1∶0.61。同时,城乡居民的消费支出比也由1∶0.41变为1∶0.52。农民收入增加还使农村储蓄的增长速度快于城镇。1984年底农村储蓄余额达到419.59亿元,比1978年增长6.53倍。农村储蓄占全国城乡储蓄的份额也由1978年的26.5%上升到1984年的35.7%。

三、劳动力等要素的解放活跃了农村经济

家庭联产承包制的推行,使家庭成为自主决策的商品生产者,自负盈亏,不仅提高了生产效率,而且解放了劳动力等要素。原有对农村劳动力管得过死的做法开始松动。改革前,我国城乡劳动力配置不合理,全国约80%的人口在农村,劳动力分布也大体如此,庞大数量的劳动力聚集在农业这一块。农村改革后,一大批农业劳动力从农业生产中解放出来,自然会去寻求新的就业空间,从此开始了劳动力的自由配置与合理组合。自此,我国劳动力开始向非农产业转移,谋求创业,一大批乡镇企业应运而生;接着是成亿计的劳动力外出进城打工,这些都成为了必然趋

势,经济增长中的人口红利由此出现,前后达几十年之久,至今仍未结束。

乡镇企业原指"五小企业",是从乡村手工业发展起来的。1978~1983年,全国乡镇企业年均发展速度为17%。安徽乡镇企业原有基础较差,起步较晚,但发展的速度快,年均增速达18.1%。1984~1988年经过启动时期的集蓄力量,全国乡镇企业进入高速发展期,5年平均增速达到50%左右。安徽作为中部农区的乡镇企业发展受到相关方面的高度重视,被列为全国改革试验区,创造了很多做法和经验,进行了很有价值的探索。如1987年涌现出的全国第一个股份制企业——蒙城县胡英臣创办的蒙城县振华实业股份有限公司。

乡镇企业的大发展是由农村改革直接推动的。

1. 农村改革为乡镇企业提供了大量可以自由支配的劳动力

家庭联产承包制的推行调动了广大农民的生产积极性,释放了农村潜在的劳动能量,不仅解决了长期以来困扰农民的温饱问题,而且农业劳动力由隐性失业变为显性失业,由此农村出现了大量剩余劳动力,成为廉价劳动力大军的来源。改革最初的10年中,全国农村转移到非农业的劳动力约8 000万人,不仅劳动力资源充裕且价格便宜。1987年安徽乡镇企业职工年平均工资只有671.9元,只达到本省全民所有制单位职工平均工资的49.2%。大量剩余劳动力的出现无疑给乡镇企业加快发展创造了有利条件。

2. 农村改革成功为乡镇企业快速发展提供了财富基础

家庭联产承包制的广泛推行提高了农民收入,农民拥有的货币财富增加,并与剩余劳动力结合成为现实生产力。如据1987年对原阜阳地区440家乡镇企业调查,社会集资占全部投资的38.3%,其中乡镇企业人员集资占全部投资的25.96%。社会集资及民间投资等共占乡镇企业总投资的60%左右。农民资本投入成为发展乡镇企业的初始力量。①

3. 农村改革成功为乡镇企业发展提供了物质来源

家庭联产承包制的推行,不仅使粮食增产,而且使经济作物和其他农副产品的种植生产也得到了长足的发展,加之农民对剩余农产品有自主处置权,在那个物资短缺的年代,农业的发展和农产品的增多显然为乡镇企业的发展提供了原料。乡

---

① 黄家声,孙自铎. 农村联产承包制及其发展趋势[M]. 合肥:安徽人民出版社,1989.

镇企业原材料的供给来源于本地农业自身的生产物,这在计划经济年代是不可或缺的。

随着农村改革的深入推进和城镇化进程的加速推进,大批农村劳动力开始外出打工。小规模外出打工的现象在20世纪80年代初就已出现,当时全国大约有200万人。此后几年为缓慢发展时期,到1988年,城镇打工总人数达到2 500万人,占农村劳动力总数的8.28%。20世纪90年代,由于整体经济体制向市场经济转变,城市对人口的控制政策开始松动,在改革开放政策下,1992~1996年迎来了新一轮增长,民工潮出现。此时外出打工者每年以1 000万人的速度递增,外出总量达到7 000万人,占农村劳动力总数的15%。农村劳动力非农就业比重由1990年的20.6%提高到2000年的31.6%。进入21世纪后,城市对农村劳动力的需求迅速增长,甚至一度出现民工荒,2001年外出务工人员达8 000万人,现在达到2.5亿人,其中安徽为全国之最,达到1 300万人。

劳动力的自主创业带动了农村资本、资源的市场化配置,尤其是土地等资源也开始走向市场化配置。早期的乡镇企业利用集体土地兴办非农企业,以后的确权登记、宅基地改革等,更为资源的市场化组合奠定了基础,极大地推动了商品经济的迅猛发展。土地资源配置改革后土地收益逐年上升,1992年政府土地收入不过几十亿元,1999~2011年,政府的土地税收收入从690.79亿元增加到10 718.5亿元,占财政收入的比重由12.3%提高到20.6%。而土地的非税收入从521.73亿元增加到32 176亿元,占财政收入的比重从9.3%提高到61.2%,其中主要是土地出让金收入[①]。对土地收入如此高应当如何看待,有人认为是对农民财产的"剥夺",但不管怎么说,土地要素的市场化配置,无疑对促进城镇化工业化起到了推动作用。

四、税费改革极大地减轻了农民负担

农村改革前,我国的城乡二元结构已超出了一般国家的水平,这不仅反映在经济上城乡差别大,而且表现在社会结构方面,形成了凝固的城乡二元体制。维系这种关系的是城乡居民之间的不平等待遇,如城乡有着不同的社会保障、医疗卫生、教育及公共产品供给等;长期以来通过税收、工农业产品不等价的交换以及压低农村居民生活水平的方式,以确保为工业化提供原始积累。新中国成立后的前30

---

① 汪利娜. 政府土地收益的利益博弈[J]. 新华文摘,2014(16).

年,我国农民为工业化作出了贡献,却未被纳入工业化发展的受益群体内。农业税和工农业产品剪刀差使得农村的资本积累大量流失。农村改革后,农产品逐步市场化,农民在交换中的地位趋于合理,但强制性征收的农业税却依然被保留下来,并充当着维系传统体制的任务。此外,农业税往往是以粮食等实物形式收取的,使得农民可用于交换的农产品更少了。不仅如此,附着在农业税收后面的是农民各种沉重的负担,农村教育发展、农村道路建设、乡村供养人员等支出日益庞大,这些都是加在农民身上的额外负担。沉重的农村税费使得农民收入减少、积累减少、可用于商品生产和交换的钱与物减少,制约着农村商品经济的发展,成为城乡二元结构难以突破的一大障碍,改革势在必行。

安徽省在农村税费改革中始终走在全国前列,早在1994年即开始在部分县进行了农村税费改革的试点。1995年在太和、涡阳、临泉等县实行"税费合并"的试点,按照"依据地方税费合并、以粮计征、乡镇结算、税费分流、一定三年不变"原则进行改革,1995~1999年先后推广到皖北20多个县和皖中的来安、望江等县。1999年在怀远、濉溪、来安、望江进行"取消统筹,改革村提留,调整农业税"的改革试点。这些试点主要从四个方面展开:一是清理不合理的负担;二是将部分收费转变为经营性收费;三是实行税费合一;四是保留一些必要的合理费用,其余取消。改革试点的成果是显著的,影响到了全国。从1997年7月到2000年初,各地政府宣布取消收费项目共计42 937个,涉及金额690.6亿元。广大农民在税费初步改革中获得了益处。

全面税费改革是从2000年开始的。中央决定用3年时间完成农村税费改革工作,安徽又一次承担试点任务,主要内容是"三个取消,一个逐步取消,两个调整,一项改革",即取消乡统筹费、农村教育集资、屠宰税,逐步减少直至全部取消劳动积累工和义务工,调整农业税和农业特产税,改革村提留征集使用办法"。为了实行农村税费改革转移支付制度,安徽制定了省对市、县农村税费改革转移支付办法。2004年安徽全面取消农业附加税,同时降低农业税率2.2个百分点。全省农民负担降至农民纯收入的4.2%~8.4%,降幅达42.9%,减轻农民负担14.43亿元。

2002年全国已有20个省份以省为单位进行农村税费改革试点,其余省区也选择了部分县(市)进行改革试点。到2004年全国农村税费改革试点工作基本结束。2005年全国人大常委会正式废除了农业税,国家正式进入了"以工哺农、以城带乡"的阶段。原定5年取消农业税的目标,3年即完成了。

农业税费改革抛弃了2 600多年的农业税收制度,没有相应的配套改革是难以进行的。因此,安徽在农业税费改革中实行了一系列的配套改革措施。① 进行乡镇机构和事业单位的改革,减少吃"皇粮"的人员数量。安徽乡镇机构被要求缩减10%的编制,事业单位编制由平均12.2人压缩到7人以内。与此同时,调整了乡镇区划和村组规模,到2004年全省共撤并乡镇304个,撤并村委会3 000多个。改革义务教育管理体制,实行以县为主的管理模式,中小学教师工资由县级政府支付。② 改革财政体制,完善乡镇财政体制,加强财政管理,并加强公开工作,规范村级财务管理。③ 强化监督体系,为确保税费改革后各级组织的正常运行,并强化监督,实行乡财县管、村财乡管。④ 实施和扩大直接补贴。安徽在2003年、2004年两年中共发放粮食直补资金13.18亿元;2003～2007年全省累计发放粮食、农资、良种、农机、生猪等各类补贴123.4亿元,发放退耕还林和公益林补贴38亿元;税改前全省农民人均上缴税费109.4元,2007年农民人均得到政府补贴139元。

取消农业税的改革实质上是分配关系的调整,分配关系是生产关系的另一面。因此,这是生产关系的改革,通过税费改革理顺了国家、集体和农民三者的关系。农业税费改革坚持多予少取的原则,使得农民的自我剩余多了起来,农民致富有了希望,农村商品生产有了更多的财富支持。自此,长期不利于农民的分配政策有了根本性的改变,农村税费改革从根本上减轻了农民负担,保护了农村生产力,促进了基层民主政治建设。税费改革也在一定程度上使乡村干部从要钱要粮中解放出来,改善了党群关系,基层政府由管理型向服务型转变,转到全心全力地抓服务和发展经济上来。由此为以工补农、以城带乡的新体制的出台创造了条件,农民也增加了自我积累,提高了发展能力。

第三节 创新探索新体制的做法及成效

安徽农村改革在破除旧体制中作出了贡献,起到了引领和表率的作用,但"三农"问题并未彻底解决,还需要在新形势下继续进行创新和探索。安徽在这方面做了大量的工作,付出了艰苦的努力,尤其是十八大之后在中央的顶层设计指导下,进行了一系列大胆而富有成效的改革与创新,取得了良好的效果,再次成为全国农村改革的典范。

一、积极探索农村政治与治理体制改革,为乡村工作重点的转移理清了思路

农村改革打破了农村基层的治理结构,使得农民在经济上取得主动权,进而在民主政治上提出自己的诉求。为顺应这种变化,安徽进行了一系列的改革尝试。

1. 村民自治和管理方面的探索

村民自治,简而言之就是广大农民群众直接行使民主权利,依法办理自己的事情,创造自己的幸福生活,实行自我管理、自我教育、自我服务的一项基本社会政治制度。村民自治的核心内容是四个民主,即民主选举、民主决策、民主管理、民主监督。农村改革之后,村民自治、实行自我管理,成为必然要求。1982年的《中华人民共和国宪法》原则上确立了村民委员会的法律地位,适应了农村以包产到户为主要形式的经济体制。但具体如何实施尚在探索中。

作为农村改革发祥地的安徽,破除了人民公社三级所有体制,同时实行村民自治的改革又走在了全国前列,所进行的探索多次受到中央高层的关注和重视,其影响波及国外。1998年五河县屈台村的民主管理规范极具代表性,且符合中国实际,树立了好典型。屈台村民主选举还受到了国外的关注,一些国家的驻华使节、记者前来观看了民主选举。屈台村通过民主选举选出村两委班子,在新班子的带领下,改变了这个原来出了名的"上访村""落后村"的面貌,彻底扭转了干群关系紧张、矛盾激化、农民无心种田、收入连年下降、集体经济几乎空白的状况。过去,该乡党委曾在半年内连续撤换屈台村四任村支部书记,屈台成了全县后进村整顿的重点。多年来由于村干部由上级任命,形成了村干部只对上负责、办事独断专行、不把群众放在眼里的工作作风,借招待之名吃喝成风,每年吃喝费达2万多元,全摊到村民头上。屈台村经过民主选举,实行村务、财务公开,办事须经民主讨论等改革,改善了干群关系,由后进村变成先进村,先后获得市、县红旗党支部及村民自治示范村等称号,其经验在全县被推广。江泽民同志视察了该村,并对民主管理给予充分肯定。随后"屈台模式"在全国推广开来。2005年五河县有10个村被民政部授予"全国民主法治示范村"称号,2006年五河县获得"全国村务公开民主管理示范单位"称号。近年来,民主选举、民主管理已深入人心,其实践遍及全省各地。

截至目前,安徽农村普遍制定了村民自治章程、村规民约、村民会议和村民代

表会议议事规则、财务管理制度等,并不断完善,同时还将村民自治章程和村规民约印制成册发至农户手中。实行民主化、规范化管理,改变了过去单一地依靠行政命令的管理方式,充分体现了农村基层组织的"自治"性质。此外,为了便于广大群众知晓每项事务的决策程序,同时也使村干部在研究决定村级事务时有章可循,全省推行了村级事务流程化管理,使广大群众知晓每项事务的决策、管理程序,以便跟踪监督,也有利于规范村干部行为,提高村务透明度,规范权力运行。

2. 强化党的基层组织建设是做好农村工作的基本保障

全面提升广大农民的生活水平和幸福指数,离不开高素质的农村人才队伍。农村党支部始终是农村人才队伍建设的重要力量,是带领广大群众建设幸福家园的重要保障。安徽省除了做好农村基层干部队伍建设外,最具特色的就是选派机关干部到基层挂职。选派到农村基层挂职的村第一书记,带资金、带任务,目标明确,定位准确,个人思想觉悟高,无疑对加强农村基层党组织的领导力量具有重要作用,成为建设美丽乡村的一支重要力量。在全国范围内,安徽是较早开展选派干部到村任职的省份,从2001年起就开始实施选派干部到村任职,每三年一批,迄今已有2万多名年轻党员到村任职。这些干部责任心强,艰苦奋斗,开拓创新,有力地推动了全省美丽乡村的建设和扶贫工作的开展,同时自身也得到了锻炼与提高。

(1)农村基层党组织建设明显得到强化,基层组织和党员作用得到了发挥。选派村共发展党员近8万名,有20多万名党员参加了双培双带先锋工程,84万多名党员参加了设岗定责活动,为民服务全程代理代办事项达到564万多件,党员承诺为群众办实事85万多件,新建、扩建村级活动场所6700多个,基层党组织的凝聚力进一步增强,党员的先锋模范作用得到进一步发挥。

(2)城乡统筹力度明显加大,农村经济社会发展环境得到改善。多年来,选派干部千方百计地争取政府项目及选派单位和社会各界的支持,累计投入资金82.9亿多元,实施选派发展项目近3万个,累计化解村级债务10亿多元。全省新建村组道路7.73万千米,建设大小水利设施10.5万多处,改扩建校舍2万多平方米,有力地促进了美丽乡村建设。

(3)农村社会和谐感明显增强,群众对党委政府的满意度不断提高。选派干部大力推进基层民主政治建设,建立、健全村民会议和村民代表大会制度,选派村的民主管理和民主决策落实情况明显好转,群众对党委政府的满意度不断提高。

(4)选派工作形成了服务"三农"的强大合力。在选派工作实践中形成了党委统一领导,党政齐抓共管,组织部门牵头协调,有关部门各司其责,合力推动"三农"工作的新格局,形成了全社会关注农村、支持农村、关心农民的强大合力。

(5) 机关年轻干部明显得到锻炼,培养了一支熟悉"三农"工作的高素质干部队伍。在全省第三批选派干部中,有 8 600 多人被提拔担任领导职务和非领导职务。其中被提拔为正、副处级干部的有 700 多人。第四批 2 000 多名选拔干部已有 215 人在选派期间得到提拔使用,有 120 多名被选派村的群众联名要求挽留继续在村任职。省财政厅选派到凤阳县小岗村任第一书记的沈浩就是他们的优秀代表。沈浩同志在任职期间,与村民同吃同住同劳动,为村里发展、为村民致富作出了贡献,第一届任职期满后在全体村民的挽留下继续任职,不幸牺牲于工作岗位上。[①]

3. 不断完善的为民服务制度创新

农村改革后,农民社会交往增多,对外联系广泛而复杂,农民迫切需要各种服务。乡村基层政权如何满足群众的基本要求,始终是农村值得关注和需要解决的一个问题。从另一方面来说,即农村税费改革后,乡(镇)村治理体制如何由管理型向服务型转变。安徽积极探索如何更好地满足群众的需求,为民服务全程代理制就是在这种情况下产生的。安徽是全国较早开展为民服务全程代理制的省份,并吸引了省外单位来参观学习。

为民服务全程代理制,就是在乡镇和村设立代理室,群众有事办理可以向代理室申请,由代理员全程代办,并在办结后及时回复申请人。之所以做出这样的制度安排,主要是因为农业税取消后,乡村干部从过去的催收催种等传统工作中逐步解脱出来,政府职能悄然发生变化。而且乡(镇)村撤并后服务范围广,农民办事不方便,需要创造一种制度解决这些新问题。

为民服务全程代理制主要内容为"六个一":"一个场所",每个村、乡镇都有代理室;"一块牌子",每个代理室都要挂牌;"一套制度",把代理的范围、程度等作为制度张贴上墙;"一张联系卡",把代理服务人员的姓名、联系电话、代理事项等印在联系卡上,让群众能及时找到承办人;"一张宣传单",广泛宣传,让群众明白为民服务全程代理的全过程;"一个记录簿",对代理过程中的申办人、申办事项、受理人、承办人、代理情况、回复时间和反映等进行登记。

这种制度最早于 2002 年在宣城市开展试点。现在的代理内容已从证件办理、

---

① 刘利敏,吴凯之.充分发挥第一书记在美好乡村建设中的作用[J].理论建设,2014(5):5-7.

婚姻登记、户口转移、建房审批等一般性生活事务,向农业生产服务方面的良种求购、信息咨询、农产品销售、农村方针政策、传递致富信息、推广实用技术等方面扩展。据2005年统计,全省有超过一半的乡镇和村设立"六个一"乡村代理服务机构,累计为群众办理事项35万项,办结率为98%,群众满意率在95%以上。基本上做到了农民办小事不出村,办大事不出乡。

全程代理制让各项承办事项在单位内部运转,变群众跑为干部跑,变多次办为一次办,变随意办为规范办,乡村干部相互扯皮以及吃、拿、卡、要的现象大为减少。为民服务全程代理,实施"一站式"受理、全过程服务,简化了办事程序,强化了服务职能,提升了透明度,方便了群众,为乡镇管理工作带来了"效能革命",真正实现了从"管理型"向"服务型"政府的转变。近年,为民服务代理在亳州市得到全面推广,作风扎实,影响广泛。

为民服务全程代理制的制度安排,实现了从群众"得利"到群众"便利"的转变。这不仅在安徽被全面推广,而且也被省外地区广泛学习。青岛市工作人员来安徽学习后在青岛市全面推广为民服务全程代理制,且推广到市民层面。2006年青岛市各级为民代理机构为民服务超100万件(次),按期办结率为98%。由于青岛市和安徽省率先推行了为民服务全程化代理制,因而两地同时在2006年全国村民公开民主管理工作领导小组召开的全国性会议上作了经验介绍。

近年,亳州市运用"互联网+"的新思维,把为民服务全程代理制度发展为网上办事大厅,摸索出一套更方便群众办事、提供24小时全天候受理业务、360度全方位服务的"一路通"办事模式,即网上办事大厅。这种做法彻底改变了群众办事难的状况,是一次基层治理现代化模式的创新和实践。其做法是:以权力清单为依据,最终建立能够通过网上办理予以实现的行政审批、行政确认、行政备案、行政给付、审批转报共5类483项政府权力事项。群众可以利用电脑或手机在网上按图索骥地办理各项事项,无需跑路,无需"找人",在任何有互联网的地方都可以24小时随时申办。每个行政村都有代办点,不会使用网络的群众可随时到代办点请求帮助。事情办结后,由政府出资通过快递公司将结果及时送达本人,不收任何费用。目前,"网上办事大厅"模式正逐步向全省推广。

二、积极探索以促进农民全面发展为目的的农村文化、医疗体制改革,提高农民幸福感

随着温饱及基本生存问题的解决,农民开始了对精神文化的追求,对农村医疗

等上层建筑提出了更高要求。安徽顺应这种需求变化并做了积极创新,力求满足农民不断提升的高层次需求。

1. 由精神文明的追求到文化扶贫

农业改革促进了农村经济发展,也提高了农民的精神追求。农村图书馆、博物馆、文化馆频频出现。现在全省乡镇(街道)拥有综合文化站1 410个,建成农家书屋18 952个,提前三年实现行政村全覆盖的目标,且全部免费开放。农村公益电影放映185万场次,观影人次达3.7亿人次,实现了"一村一月放一场电影"的目标。在2013年建设20个"农民文化乐园"的基础上,2014年全省"农民文化乐园"增加到100个。全省已选择30个一级乡镇综合文化站开展乡镇综合文化服务中心的建设试点工作。"江淮情""中国农民歌会"成为富有特色的知名文化品牌。

现在,农村文化不仅在丰富农民精神生活、提升农民思想道德方面发挥巨大作用,还在安徽的一些地方已形成一大产业,还带动了一批农民就业。宿州市三八街道的十里村,引入专业团队成立马戏团,成为全国首个专业驯兽师培训基地,还带动当地的采摘园发展,游客络绎不绝,可带动以千计的农民转型创业。马戏的产业链很长,不仅催生动物驯养业,打造文化旅游名片,还可带动餐饮服务业的发展。文化产业成为部分农村转型发展的一条新路子。宿州市立足深厚的文化底蕴,用文化"焐热"闲置资源,推动经济发展,先后打造了萧县书画一条街、泗县运河文化一条街、灵璧钟馗文化园等文化产业平台。"以文兴市"正在成为宿州转型发展的一条新路子。

在安徽,农村文化建设不仅能满足群众生活好起来后的精神需求,带动部分群众就业、发展经济,并且成为扶贫的着力点。一些地区的贫困不仅是由于自然资源匮乏,更是由于缺乏现代科学文化。因此,改变这些地区的贫困面貌首先要改善他们落后的文化状况。而如何才能改善他们落后的文化呢? 首先必须从人这个主体入手。贫困文化的承受者是人,而改造人的关键就是"开启民智",提高人的素质,扶贫就是要"以文扶贫,扶贫扶人"。循着这一理念,当地政府首先在文化落后、交通信息闭塞的岳西县莲云乡进行文化扶贫实验,通过现代科学文化的注入与辐射开启民智,提高贫困人口的素质,通过民主选举和培养人民群众主人翁责任感,从而充分调动他们的生产积极性和改革的热情,以此构造贫困地区经济社会良性运行发展的新机制。他们首先在实验乡设置多处贴报栏,建立贴报栏群;其次举办各种实用技术培训班,向农民传授一技之长;再次是建立乡村图书室,满足农民日益增长的文化需求;最后是开展民主选举,实行村民自治。在各方面的支持和配合下,改革取得了一定的成效,一些农民从事专业生产,收入大幅度提高。这一扶贫开发的新模式,之后被逐步推广到明光、歙县、霍邱、青阳、亳州等六个市县,并且在岳西和亳州召开了试点市县交流会。这将精神文明和物质文明建设有机地结合了起来,在今天的扶贫中仍然需要十分重视对人的观念的改变和素质的提升。

安徽兴起的教育扶贫都立足于人,从根本上、深层次上解决贫困问题,努力让贫困地区的孩子们接受良好的教育,阻断贫困代际传递,让更多的孩子站在同一起跑线上,依靠勤奋学习改变人生命运,创造更美好的未来。1996年全国第一所"希望小学"在革命老区金寨县南溪镇落成,此后希望小学遍及全省各地,如今已达62所。截至2006年,安徽省委、安徽省青少年发展基金会等单位举办的"安徽希望工程慈善年会"共筹集资金4 220.6万元,资助6 000多名贫困学生。希望小学的建设为农村贫困孩子上学提供了重要帮助,这也是文化扶贫的一个重要方面。

2. 医疗改革的制度创新

缺医少药一直是农民生活中的一大困难,往往一个家庭的正常生活就因为一个人生病而被拖垮。因此,医疗卫生问题一直是农村中的一大问题,也是导致农民生活不稳定的重要因素。安徽省针对这一难解之题,进行了艰苦的改革探索。

(1) 积极推进新农合。2003年6月,安徽省政府在合肥宣布在全省开展农村合作医疗,率先试点的有10个县,按照国家及安徽省的规定建立新型合作医疗制度,打开农村医疗救助试点的大门,提出要构建与农村经济发展水平、农民承受能力、医疗消费水平相适应的农村医疗制度。2003年在肥西、望江、岳西、桐城、宁国、广德、天长、凤阳、铜陵、歙县等地开展新型农合试点工作。2007年进一步推广到73个县(区),参加新型合作医疗的达3 548.656万人,建立村办卫生室10 053个,补偿受益面达1 087.866万人次,新型农村合作医疗参合率达85.5%。2008年进一步推广到100个县(区),覆盖人口4 523.93万人,参合率达96%。到2012年参合率达99.5%,超过全国98.3%的平均水平。2007~2012年全省农村累计补偿受益面达26 085.688万人次。至此新型合作医疗发展取得明显成效。

(2) 加强基层医疗单位改革。2013年安徽出台了《进一步完善基层医疗卫生机构和村卫生室运行机制》的18条政策措施,细化了补偿政策。政策要求定期对基层医疗卫生机构的服务质量、数量、公共卫生任务完成情况、患者满意度等进行考核,考核结果与财政专项补偿挂钩。对村医提供的基本公共卫生服务按费用的40%进行补贴。国家基本公共卫生服务费按行政村常住人数补助村卫生室;村卫生室实行药品零差价销售,省财政按农业人口每人每年补助5元;县级财政负责补助村卫生室公用支出,原则上每个村卫生室每年补助金额不低于3 600元。2012年12月15日,安徽省率先在全国启动县级公立医院综合改革,全面推进改革工作。规定自2013年1月1日起,集中招标的药品将及时配送至县级医院,74个县(市)148家县级医院药品全部实行零差价销售,这些工作远远走在全国各省市前列。安徽省在县级医院补偿机制方面进行了大量探索,通过收取诊察费和增加政府财政双投入,对县级医院执行"零差价"减少的收入予以补偿,目标是"社会稳定有保证,医保基金可承受,不减少医院收入,能降低群众负担"。

(3)通过统一采购实现"一升四降"。2013年安徽省乡镇医疗卫生机构药品的中标价格,较国家指导价平均下降了52.8%。省内乡村医院呈现"一升四降"的趋势,即平均每次住院费、每次住院药品费、每次门诊药品费、住院人数下降,门诊人次上升。广大农村群众得到了实实在在的好处。2013年,全省基本上实现了"首诊在基层,大病不出县"的目标。

(4)鼓励支持非公医院发展。2013年安徽省五部门联合出台了《关于进一步鼓励和引导社会资本举办医疗机构的意见》,共17条新规定,鼓励和支持非公有制医院发展。允许民营资本在公立医院改制中入股甚至兼并公立医院,也允许部分公立医院机构改制。在新增医疗卫生资源中,可优先安排社会资本进入,或采用招标的方式,面向社会公开引入投资者,实行公平竞争,确定举办主体。力争用2~3年的时间,使非公立医疗机构的床位和服务量达到全省20%以上。

2015年安徽省开展"医共体"建设,在缓解群众看病难方面又前进了一步。"医共体"即把县、乡两级医疗机构资源进行有效整合,各医疗机构之间实行"基层首诊,双向转诊,急慢分治,上下联动"的分级诊疗机制。县级牵头医院承担急危重症和疑难病症的诊疗任务,基层医疗机构则承担常见病、多发病诊疗、伤残康复和慢性病治疗管理等任务。这种方式使得群众"看病方便了,钱花得少了",这主要得益于医保支付方式的改革。县域"医共体"实行"按人头总额预算包干"的新农合支付新办法,超支部分原则上不补,结余全部留用。将扣除风险金、预留基金后的"人头费"预算支付给"医共体",由"医共体"全面负责承担辖区内居民当年门诊以及医保补偿方案规定的费用报销。同时,"医共体"提高了县域内的医疗服务能力,一方面对外联系城市医院,寻找帮扶合作单位;另一方面提升县级医院自身的诊疗能力,还发挥着帮扶基层医疗机构的职责,使得群众逐步实现大病不出县,降低了医疗费用负担。

归纳起来,安徽省全面实施的基层医疗卫生体制的综合改革与调整以及相关制度创新,其最突出的亮点是,通过发挥新制度优势,让人民群众真切地感受到医疗改革带来的好处,在一定程度上解决了广大农民"看病难,看病贵"的问题。安徽省基层医疗改革的总体思路为"一主、三辅、五配套"。"一主"就是以综合改革试点实施意见为主,"三辅"即以村卫生室、社区卫生室、乡村医院等三个改革试点方案为辅;"五配套"即以运行补偿试点办法、机构编制标准、基本药物和补充药品使用采购配送试点办法、绩效考核办法、分流人员安置办法为配套。此后又通过县乡医院整合,实行分级诊疗,使群众看病更加方便了,钱也花得少了。安徽省医疗卫生改革模式的成功经验,为推进其他非试点地区医疗改革的实施起到了重要启示和借鉴作用。

三、积极探索使农业向着现代化迈进的改革,对解决谁来种地和如何种地进行了有益探索

我国农业的小规模经营状况必须改变,朝着适度规模经营是农业发展的必然方向,也是农业现代化的必经之路。只有在适度规模经营的基础上,农业的生产率才能提高,农业的科技应用才能达到高水平,农业的社会化服务才能更好地发展,高水平的社会化服务必须建立在专业化生产的基础之上。农业的适度规模经营需要土地集中,土地的集中必须要有两条重要保证:一是农业劳动力要有较大规模的转移,这意味着要有一大批农民从事非农业生产;二是必须保障农民的土地产权,只有这样农民才会出让土地,因为在劳动力转移过程中非农从业人员无法确保工作的稳定性,而由于我国农村社会保障制度尚处于较低水平,因此,农民需要以土地作为基本生活的保障。目前我国劳动力转移已达到一定数量,成亿计的劳动力外出打工。因此,解决这一问题的关键是后者。

1. 农地确权有利于农民增收、土地流转与农业现代化

凤阳县小岗村创立的家庭联产承包制,并未解决土地的产权问题。第一轮承包期结束后,中央又一次延长 30 年,但 30 年后怎么办?因此仍未解决土地产权归属问题。稳定家庭经营必要要在产权这个根本问题上有所动作,土地确权迫在眉睫。开展土地确权登记是中央从深化农村改革全局出发作出的一项重大决策。2008 年,安徽省在全国最早开展以村为单位的试点工作,当时共有 13 个县的 17 个乡镇 73 个村成为试点地区,后期逐步推广到更多地区。2013 年安徽作为全国最早改革的试点省,迅速在全省试点确权颁证,解决了家庭承包地的空间四周位置不

明、登记不健全、承包土地面积不准等问题。2014年省委省政府把开展农村土地承包经营权确权登记颁证作为深化农村改革的重要突破口。在20个农村改革试点县(区)启动整县推进试点工作,成为当年被批准的全国3个整省推动试点省之一。自此省委省政府坚持统筹部署,高位推进,强化督查,试点工作整体进展平稳有序。至2014年年底,首批20个县(区)已完成确权登记工作,陆续进入颁证阶段。2015年新增的65个县(区)已进入测绘阶段,剩余的22个县(区)也分别于当年9月启动试点工作。2015年安徽全省土地确权基本结束,在全国较早开始颁发土地证,确认农户对承包地的占有、使用、收益等各方面权利,强化了对土地承包经营的物权保护。全省试点任务在2016年年底结束,比中央规定的期限提前了一年。土地确权对推动农业的适度规模经营、推进农业现代化、增加农民财产性收入大有好处。

(1) 推动了农业适度规模经营。通过确权登记颁证,明晰了农村土地产权关系,强化了农民对土地物权的保护,给农民吃了一颗"定心丸",强化了农民对农地经营的预期,促进了农地的流转。确权消除了农民对流转土地的顾虑。土地流转由以前的以亲戚邻居间代耕代种、自发流转为主转向以市场主导、政府引导为主,市场化、规模化程度大幅度提高。土地流转促进了新型农业经营主体发展。庐江县流转土地占全县耕地的65%以上,50亩[①]以上土地流转合同签订率超过98%。2010~2015年,全省耕地流转面积增加了2 284.05万亩。截至2015年年底,安徽全省流转土地3 788.92万亩,其中耕地2 921.85万亩,约占全省耕地总面积的46.8%。

(2) 增加了农民的财产性收入。流转土地无后顾之忧,这稳定了经营权的长期流转关系,带动了资金、技术、人才等生产要素向农业聚集,向新型农业经营主体集中,加快了农村种养大户、家庭农场、农业合作社的发展步伐,提高了土地生产率和产出率,转出土地的农民也能从中获得收益。截至2015年年底,全省各类新型农业经营主体发展到211 847家,其中农民合作社56 909家、家庭农场24 304户、专业大户12 559户,适度规模经营流转土地占全省流转总面积的近八成。阜阳全市家庭农场4 134家,合作社8 439家,成立各类农业联合体60多家。各类经营主体间的产业联结、要素联结、利益联结更加紧密。土地确权不仅使群众得利,也加快了农业现代化进程。土地确权为农民带来直接收益,农民既可以从土地转让出

---

① 1亩≈666.7平方米。本书中对部分土地面积的计量因涉及各级政府文件表述、统计数据及乡俗民约,故仍保留以亩作为计量单位。

租中获得收益,也可以以地入股获得红利收入。六安市金安区孙岗镇狐堰村大批劳动力进城打工,村里成立了合作社,土地流转3 000亩。合作社不再要求农户"承包土地,支付租金",而是要求"带田入股,与合作社合作经营"。2013～2015年有156户农民带田入股,入股土地1 462.5亩,每亩年终分红1 100元,而每年流转租金每亩只有500元左右。同样,灵璧县灵南生态农业专业合作社,入股土地1 500亩,如果按当地价流转每亩只有800元,但分红比这还要高。安徽省已有12个村25个县(市、区)先后开展了农民土地股份合作社试点,共有93家农民土地股份合作社,入社农户14 093户,入股土地95 330亩,带田入股,收获红利。据测算,入股后的生产成本降低了25%,每亩产量却增加了80斤[①]以上。所以,安徽很多地方都采取了"内股外租,保底分红"的形式。凤阳县小岗村流转土地8 450亩,流转率达58%,流出的土地每亩租金为700斤稻子,农民说比自己种还划算。另外,农民还可以在流转出的土地上打工,获得工资性收入。

(3) 创新了土地流转的多种形式。全省在土地确权后形成以转包、租赁、转让为主的流转形式,这占到总数的81.16%;以托管(占13.57%)、互换(占3.62%)、股份合作及其他形式(占1.65%)为补充。宿州市埇桥区全区有农机合作社170家、植保服务队135个,开展代耕代种服务,同时为农民提供产前、产中和产后各种环节的服务,为全区150万亩农田服务,累计节本增效1.5亿元。

(4) 解决了土地谁来种的问题。农地确权后,适度规模经营得以发展。一大批新型职业农民逐步形成。这些职业化的农民,重视科学种田,农业科技水平有所提高,使得农业的机械化程度得到提升。耕种收割的农机化不仅降低了农业的劳动强度,而且在抢种抢收中呈现出极大的优越性。农业大户经营的商品量大、商品率高,尤其注重农产品品质,也容易进行农产品质量安全监测。这一切都在促进农业向现代化方向发展。宁国市有龙头企业500多家,农民专业合作社400多家。这些龙头企业都是由职业农民兴建和发展起来的。现在各地都把培育新型职业农民作为一项重要工作来抓。土地流转活跃,适度规模经营农户大批出现,带动了职业农民的培训。为适应这种需要,皖北开展万名农村实用人才带头人培训、农业技术人员轮训,提升了新型经营主体的综合素质和发展能力,提高了农业部门服务现代农业发展的能力。宁国市农作物耕种及综合机械化水平达到88%。2015年全市土地流转面积达483万亩,土地流转率为56.2%。全市畜牧规模养殖场发展到

---

① 1斤=0.5千克。本书中对部分农作物产量的计量因涉及各级政府文件表述、统计数据及乡俗民约,故仍保留以斤作为计量单位。

2.9万家,规模化养殖比重达76%。土地流转、规模经营和新型职业农民之间形成相辅相成的关系,共同促进农业向现代化方向发展。新型职业农民是农业现代化的基础,同时也解决了农地由谁来种和怎么种的问题。

2. 土地确权、适度规模经营促进了农村合作经济、农村金融与保险的发展

农业的社会化服务一直是农业发展所迫切需要的。一家一户的小规模经营对社会化服务需求量大,但是单个服务量小,需求又庞杂,且不大容易接受新思想、新观念、新技术及新品种,社会化服务也难以满足千千万万个家庭的各种需求。适度规模经营的发展则大大地促进了农业社会化服务的发展,为一个种植几十亩乃至几百亩的家庭服务的服务量就等于过去为一个村民小组服务的服务量,而且服务提供者积极性高、责任心强。正是适度规模专业化经营推动着农村社会化服务的蓬勃兴起,截至2015年年底,全省农机、植保社会化服务组织已超过1.8万个。

农村金融与保险一直都是农村经济工作中的难点。农民需要金融支持和农业保险。但由于各种原因,农村金融始终满足不了农民的需求,而农业又受自然和市场的双重风险影响,实施农业保险的难度大。

土地确权和适度规模经营的发展,也促进了农村金融和保险的改革与发展。2012年安徽省委省政府启动农村金融综合改革试点,经过3年努力,终于取得了预期的成效。2015年年初省政府出台了《关于全面深化农村金融综合改革的意见》,对全省农村金融组织机制、体制、产品形式和服务方式提出"四项创新",着力构建多层次、广覆盖、低成本、可持续的农村金融服务体系。这在一些地方已取得成效,适度规模经营农户更是能够优先获得贷款。金寨县通过对农户的诚信状况划分等级,使得优质农户可以得到贷款。庐江县中小企业担保公司划定专款为农业经营主体提供担保贷款,并将经营主体分为5个星级信用等级,分别授予10万~15万元不等的信用贷款额度。全县共为57户农业经营主体发放农业小额贷款1.2亿元。此外,该县开启了农业保险试点工作,对有一定规模的农业经营主体实行单独出单、单独理赔等优惠政策。2015年已有1 032个百亩以上的农业经营主体直接投保水稻51.7万亩。宣城市宣州区于2014年重组设立安徽省第一家农业融资担保公司,即瑞丰融资担保公司,2015年开始运营。土地确权后,沉睡多年的土地资本终于变成了发展所需的真金白银。庐江县仅2015年1月20日一天就有4个家庭农场获得土地流转贷款250万元。宣城市宣州区从2011年就积极探索农户抵押贷款工作,截至2015年10月末,宣州区农村宅基地颁证率已达96%,已经登记农村住房权4.5万户,累计发放农房抵押贷款14.6亿元,共计553笔。

经营形式有待优化、农业资金缺乏及贷款难、农业保险滞后、农村合作经济发展不力,这些都是我国农业现代化中迫切需要解决的大问题,而土地确权之后,这些问题都在一定程度上得以解决,农地确权无疑对农业现代化的发展起到重要的推进作用。

四、积极探索新形势下统筹城乡协调发展,为实现城乡一体化发展提供了路径

改革就是要突破城乡二元结构,实现城乡一体化发展,但突破中国的城乡二元结构的困难在于,我国不仅存在二元经济结构,还存在着凝固的二元社会结构,即使实现经济上的平等,但二元社会结构的体制依旧十分顽固,难以突破。安徽在改革中进行了艰苦卓绝的探索,采取了一系列举措逐步破除二元社会结构,并取得了一些经验。

1. 力求城乡社会保障趋于一致

社会保障是农村发展中的短板,安徽在新时期城乡统筹发展中力求解决这个难题。2003年安徽省劳动和社会保障厅下发了《关于开展农村社会养老保险调研工作的意见》,开始探索农村养老保障制度创新,比较典型的有"粮食换保障"、农村计划生育户养老保险和被征地农民养老保险。粮食换保障即对缴纳保险费的农民进行直接补贴,采取"国家补一点,农民交一点"的办法筹集养老保险资金,主要目的是引导和扶持农民参保,提高农民收入。农村计划生育户养老保险就是对领取独生子女证的和两女结扎户实行奖励,县、乡各筹集一部分资金,建立养老金制度,并由财政兜底,确保参保人员在达到领取养老金年龄时,享受不低于当地最低生活标准的养老金。直到近年,我省才在农村建立全社会的社会保障制度。此外,还对农村五保户实行集体供养,各乡建有养老院,凡年满60周岁的农村人口均可享受社会保障,并由每人每月50元逐步提高到如今的70元。虽然这还是较低水平的保障,与城镇保障水平也有一定的差距,但已经做到了农村人口全覆盖。以后随着财政收入的增加、城乡一体化保障制度的逐步建立,有望实现城乡同等保障水平,彻底改变长期以来以土地为社会保障的旧制度。

深入推进精准扶贫。统筹城乡发展首先要解决农村贫困人口的脱贫问题。新时期的扶贫一定要坚持精准扶贫,安徽在这方面进行了多方面探索,成为全国的典型。金寨、岳西、利辛、阜南、泗县等5县成为国家级光伏扶贫试点县,每县选择

5 000 户贫困户、30 个贫困村实施光伏扶贫。其中金寨县的光伏扶贫闻名全国,该县让贫困家庭安装上太阳能发电设备,"国家投资一点,群众拿一点",一般家庭每年可获得收入 3 000 元,可以解决一户的日常用品消费支出。精准扶贫方式多种多样,应因地制宜。岳西县田头乡是重点贫困村,在扶贫工作队的帮助下,带动农户种桑、种茶、种油茶等,改种水稻为种薏仁米(这是一种营养丰富的产品,在市场上很抢手,其经济效益是水稻的四五倍),仅此一项每年可增收百万元。[①] 阜阳市颍东区正午镇吴寨村,则是依靠土地流转方式脱贫。2014 年,村里利用财政安排的 10 万元贫困村集体经济发展引导资金,创办了吴寨创业经济服务公司,作为集体经济发展平台,1 100 户村民将 7 200 亩耕地一次性流转,用于发展现代农业。公司种植西兰花、草莓,其中村里 70 户农民利用扶贫资金进行配股,成为扶贫试点工作的受益者。流转土地的报酬每亩按 800 斤小麦计算,配股扶贫的贫困户户均年收益每亩可超过 1 500 元。在贫困户"摘帽"后,还会继续给予 2 年的配股分红奖励。另外,流转失地农民还可以在公司工作,获得工资性收入。

全省在 3 000 个贫困村实施整村推进工程,实行精准扶贫、精准脱贫,2015 年即减少贫困人口 75 万人。

2. 农民培训与加快城镇化

农村劳动力众多,将其变为有技能的劳动大军,一直是农村工作的重点之一,也是促进农业现代化和加快工业化进程的基本要求之一。安徽省一直把培训农民作为头等大事来抓。

(1) 培训职业农民。现在的农村青壮年劳动力少了,农村面临耕地无人耕种的危机,因此培训新一代农民的需求极为迫切。职业农民不仅专精于农业,而且有文化、懂生产、会经营。大量职业农民的出现,一方面使农业经营者的收入增加;另一方面又对农业的现代化有利,促进了科学种田,稳定了农业发展。安徽省培训了职业农民 2.25 万人,为农业提供了一批高素质的耕种者。职业农民掌握多方面的技能,不仅懂生产,而且会经营,熟悉现代流通方面的知识,能解决农业生产经营中的买难卖难等问题。安徽是全国电子商务进农村的试点省份之一,目前各县(市)积极建设电子商务市场,探索既有本地特色,又可复制推广的农村电子商务发展路径和模式,为返乡农民提供了一个很好的创业契机。

(2) 培训农民工。农村劳动力在转移到非农产业时,若没有技能的转移,就面

---

① 白海星. 村里来了扶贫工作队[N]. 经济日报, 2015-12-13.

临着只能干一些粗活的窘境,若把他们培育成有一技之长的产业大军,不仅能到城里参与就业竞争,获得较高的工资待遇,而且可以促进工业化发展。实践表明,经过就业培训的农民工成为了"香饽饽"。技术在手,就业不愁。2015年皖西当代培训学校3 000多名学员毕业,尚未出校园就被各大企业"抢订一空"。对农民工的培训当前主要集中在电器应用维修、计算机及应用、农业机械使用与维修等方面,培训对象多来源于失地农民、农村富余劳动力等。为提高农村劳动力的职业技能,促进其更好地转移就业,安徽省从"十一五"开始就统筹投资补助建设农村劳动力转移就业培训实习基地,帮助兴建、扩建业务用房,添置设备等,"十一五"期间培训了近10万人。省发改委系统从2006年安排1个项目、投入60万元资金开始,到2010年安排6个项目、投入150万元资金,再到2015年安排15个项目、投入3 000万元资金,项目投资力度不断加强,取得了很好的经济、社会效益,计划到2020年每年开展农民工培训100万人次以上。培训形式多样,有政府举办的各类职业学校所开展的培训,有企业办的培训,还有社会上的短期培训班等,有的采用"送教下乡,培训上门"的方式开展培训,还有的把培训场所和实习基地放在乡或村里,根据学员需求开展相关技术培训。贴近农村,方便农民。

安徽省是劳动力输出大省,随着经济下行,许多外出农民工返乡创业,省里针对这种情况,除培养技能之外,还增加了创业培训的内容,鼓励农民工返乡创业,引导他们打开"创业之门"。

3. 促进城乡一体化的实践

安徽原有的城镇化水平比较低,近年来才以每年1.5个百分点的速度开始提升,但城镇化水平仍然较低。阻碍农民进入城市的关键是进城农民难以取得与市民同等的待遇,如在社会保障、子女入学、居住等方面存在着城乡两种差别,不剔除这种差别就很难推进城镇化。为此,安徽进行了多方面探索与创新,近年又在新型城镇化方面有所作为,成为全国两个省级新型城镇化的试点省之一。

铜陵市早在21世纪初即实行进城农民与市民享受同等待遇的政策,之后又致力于推动教育公平,尤其是铜陵县实行大体一致的城乡同等待遇,成为安徽省城乡一体化的标杆。一是该市自2013年4月1日起,城乡居民低保由355元/(人·月)统一提高到395元/(人·月)。二是率先实行城乡社会养老保险制度并轨。三是统一城乡居民创业、就业政策,将原农村户籍人员纳入城镇就业。四是逐步统一城乡义务兵安置政策。2013年铜陵市与铜陵县在城乡义务兵安置上实行统一标准。五是逐步统一失业、工伤、生育保险等政策,实行统一参保、统一待遇、统一管理。

六是将农村居民纳入城镇住房保障范围。合肥市最早实行了在城里打工的农民工子女可以就近入学的政策。马鞍山市在推进城乡一体化建设中也有多种做法,如较早地开展城乡社会保障一体化建设,实行城乡统筹社会公共产品建设,以及农民工社会保障建设等。

促进城乡要素的互动也是城乡一体化的重要方面。合肥市率先鼓励产业资本下乡,其所属的华泰集团首批投资2500万元,支持近郊大圩乡建设高档花卉、苗木基地;投资包河区烟墩街道牛角大圩项目,规划种植1000亩高档苗木花卉;突出巢湖元素,深度挖掘水、绿、文三个特质,在巢湖北岸建设全国独一无二的城区森林湿地自然生态景观,把大圩、牛角大圩、大张圩建设成环巢湖旅游的三颗明珠。大圩乡"油菜花节"带动餐饮垂钓、客运、服务等产业兴起,2013年首届"油菜花"节即带来经济收入100万元,直接、间接提供就业岗位1 000个以上,使当地农民当年增收15%以上。

五、积极探索生态文明建设,为农村持续发展打下坚实基础

安徽省历来十分重视生态文明建设,早在1989年省委省政府即作出决定,动员全省人民"五年消灭荒山、八年绿化安徽",形成一批生态文明建设的典型。1991年颍上县小张庄即被联合国环境规划署列为"环保全球500佳"先进集体。1992年小张庄负责人被该机构列为"环保全球500佳先进个人",近年安徽又被国家林业局批准纳入千万亩森林增长工程。池州、黄山、宁国、霍山、岳西被列为首批国家级生态保护和建设示范区。2011年,省第九次党代会上提出建设经济强省、文化强省与生态强省的目标和任务,将全面实现小康生态文明作为发展的一个重要的目标取向。农村生态文明建设彻底扭转了过去轻视农业污染、拼资源的发展模式,为农业可持续发展打下了坚实基础。

1. "三线三边"治理是生态文明建设的重要举措

安徽省于2013年11月启动"三线三边"环境综合治理活动,从省级层面部署开展以公路沿线、铁路沿线、江河沿线及城市周边、景区周边、省际周边为突破口的城乡环境综合治理,让农村环境好起来。通过"三线三边"整治,许多地方面貌焕然一新,许多地方经整治后成为休闲公园,风景如画,根本看不出这里曾有臭气熏天的垃圾堆。

安徽省在"三线三边"环境综合治理活动中,开展乡村清洁工程,从垃圾治理抓起,因地制宜地建立和推广农村垃圾"户分类、村收集、乡(镇)运输、县处理"的模式,建立村庄保洁队伍,推进城乡环卫工作一体化,清除垃圾乱扔、污水乱排、秸秆乱烧等现象。除此之外,安徽省还结合千万亩森林增长工程和森林村庄、森林长廊创建工作,全面实施扩带补绿、见缝插绿、拆违还绿和拆墙透绿,创建森林长廊示范路段2998千米,"三线三边"绿化造林新增绿化面积200万亩。

改革开放之初,农村的生态文明建设就是从整乱治脏、改善环境入手的,产生了良好的社会效果,如今建设美好乡村,也应从改善农村环境抓起,让农民群众在短期内就能看到身边的变化,身处良好的人居环境,自然就会激发投身美好乡村建设的内在动力。

为促进"三线三边"建设,安徽省建立了三项机制:① 健全部门联动机制,这是农村精神文明创建的方向盘。实行"三长"牵头负责制,明确省内10家成员单位分别担任"线长""边长""重点长",从省级层面研究出台实施方案、治理标准和技术准则,定期调度,通报进展,会商问题,研究对策。② 健全资金驱动机制,这是农村精神文明创建工作的加油站。在建设中充分利用现有学校、礼堂、祠堂、开放式村部,在财政专项补贴的同时整合乡村建设、文化体育、科技教育等相关资金进行集中投入,目前各级财政投入已近100亿元。同时也在积极探索运用市场化办法解决资金难题。③ 健全考核促动机制,这是做好"三线三边"建设的发动机。省委将整治结果纳入各级党政领导班子考核内容,在媒体上开设专栏曝光整改不合格的单位,对整改不力的单位进行约谈,真正使考核变压力为动力,激发了干部的建设热情,取得了明显成效。

2. 因地制宜的美好乡村建设是促进城乡一体化发展的一大创举

我国农村人口众多,城镇化是发展趋势,但即使实现了城镇化,农村人口仍然多达四五亿。另外,乡村还保留着传统文化,是中华文化的发源地。因此,建设好美丽乡村是刻不容缓之事。但随着人口的大量城镇化,部分村庄的消失是必然的,建设美丽乡村中进行恰当的取舍就显得十分必要,否则将会引起资源浪费或破坏原有文化传承。

(1)两种模式。总结安徽美丽乡村建设,大体有两种思路和模式:① 保留原村庄面貌,不大拆大建,仅对村庄的公共设施进行完善,如对公共活动场所、道路、绿化、上下水道、网络等加强建设,对原有的房子进行整改返新。如宣城市宣州区寒亭镇南阳中心村辖4个自然村,这里的群众原有房屋基础较好,人文环境优越,临近集镇。当地政府根据这里的区位、文化等原有条件和现状,紧紧围绕"村民宜居宜业"的思路,从"行、健、教、乐、富"入手,加强基础设施建设,保持原貌,注重设施的完善、功能的配套,以此为基础建设美丽乡村,使之成为乡村旅游的好去处。又如庐江县齐嘴村,位于巢湖边,有650年的历史,村庄整洁,文化传统厚重,在美丽乡村建设中坚持原貌,同时增加了道路等公共设施建设,成为旅游的好去处。② 对于那些没有保留价值的零散村庄,对就近城市、移民较多的村庄则进行整村搬迁,集中建设。这样新建的村庄公共产品的建设与供给比较科学合理,而且集中起来的土地可以转移给城市。肥西县就采取以"整村推进项目"为载体,集中建设,移民并村,腾出土地,种植树木,取得显著成效。2007年建成的桃源新村成为合肥市的"五朵金花"之一,2009年建成的回民社区是合肥市新农村示范村,成为整村推进的"样板村"。合肥市在取得成效后又连续在王集、新民、王词、张词、童大井等5个整村推进项目实施,群众生活环境得到改善,规划建设得如同城市社区。将集中起来的土地承包给种植大户种植花卉、果树、林木,农民不仅获得了土地收益还可以就近在园区打工,获得工资性收入。

(2) 突出重点,发挥引领示范作用。重点是根据省里规划,着力开展乡镇政府驻地整治建设,同步推进乡镇政府驻地所在行政村、中心村建设;并在此基础上不断创造条件,完善服务功能,提升建设管理水平,打造一批环境优美、人口集聚、功能完善、特色鲜明、管理有序、文明和谐的特色小镇、特色村庄。由以点带面向以面带点转变,力争到2020年80%的布点中心村达到美丽乡村建设要求。广泛开展自然村环境整治,力争到2020年90%以上村庄得到有效整治。

(3) 坚持规划先行,重点突破,建管并进,引导各方参与。美丽乡村建设要朝着"生态宜居村庄美、兴业富民生活美、文明和谐乡风美"的目标推进,因此要做好规划,彻底改变过去没有规划乱建设的不良做法。

(4) 要有产业支撑。美丽乡村建设不单是村庄建设问题,一定要有产业支撑,否则即便建设起来也不能持久。在规划中,产业发展是重点之一,产业发展了,美丽乡村建设才能持久。同时要提升美丽乡村的管理水平,推进管理创新,加快建立长效管护机制,完善乡村治理机制,提高农民素质,使农民养成好习惯。含山县马场镇镇乡一体,环境优美、无乱放垃圾,据介绍就是因为村民们养成了良好习惯,自觉维护公共环境卫生。旌德县打造了朱旺、路西、玉屏等具有特色的样板村,在全省率先实现乡村建设、农村垃圾处理、风情小镇(村)建设"三个全覆盖",成为全省首批美丽乡村建设整县推进试点县。定远县始终坚持产业支撑、产业优先理念,在美丽乡村建设中,不但注重面子,更加注重"里子",以兴业富民为基础,以增加农民收入为重点,大力探索宜农则农、宜林则林、宜养(殖)则养(殖)、宜游则游的产业发展路子,大力发展特色产业,着力打造特色林业、规模农业、规模养殖、特色旅游等,如藕塘民俗文化旅游、池河梅白鱼美食文化旅游等。2015年全省建成专业村4 226个,专业村农民人均年收入达到12 958元,全省一村一品发展与美丽乡村建设相互适应、相互促进。

3. 蓬勃发展的乡村旅游开启了农民的第3次创业

旅游业是综合性产业,也是不冒烟的产业。旅游业的大发展为农民创造了就业岗位,增加了农民收入,也促进了乡村治理。安徽一直十分关注发展乡村旅游,把它作为农村中继乡镇企业、外出务工后的第3次创业。旅游业的大发展成为了农村新常态下的新增长点。

"十二五"期间,安徽的乡村旅游、旅游小镇等成为旅游投资新热点,旅游业带动全省45万贫困人口脱贫,约占全省同期脱贫人口的12%。2016年全省大力发展乡村旅游和旅游扶贫,全年通过发展乡村旅游带动10万农村贫困人口吃上"旅游饭"、脱掉"贫困帽"。

2015年8月在黄山市召开的全国乡村旅游提升与旅游扶贫推进会提出,要积极开展乡村旅游,着力抓好基础硬件、环境软件、精品要件和保障条件,增强乡村旅游产业核心竞争力。这次会议也总结出安徽乡村旅游的几大亮点或特点:

(1) 依托山水开辟多种新的旅游景点。黄山市休宁蓝田镇枧潭村堪称"原始部落",拥有清秀迷人的山水、徽派古建筑的遗迹、风韵绝佳的生态环境和一流的自然风光,成为人们观光的好地方。2013年打工返乡的徐福生看中了这个地方,带领当地百姓开发了枧潭风景区。在这里可以登山观林海,也可以入溪泛小舟,游览归来还可享受美味的农家饭菜。2014年即接待游客8万人次,旅游收入达到270万元。乡村旅游作为新兴旅游模式,正受到越来越多的人青睐。又如,环巢湖沿线不仅有星罗棋布的湿地,而且沿湖有多座具有特色的小城镇,成为城里人上佳的休闲旅游地,也成为农民大办乡村旅游的好地方。还有,颖上县八里河原是淮河流域典型的沼泽地,当地人称"过水笼子",经治理后成为旅游地,年接待游客两三百万人,旅游收入超过6 000万元。

(2) 乡村配合销售多种农产品。南陵县大浦村独辟蹊径,走出一条以"住农家屋、吃农家饭、干农家活"为主要内容的"农事参与型"乡村旅游路径,同时配合销售这里出产的有机水果、特色蔬菜和特色土产品、食用菌,直接将旅游消费市场引进乡村旅游中,既促进了乡村旅游的发展,又推动了农产品销售方式发生根本性转变。据介绍,2014年大浦村即接待游客100多万人次,实现营业收入近9 000万元。

（3）利用特色乡村使旅游产品具有较高文化品位以吸引旅客。皖南徽州一带充分挖掘民俗和乡村农耕文化,吸引游客来此观光游览。这里的粉墙黛瓦、氤氲雨巷,宛如一幅山水画。南屏村是一座具有千年历史的村落,开发时间不长,却在短时间内取得成功,成为皖南乡村旅游新目的地和学生写生基地。2014年接待旅客达8万人次,仅门票收入就有219万元,村民年人均可支配收入达1.3万元。

（4）通过经营策划吸引游客。许多村庄因基础设施较差,虽然风景很好,却不能吸引游客,需通过设法改善经营吸引游客。黟县将以桃业、茶叶为特色的五里、深冲两村作为试点,整合各种支农资金,开展沼气建设、改水改厕工程、村村通工程等项目,在促进美丽乡村建设的同时,也改善了旅游基础设施,从而成功地把它们推向市场。

（5）与城市旅游公司合作吸引游客。旌德县三溪镇路西村依山傍水、风景秀丽,当地成立了旅游公司,并与南京市康富源公司签订了长期合作协议。路西村现有餐饮饭店15家,民宿10家,床位54张,年接待游客2万人次,旅游收入200万元,村集体年收入增加10万元,村民年收入增加500元,现已成为该县乡村旅游发展的一颗闪亮明珠。

安徽省把美丽乡村建设与乡村旅游结合起来,推动了乡村旅游的发展,一大批新的旅游景点正在蓬勃兴起,成为农民就业、增加收入的又一新兴产业。现在乡村旅游已遍及全省各地。芜湖市已有优秀旅游乡镇4个、乡村旅游示范村8个、省三星级农家乐21个,2015年累计接待乡村旅游游客200多万人次。潜山县星级农家乐达到101家,乡村旅游从业人员近3万人,旅游产业带动农民人均增收千元以上。长丰县把草莓生产与旅游结合起来,效益迅速提升,"十二五"期间全县接待游客1 752万人次,旅游收入达86.52亿元。截至目前,全省已创建全国休闲农业与乡村旅游示范县9个、示范点20个,中国休闲农业与乡村旅游精品线路2条,省级休闲农业与乡村旅游示范县34个、示范点100个。据测算,安徽省2015年旅游增加值约占全省GDP的5.8%,对国民经济的贡献率达到8.7%左右。旅游业已成为国民经济名副其实的战略性支柱产业,其中乡村旅游起到了不可忽略的作用。"十三五"期间,安徽省推进转型升级项目工程包建设,加强重点项目调度,力争将旅游业打造成投资和消费的双热点,成为转型发展的新亮点。

第四节　安徽农村改革的基本经验与启示

经过 30 年多年的改革,安徽农村以家庭承包经营为基础的双层经营制度取代了人民公社制度,建立了适应社会主义市场经济发展要求的农村新经济体制框架,进一步解放和发展了农村生产力。回顾 30 多年来的改革,农村改革的基本经验及启示如下:

一、坚持农业家庭经营制度不动摇

改革开放后,安徽省遵循农业的发展规律,坚持农业家庭经营制度。农业家庭经营制度是一项古老的制度,是人类各社会形态和世界各国农业发展的共同选择。世界各国农业基本上都选择家庭农业体制,尤其是美、英、法、德等西方发达国家,农业经营主体中有 80% 以上为家庭农场,农业以家庭经营为主。我国自秦汉以来,农业以自耕农和佃农两种形式经历了两千余年的家庭农业阶段,并一直延续到新中国成立初期,若以互助合作运动为标志可算到 1956 年底。

农业之所以选择家庭经营是与农业生产的特点密切相关的:农业经营具有分散性;农业生产的劳动对象是有生命的动植物,要求劳动者在生产劳动过程中应具有强烈的责任心,关心、爱护劳动对象;农业生产的生产时间和人们劳动时间存在不一致性,需要劳动者根据农时不分昼夜地抢种抢收、抢管抢护。此外,农业生产具有较长的周期性,要求劳动者只有完成从种到收的一连串的生产劳动全过程,才能保证农业生产作业成果的数量与质量。为了适应农业生产以上特点,农业经营方式的最佳选择只有"以家庭为单位经营"。

实行家庭经营的农业体制是对新中国农业 60 多年的曲折经历和 3 次农业生产关系变革的实践经验总结和历史抉择。回顾新中国农业 60 多年走过的道路,按生产关系的发展演变,可将其明确地划分为 3 个分阶段:① 1949～1957 年,个体家庭农业＋互助合作农业阶段;② 1958～1978 年,人民公社集体农业阶段;③ 1978 年至今,以家庭为基本生产经营单位的家庭农业体制阶段。在这三个阶段中,两次农业大发展时期都同家庭农业体制的推行直接相关。

安徽小岗村"大包干"改革的实质是把土地分给农民,恢复农业家庭经营制度。

几十年来安徽的农村改革始终坚持家庭经营不动摇,从当初的恢复家庭经营到稳定家庭经营、提升家庭经营、巩固家庭经营,再到发展家庭经营和创新家庭经营。

为了稳定家庭经营,1998年安徽农村实行了二轮土地承包制,2003年实行土地承包经营权证管理制度,2013年在全国首先进行了土地确权改革。从一定意义上说,安徽农业改革一直是围绕家庭经营而展开推进的。在减轻农民负担和减少村级债务的双重推力下,安徽在21世纪初率先在全国进行农村税费改革试点,减轻家庭经营的负担,巩固农业家庭经营。在家庭经营中劳动力出现大量过剩的情况下,安徽采取的办法是发展乡镇企业和推进农民外出打工,为家庭经营中的劳动力解决出路,改善家庭经营状况,农民工资收入成为家庭收入的主要来源。在工业化、城镇化推进下,小规模的家庭经营难以适应现代化发展的需要时,安徽大力培育新型农业经营主体,加大土地流转力度,在稳定家庭承包经营的基础上适度扩大经营规模,发展家庭经营,走中国特色的农业现代化之路。今天,安徽的农业正向农业现代化迈进,城镇化发展推动大量农民进城。农业必须创新家庭经营方式,通过土地托管、入股、流转等多种形式推进农村土地经营权从土地承包经营权中二次分离,让进城农民踏踏实实进城打工,种田的农民实现规模化经营,安安心心种田。未来,我国农业逐渐与世界接轨,大量的城市资本将向农业渗透,农业向规模化农业发展,但无论如何,农业发展不能脱离家庭经营这个形式,坚持农业家庭经营制度不能动摇。

二、坚持保护农民利益

中国农民是社会的弱势群体。农村改革如果不能够从根本上保护农民的利益,这个群体会处于越来越弱势的地位,改革也不会得到农民的拥护,甚至可能会遭遇失败。安徽30多年农村改革取得了重大成就,其成功的经验是始终把保护农民利益放在首位。20世纪70年代末,安徽省小岗村农民冒着极大的风险,实行包产到户,迈出了勇敢的一步。当理论界为包产到户的性质议论纷纷、争论不休时,是安徽省委和国家领导人以农民利益为重,支持了安徽小岗村的包产到户,因此引发了一场声势浩大的农村家庭联产承包责任制改革,并很快在全国推广开来。这场改革唤起了几亿农民对土地的热爱,农业生产积极性空前高涨,使农业的总产出大大增加。改革释放的巨大红利不仅让农民吃饱了饭,还让农民从中获得了较大利益,迎来了改革第一阶段,即1978~1988年的"黄金十年"。但在第二阶段,即1989~2002年的十几年间,由于种种原因,农民的经济利益没有得到较好的保护,农民负担重、乡村债务增加、农业生产资料价格上涨过快、农民收入增长停滞、农村发展缓慢这些问题大大挫伤了农民的生产积极性,导致农村经济发展较慢。在第三阶段中,即自2002年以来,中央免除农业税,加大对农业的投入,开展社会主义新农村建设,尤其是十八大后实行精准扶贫等多项措施再次激发了农民从事新农村建设的热情。安徽在国家的支持下,以农民的利益为重,连续提高粮棉定购价格,大力整顿农用生产资料流通秩序,切实减轻农民负担,实施农业补贴政策,加强农村的医疗卫生、农民社会保障制度、粮食收购价格等各项改革,启动新农合保险和农村养老保险改革的建设,让农民从改革中得到实惠,各项改革取得了成功,成效明显。未来一切农村经济政策的制定和改革措施的出台都应当以农民的整体利益为出发点,要把农民利益是否增加作为衡量农村改革成败的基本标志。只有把实现好、维护好、发展好农民的利益作为出发点、落脚点,才能得到广大农民群众的拥护和支持,才能获得改革的最终成功。

三、坚持从实际出发

安徽"大包干"改革是从中国的实际出发、实事求是的结果。多年的改革经验表明,搞农村改革一定要从中国的实际出发,深刻理解实事求是的科学含义和精神实质,这是马克思主义的精髓和灵魂。我们过去对社会主义理论的理解有很大的片面性,总认为只有搞集体经济才是社会主义,除此以外都是非社会主义甚至是资本主义,必须从中国的实际出发、从广大农民的需要出发搞社会主义。事实上,人民公社单纯的集体经济体制,是脱离中国农村生产力状况的,也是脱离农民的现实要求的,成为了阻碍农村生产力发展的桎梏。1978年,安徽凤阳小岗村18户农民私下签订"生死契约",他们宁可冒着坐牢的风险也要搞家庭承包,可见人民公社体制已经脱离实际,不受人民群众支持,且严重地阻碍了生产力的发展。而当时,我们党的伟大之处就在于能够顺民意、合民心;邓小平同志的伟大之处也在于能够实事求是,从实际出发,总结提出"中国特色社会主义理论"。于是农民自发的改革才变成了一场自上而下的自觉改革。包产到户解决了农民的吃饭问题,农民吃饱了饭,才能进行接下来的一系列改革。1982年我国正式承认包产到户的合法性;1983年放宽对农村工商业的管控,乡(镇)企业异军突起;1984年打破城乡壁垒,疏通流通渠道,放宽农产品流通,激活农村劳动力自由流动;1985年调整农村产业结构、取消统购统销;1986年增加农业投入,调整工农城乡关系,等等。这一步步改革,都是从当时我国农村的实际出发稳步推进的。安徽农村税费改革是针对当时的农村乱收费、乱摊派、乱罚款等实际问题而开展的,敢于直面问题,从实际出发,走在全国改革前列。这是继实行家庭承包经营之后,党中央、国务院为加强农业基础地位、保护农民利益、维护农村稳定而推行的又一项重大改革。这项改革,对减轻农民负担,制止农村"三乱"(乱集资、乱收费、乱罚款和各种摊派),增强农业基础地位,促进农村社会稳定,调整农村生产关系,使生产关系适应生产力发展,尤其是稳定家庭联产承包责任制,巩固农民的家庭经营,具有深远的意义。十八大后在中央顶层设计下,安徽又提出破除城乡二元结构、实行城乡一体化、深化土地制度改革、培养职业农民队伍、建立新农业社会化服务机制等改革。从实际出发,实事求是是我们多年从事农村改革取得的一项重要宝贵经验。当前,我国的农村改革已进入深水区,任重道远,一定要坚持实事求是的宗旨,大胆改革和创新。

四、坚持城乡一体化发展

长期以来,中国是典型的城乡"二元结构"的国家。新中国成立以后,为了加快社会主义建设,国家确立了优先发展重工业的发展战略,并采取了高度集中的计划经济、农产品统购统销、城乡户籍分隔管理等一系列制度,不仅从农业提取工业发展的原始积累,而且进一步固化了城乡"二元结构"。改革开放以后,随着家庭联产承包经营制度的实施,一系列经济体制改革相继推行并不断深化,农业市场化程度不断提高,农村劳动力自由迁移和就业范围不断拓宽,城乡、工农之间产品要素的交换环境得到了改善,但城乡"二元结构"的特征依然明显,"三农"问题日益凸显,从经济社会发展全局角度解决"三农"问题已经迫在眉睫。促进城乡经济社会协调发展,仅靠政府号召是不行的,只依赖市场机制也不行,根本途径是破除"二元体制"的障碍,建立和完善城乡统一的户籍管理制度、劳动就业制度、税收制度、义务教育制度、医疗和社会保障制度等。正是在这样的历史背景下,中国共产党第十六次全国代表大会提出了"统筹城乡经济社会发展",这是我国经济社会发展战略和指导思想的历史性转变。此后,党中央、国务院解决"三农"问题、加强"三农"工作的指导思想不断明晰,理论认识不断深化,并制定实施了一系列有力、有效的政策措施。这些重大理论和政策创新不仅准确把握了中国特色社会主义现代化的建设规律,体现了实事求是、解放思想、与时俱进、开拓进取的时代精神,同时对农业农村发展的制度的创新、理念的形成和政策的制定、实施发挥了巨大的指导作用。在此背景下,安徽一直走在全国的前列,启动了以"城乡统筹"为内容的各项改革,使城乡"二元体制"有所松动,形成了安徽农业农村发展的10年"黄金期"。户籍制度改革的推进,使得农村人口正在有序地向城市转移,进城农民工的待遇逐渐得到改善,农民工逐渐融入城市发展;农村合作医疗改革稳步推进,城镇居民和农村居民医疗保险待遇基本持平;农村养老保险改革,农村居民和城市居民的养老保障并轨,城乡一体化养老制度正在形成;农村推行义务教育改革,使之与城市的差距正在缩小,城乡一体化的义务教育制度正在形成。这些改革和实践证明,只有顺应经济社会发展规律,及时调整国民收入分配格局,逐步扩大公共财政覆盖农村的范围,积极推进统筹城乡劳动力就业、公共产品供给、社会保障等方面的政策,让农民拥有平等发展机会,平等享受经济社会发展成果,逐步消除城乡隔离的体制性障碍,才能促进全社会的和谐稳定发展。目前,尽管已经有了一个比较好的发展基础,但面临的挑战也是巨大的。例如人口众多且呈现老年化趋势,城镇化的质量不高,产业结构不合理、发展方式粗放,农业基础薄弱,城乡基本公共服务依然存在较大差距,城乡一体化制度建设刚刚起步,等等。因此,党的十八大提出的推进城乡一体化协调发展将是一项长期艰巨的任务,必须从思想、政策、制度建设等方面采取有效措施,稳步推进城乡统筹发展。

五、坚持促进农民全面发展

30多年的改革,促进了农民的全面发展,激发了农民的巨大潜力,为中国经济和社会的发展作出了重大贡献。① "包产到户"由农民率先在农村推动,引发了中国轰轰烈烈的连锁改革,解放了农民,激发了农民的活力,从此中国走出了一条"农村包围城市"的市场化改革之路。② 乡镇企业和民营经济的大发展,让两亿多农民成为农民工,几千万农民成为个体户、私营业主、农民企业家,成为推动中国新一轮工业化的主体,由此带动中国工业化进入一个快速发展的新阶段。③ 改革让农民进了城,中国农民参与城市建设,改变了城市的面貌,中国城镇化进入快速发展时期。1978年中国城镇化率只有17.9%,目前已超过50%。④ 家庭联产承包责任制调动了广大农民的生产积极性和创造性,在农业劳动力持续转移、农业资源持续减少的情况下实现了中国农业生产力水平的不断提高,推动着中国农业从落后的传统农业向现代的高效生态农业转变。⑤ 改革促进了农民的分工、分业和分化,推动了中国社会向现代化转型,引发了中国社会管理的创新,农民逐渐成为推动和促进社会阶层的分化和社会文明进步的重要力量。⑥ 改革促进了农民素质的提高,成为推动中国民主政治发展的实践者,村民自治改革推动了中国基层民主政治建设,推动了政府职能转变。改革开放的实践证明,只有农民不断发展,才能从根本上实现社会和谐发展。因此,当前我国社会主义经济建设和农村农业发展要注重推动农民的全面发展。

六、坚持渐进式的市场化改革方向

建立社会主义市场经济的目标一直是贯穿中国农村改革的一条主线,但在改革过程中,与全国一样,安徽也选择了一条渐进式的市场化改革道路。从改革特点看,改革是由浅入深、由易到难、由点到面、从局部到整体、循序渐进。政府根据农业和农村发展不同阶段所面临的主要矛盾和问题,确定改革主线,先试点后推广,在探索中不断调整改革的目标。虽然改革在不同阶段政策的重点不同,但都依次递进、一脉相承。这种渐进式改革避免了可能出现的农村经济和社会的大震荡,实现了农业经济长期、健康的发展。从改革时间看,在改革早期特别是中央第四个"一号文件"(1985年)的发布主要是为了突破原来的统购统销制度,为扩大市场在农村配置资源中的作用,做了大胆的尝试。1998年,党的十五届三中全会通过"关于农业和农村工作若干重大问题的决定",强调要"按照建立社会主义市场经济体制的要求,深化农村改革",必须坚持以市场为导向的改革,为农村经济注入新的活力。这一思路的提出是对解决"三农"问题的重大突破,具有划时代的意义。2005年中央"一号文件"在坚持农村基本政策的基础上,进一步贯彻十六大和十六届三中、四中全会精神,全面落实科学发展观,坚持城乡统筹发展方略,坚持"多予、少取、放活"的方针,继续调整农业和农村经济结构,使农村改革的市场环境更趋于规范化、制度化、平等化和国际化。从改革内容看,通过农村土地制度改革,实行土地集体所有、家庭承包经营,使用权与所有权分离,基本上建立了统分结合的双层经营体制,理顺了农村最基本的生产关系,确立了农户自主经营的市场主体地位。通过改革农产品流通体制,形成了在国家宏观调控下,市场机制对资源配置发挥着基础性作用的局面。农村渐进式改革的一系列措施,把农业和农村发展转入社会主义市场经济的轨道,为农村经济发展注入了新的动力和活力。由此可见,30多年农村改革的过程,也是培育农村经营主体和市场机制的过程。正因为坚持农村渐进式市场化改革取向的原因,才使得农村活力不断增强。同时我们也应该看到,由于我国长期实行"城乡分制",造成农村市场发育不良,制约着全国统一市场的形成。因此,坚持市场化改革取向,既是我们对自1978年以来经验的总结,也是我们在以后的农村改革中必须贯彻的方针之一。中国目前正处于经济转轨和社会转型的关键时期,农业发展面临着各种不确定的因素,也没有已有的经验可以借鉴,因此，农村改革还应该继续坚持渐进式的市场化改革方向。

第五节 深化农村改革的政策和建议

安徽针对农村不同阶段发展的突出问题，实施了相应的改革和创新举措，解放和发展了农村生产力。但"三农"问题由来已久、相互交织，且随着形势变化不断衍生发展，不可能仅靠一两次改革就能一劳永逸，需要继续深入推进农村综合改革。

一、存在的不足

从当前情况看，农业和农村发展仍存在以下几个方面的突出问题。

1. 农业生产经营的效率和效益不高，大多数农民无法单一依靠农业致富

以2015年安徽省农民收入构成为例，农业生产经营收入在家庭农业经营收入中的占比已降至50%以下，这一比例从20世纪90年代起就持续下降。在实际调研中，纯粹的农业生产经营收入在分散农户家庭收入构成中，基本保持在30%以下。在市场经济条件下，如果农业生产经营长期低于社会平均利润率，就会使农业始终处于资源净流出状态，丧失作为一个独立产业存在的可能。这也是当前普遍存在的农民兼职化、粗放经营的原因之一。

2. 农村公共产品供给不足，缺乏稳定的资金来源和制度保障

尽管各级财政加大了对"三农"的投入，农村生产生活条件也有了较大改善。但总体来看，这种投入是偶发性的、临时性的，有支农项目的地区，或是新农村建设试点地区，投入就大，相应配套建设就比较健全，但大部分农村地区的公共产品和公共服务的供给情况仍不容乐观。农村地区本来财力就很薄弱，其公共产品如果不能像城市一样，由财政统筹解决，仅仅依靠农民自身是不可能解决的。

3. 城镇化面临诸多障碍，户籍人口城镇化任重道远

近年来农民进城出现停滞不前的局面，究其原因，既有来自农村和农民自身的因素，也有城市接纳意愿和能力不足的因素。在调研中，很多农民反映，一方面农

村现有的土地财产预期收益较高,不愿意放弃;另一方面,进城门槛越来越高,难以承受。而对于城市来说,进城农民人数的增大相应增加了公共产品和服务支出,如果给予数量巨大的进城农民同城待遇,财政压力较大。基于此,安徽近年来按常住人口计算的城镇率仍在稳步上升,但按户籍人口计算的城镇率上升却较慢,如果扣除城市扩张直接将近郊人口划转为城市人口的数量,这一指标上升幅度更小。就安徽省来说,2014年城镇化率为49.2%,而以户籍人口计算,非农业人口比重只占22.7%,两者相差26.5个百分点,涉及1600多万人。这些人虽然被统计为城镇人口,但由于没有城镇户籍,并没有完全享受到城镇居民的福利待遇,处于所谓半城市化或不完全城市化的状态。

4. 农民素质有待提高,培育职业农民迫在眉睫

伴随着农民的转岗进城,农村精英群体迅速流向大中城市,农村税费改革之后,农村科教推广体系弱化和教育培训"离农化倾向"严重,谁来种地、如何种地成了亟待解决的现实问题。农民的减少必须与新型职业农民的崛起同步,否则将严重影响农业发展的后劲,成为农产品安全保障的一大隐患。在目前情况下,由于农业投入的生产要素科技含量低且生产者又缺乏相应的科学技术知识,致使劳动生产率低下,家庭的收入水平也难以提高,发展现代农业缺乏合格主体。

5. 财政支农资金多头管理、投入分散,使用效率不高

财政支农资金分散在七八个部门,基本上所有涉农部门都掌握一部分支农资金,且没有明确划分各自的投资范围和内容,致使一些项目存在交叉重复现象,整合资金也有一定难度。尽管我国多年来一直在探索整合财政支农资金的途径和方法,但效果不明显。其主要原因是受到当前政府管理体制和机构设置的局限,整合支农资金必然会影响部门利益权限和职能定位,造成部门间矛盾,影响资金的使用。

6. 农村环境污染突出,农民生产生活条件有待改善

除了个别被列为试点的地区,很多村庄的环境污染问题难以根治,甚至出现城镇垃圾向农村转移的现象。其中虽有农民生产生活习惯问题,但更多的是农村地大面广,在没有固定财政预算经费的前提下,农村环境治理投入得不到保障,导致治理污染的配套工程缺失、设施不全、管护不力。

二、进一步推进农村改革的政策和建议

深化农村改革,一方面在于加快农村市场进程,按市场规则整合和优化配置资源,激发市场主体和要素活力;另一方面,应明确市场和政府边界及各自职能,明确各级政府相应的责权,该由市场决定的,政府不能越位;该由政府负责的,政府不能缺位。为此建议:

1. 推进农村产权制度改革,积极稳妥地推进土地流动

明确产权是基础。结合正在推进的土地确权工作,逐渐将农民承包土地、林权的确权工作拓展到农村宅基地、房屋和一些生产生活设施,建立联网的农村产权档案信息系统,赋予农民占有、使用、收益、流转及承包经营权抵押、担保等完整的权利。建立各级各类的农村产权交易平台,使交易透明化、公开化,提高产权交易和收益变现的便捷性,盘活农村资源,引导农村资源流向更有需求、更高效率的市场主体。

鼓励各地结合实际,积极发展合同出租、土地入股、合作社牵头的股份合作、宅基地换住房、承包地换社保等形式的农地流转方式。为防止土地所有权虚化,可探索采取社区股份合作的形式,将集体所有权等量化给全体村民,组建股份合作性质的农村生产合作社,以此创新农村土地集体所有制的实现形式。针对土地流转纠纷多、难解决的现象,可尝试在乡(镇)、村两级组织设立纠纷调解仲裁机构,作为司法解决的前置性机构。

2. 培育新型农业经营主体,加快农业现代化进程

根据当地经济社会发展状况和农民实际需求,结合阳光工程、民生工程等项目,积极开展农民教育培训,开展农村科技普及和技术推广,把传统农民改造成为适应现代农业发展的新型职业农民。吸引高素质劳动力进入农业经营领域,研究制订吸引青年人务农的专门计划,扩大务农创业贷款发放及财政贴息规模。待发展到一定阶段,可试行农业资格准入制度,确保宝贵的农业资源由现代职业农民来使用和经营。

明确以专业大户、联合经营户、家庭农场为代表的新型经营主体地位。专业大户、家庭农场坚持了家庭经营的市场主体地位,适应了社会主义市场经济体制和农业生产的要求,具有旺盛的生命力。应总结各地具体做法,尽快出台统一的法规、

条例,对其概念界定、经营范围、适用政策、扶持措施等方面予以规范化,并制定分阶段的培育计划,帮助部分有条件的分散农户成长为专业大户、联合经营户和家庭农场主,提高农业经营者整体素质。鼓励各地创新发展现代农业经营主体,探索建立现代农业产业联合体,以新型农业经营主体所占比例和数量,作为考核农区政府发展现代农业的主要指标。

3. 从城乡两个方面着力,推动城镇化和城乡一体化进程

转变"城市偏向"的发展战略,更多地考虑农村经济和社会发展的需要,加大财政转移支付。结合全面建成小康社会进程,在补缺、补慢、补差的基础上实现城乡协调发展。重点在于建立城乡同等的基础设施和公共服务,建立城乡统一的各项制度,形成城乡统一的要素和产品市场,从而保证城乡之间资源和要素的自由流动和合理配置。

探索建立进城农民退出农村的良性机制。在解决进城农民社会保障问题之后,土地资源的社会保障功能将进一步弱化,而农村无需也无力容纳如此之多的农民就业,减少农民数量才能使农民富裕起来。因此,推动农民向城镇或其他领域转移仍是当前的重要任务。但是,当前农民手中的土地等其他资源已充分显现出资产价值,必须通过适当赎买的方式,让进城农民主动放弃农村资源权利,并将其兑现为进城安家落户的基础和资本。

加快新型城镇化步伐。一方面,要改革户籍制度,推动户籍管理向居住登记服务转变,提升城市接纳能力,降低进城农民入户门槛,逐步实现进城农民的定居化、市民化;另一方面,应结合农民市民化进程,加快提升针对这些人的公共服务水平,满足这些新市民的住房、就业、医疗卫生、社保、文化生活等方面的公共服务需求。

4. 优化农业支持政策,提高支农投入效率

我们应适应 WTO 规则,调整财政支农的投入方式。将财政支农投入的落脚点放在提高农业整体效益上,进一步加大有利于促进农业和农村经济结构战略性调整、有利于直接增加农民收入、有利于提高对有竞争力的农业项目的投资力度。财政支农由重点支持流通环节和消费者转为重点支持生产者,由侧重价格支持转为侧重于对农民收入和基础设施的支持。对主要体现社会效益的公益性和基础性的项目,原则上采取政府直接无偿投资的方式;对符合国家产业政策和我省中长期规划、具有示范价值和经济效益显著的建设项目,可以采取政府投资参股、资本金投入和担保、贴息等投资方式,在项目建成后用资产租赁、转让和出售等方式实现

政府投资的回收,以促进财政支农资金的循环使用。

目前财政支农资金品目繁多,管理和使用支农资金的涉农部门也较多。应根据需要,对各类支农资金采取"并、转、停、增"等方式,把生态环境、基础设施、农业科技推广、农业结构调整等资金有机结合起来,适当集中使用。同时,加大对支农资金使用的监管。科学合理地制定中长期农业发展规划和分年度农业发展计划,制定完善财政支农项目专家评审论证和科学考核制度,对财政补贴农民资金以外的其他财政支农项目资金实行全面统一制定规划、统一申报立项、统一招投标等"六个统一"的管理模式;对于物资、服务等项目,由政府采购中心集中采购;财政支农资金全部纳入专户管理,形成"一条管道对下,一只水龙头浇水"的格局。

5. 着眼于建立长效机制,推进农村生态文明建设

按照全面建成小康社会的目标要求,推进农村面貌的配套改造、整体提升,彻底改善农村居民生活方式,提高环境保护意识;调整和促进农村产业结构升级,发展低碳、循环、有机农业,降低农业资源消耗,减少农业生产污染源。

加大农村生态文明建设的资金投入和政策支持。按照城市文明创建分级包干的做法,强化各级政府对农村生态环境保护的使用和管理责任。制定农村环境整治的资金投入政策、金融支持政策、土地政策、奖补政策和帮扶政策,完善财政以奖代补、一事一议等细则,建立多元化、多层次的资金筹集机制,以财政资金为主,吸引民间资金进入,加强农村环境基础设施建设。

建立科学合理的农村生态文明建设设施的建设、运营、管理和维护的新机制。大力推行"民办公助""以奖代补""以工代赈"和"养事不养人""政府采购""合同承包"等农村生态环境建设投入和管理方式。支持和鼓励民营及工商资本介入农村环保服务领域,充分发挥农村基层组织和农民合作组织在生态环保领域的主体作用。政府可通过委托代理、合同承包、向市场购买服务等方式,让社会经营组织为农村环境建设提供公益服务。从安徽的实践经验来看,对一些小型环境设施的建管维护,采取招投标的方式,引入明确的建管运营主体,建立相应的考核奖惩机制,能取得更好的社会效益和经济效益。

6. 加强基层民主协商,促进农村社会管理现代化

建构以群众需求为导向的服务型政府。进一步拓宽民意表达的渠道,建立有效的基层政府公共服务评价机制。在乡镇引入竞争性选举,改变基层政府领导人只需对上负责的问责机制。发挥乡镇人大的作用,可考虑将乡镇人大与村民代表会议连接起来,形成乡镇民主与村级民主的相互衔接与良性互动。乡镇民主化改革的重点是议事的内容和形式,乡镇和村之间应建立协商式民主平台,如乡镇经济社会发展规划、各级政府下拨的资金等乡镇治理事务,需要通过村民委员会联席会议等形式听取农民意见;乡镇财政预算要吸收村民代表参与,进行民主协商。

推进农村社区建设,应建立健全省级统筹协调机制,推动城乡统筹发展总体规划、农村社区建设规划和各专项规划相互衔接、协调统一;打造农村社区服务中心平台,进一步明确、规范基层政府为村民提供公共服务的职能,厘清政府公共服务与村民自治的内涵和边界,为村民自治赢得更广阔的空间和时间;提升农村社区服务效能,把以人为本、居民满意作为根本导向,积极推动政府基本公共服务项目向农村延伸。同时,大力发展农村社区社会组织,鼓励驻村单位积极参与,积极推进农村社区志愿互助服务。

扩大村民自治。通过民主恳谈会、民主座谈会、民主理事会、村级民主协商日等民主协商形式,开展形式多样的协商活动,为村民自治增添新的活力。积极制定并完善民主沟通会、决策听证会、决策议事会、村民议事会、乡镇人大表决会、党代会代表建议回复会和村民代表监督管理会等相关配套制度,健全村民对村务实行有效监督的机制,加强对村干部行使权力的监督制约,确保监督务实管用,使基层协商民主逐步走上科学化、规范化、制度化轨道。

第二章 以家庭联产承包责任制为核心的农村经营体制改革

第一节 农村家庭联产承包责任制产生的背景

一、从新中国成立到实行家庭联产承包责任制前的农村土地政策变迁

从1949年新中国成立到实行家庭联产承包前,我国农村的土地政策发生了几次重大变迁,根据不同时期的土地制度大致可以将农村土地政策划分为农民土地所有制、农业合作化和人民公社三个时期。

1. 农民土地所有制时期

新中国成立后,党和政府进行了农村土地改革和农业的社会主义改造。1950年国家颁布了《中华人民共和国土地改革草案》,决定废除封建土地所有制。当年冬天就在全国范围内开展了大规模的土地改革运动。到1952年年底,土地改革在全国范围内基本结束,全国大约有3亿无地或少地的农民,无偿分得了7亿亩土地。从此,消灭了地主所有制和封建的剥削关系,结束了中国社会的半封建性质,土地由剥削阶级所有转为归农民所有,实现了"耕者有其田"的目标,解决了民主革命时期留下的最大问题,同时也有力地激发了农民的劳动积极性,大大解放了农业生产力,使农业生产迅速得到恢复和发展。1952年与1949年相比,农业总产值增长了53.4%。同期,粮食、棉花、油料和麻类产量分别增长了44.8%、194%、64%

和727%。①

2. 农业合作化时期

土地改革后,我国农村扩大再生产规模的能力仍然十分有限,许多农户只能维持简单的再生产,有的农户甚至被迫压缩生产规模,有的农民只有通过生产要素间的相互合作才能维持生产。同时,小农劳动者和私有者的双重身份又给农业的社会主义改造带来复杂性。因此,早在革命战争年代,我党在解放区就领导农民开展互助合作运动。新中国成立后,党和政府开展了农业合作化运动。所谓农业合作化运动,也叫社会主义改造,即在中国共产党领导下,通过各种互助合作的形式,把以生产资料私有制为基础的个体农业经济改造为以生产资料公有制为基础的农业合作经济的过程。这一社会变革过程,亦称农业集体化。

3. 人民公社时期

人民公社是在高级农业生产社的基础上联合起来组成的劳动群众集体所有制的经济组织。我国人民公社运动是从1958年夏季开始的,在很短的时间内,全国农村就实现了公社化。人民公社是党的整风运动、社会主义建设总路线和1958年社会主义建设大跃进的产物,并一直持续到实行家庭联产承包制之前。新中国成立初期,我国是十分落后的农业国,国家采取通过人民公社体制优势实施"以农养工"和"用农民集体力量建设农田水利基础设施"的策略,顺利实现了依靠农业积累建立工业化基础,以集体优势建成了一大批农田水利基础设施。工业化基础的建立和农田水利基础设施的建设,为之后改革开放取得巨大成就打下了坚实基础,人民公社在那个阶段的积极作用是无法替代的,但长期执行一种体制势必出现僵化,也必定会束缚生产力的发展。

二、人民公社体制及其缺陷分析

1. 人民公社体制

人民公社体制是在农业合作化运动的基础上,将农民私人拥有的土地生产资料转向集体所有,采取"三级所有,队为基础"的所有制模式,即生产资料分别归公

---

① 黄家声,孙自铎.农村联产承包制及其发展趋势[M].合肥:安徽人民出版社,1989:8.

社、生产大队和生产队三级集体所有,相应建立三级管理机构。其中生产队是最低一级,也是最基本的所有者和生产单位,它拥有最主要的农业生产资料。人民公社成立初期,生产资料实行单一的公社所有制,在分配上实行工资制和供给制相结合,并取消了自留地,压缩了社员家庭副业,严重挫伤了农民的生产积极性,影响了农村生产力的发展。后经多次调整,在1962年以后,绝大多数人民公社实行了"三级所有,队为基础"的制度,恢复和扩大了自留地和家庭副业,但仍存在着管理过分集中、经营方式过于单一和分配上的平均主义。农业实行统一经营、统一核算的计划经济模式,农业生产一般由生产队进行组织,社员以生产队为单位开展劳动并取得报酬。同时,农村人民公社一直实行"政社合一"的制度,即把基层政权机构(乡人民委员会)和集体经济组织的领导机构(社管理委员会)合为一体,统一管理全乡、全社的各种事务。

在人民公社体制下,国家不仅从人民公社内部对农民进行管理,还从外部加强对农民的约束,以保证在国家工业化进程中能够从农业获取发展所需的资源。这些政策突出地表现在四个方面:

(1)户籍制度。20世纪50年代初国家建立了户籍管理制度,根据地域和家庭成员关系将户籍属性划分为农业户口和非农业户口。早期建立户籍制度的主要目的在于准确登记人口居住地点与基本信息,并不涉及公民的自由迁徙与利益权利的分配等问题。在人民公社时期户籍制度就成为城乡之间的一座高墙,限制人口自由流动,其中最主要的是对人口的城乡流动行为进行严格的约束与规制,把农民彻底禁锢在土地上。

(2)农产品统购统销制度。对粮食等主要农产品实行统购统销制度,禁止粮食自由上市,并在城乡居民间建立严格的粮油供应制度。对市民采取低价配给制,对农民实行定量分配制,农民卖给国家的农产品价格被压得很低。这样做不仅迫使农民滞留在农村并必须加入到合作社中,而且使其生活被限制在较低的水平上,以此从价值和实物两方面确保国家高速工业化所需资金和物质的供给,如规定农民口粮分配一年不超过500斤,每个工分值不得超过1.5元。而这样做恰恰使农民丧失了生产积极性,也使农村中的集体组织异化为农民的对立物。①

(3)限制农村非农产业发展。农民为国家工业化作出了贡献,但低价农产品却带来了城市工业的低效率,城市工业化也未产生对劳动力的需求扩张。因此,农

---

① 孙自铎,田晓景,殷君伯.中国农村改革30年:来自改革发祥地的报告与思考[M].合肥:安徽人民出版社,2009:4.

村工业品供给紧张,劳动力大量剩余,虽存在着农村工业化发展的良好空间,但为了保障国家工业的垄断利润,也为了防止农民在不等价交换下产生离农倾向而影响农产品供给,在政策上严格禁止农民发展非农产业,甚至连家庭副业生产也受到多方面限制,还把务工经商者斥为发展资本主义。导致农村中的交通运输业、服务业等发展严重滞后,农村中第三产业的就业劳动力比例甚至低于其他发展中国家。①

(4) 强制实行农业指令性计划。国家还在宏观管理体制上采取了产品经济的管理体制,对农业生产实行指令性的生产和收购计划。在这种体制下,农民的生产要接受队长甚至县长的统一指挥。在流通中把供销社纳入到国营经济体系中,与粮食、食品等部门共同垄断农村市场,统一担负着工业品下乡、农产品进城的任务。这就使工农业产品的不等价交换和城乡二元社会结构得到体制上的保证。

2. 人民公社体制的缺陷

人民公社体制是特定历史条件的产物,其缺陷是先天性的,并且随着这一体制实施的逐渐深入而开始暴露。综合起来说,这一体制主要有两个缺陷,正是这两个主要的缺陷,造成了参加集体统一劳动的社员的劳动积极性逐步消失,农业效率逐步变得非常低下。

(1) "大锅饭"的极端平均报酬制度。农业劳动通常在广阔而分散的土地上进行,对劳动者努力程度的监督十分有限。而且,在收获最终农产品之前,难以判断每一道工序的劳动质量。所以生产队普遍采取"工分制"作为劳动的计量和分配依据。这种"工分制"以潜在劳动能力为依据,根据性别、年龄为每一个社员制定一个工分标准,按出工天数记录工分数,年底根据每个人的工分数进行分配。由于这种分配制度只重视工作时间,完全忽略了实际劳动态度和工作质量,多劳不能多得,偷懒也不会受到惩罚,因此严重挫伤了社员的劳动积极性。

(2) 制度的强制性,对社员的自由形成了很大程度的限制。农业合作化初期,农民按照自愿方式加入互助组和初级社,农业合作化也表现出了某种制度效率,农业生产率不断提高。但从1955~1958年,农业合作化运动转向高级社和人民公社,这一时期制度的刚性开始逐渐显露,一些部门在工作中也出现了急躁冒进的情绪,农民入社由自愿加入改为社会强行组建,农民不再拥有选择的权利。最后,出

---

① 孙自铎,田晓景,殷君伯. 中国农村改革30年:来自改革发祥地的报告与思考[M]. 合肥:安徽人民出版社,2009:4.

现的局面就是社员必须加入,且没有退出的自由,再加之上面所讲的激励机制的缺乏,那么,农民就很可能会选择不努力工作这种消极的抵抗方式,使得农业效率开始逐步降低。①

正是人民公社体制的先天性缺陷,导致在实行人民公社的20多年中,我国农民的贫困状况没有多大改变。从20世纪60年代中期到农村改革前,全国平均每个农民从集体中分得的年收入不过五六十元。1976年是62.5元,其中现金不到四分之一。1977年安徽省人均占有粮食684斤,比1955年还低54斤。1955年安徽省农民人均收入84元,1978年增加到113元,年均仅增加1.26元,考虑到其间的货币价值的变化,农民人均实际收入是下降的。许多集体不但没有积累财富,反而欠下了大量的债务②。

三、人民公社体制下农民对"包产到户"的艰难探索

人民公社时期,为了寻求生存和发展,农民开始积极探索农业发展的新形式,很多地区的农民开始自发地退社或实施"包产到户"等方式,力求突破人民公社体制的制约。在人民公社期间,不少省份,如安徽、四川、浙江、江苏、广东等地的农民采取了"包产到户",广大农民改变人民公社体制的愿望非常强烈,对承包制进行了艰难的探索。

1. "包产到户"出现于高级社时期

1956年,我国大部分农村都完成了由初级合作社到高级合作社的转变。高级社的组建,提高了公有化的程度,但是在生产管理上也出现了一些问题,有些地方出现了生产"大呼隆"、干活"一窝蜂"的现象,社员对此很有意见。同年6月,浙江省温州地区永嘉县县委副书记李云河在该县燎原高级社蹲点,根据社员要求,在个人专管地段劳动质量责任制的基础上,实行包产到户生产责任制,即"三包到队,责任到户,定额到人,统一经营",受到了群众的普遍欢迎。当地县委肯定了这个社的经验,并推广到全县313个农业社,周围各县也纷纷效仿。后来,全温州地区约有1 000多个农业社在17.8万个农户(占总数的15%)中实行了包产到户。③ 在此前后,四川江津、安徽芜湖和阜阳、山西榆次、江苏盐城、广东中山等地也都出现了包

---

① 赵博.家庭联产承包责任制的变迁、现状及前景展望[D].呼和浩特:内蒙古大学,2010.
② 黄家声,孙自铎.农村联产承包制及其发展趋势[M].合肥:安徽人民出版社,1989:8.
③ 杨胜群,田松年.共和国重大决策的来龙去脉[M].南京:江苏人民出版社,1997:302.

产到户的社队的尝试。实行包产到户的社队都收到了提升农民积极性、促进生产发展的良好效果。但是,在当时社会主义改造刚刚完成,人们高歌集体化、批判私有、批判单干的大环境下,"包产到户"这个由农民自发创造出来的新事物没能存在下去,并且在 1957 年受到了批判。然而,浙江永嘉农民的包产到户实验却开了中国农村家庭联产承包责任制的先河,当年的"燎原社"就是改革发源地。①

2. "包产到户"再次出现于"大跃进"之后的经济困难时期

1958 年开始的"大跃进"运动,给经济建设造成极大的破坏。在"大跃进"中开展的人民公社化运动刮起了猛烈的"共产风",更是严重地损坏了农民的生产积极性,给农村经济带来严重的损失。从 1959 年到 1961 年,整个国民经济遭受严重困难,农副产品短缺的问题尤其突出。按照 1957 年的价格计算,1961 年的农业总产值比 1958 年减少了 26.4%,农民收入大幅度降低,生活极其困难。② 为了克服经济困难,全国许多地方都实行了包产到户的生产责任制或其他类似的做法。有的是先由农民自发产生,再由当地政府肯定和推广。这以安徽省最为典型,安徽宿县一位 70 多岁的老农带着因病不能参加集体劳动的儿子,向公社书记提出上山开荒。年终,他们开荒 16 亩,收粮 3 300 斤,扣除自用,上交粮 1 800 斤,交现金 60 元,③这位老农建议把田包给社员种。另外,全椒县的几个农民也向中共华东局负责人提出了"把田包给我们种"的要求。于是中共安徽省委派工作组到基层生产小队进行"联产到户"试点,结果得到了群众的普遍拥护,试点生产队的粮食产量大幅度提高。试点还没结束,周围的生产小队就纷纷要求照办。1961 年初,在中央工作会议上,安徽省委书记曾圣希介绍了责任田的做法,并得到了毛泽东同意试验的准允。这样,安徽省开始全面试行责任田办法,到 1961 年年底时,实行责任田的生产队已占总数的 90.1%。还有一些地方是在当地政府组织领导下实行了类似于责任田的改革措施。比如,中共湖南省委在 1961 年允许借冬闲农田给社员个人种植冬菜或冬种春收作物,收入归社员所有。有的地方实行了分田到户,有的包产到户。河南省在 1962 年春天由集体借一部分土地给社员进行生产自救。甘肃省也在 1962 年实行了借地政策。此外,浙江、江苏、陕西、四川、贵州、广西等地都先后有部分地区实行了包产到户。这一时期的包产到户做法得到了党中央多位领导人

---

① 孙自铎,田晓景,殷君伯.中国农村改革 30 年:来自改革发祥地的报告与思考[M].合肥:安徽人民出版社,2009:7.
② 杨胜群,田松年.共和国重大决策的来龙去脉[M].南京:江苏人民出版社,1997:386.
③ 杨胜群,田松年.共和国重大决策的来龙去脉[M].南京:江苏人民出版社,1997:386.

的支持。然而,这次在全国大范围出现的包产到户的尝试,尽管在实行中已经显现出强大的活力,但还是被"左"的错误扼杀了,包产到户从性质上否定了统一经营、统一分配的人民公社体制,被认为有"私有化"的嫌疑,为当时的政治环境所不允许,为此,它遭到了强烈的反对和批判,在"文化大革命"期间被严令禁止。不过,这些尝试为后来的家庭联产承包责任制的重新崛起埋下了种子。

3. "文化大革命"时期的"包产到户"

1970年后,尽管受到"文化大革命"巨大的政治压迫,但"包产到户"还是在福建、江西、广东、浙江等省的一些地方小范围、悄悄地出现,秘密地进行过。这足以说明"包产到户"受到当时农民的青睐。[①]

怎样既能保证集体所有制大环境不变又能从根本上解决人民公社体制下的激励不足的问题,是20世纪70年代末农村改革的首要目标。而在这两个条件的制约下,家庭承包制势必成为最佳选择。从历史上看,中国是拥有几千年封建制的农业大国,有着悠久的小农传统。家庭承包经营在形式上类似于历史上的土地永佃制,农民对这种制度很熟悉,易于掌握。而且土地集体所有的性质没有改变,只是在集体所有制的前提下划分承包田,易于操作,不存在原则性障碍。家庭作为生产、决策和分配单位,具有降低交易成本、激励生产兼容的特征,是一个有效的经济组织。在人民公社时期,经过一二十年的艰难探索,充分证明了"包产到户"是一种好的体制,而且比较适合我国的当时国情。1976年粉碎"四人帮"以后,人们开始对多年以来的"左"的错误不断进行深入的反思和批判。1978年开展的"真理标准"大讨论,使人们认识到:实践是检验真理的唯一标准,从而有了判断理论与实践是非的锐利思想武器。1978年年底召开的中共十一届三中全会重新确立了实事求是的思想路线,实现了拨乱反正的重大转折,也标志着我国进入了改革开放的新时期。这就为家庭联产承包责任制的形成与发展提供了有利的政治环境与社会条件。

[①] 孙自铎,田晓景,殷君伯.中国农村改革30年:来自改革发祥地的报告与思考[M].合肥:安徽人民出版社,2009:7.

第二节　安徽家庭联产承包责任制改革实践及经济学原理

一、安徽家庭联产承包责任制探索过程

1978年,较早出现"包产到户"的安徽发生了百年不遇的特大旱灾,为了战胜灾荒,在时任省委书记万里的主持下,省委召开紧急会议,适时地作出了"借地渡荒"的决定,将凡是集体无法耕种的土地,借给社员种麦子;鼓励多开荒,谁种谁收,国家不征统购粮,不分配统购任务。正是这一措施,直接诱发了农民"大包干"的浪潮。同时,这也为家庭联产承包责任制的产生打了一个"前哨战"。

在家庭联产承包责任制形成的过程中,安徽省凤阳县小岗村的农民功不可没。小岗村是安徽凤阳县小溪河镇的一个普通小村庄。1978年以前,全村只有20户人家,100多人,是远近闻名的"三靠村"(吃粮靠返销、用钱靠救济、生产靠贷款)。每年秋后,家家户户都要背起花鼓去讨饭。在1978年秋天的一个晚上,小岗村农民做出了一个大胆决定——包产到户。18户农民在队长严俊昌主持下,在社员严立华家写下了一纸契约。全文如下:"时间:1978年12月;地点:严立华家;我们分田到户,每户户主签字盖章,如此后能干,每户保证完成每户全年上交公粮,不在(再)向国家伸手要钱要粮。如不成我们干部作(坐)牢杀头也干(甘)心,大家社员们也保证把我们的小孩养活到18岁。"到会的21个农民,3人盖了私章,18人按了血红的手印,大家发誓,保证严守秘密。① 这颇具悲壮意味的一幕,被认为是一次大转折的起点。当时,他们根本没有意识到,这是在书写着一页新的历史。以家庭联产承包责任制为开端的中国农村经济体制改革,就在这里起步了。当晚,小岗村农民们就秘密地把原归属于生产村集体所有的包括土地在内的生产资料,按人口分配到户。小岗村实行"包产到户",一年就大变样。1979年11月,小岗村当年粮食产量13.2万多斤,相当于1966~1970年5年粮食产量的总和;油料总产量3.52万斤,比实行合作化20多年以来油料产量的总和还多。小岗村不仅结束了20多

---

① 张德元,何开荫.变迁:安徽农村改革述论[M].合肥:安徽大学出版社,2007:13.

年吃救济粮的历史,而且上交国家粮食6 400多斤,还了贷款。① 小岗村农民的行动受到了当时安徽省委书记万里的支持,万里一方面说服其他地(市)、县领导在其辖区内进行"大包干"实验;另一方面,暗地派几位政策研究人员对"大包干"进行调研,以便为将来形成制度规范做准备。

在安徽实行"大包干"的不仅只有凤阳的小岗村,还有安徽肥西县的小井庄。一直以来,小岗村被公认为家庭联产承包责任制的发源地。而事实上,安徽省肥西县小井庄农民实行包产到户,比小岗村还要早3个月。谁是最早的发源地并不重要,重要的是家庭联产承包责任制开始形成了,而且它的出现催生了中国农村的大变革,使中国的农村焕然一新。

"包产到户"意味着农户各自生产粮食,最后全部交生产队分配,这在20世纪50年代合作化高潮时就出现过,被定性为"离开社会主义道路的原则性路线错误"。而"大包干"则让农民取得了对农产品的实际支配权,这在当时简直是冒天下之大不韪。因此,针对安徽包产到户的实践,从中央到地方认识不一致,对安徽的"包产到户"展开了争论。1979年9月党的十一届四中全会通过的《中共中央关于加快农业发展的若干问题的决定》,肯定可以按定额记工分、按时记工分和评议,在生产队统一核算和分配的前提下,包工到作业组,联系产量计算劳动报酬,实行超产奖励,但又指出"不许分田单干""除某些畜牧业生产的特殊需要和边远山区、交通不便的单家独户外,也不要包产到户"。这个《决定》正式颁布后,生产责任制有了进一步发展,但形式仍然主要是小段包工和联产到组。然而,包产到组还不能从根本上解决调动农民劳动积极性的问题,因此,不少地方的群众、干部解放思想,自发地采取了包产到户的责任制。特别是在长期贫困落后的地区,群众从切身体验出发,要求包产到户的呼声最高。实行包产到户后,生产发展的效果也最为明显。就在包产到户在安徽省迅速发展的时候,万里被调到北京,离开了安徽。此时,北京某杂志开始公开批评包产到户,如果不予回应,必将产生不良影响。1979年12月1日,万里在一次讲话中,明确肯定包产到户是一种社会主义的生产责任制,他说:"包产到户不同于分田单干。如果说分田单干意味着集体经济瓦解,退到农民个体所有和个体经营的状况,那么,包产到户并不存在这个问题,它仍然是一种责任到户的生产责任制,是搞社会主义,不是搞资本主义"②。在这种情况下,根据万里的指示,一篇名为《联产计酬好处多》的文章在1980年4月9日的《人民日报》二

---

① 张德元,何开荫.变迁:安徽农村改革述论[M].合肥:安徽大学出版社,2007:13.
② 万里.万里文选[M].北京:人民出版社,1995:135.

版上全文刊登。文章登出之后,反响十分强烈,大部分人是赞成的,但是,很多人仍对包产到户怀有疑虑。1980年春天,内部刊物《农村工作通讯》接连发表文章,批评包产到户。第2期上发表的《分田单干必须纠正》一文,指责包产到户是"分田单干",违背了党的政策,导致两极分化。第3期又发表了《包产到户是否坚持了公有制和按劳分配?》一文,批评"包产到户既没有坚持公有制,也没有坚持按劳分配,它实质上是退到单干"①。

正当包产到户责任制遇到重重阻力的时候,邓小平以极大的勇气和魄力,给予了坚决支持。1980年4月,党中央召开经济发展长期规划会,邓小平在会上指出:"农村地广人稀,经济落后,生活贫困的地区,像贵州、云南、西北甘肃等省份的这类地区,我赞成政策要放宽,使他们真正做到因地制宜,发展自己的特点。有的可以包产到组,有的可以包给个人,这个不用怕,这不会影响我们的制度的社会主义性质。"②5月,邓小平又在《关于农村政策问题》的谈话中明确指出:"农村政策放宽以后,一些适宜搞包产到户的地方搞了包产到户,效果很好,变化很快。安徽肥西县绝大多数生产队搞了包产到户,增产幅度很大。'凤阳花鼓'中唱的那个凤阳县,绝大多数生产队搞了"大包干",也是一年翻身,改变面貌。有的同志担心,这样搞会不会影响集体经济。我看这种担心是不必要的。""总的来说,现在农村工作中的主要问题还是思想不够解放。""从当地具体条件和群众意愿出发,这一点很重要。"③这次谈话为农村的改革拨开了迷雾,指明了方向。此后,农村的改革形势迅速发展起来,并且逐渐形成家庭联产承包责任制。邓小平对包产到户和"大包干"的肯定,对于联产承包农业生产责任制的推行,起了极为重要的推进作用。万里同志曾说:"中国农村改革,没有邓小平的支持是搞不成的,1980年春夏之交的争斗,没有邓小平的那番谈话,安徽燃起的包产到户之火,还可能被扑灭。光我们给包产到户上了户口管什么用,没有邓小平的支持,上了户口还可能被'注销'的。"④

在国家"六五"计划期间,随着中央5个"一号文件"的颁布,包产到户和"大包干"逐步在全国农村普遍推行。1980年9月,中央召开省市区委第一书记座谈会,讨论家庭联产承包问题,并印发了《关于进一步加强和完善农业责任制的几个问题的通知》(即"75号文件"),进一步肯定了农村包产责任制。从此,包产到户由地下走到地上,在全国轰轰烈烈地开展起来。

---

① 葛福东.家庭联产承包责任制的历史轨迹与未来走向[D].长春:吉林大学,2006.
② 张根生.中国农村改革决策纪实[M].珠海:珠海出版社,2001:59.
③ 邓小平.邓小平文选[M].北京:人民出版社,1994:315-316.
④ 张广友.改革风云中的万里[M].北京:人民出版社,1995:251.

二、农村新的经济体制的确立

1982年1月1日,《全国农村工作会议纪要》作为中央第一个关于农业生产的第一个一号文件诞生了,确定了家庭联产承包责任制。此后,中央陆续出台了一系列文件,废除人民公社体制,逐渐放开农产品市场,放松对农民的约束,确立了中国农村新的经济体制,中国农村从此进入了前所未有的发展时期。

1. 家庭联产承包责任制的确立并向全国推广

1982年《全国农村工作会议纪要》肯定了多种形式的责任制,特别是包干到户、包产到户;所有的责任制形式都是社会主义制度的自我完善和同一制度的实现形式,它不同于过去的单干,更不能被当作资本主义去反对;明确肯定了包产到户、包干到户的社会主义集体经济生产责任制性质,从而使它的推行具有了合法性。这就给农村干部和农民吃了"定心丸",开辟了农村经济体制改革的新局面。1982年9月,全国农村实行"双包"的生产队已占生产队总数的74%,其中有94.5%是包干到户。[①] 1983~1985年联产承包责任制在全国农村普遍实行。这个格局从那时起一直稳定下来,并保持至今,成了农村集体经济的一项基本经营制度。为保障农民的土地经营权,1982年第五届全国人民代表大会第五次会议通过的《中华人民共和国宪法》规定:"农村和城市郊区的土地,除由法律规定属于国家所有的以外,属于集体所有;宅基地和自留地、自留山,也属于集体所有。"这就是说联产承包责任制并没有从根本上改变土地集体所有的性质,只是将土地的所有权、经营权分开了。1986年6月通过的《中华人民共和国土地管理法》,使这一制度更加明确。1991年党的十三届八中全会通过了《中共中央关于进一步加强农业和农村工作的决定》,把以家庭联产承包为主的责任制、统分结合的双层经营体制作为我国乡村集体经济组织的一项基本制度长期稳定下来,并不断充实完善。

2. 废除人民公社

全国农村普遍实行家庭联产承包责任制后,原有的人民公社政社合一的体制已不能适应生产力发展的需要。原有的人民公社、生产大队和生产队三级经济组织实际是上下级之间的行政隶属关系,失去了商品生产者应有的地位和活力。政

---

① 张根生.中国农村改革决策纪实[M].珠海:珠海出版社,2001:96.

社不分也削弱了基层政权机构管理行政事务的能力。为发展农村商品经济,就必须对人民公社政社合一的体制彻底改革。这一改革经历了3个阶段:第一阶段为1979年3月~1982年12月,全国有9个省、直辖市的213个公社开展试点工作,有5个县建立了乡政府。第二阶段为1982年12月~1983年秋,新《宪法》规定农村人民公社要改变政社合一的体制,设立乡政府,保留人民公社作为单纯的经济组织,各地继续推行试点。第三阶段为1983年10月~1984年年底,在总结各地试点经验的基础上,中共中央、国务院联合发出《关于实行政社分开,建立乡政府的通知》,要求各地在1984年年底以前完成建立乡政府的工作。到1984年年底,已有99%以上的农村人民公社完成了政社分开工作,建立了9.1万个乡(镇)政府,并建立了92.6万个村民委员会。全国农村普遍实现政社分设后,原来的三级集体经济组织已不存在上下级的行政隶属关系,也不存在生产资料的占有由生产队向生产大队、再向公社逐级过渡的关系,这样原有的人民公社也就不复存在了。

3. 从计划经济向市场经济过渡

在计划经济体制下,国家制定了包括粮食、油料、棉花、棉布等在内的一整套农产品统购统销制度,作为生产主体的农民没有自主权,产品也由国家统一收购,农民自然不关心市场。实行"大包干"以后,农民成为相对独立的商品生产者和经营者,对自己切身利益的关心转化成了对自己所生产产品的关心,必然想要市场、找市场,在市场中获得收益。他们在市场交换中也尝到了甜头,逐渐领悟到,只要完成国家和集体任务,什么赚钱就种什么、干什么,市场这个指挥棒已逐步在资源配置中发挥主导作用。与此同时,国家也有计划有步骤地缩小指令性计划的覆盖范围,逐步放开了城乡市场,市场机制对农业生产的主导性调节作用日益增强。从1985年起,除个别品种外,国家不再向农民下达农产品统购派购任务,而是按照不同情况分别实行合同订购和市场收购。粮食、棉花取消统购,改为合同订购,农副产品逐步取消派购,自由上市,自由交易,随行就市,按质论价。同时,农业税也由过去向农民征收实物改为折征现金。农产品的开放使农民的生产与市场建立了直接联系,农产品生产开始直接接受市场调节。仅凤阳一个县就先后形成了各类专业市场60多个,对促进社会主义市场经济的发展,增加广大农民的收入起到了积极的作用。

4. 逐渐放松对农民的约束

1985年1月中共中央、国务院发布《关于进一步活跃农村经济的十项政策》,

除了改革农产品统购派购制度外,还包括帮助农村调整产业结构,放宽山区、林区政策,兴办农村交通事业,对乡镇企业实行信贷、税收优惠,鼓励技术转移和人才流动,放活农村金融政策,发展和完善农村合作制,扩大城乡经济交往,加强对小城镇建设的指导,对外开展经济、技术交流,等等。逐渐放松对农民的约束,加快农村发展。1986年中央"一号文件"规定:允许农民自理口粮进城务工经商。1992年以后中国突然出现了前所未有的打工潮,当年就有4 000多万农民工流入沿海城市打工,此后外出打工的农民越来越多。随后,国家又出台一系列政策,鼓励农民兴办乡镇企业。

总之,通过改革,我国确立了农村基本经济制度,为开辟中国特色社会主义道路作出了贡献,为中国农村的繁荣发展奠定了基础。

三、家庭联产承包责任制的内涵及蕴含的经济学原理

1. 家庭联产承包责任制的内涵

家庭联产承包责任制又称"大包干",包括包干到户和包产到户,是指农户以家庭为单位向集体组织承包土地等生产资料和生产任务的农业生产责任制形式,是以集体经济组织为发包方、以家庭为承包主、以承包合同为纽带而组成的有机整体,坚持"集体所有、分户经营",把土地的所有权与经营权分离开来。在保留集体经济必要的统一经营的同时,集体将土地和其他生产资料承包给农户,承包户根据承包合同规定的权限,独立作出经营决策,并在完成国家和集体任务的前提下分享经营成果。主要特点是"统分结合的双层经营体制",具体体现在集体和农户的两个经营层次。集体在经营中的作用主要在土地发包,产前、产中、产后服务等,农户则成为基本的生产经营单位。"统"和"分"是相互依存、相互促进、共同发展的关系。包干到户的分配政策是"交够国家的,留足集体的,剩下全是自己的",利益直接,责、权、利关系明晰,方法简单。

2. 家庭联产承包责任制改革的制度经济学原理

为什么土地承包后就能提高效率?从制度经济方面怎么解释呢?农村联产承包责任制改革,是以家庭为生产单位,把农村的土地除所有制外的占用权、使用权及收益权划分给农民,让农民在土地上投入的劳动与收获相对称,刺激农民的劳动积极性而获得更高的收益。这实质上是一种对产权制度的重新安排,提高了效率。

科斯在 1959 年发表的《联邦通讯委员会》和 1960 年发表的《社会成本问题》两篇文章中提出了制度经济学的三个定理,深刻地揭示了产权安排与资源配置之间的联系。科斯的第一定理为:在市场交易费用为零的情况下,产权制度安排对资源配置没有什么影响。但现实经济生活中,市场交易费不可能为零,因此,科斯推论出第二定理:一旦考虑到市场的交易成本,合法权利的初始界定会对经济制度运行的效率产生影响。科斯第二定理有两层含义:一是在交易成本大于零的现实世界里,产权初始分配状况不能通过无成本的交易向最优状态变化,因而产权初始界定会对经济效率产生影响;二是权利的调整只有在有利于总产值增长时才会发生,而且必须在调整引起的产值增长大于调整所支出的交易成本时才会发生。在第二定理的基础上,科斯又推论出第三定理:在交易成本大于零的情况下,产权的清晰界定将有助于降低人们在交易过程中的成本,提高经济效率。换言之,如果存在交易成本,没有产权的界定与保护等规则,即没有产权制度,则产权的交易与经济效率的提高就难以展开。

根据科斯的三大定理,我们完全能解释为什么土地被承包后就能提高生产效率。在我国人民公社之前的几千年农业发展历程中,无论农民拥有自己的土地,还是农民租种地主的土地,都是以家庭为单位进行经营。农民自有土地的产权是清晰的,而租种地主的土地,除了所有权归地主外,通过契约关系使土地使用权、收益权、分配权也非常清晰,易于降低交易费用,提高效率。而在我国人民公社时期,农村实行集体所有制,土地产权模糊不清,必然导致效率低下。人民公社时期的集体所有制是一种特殊的所有制,既不是农村社区内的农户之间基于私人产权的合作关系,也不是一种纯粹的国家所有权,就其实质来说,它是国家控制但由集体来承受其控制结果的一种农村社会主义制度安排,它的产权界定非常不清晰,是很模糊的。国家通过执行指令性生产计划,产品统购统销,严禁长途贩运和限制自由商业贸易,关闭农村生产要素市场,以及隔绝城乡人口流动等措施,事实上早已使自己成为集体所有制配置其经济要素的第一位决策者、支配者和受益者。在合法范围内的集体,仅仅是国家意志的贯彻者和执行者,它只是占有经济资源,并且常常无力抑制国家对这种集体占有权的侵入。就这一特征而言,农村集体所有制与国家所有制是一致的。不同的地方在于国家控制全民经济时,能以财政作为就业、工资和其他福利的担保;而国家虽支配集体所有制但并不对其控制的后果承担直接的财务责任,仍然要集体承担这一切自上而下命令的经济后果,包括集体提留量、社会分工的价值量。只有这时,集体经济才"名副其实"。由此可见,人民公社时期农村集体所有制产权权能是不健全的,产权的界定是非常模糊的。

产权界定的模糊会导致交易费用的提高和劳动者及管理者的激励不足,使其效率低下。以集体共同劳动为特征的公社体制,由于监督者在集体劳动中很难从直观上判断耕作者在集体劳动中是否密集地投入了劳动,监督者很难让偷懒者为自己的偷懒行为付出代价,同时作为监督者由于缺乏激励机制,也不愿过多投入精力对劳动者进行管理和监督。作为经济理性人,当农民意识到自己偷懒后也可以获得和勤劳者一样多的经济收益时,集体劳动中的偷懒行为就会普遍化。偷懒行为普遍化的结果是精耕细作的耕作技术无法得到贯彻实施,因为精耕细作的耕作技术是以密集投入劳动力为特征的,而农民普遍偷懒后在单位面积土地上投入的劳动力必然减少,从而导致耕作技术的倒退,人们实际采用的是粗放耕作技术,既无用地积极性也无养地积极性,土地产出率下降,从而引起农业经济的衰退和国家粮食供应的不足。

小岗村实行包干到户,对土地等生产资料的产权重新进行界定,所有权仍归集体,使用权、占有权、支配权、收益权都归农民,明晰了土地等生产要素的产权,同时对以生产队为主的集体经济实行淡化,以家庭作为生产经营单位,实行"交足国家的,留足集体的,剩下都是自己的"契约规则,农民的劳动与物质投入与其得到的收益相对称,调动了农民的积极性,刺激农民提高农业技术,增加投入,达到降低交易费用、提高效率的目的。

产权的改革是有成本和社会条件的,在人民公社时期,由于当时的社会政治制度不允许包产到户,因此,从 20 世纪 50 年代开始,不少地方农民多次探索包干到户,但都被当时的政治力量扼杀了。直到 20 世纪 70 年代末,粉碎"四人帮"后,进行了"真理标准"大讨论,人们的思想得到一定程度的解放后,这项改革才有了实施的社会条件。

第三节　实行家庭联产承包责任制的意义

实行家庭联产承包责任制,是新中国成立以来我国农村经营管理体制中最为重要的一次改革,是中国人民的伟大创举,是中国共产党在探索走中国特色社会主义道路中进行经济体制改革的一个突破口,对中国农村乃至中国经济的发展都具有极其重要的意义。

一、冲破了"一大二公"的人民公社经营管理体制

实行家庭联产承包责任制,克服和纠正了我国农村长达 20 多年的平均主义错误,激发了亿万农民群众的生产积极性。由于人民公社强调统一核算、统一分配、统一安排生产、统一调配生产力,使农民过早地失去了对土地和生产经营的自主权。另外分配中的平均主义错误,也导致了干活"大呼隆",出工不出力。社会主义的多劳多得原则,在人民公社的经营管理体制中得不到体现,严重损害了农民的利益,极大地挫伤了农民的生产积极性,造成了农业生产以致整个国民经济长期发展缓慢的局面。小岗村实行"大包干"改革后,全国实行了家庭联产承包责任制,彻底改变了"一大二公"的人民公社经营管理体制,调动了人民群众的积极性。

二、解决了中国人的吃饱饭问题

自 20 世纪 50 年代中期开始,我国农村在短短的两三年里就完成了合作化和人民公社化,然而直至 1978 年年底,在这一所有制形式和经营模式下,我国城乡一直未能解决温饱问题,口粮分配制和粮票供应制一直实行了 20 多年。而实行"大包干"以后,短短几年内,我国很快便实现了粮食自给,经济发展的农产品短缺问题得到了基本缓解,使长期处于贫困中的几亿农民的温饱问题得到了基本解决。据国家统计局的统计,1979~1984 年,主要农产品产量全面提高,全国粮食产量由 1978 年的 30 477 万吨增加到 1984 年的 40 731 万吨,平均每年增加 1 709 万吨,增长率达 4.95%,比前 26 年的 2.41% 的增长率高 1 倍多,仅用短短 6 年时间就实现粮食增长 1 亿吨。同期全国棉花总产量由 216.7 万吨增加到 625.8 万吨,增长 1.8 倍;油料产量由 521.8 万吨增加到 1 191 万吨,增长 1.3 倍;猪牛肉产量由 856.3 万吨增加到 1 540.6 万吨,增长 80%。①

三、开创了我国农村的新局面

我国是一个农业国,农业在国民经济中占有举足轻重的地位。要进行大规模经济建设,农业必须首先得到较大的发展。实行家庭联产承包责任制使我国农业

---

① 王鸿模,苏品端.改革开放的征程[M].郑州:河南人民出版社,2001:317,319.

摆脱了长年在低水平徘徊的局面,呈现了一派欣欣向荣的景象。家庭联产承包责任制的推行给农村带来了深刻变化。

1. 农业产业化结构得到调整

农村改革后,农民的积极性提高了,农民有了生产经营的自主权利,大量劳动力从土地上解放出来。农村中集体的、个体的及私营的企业迅速发展起来。同时,农业多种经营有了新的发展,林牧副渔产值在农业产值中的比重逐年上升,农业内部结构得到了调整。1987年,全国乡镇企业产值达到476亿元,占农村社会总产值的50.4%,首次超过了农业总产值。这是我国农村经济的一个历史性的变化,对于促进农业的进一步发展、增加农民收入、繁荣农村经济、更新农民观念,具有十分重要的意义。

2. 农村经济商品化水平提高

实行农村家庭联产承包责任制促进了农民生产方式和生活方式的转变,农村商品化的范畴不断扩大,农民逐渐由自给自足的小生产者向商品生产者、经营者转化。商品生产的发展促进了商品购销方式的改变,改革了地区封锁、条块分割的管理体制,改革了单一的流通渠道,扩大了商业网点和服务功能,开展了横向经济联合,推动了农村金融体制的改革,农村经济商品化水平和农产品的商品率逐年提高。到20世纪80年代末90年代初,我国已有国家级市场20个左右,区域性专业市场2 400多个,其中农产品市场1 800多个、工业品市场600多个、贸易市场7 600多个,初步形成了以国家级市场为龙头、以区域性专业市场为骨干、以集贸市场为基础的商品市场体系。这说明,实行农业生产责任制促进了农村市场的发育和完善。[1]

3. 农民生活有了显著提高

随着农村经济的发展,农民生活水平不断提高。到1988年,农民人均年收入由过去的133.6元提高到544.94元,提高了210.7%,[2]是新中国成立30多年来农民生活水平提高最快的时期。1988年以后,农民生活水平继续提高,不少地区农民的生活已经达到小康水平。

---

[1] 葛福东.家庭联产承包责任制的历史轨迹与未来走向[D].长春:吉林大学,2006.
[2] 张根生.中国农村改革决策纪实[M].珠海:珠海出版社,2001:191.

四、使部分农民从土地的束缚中解放出来

我国实行家庭联产承包责任制后,乡镇企业异军突起就是一个很好的证明。从1984年开始,乡镇企业作为国民经济的一支重要力量登上了历史舞台,不仅为农民增收,更是吸纳了数以千万计的农村劳动力人口。实行家庭联产承包责任制把一大批农民从田地中解放出来,使社会劳动生产力结构发生了变化,为乡镇企业提供了大量的劳动力资源。到1987年,乡镇企业数量从1978年的152万个发展到1750万个,从业人数从2826万人迅速增长到8805万人,产值达到4764亿元。这是农村经济的一个历史性变化。乡镇企业的兴办,不仅在增加农民收入、促进农业发展、繁荣农村经济、更新农民观念方面起到重大作用,而且在增加财政收入、发展出口创汇、推进我国工业化及城市化进程方面作出了重大贡献。随着乡镇企业的发展,中国兴起了一大批小城镇,这为推进我国农民角色的转变、农村社会向工业社会的转型提供了一条具体可行的道路。实行家庭联产承包责任制,解放了农村生产力,农村出现大量剩余劳动力,越来越多的农村剩余劳动力告别了难以割舍的乡土社会,争先恐后地涌入大中城市和经济发达地区求职谋生,引发了规模宏大的农村剩余劳动力跨产业大转移、跨区域大流动,使长期被束缚在土地上的农民呼吸到了城市文明和工业文明的新鲜气息,融入了中国现代化建设的滚滚洪流。这些人对城市经济的飞速发展和社会进步作出了巨大贡献,成为一支推动中国经济持续增长、全面建设小康社会的生力军,农村劳动力转移满足了改革开放后工业和城市发展对劳动力的需求,有力地支持了城市建设和工业的发展。

五、为城市经济体制改革积累了经验

新中国成立后,我们对以国营企业为主的城市经济体制采取了许多改革措施,但主要是在中央与地方权力划分上做文章,没有真正涉及企业责、权、利关系这一核心问题。农村普遍推广的家庭联产承包责任制适时地为城市经济体制的改革开辟了一条新的思路。1981年4月,国务院在"全国工交工作会议"上提出工交企业逐步建立和实施工业经济责任制的要求,这种责任制的基本内容是:在国家计划指导下,以提高经济效益为目的,强调责、权、利的紧密结合,把企业对国家的责任放在首位,以责为核心,以责定权、以责定利,培育企业的约束机制。这样,农业生产

责任制就被正式引入到城市经济体制改革中。1984年10月,党的十二届五中全会通过了《关于经济体制改革的决定》,提出城市经济体制改革实行政企职责分开、建立多种形式的责任制、认真贯彻按劳分配原则等要求,从而使家庭联产承包责任制的一些基本原则在城市经济体制改革中得到进一步的应用和发展,在国营企业建立了各种形式的承包经营责任制,并最终使之成为我国国营企业当时普遍实行和最为有效的经济责任制。

第四节 安徽实行家庭联产承包责任制的实践经验和启示

小岗村的改革已过去了30多年,我国农村改革也取得了巨大成就。回顾当年小岗村改革,仍有许多值得总结和概括的经验,对今天的改革有较大的启示意义。

一、改革应遵循实事求是的宗旨

农村改革和开展一定要以中国的国情和实际发展水平为基础,坚持实事求是。我们应当注重对社会主义理论的全面理解,不能片面地将社会主义与集体经济画等号。历史证明,单纯的集体经济体制是不符合我国生产力发展要求的,是阻碍我国农村发展的。1978年,安徽凤阳小岗村搞家庭承包的尝试,拉开了新一轮改革的大幕,随后的一步步改革都是遵循实事求是的原则稳步推进的。

二、改革应符合生产力决定生产关系的原理

农村中的改革,实质上就是调整束缚生产力发展的生产关系,探索适应农村生产力发展的农业公有制的有效实现形式。包产到户之所以能够一再表现出顽强的生命力,就是因为它适应了中国农村阶段生产力的发展水平。农村改革之所以见效非常快,就是因为新的生产关系形式促进了生产力的发展。因此,对于基层的一些做法,对于群众中涌现出来的新东西,是否鼓励、是否支持,根本的标准还是要看是否有利于农村生产力的发展。我国现行的农业经营制度已推行30多年,随着农业生产力的发展和农业科技的进步,农业的分散经营、小规模生产,越来越不能适

应现代农业发展的要求,必须进行适当的生产关系调整,推动现有农业的改革,以适应农业生产力的发展要求。

三、长期坚持农业家庭经营体制不动摇

小岗村"大包干"改革的实质是把土地分给农民,恢复农业家庭经营体制。党的十五届三中全会指出:"以家庭承包经营为基础,统分结合双层经营体制长期不变;土地承包期再延长三十年不变。"两个长期不变政策合二为一,其实也就是长期坚持农业家庭经营体制不动摇。为什么农业必须坚持家庭经营体制呢?

1. 农业家庭经营体制是人类社会各社会形态和世界各国农业发展的共同选择

回顾我国农业发展史,自秦汉以来,我国家庭农业的耕作模式以自耕农和佃农两种形式经历了两千余年,并一直延续到新中国成立初期,若以互助合作运动的开展为家庭农业的结束标志可计算到1956年年底。纵观当今世界各国,农业的发展方式基本上都选择了家庭经营体制,尤其是美、英、法、德等西方发达国家,农业的经营主体中有80%以上为家庭农场。随着家庭农场的发展,农场规模由小变大,农业劳动生产率由低到高,管理方式由落后到科学,农业逐步走上了企业化经营与企业化管理的现代农业轨道。

2. 农业家庭经营体制是农业生产特点本身的客观要求

农业生产有如下特点:① 农业生产(尤其是种植业)必须在广阔的空间里进行,这在客观上形成了农业经营的分散性。② 农业生产的劳动对象是有生命的动植物,客观上要求劳动者在生产劳动过程中应具有强烈的责任心,须关心、爱护劳动对象。③ 农业生产的季节性以及动植物的生产时间和人们劳动时间的不一致性,决定了劳动者劳动用工时间具有灵活性、自主性和随意性,甚至有时候需要劳动者根据农时,不分昼夜地抢种抢收、抢管抢护。④ 农业生产具有较长的周期性,且没有"中间产品",只有最终产品。这客观上要求劳动者只有完成从种到收的一连串的生产劳动全过程,才能保证农业生产作业成果的数量与质量。为了适应农业生产以上特点,农业经营方式的最佳选择只有"以家庭为单位经营"。

3. 农业家庭经营体制是对新中国农业 60 多年的曲折经历和三次农业生产关系变革的实践经验总结和历史抉择

回顾新中国农业 60 多年走过的道路,按生产关系的发展演变,可将其明显地划分为三个分阶段:① 1949~1957 年,个体家庭农业＋互助合作农业阶段;② 1958~1978 年,人民公社集体农业阶段;③ 1978 年至今,以家庭为基本生产经营单位的家庭农业体制阶段。这三个阶段,农业生产关系分别是"家庭农业体制(低层次的)——集体农业体制——家庭农业体制(新层次上的)"。两次农业大发展时期都同家庭农业体制的推行直接相关。

回顾历史,家庭农业体制不仅是新中国农业 60 多年的实践经验的总结和历史选择,也是从古到今世界各国农业的一致选择,符合社会历史发展潮流。这一体制的推行,不是党中央最高决策层的一厢情愿,而是广大农民群众和农业生产特点本身的内在要求。今后农村改革的深化,还要围绕不断充实和完善农业家庭经营体制展开,在此基础上做文章。

四、自下而上的改革需要上层的支持

制度变迁有两种方式,一种是自下而上的诱致性制度变迁,即个人或一群人在给定的约束条件下,为确定预期能导致自身利益最大化的制度安排和权利界定而自发组织实施的创新,诱致性变迁的发生必须要有某些由制度非均衡带来的机会。另一种是自上而下的强制性变迁,即权力中心凭借行政命令、法律规范以及经济刺激来规划、组织和实施制度创新,强制性变迁的主体是国家及其政府。小岗村的悄悄改革是一种诱致性变迁,是一种自下而上的改革。在中国,诱致性制度变迁是否成功,还取决于上层是否支持。在有关农村所有制的问题上,向来都是由中央定夺。对于包产到户这一新的制度安排,当时还处于明确被禁之列。在人民公社时期,全国不少地方都进行过包干到户的尝试,但后来都被中央否定了。为什么小岗村改革能取得成功?在"大包干"最初发展遇到阻力时,时任凤阳县委书记的陈庭元、时任滁州地委书记的王郁昭以及时任安徽省委书记的万里等党政领导人数次到小岗村考察,充分肯定了群众的创造实践,从而保护了群众的积极性。尤其是邓小平十分尊重农民的首创精神。1980 年 4 月 2 日,他专门约见万里等人,要求其在调查研究基础上形成意见交中央书记处讨论,并提出对边远贫困地区政策要放宽,要尊重群众的选择,可以包产到组,也可以包产到人。随着解放思想的不断深入和

"大包干"取得明显的增产效果,中央充分汲取了群众创造的成果,通过了《全国农村工作会议纪要》,肯定了"大包干"的作用,为"大包干"的发展开辟了道路。如果不是得到当时安徽省委书记万里的支持,并获得中央领导的支持,说不定这次改革就夭折了。安徽地方政府在帮助小岗村改革创新过程中起着关键的作用。像这种情况还有乡镇企业和民营经济,开始也是不被中央政府所接受,正是地方政府秘密保护了它们,让它们悄悄发展,才有日后的迅速崛起。当乡镇企业和民营经济的制度创新带来了巨大收益、对中国经济产生重大影响后,中央政府也就接纳了这一变革,如今乡镇企业与民营经济成为了中国经济的主要力量。因此,作为决策者和领导者,要经常关注自下而上的改革,认识到它的合理性。一旦基层改革符合规划,能带来巨大收益和红利时,要及时进行调查研究,对该项改革进行完善和推广,巩固基层的改革成果。

五、农村改革不可忽视产权改革

小岗村"大包干"的改革之所以能调动广大农民的积极性是因为改革遵循了制度经济学的规律:产权明晰能降低市场交易费用,对市场主体产生激励作用,调动经济主体的积极性。人民公社时期,土地等生产资料完全集中于人民公社和国家手中,这实际上是平均主义、大锅饭。公有制若发展到了极端,农民不仅失去了包括土地在内的所有生产资料,而且也失去了自主劳动的权利,"干多干少一个样,干与不干一个样"。这项制度监督成本非常大,交易费用非常高,造成了这一时期劳动生产率低下,农民普遍贫困。小岗村的"大包干",实际上是将集体的土地通过一定的方式(交足国家的,留足集体的,剩下全是自己的),在一定的期间内将土地使用权界定给农民,土地产权从模糊到一定程度的清晰,对农民产生了激励作用。中共十一届三中全会后,农村普遍实行了家庭联产承包责任制,土地仍归集体所有,但将经营使用权承包给了农民,国家以法律的手段把土地使用权界定给农民,实现了土地所有权与使用权的分离。从"土地承包期再延长30年不变"到现在的"承包权长久不变"和"土地确权",土地的承包权更加清晰,改革的思路完全是按照"产权清晰"的思路展开的。今天,随着城镇化的推进,越来越多的农民进城,农村出现了承包地抛荒、宅基地荒废等问题,土地效率低下。这就需要对农民土地产权进行进一步改革,分离土地使用权和承包权,法律要允许农地承包权转让,加强农村土地产权市场化改革,允许农民将拥有的承包地和宅基地在市场上自由转让,在城镇化过程中让农民带着财产进城。

第三章 以价格改革为突破口的安徽农村市场体制改革

产品价格的形成机制是经济体制改革的关键环节,也是区别计划经济与市场经济的重要标准之一。因此,安徽在推进农村改革、建立农村市场经济的过程中,首先以价格改革为突破口,逐步放开对农产品的价格管制,形成以市场定价为主、以政府宏观调控为辅的价格形成机制,并通过制定政策法规、培育市场主体、创新流通方式、搭建交易平台,不断推进农村市场经济体制的建立和完善。

第一节 农村改革前的城乡关系与农产品市场

一、计划经济体制下的农产品购销政策

1. 农产品统购统销政策与剪刀差

农产品统购统销政策从1953年开始实施。统购统销,就是借助政权的强制力量,让农民把生产的粮食卖给国家,全社会所需要的粮食全由国家供应,农民自己食用的数量和品种也得经国家批准后才能留下。城镇家庭每家一个粮本,凭粮本供应粮食。此外,国家还严格控制粮食市场,禁止粮食自由买卖。

剪刀差是指在工农业产品的长期交换中,农产品价格低于其价值,工业品价格高于其价值,由这种不等价交换形成的剪刀状差距。剪刀差有比价剪刀差和比值

剪刀差两种表现形式。剪刀差在新中国成立前就已经存在,新中国成立后不仅没有缩小反而日益扩大,发展成为我国工农业之间、城乡之间以及工人和农民之间的一个重大经济问题。如果单从农业税上看,农民对国家的贡献是很小的、农民负担是不重的,如1982年我国农业各税收入是29.4亿元,只占当年财政收入的2.4%。而该年度农产品价格转移总额是740亿元,农业总产值是2 785亿元,农副产品收购总额为1 083亿元。那么套用剪刀差的绝对量测算公式:(740÷2 785)×1 083,可以得出1982年国家通过价格渠道从农业部门创造的国民收入中转移出去的价值量是288亿元。1982年农民剪刀差绝对量负担是当年农业各税税收的9.8倍,与1982年国家财政收入1 212.3亿元之比是23.8%。农业各税与剪刀差绝对量之和是317.4亿元,占当年财政收入的26.2%。

2. 农产品剪刀差对农村利益的长期损害

关于国家从实行粮食统购统销开始到取消统购统销制度,国家通过工农产品剪刀差使得农民承受了多少经济损失,官方未曾给出正式的数据。下面列出一组研究者根据不同计算口径测算出的剪刀差额度数据,从中可以看出农民所承受的这种剪刀差隐性负担是很沉重的:凌志军(1998)认为,农村工业化的税收政策,以及工农产品价格的剪刀差方式,从农村拿走了大约6 000亿元。发展研究所综合课题组(1998)估计,30年来在农产品的价格剪刀差形式内隐藏的农民税赋高达8 000亿元。王梦奎(1999)认为,从1952~1986年,国家通过工农业价格剪刀差从农业拿走5 823.74亿元,年平均为200亿~300亿元。仲大军(1998)推算,从1952~1986年,国家通过"剪刀差"从农业中抽走了5 823.74亿元,加上收缴的农业税1 044.38亿元,34年间国家从农业抽走了6 868.12亿元,约占这些年农业所创造价值的18.5%。陈吉元(1993)测算,1951~1978年间,通过工农业产品价格剪刀差形式,国家从农村拿走了5 100亿元。李茂兰等(1996)认为,从1952~1978年,中国农业通过剪刀差方式向工业转移的剩余超过6 320亿元,加上农业税共计7 264亿元。扣除国家给农业的发展、建设等方面的资金1 730亿元,农业实际向工业净提供资金5 534亿元,平均每年205亿元。毕泗生(2003)提到著名"三农"问题专家陈锡文认为,从1953年实行农产品的统购统销到1985年取消统购统销期间,农民对工业化的贡献大约是6 000亿~8 000亿元,即国家通过工农业产品价格剪刀差从农村拿走了6 000亿~8 000亿元资金。严瑞珍等人在《中国工农业产品价格剪刀差》一书中根据等量劳动创造等量价值的原理,把工农业劳动者折合为可比劳动力,再按他们在社会总劳动中占的比重分配新创造的价值,加上物质消耗,计算工农产品的总价值量,然后同按现行价格计算的工农业产值进行比较,得出价格背离各自价值的幅度。该书罗列了从1952年我国对主要农产品实行统购统销以来到1985年取消统购派购制度期间几个主要年份剪刀差的变化情况。江苏省农调队课题组认为,通过政策导致的工农产品的不等价交换,1978年以前国家从农村拿走大约6 000亿元,年均240亿。

  土地家庭承包制下,农民的剪刀差负担并未消失。1978年以后,由于实行了包括家庭联产承包责任制、大幅度提高农产品价格、给农业生产自主权、改革统购统销制度和开放农产品、劳力及资本市场等一系列新的农村经济政策,大大调动了农民进行农业生产的积极性,劳动生产率得到提高。在劳动生产率大幅提高和农产品价格大幅提高两种因素的交互作用下,1978年以来工农产品剪刀差逐步缩小。但效果并不理想,剪刀差仍呈波浪起伏状,1978～1988年,工农产品剪刀差逐步缩小,但1989年后又有所扩大;1994年国家大幅度提高农产品收购价格后剪刀差又开始缩小,然而1996年后剪刀差再次回升。江苏省农调队课题组认为,1978～1986年间国家通过剪刀差从农业剩余中年均"剪"去700亿,1987年到20世纪90年代中前期平均每年"剪"去约上千亿元。20世纪90年代后半期后,由于绝大多数非农产品已经进入市场竞争决定价格的时代,剪刀差对农业的影响才开始减弱。

二、农村改革前的正式农产品市场

1. 供销合作社

  1949年11月,国家成立了中央合作事业管理局,主管全国合作事业。1950年7月,召开了中华全国合作社工作者第一届代表会议,通过了《中华人民共和国合作社法(草案)》《中华全国合作社联合总社章程(草案)》等重要文件,成立了中华全国合作社联合总社,统一领导和管理全国的供销、消费、信用、生产、渔业和手工业合作社。1954年7月,召开了中华全国合作社第一次代表大会,修改了社章,将中华全国合作社联合总社更名为中华全国供销合作总社,建立了全国统一的供销合作社系统。从新中国成立到1957年,供销合作社在全国得到迅速发展,形成了一个上下连接、纵横交错的全国性流通网络,不仅成为满足农民生产生活需要、组织农村商品流通的主渠道,而且成为联结城乡、联系工农、沟通政府与农民的桥梁和纽带,对恢复国民经济、稳定物价、保障供给、促进农业和农村经济发展起到了重要作用。这一时期,是供销合作社发展的黄金时期。1958年以后,供销合作社的发展经历了一个曲折的发展时期,与国营商业曾两次合并,又两次分开。1982年,在机构改革中,全国供销合作总社第三次与商业部合并,但保留了全国供销合作总社的牌子,设立了中华全国供销合作总社理事会,保留了省以下供销合作社的独立组织系统。这一时期,在党的十一届三中全会以来的路线、方针、政策指引下,在改革开放的宏观环境中,供销合作社在加强为农服务、改进经营方式、提高综合实力和扩大对外交往等方面取得了可喜的成绩,供销合作社事业得到较大发展,为改革开放初期我国农业和国民经济的发展作出了很大贡献。

2. 集市贸易

集市贸易是指中国农村在固定地点进行的集中的初级贸易。这种贸易的参加者主要是农村集市所在地及其附近的农民、手工业者和其他乡村居民,他们之间的买卖活动形式是生产者向消费者直接出售商品,是生产者之间的商品交换,是一种简单的商品流通。除此以外,参加者还有小商贩以及其他的生产者和消费者。新中国成立后,随着我国农村经济的发展和农村产业结构调整,农民生产生活需求比较旺盛,促使农村集市贸易迅速发展,使得农副产品获得了更多集散和交易的机会。农村集市贸易能够发挥衔接城乡产需、引导消费、增加就业和带动当地经济发展的作用。

三、农村改革前的非正式农产品市场

1. 私下交易

私下交易即黑市交易。"黑市"是国家禁止的商业贸易形式。参加"黑市"贸易的有由小商小贩、生产队以及多种人员构成的所谓的"贩卖集团"。小商小贩,即"没有或只有少量资本,向商人或小生产者购入商品,再向消费者出售,不雇请工人或店员,自己从事商品流通过程中的劳动以获取生活之全部或主要来源的人,被称为小商。经常流动行走的小商,被称为小贩"。小商小贩分两类,一类是经过国营"自由市场"组织起来的小商贩,另一类是自发的"私商"。前者按照批准的经营范围,可以赶集串乡,进行贩运,通过地区差价取得合理的收入。但是不准远途贩运,也不准在同一集市做转手买卖、投机取利,并且要严格遵守市场管理规定。后者是被国家明令禁止的,也受到市场管理部门管理。统购统销时期,国家对农副产品和日用工业品进行管制,实行统一收购、销售和供应,当供不应求、物质短缺情况下,部分人看到存在某些物资的市场需求,而另一部分人又想购买到那些物资,这两部分人便会逃避政府的监管,进行地下交易,"黑市"活动便由此滋生。究其深层原因则主要是因为落后的社会生产力不能满足人们日益增长的物质文化需要,而人们又想要满足自身需要,有需求必会产生供应,这就给"黑市"的产生提供了温床。

虽然国家对集市和商品流通进行严格管制,但"黑市"活动仍屡禁不止。在统购统销的不同时期,"黑市"上交易的物资种类也有所不同。在初期,交易的物质大部分都是国家统购、定量供应,与人们生产、生活极其相关的物资,后期则慢慢扩展到与生活紧密相关的工业品,比如肥皂、煤油、鞋、自行车、手表等。参与"黑市"活动的人主要是农民、小商贩、部分城市居民和一些国家机关事业单位的工作人员。民众参与黑市交易的途径、方式也多种多样。在农村,由于国家征购粮食过多,从而出现了人为导致的缺粮现象。此时,虽然黑市价格比统销价格高很多,但在粮食短缺的饥饿时期,大部分农民便会到黑市购买粮食,以期解决生存问题,在城市也是如此。城镇居民的粮、油、布料等实行定量供应,一些富裕的、人口较多的家庭或普通家庭有亲朋好友来访时,国家的定量标准往往不能满足他们的需求,这时他们只能通过另外的途径来获取,这种渠道便是通过黑市购买,有的则利用亲戚朋友在机关单位工作的私人关系,通过走后门、贿赂的方式套买供应票证。

2. 作为投机倒把的农产品长途贩运

长途贩运之所以普遍存在,是因为物资难卖、难买。造成物资难卖、难买的原因是多方面的:① 物资紧缺,获取物资的渠道少。粮、棉、油、猪等主要农副产品由粮食、供销、商业部门经营。农民被迫跨省跨县运销物资,群众流传一句话"明里拉,暗里驮,国家就是摸不着"。② 物资流通环节多。工业品下乡,一般要经过二级站、三级站和基层社三个环节,上海的工业品销往安徽需要经过四道环节,层层流转,连很多小商品也不能例外。农副产品一般要经过基层社、县社、地区社,才能调运到城市或销地出售,有时连鲜活商品也不能不如此。③ 部门之间、地区之间、城乡之间互相封锁、分割和争权。为打击"长途贩运",政府划定了"正当交易"和"投机倒把"之间的界限、"商业活动"和"长途贩运"之间的界限、"探亲访友携带少量物品"和"长途贩运投机倒把"之间的界限。

第二节 以价格改革为主的农村市场经济的发育

一、农产品流通政策改革

农产品流通是指农产品由生产领域向消费领域转移的经济过程,主要由农产品生产、收购、运输、储存、装卸、搬运、包装、配送、流通加工、分销、信息活动等一系列运作环节组成,并在整个过程中实现了农产品保值、增值和组织目标。其中,价格形成机制是农产品流通的核心环节,也是计划经济和市场经济的重要分界线。我国农村经济体制改革开始于20世纪70年代末,以推行家庭联产承包责任制为突破口,改革先后采取了放开物价、开放农产品市场、大力发展乡镇企业、发展"三高"农业和外向型农业、推动农业规模化和产业化经营等诸多措施,农业和农村经济发展取得了举世瞩目的成就,农业开始进入了一个新的发展阶段。

改革开放30多年来,我国农产品流通市场体系发展迅速、变化巨大、彻底改变了统购统销、统购包销的政策,市场开放程度不断扩大,农产品流通渠道也由过去的单一型转变为多元型,形成了多渠道的流通体系及公平竞争的市场格局。回顾新中国成立以来农产品流通体制的变革,大致经过了以下发展时期:

1. 统一计划购销时期(1953～1977年)

从1953年开始,农产品出现供需紧张,为控制这一局面,保障基本的生产、生活需要,我国农产品开始实行统购统销的流通体系。到1956年,国家出台了一系列政策,实现了对粮食的统购统销、对棉花的计划控制,农业的发展开始被纳入国家计划经济的轨道。1957年,国务院进一步指出,凡属国家规定计划收购的农产品,全部由国家计划收购。其后,农产品基本上都由国营企业独家收购。1961年,中共中央又提出了三种收购政策,即第一类物资(粮食、食油、棉花)实行统购统销政策;第二类物资(其他重要农产品)实行合同派购政策;第三类物资(统购派购以外的农副产品)实行议价政策。这一时期基本上采用了农产品计划供应的方式,将农产品流通直接纳入国民经济计划,实质上是否定了农产品的商品交换性质,农产品基本上不存在随行就市的自由交易。

2. 过渡时期(1978~1984年)

统购统销政策是粮食供求紧张、国家需要在农村取得大量工业化积累等历史条件下的产物。1978~1984年是我国由计划调节向与市场调节相结合转化的过渡时期,随着家庭联产承包责任制的实施、人民公社制度的解体,农产品流通体制也开始突破传统的计划经济体制。根据党的十一届三中全会的决定,从1979年起国务院及有关部门对农产品统购派购的范围和品种进行了重新规定。在这一阶段,国家逐步减少了统购统销和限售的品种和数量,缩小国家收购农产品的范围。到1984年年底,属于统购派购的农产品由过去最多时的180多种减少到只剩下38种,统购派购的范围大大缩小。除棉花外,其他农产品在完成政府收购任务后,可根据市场供求实行议购议销。在过渡时期,由于政策放宽,农民生产积极性提高,剩余农产品大量出现,农村集贸市场和传统农副产品市场也得到恢复和发展,成交金额迅速增长。

3. 双轨制时期(1985~1997年)

这一阶段废除了传统的农产品统购统销制度,逐步建立起农产品市场调节机制,合同定购与市场收购两种交易方式并存。统购统销制度使生产与消费、需求相脱节,损害了农民的利益。1984年的粮食大丰收,使国家陷入购不起、销不动、调不出的困境。因此,在1985~1991年,我国农产品流通领域开始实行合同定购与市场收购的"双轨制"方式,农产品流通体制的市场化改革进程大大加快。1992~1993年,农产品购销走出"双轨制",进入全面市场化的阶段。经过这10多年的改革,粮食等农产品统购统销体制已经结束,适应市场经济要求的购销体制正式形成。但在1994~1997年,农产品流通又回归到"双轨制"模式。国家放开粮食购销体制后,以市场化为目标的农产品流通体制改革却并未顺利付诸实施,并由此导致了粮食供需缺口的扩大,引发粮价大幅上涨。为保持社会稳定,国家再度强化了对市场的管理。在棉花的购销中,继续坚持不放开经营,不放开市场,不放开价格,实行国家统一定价,由供销社统一经营。

4. 深化改革时期(1998年至今)

深化农产品流通体制改革是解决"三农问题"的重要突破口。从1998年开始,我国农产品流通体制进入全面改革时期。《关于进一步深化粮食流通体制改革的意见》《粮食流通管理条例》《国务院关于进一步深化粮食流通体制改革的意见》及

《关于进一步深化棉花流通体制的意见》等文件的出台说明,这一时期的农产品流通体制改革的重点是在粮食领域,粮食以外的各类农产品流通的市场化改革进程都得到了持续的推进,并逐渐形成了较为稳定的市场化流通秩序。虽然也偶尔有流通不畅的情况发生,但主要是局部的结构性问题。只有粮食流通在市场和计划取向上出现了反复,其间存在的问题呈现出典型的体制内生性,才会使粮食体制改革陷入两难境地。因此,1998年以后,粮食流通体制改革成为农产品流通体制改革的主要内容。

二、农产品市场体系的不断发展

1. 农村专业户的发展

随着农村普遍实行家庭联产承包责任制,以社会主义商品生产者姿态出现的专业户大批涌现。这是农村生产力新的发展的一种标志。专业户是农村经济繁荣、农民勤劳致富的一条重要道路。农村生产向各种热门、空门的多种经营产业发展,专业户的经营项目和种类也越来越多,初步统计有60多种行业。如属生产类的就有种植粮食、茶、桑、果、苗木、花卉、林木、毛竹、药材、蘑菇、糖蔗、蔬菜等;属养殖类的有养猪、牛、羊、兔、家禽类、蜂、鱼、貂、蛇、蚯蚓等;属服务类的有粮食制品加工、豆制品加工、竹木器制作、铜铁锡器制作、小五金生产、农机修理、植保、运输(机动车船和人力车)、竹制品加工、建筑施工、铁制品制作、缝纫、编织等;为群众生活服务的还有饮食加工、开旅馆、购销;属开发类的有开荒山、荒水、荒滩、荒涂等。在农村首先成为专业户的都是那些有经验、有技术、懂经营的能人和一批有一定科学知识、肯钻研、勇于创新的青年人。他们在农村充分显示出自己的才能,从家庭副业发展起来,逐步扩展到其他各业。

专业户发展具有以下特点:

(1) 一户带几户,几户带一村,发展迅速。从饲养业的发展过程看,许多专业户都是利用房前屋后、庭院空地,用小屋住人、大屋养畜禽,组织家庭闲散和辅助劳力开展养殖,使饲养畜禽业得以发展。饲养业专业户的数量由少到多,规模由小到大,带来了很高的经济效益。

(2) 所谓专业户,实际上大多数都是兼业户。目前大多数的专业户是以一业为主、兼营其他行业或几业并举。他们有三个担心:① 担心不种田后,基本口粮得不到保证,向别人付钱买粮不如自己种实惠;② 担心放弃承包田后,一旦政策变了,劳动无对象,生活会无着落,受"锄头钱万万年"的传统观念影响很深;③担心自己现在经营的专业生产不稳、不牢靠,想要为自己留点后路。

(3) 以户为单位经营,将是专业户生产在相当长的一段时期内的主要形式。调查表明,以一家一户为经营单位开展生产有很大潜力,发展的势头正猛。家庭经营规模小,经济力量较弱,在资金、劳力和市场信息等方面都会遇到困难,因此有时会出现一些暂时的、松散的联合经营。但当他们一旦积累了一定的资金,销路打开以后,又会分开单独经营,就是至亲朋友合伙经营的也不例外。由于合伙经营必须详细记载收支账目,各人投入的劳力和经营能力又有所不同,合伙经营在管理和分配上容易出现矛盾,过去"吃大锅饭"所受的苦处,他们记忆犹新,所以绝大多数农户都更愿意单独经营。从目前情况看,凡是技术要求不高、生产过程简单、产品销路问题不大、能独户经营的项目,一般都是独户经营;即使是规模较大需要较多劳力和较高技术的,能雇工解决的一般都宁可采取雇工的形式,尽量不搞合伙经营。

(4) 专业户从农业中分离,形成了土地向种田能手集中、工副业向能工巧匠靠拢的趋势,出现了区域性的家庭工厂生产的形式。

(5) 随着生产规模的扩大和专业化程度的提高,开始出现以大户或某一行业为中心,在经济、技术、服务等方面走向松散的联合的形式。长期以来,农村经济形成了一种传统的以生产粮食为主同时兼营一些副业的"小而全"的经营方式。随着农业生产力的发展,加上党对农村政策的放宽,这种经营方式逐步被打破,被各种形式的联合所代替,走向"小而专""专而联"的发展道路。从联合的内容看,除从事某一项专业性生产联合外,还有在产前、产中、产后的联合。国营、集体企业单位与农户之间在生产环节上的联合也逐步增多,而且其中一部分甚至是打破地域的联合。这种联合虽然不多,但影响较大。

(6) 专业户所需的投资少,产业见效快、收益大,生产灵活,适应性比较强,可以充分发挥从业者之所长,因地制宜地利用当地资源,适应当时、当地的社会经济条件,起到对社会主义经济的补充作用。长期以来,我国农村存在着"小而全"的半自然经济,生产力很低,产量也很低,各个经济单位又分散、孤立、互不往来,这使得它们具有自给自足的特点。

2. 农村个体私营经济的发展

十一届三中全会前,中国农村个体、私营经济的发展经历了一个非常曲折的过程,从迅速发展到逐步受到限制再到被彻底消灭。新中国成立后,国民经济恢复时期经济形势异常严峻,为迅速恢复和发展国民经济,建设新民主主义社会,国家对农村个体、私营经济的政策制定分两个阶段进行。

(1) 鼓励与扶植阶段。新中国成立初期农村个体、私营经济之所以能得到较快的发展,主要得益于《宪法》的规定。除《宪法》条文的规定外,还有1950年6月中共中央颁布的《关于土地改革问题的报告》和《中华人民共和国土地改革法》。这两个文件的相关条款规定:首先,土地改革必须限制在消灭封建、半封建剥削范围内,而不是消灭一切剥削制度。地主富农兼营的工商业及其直接用于经营工业的土地和财产,不宜没收。其次,保留富农经济,保护富农自耕地和雇人耕地的土地和财产,其出租的少量土地一般保留不动。此外《土地改革法》中还增加了对小土地出租者的政策,把小土地出租者与地主阶级区别开来,不征收小土地出租者的土地。第三,明确规定保护中农(包括富裕中农)的土地和其他财产不受侵犯,实行"中间不动,两头平"的办法。从以上政策条款我们不难看出,土改中没收封建地主的土地,无偿分配给农民,这种方式不仅减轻了农民的负担,而且还促进了农业在农民个体经济基础上的恢复和发展,繁荣了农村市场。1951年1月19日,中央批准了华东军政委员会发布的《关于发展农业生产十大政策》的布告与3月11日中南军政委员会发布的《中南今年春耕生产十大政策》的布告,其中也都明确规定了"允许富农经济发展""劳动雇佣自由"。从1950年秋大规模开展的土改运动到1952年秋冬基本完成。土改后,占农村90%以上的贫农、中农占有90%以上的全国耕地,封建土地所有制被消灭,农民土地所有制在农村普遍建立起来。全国土改的完成,解放了农村生产力,农民在政治上翻了身,他们开始耕种自己的土地,其劳动收入除缴纳少量公粮外,均为己有。这样既改善了农民的生活,又使他们有了积累资金,农民有了扩大再生产的机会。农村的个体经济在小农经济的基础上发展起来。

(2) 对农民个体经济逐渐规范及对农村"单干"现象的认识。土地革命结束之后,以小土地私有制为基础的农民个体经济是当时中国农村土地经营的基本形式。农民发展个体经济的愿望强烈,他们节衣缩食,辛勤劳动,怀着喜悦的心情和十足的干劲投入到生产中。但个体的、分散的、落后的、建立在个体私有制基础上的小农经济,远远不能满足工业发展和人民生活对农产品的需求。农民为了发展生产、摆脱贫困,产生了走互助合作道路的要求。1951年12月,中央颁发《关于农业生产互助合作的决议(草案)》,号召农民组织起来,开展合作化运动,走社会主义道路。如果说这个决议还比较重视发扬农民个体经济和互助合作两方面的生产积极性的话,那么1953年2月中央正式公布的《关于农业生产互助合作的决议》,就转变为"农民是私有者和农产品的出卖者""农民的自发趋向是资本主义"。从此,农村中出现了社会主义和资本主义两条道路的斗争。《决议》颁布后,农村中大力发展互助组,个体经济开始被规范并逐渐向集体经济方向发展。但这时农村中出现的一些新现象引起了当时人们的普遍关注。土改后,随着中国农村部分地区贫富差距的逐步拉大,在解放较早的东北某些地区首先出现了单干的苗头。一些人对当时的互助组合作表现出不满,有的干脆开始买田、买车、买马扩大经营,甚至有的党员也开始雇用帮手。

三、各级各类农产品市场的形成

1. 大中型农产品批发市场建设

我国农产品批发市场的发展大体经历了四个阶段。

第一阶段:1979~1984年的恢复和重新起步阶段。其特征是随着农副产品商品率的迅速提高,城乡集贸市场迅速恢复和发展起来。改革初期,针对重要的农产品仍实行统购统销,其他农产品允许农民进行自销,完成统购派购后的某些产品也可上市。在这种情况下,集贸市场迅速发展起来,并出现了大量的专业户、长途贩运户,民间批发贸易逐渐形成并向交通发达的集市集中。中国一些传统集市进一步得到发展,并逐步发展成为农产品批发市场,但批发市场数量有限,入市产品种类也受到政府限制。整体而言,这个时期的农产品批发市场既无规模,也没有较大辐射能力,处于小规模、分散化的粗放式发展阶段。

第二阶段:1985~1991年的较快发展阶段。1985年宣布废止已实施30多年的统派购政策,农产品自由产销局面自此全面打开。城市经济体制改革的全面展开,特别是乡镇企业异军突起,为批发市场的迅速发展奠定了基础。这一阶段,批发市场的发展步伐明显加快,农副产品批发市场纷纷建立,各地政府也开始重视培育农产品批发市场。其特征是入市农产品品种迅速增加,规模不断扩大,市场辐射范围有所扩大,市场功能和作用开始呈现出来。除棉花、粮食等极少数品种外,批发市场已成为农产品流通的主渠道,产地批发市场蓬勃发展,销地批发市场日渐兴起,农产品批发市场体系雏形大体形成。

第三阶段:1992~1995年的过热发展阶段。20世纪80年代末,我国出现了严重的通货膨胀,并曾一度酿成抢购风潮,农产品供应不足被普遍认为是形成和加剧通胀的主要原因,而供应不足又与市场建设、流通不畅有关。为改善农产品流通特别是农产品供应,我国于20世纪80年代末推出"菜篮子"工程,要求各地加强农产品批发市场建设。1992年邓小平的南方谈话,掀起了改革发展的热潮。在此背景下,有人提出"谁投资,谁受益"方针,鼓励社会各方面投资农产品批发产业,很快便在全国形成批发市场建设热潮。农产品批发市场由1989年的1 313个迅速增加到1995年的3 517个,在短短几年里增长近2倍。同时销地市场发展更快,逐渐取代产地市场,占据了批发市场发展的领跑地位。在这一阶段,批发市场的功能都得到逐步发挥,如商品交易、集散功能、结算功能、风险分散功能,以及综合服务功能等多种市场功能得到一定程度的发挥,在合理配置社会商品资源的过程中发挥着重要作用。但因缺乏科学论证,一些地方出现了有场无市的"空壳市场",有些地方出现了"有市无场"现象,市场管理方面也出现了一些问题。

2. 特色专业化市场的进一步发育

党的十一届三中全会以来,农村进行经营体制改革,家庭经营成为农村经营的基础。随着农业劳动生产率的提高、商品生产的发展,在家庭经营的基础上,农村出现了专业户、家庭企业和联户企业,农村商品经济空前活跃,农村集市贸易繁荣,上市交易的农民数量多,上市产品的品种多、数量大。与此同时,专业户、家庭企业、联户企业不断发展,形成专业化商品生产群体,专业化商品生产小经济区开始出现。专业市场是专业化商品生产小经济区的产物。随着我国农村商品生产的发展、分工的深入,专业户、家庭企业、联户企业、村办企业、乡办企业的不断增加,必然会出现专业化商品生产群体,出现专业化商品生产小经济区。这是农村商品生产发展的必然趋势。

为了与农村专业化商品生产发展相适应,专业市场必然也要发展。专业市场的发展趋势有:① 数量不断增加。农村专业化商品生产不断发展,专业化商品生产小经济区不断增多,使得与生产相适应的流通渠道、专业市场的数量不断增加。② 规模不断扩大。农村专业化商品生产小经济区的发展,有两种形式:一是小经济区外延扩大;二是小经济区内涵扩大,即专业化商品生产者(专业户、家庭企业、联办企业、村办企业、乡办企业)的密集度提高。不论是外延扩大,还是内涵扩大,都表现为流通上专业商品流量的增加。市场上出售的产品数量增加,购入的原料数量随之增加,专业市场联系面也更加广阔,专业市场的规模也随之扩大,专业市场随着专业化商品生产小经济区的发展不断壮大。③ 专业化程度不断提高。农村专业化商品生产小经济区的专业化程度取决于两个因素:一是专业商品生产者的数量,二是专业商品生产者的经营规模。专业化商品生产小经济区的专业化程度随着小经济区内专业商品生产者的数量增加和生产规模扩大而提高。与生产相对应,专业市场的专业化程度也将不断提高。这使上市的专业商品的数量越来越多,专业商品成交额在整个市场成交总额中所占比重也越来越高。④ 工业产品增多。农村专业化商品生产小经济区有两种:一种由自然条件和历史原因而形成的农副产品专业化商品生产,另一种由经济条件和技术条件决定而形成工业产品专业化商品生产。形成的农村专业市场有两种:一是农副产品专业市场,二是工业品专业市场。目前农村专业市场多数是农副产品专业市场,但随着农村工业化进展,农村家庭工业、联办工业、村办工业、乡办工业的发展,农村专业化工业商品生产小经济区的形成和发展,农村工业产品专业市场必然不断增多,在农村专业市场中所占比重不断上升。因此,农村专业市场的产生和发展具有客观必然性。专业市场对于农村商品经济,特别对于专业化商品生产的发展具有重大作用。

第三节　现阶段农村市场经济的发展与完善

一、市场主体培育

1. 农产品市场主体的多元化

农产品市场运行的市场主体可以划分为两个部分:① 农业生产者,他们在市场中的活动表现为出售自己生产的农产品;② 通过收购农产品介入流通的市场主体,包括收购商、出口商、批发商、零售商、用户等,他们在市场中的活动表现为参与农产品在市场中的进一步流通。在我国参与农产品流通的各类市场主体中,除了传统的国合商业组织外,近年来相继出现了诸多形式的经济组织,形成了多种成分共同发展的格局,农民个体组织在数量上占据了市场主体的绝大部分。

2. 农产品市场主体行为方式的改变

从形式上看,既有单个的家庭,也有以亲缘或地缘关系结成的联合体、专业协会等;从性质上看,有的为纯生产型,即农民参与市场流通,仅仅是为了销售自己生产的农产品,主要职业仍是农产品生产者;有的为纯商业型,即农民自己不生产农产品,而只是常年从事农产品中介和运销;有的则介于上述两者之间,既从事农产品生产,也参与对他人农产品的购销活动。目前各地出现的农民经纪人和运销户基本上属于这一类型。其次是集体组织,主要为各类批发市场、集贸市场,以及龙头企业。再次为各类合作经济组织,包括集体经济组织及集体与其他组织、农民个体之间相互组建的各类股份制、合作制等形式的经营组织。

二、市场交易对象的多元化

国有内外贸企业和供销合作社目前仍是重要的农产品市场主体,特别是在粮油、棉花、蚕茧、烟叶等农产品的收购市场中占有很高的份额,几乎处于垄断地位。近年来,河北省供销社系统调整经营结构,在继续做好棉花、农资和日用工业品经营的同时,进军农业产业化经营,发展专业合作社,兴办农副产品加工型和购销型龙头企业,并取得明显成效。其基本经验是:① 坚持合作制原则,给农民返利。专业合作社按社章规定,对入社农民交售的初级产品,经加工、销售实现利润后,按交易量实行二次返利。供销社在参与农业产业化经营中重返合作制,再造与农民的合作,与农民结成利益共同体。② 尽量利用现有基础,不铺新摊子。专业合作社以基层供销社为依托,组织生产同类产品的农户参加。基层社办专业合作社,都是利用原来的大院、仓库和办公室作为地址。农副产品加工型和购销型龙头企业,多数是在县联社原有的油厂、棉厂等基础上改建改造成的,这样,投资少,见效快,避免了重复建设,还盘活了闲置资产。③ 紧紧围绕县域主导产业。供销社系统参与农业产业化经营,骨干力量是县级社和基层社,与县域经济联系紧密。一般是从县域经济的主导产业中,选择自己有能力进入的产业,在县级社兴办龙头企业。在解决产品的加工和销售问题的同时,在基层社组建专业合作社,引进优良品种,传授先进技术,帮助农民发展生产,这样就围绕县域主导产业形成了"龙头企业+专业合作社+农户"的格局。④ 真正重视科技进步。每一个专业合作社和龙头企业都有技术依托单位,以专业合作社、龙头企业和基层社的"庄稼医院"为依托,对产业化经营覆盖到的农民进行技术培训。

三、市场交易形式的规范化

在农产品统派购体制下,加工企业所需要的农产品原料是由国家计划调拨的。随着农产品价格和经营的放开,以及计划调拨的取消,加工企业越来越倾向于在农村建立生产基地,直接收购农民生产的农产品。这样,加工企业逐步成为重要的农产品收购市场主体。近年来,各级政府对这一现象非常重视,并将其称作农业产业化经营。为实现进一步推进可考虑采取以下措施:① 配套运作产业政策和区域政策,把农产品加工业逐步转移到农产品产地。在国家产业政策中,应体现出对农产品加工业的扶持;在国家区域政策中,应体现出对农产品主产区的扶持。② 提供资金支持。农业银行应把发展农业产业化经营、建设龙头企业作为贷款投放的重点,其他商业银行也应积极扶持龙头企业发展。调整各级财政农业资金的使用结构,把扶持重点从提高农产品生产能力转向提高农产品品质、提高农产品加工转化能力。③ 支持符合条件的龙头企业优先上市,通过资本市场的发展为我国农业产业化经营筹集更多资金。④ 减免税收。对龙头企业,尤其是合作制龙头企业,应实行减免税收的优惠政策。

四、市场交易范围的扩大化

自 20 世纪 80 年代初国家放开部分农产品的价格和经营,允许农民个人或合伙进行长途贩运以来,农民进入流通领域的人数越来越多,已成为农产品远距离运销的重要力量,部分农民甚至把农产品运销到了国外。据报道,山西省临猗县北辛乡是苹果集中产区,当地出现了一批有经济头脑、有远见卓识的苹果销售经纪人。该乡李耀坤、崔稳平等 13 位多年从事苹果营销的农民经纪人,从 1997 年开始,先后集资入股 400 余万元,办起了占地 10 亩、建筑面积达 1 000 平方米、拥有一套苹果清洗涂蜡全自动生产线的北辛苹果有限公司,专门从事苹果销售。该公司在国内苹果市场日趋饱和的情况下,目光向外,大胆开拓国际市场,于 1999 年 3 月份在泰国曼谷注册成立分公司。该分公司位于泰国最大的农副产品批发市场——哒哒啦哒市场。泰国 4 家果汁厂要求分公司每年提供 500 多个集装箱的低档苹果,马来西亚客商则要签订 50 个集装箱的购销合同,许多超市也与分公司签订长期供货合同。

一些地方政府对发展农村民间流通组织非常重视。江西省出台了一系列有关政策措施,鼓励发展多种形式的农村民间流通组织,省、地、县还普遍成立了农村民间流通协会。尽管如此,我国在鼓励农民进入流通领域方面仍存在一些问题,有待解决。例如,各地农民进入流通领域的情况很不平衡。有的地方,农民运销专业户、专业协会的力量雄厚,基本上能够把当地主导产业的产品运销出去,避免出现积压和"卖难"。但是也有的地方,农民自己的运销力量很薄弱,只能坐等外地客商或当地传统的国合商业组织收购。在这种地方,尤其要大力推动农产品流通领域的发展。再如,农民进入流通领域的组织化程度不高。除一些地方的专业协会外,农民进入流通领域的形式基本上是散兵游勇,各自为战。从事运销业的农民与生产农产品的农民之间的关系是一种买断关系,这既不利于提高农民在市场中的讨价能力,又无法使生产环节的农民获得流通环节的利润。借鉴国外经验,我国应该提倡成立农民销售合作组织,合作互助,使其成为农民进入市场的主要方式。

五、城乡一体化背景下的农产品流通模式创新

农产品流通的传统模式的主要弊端是流通环节过多。我国农产品流通主要有两种模式:一种模式是以传统的批发市场为核心,以农贸市场、零售企业、机关单位、餐饮酒店为基础零售端的模式;另一种模式是以超市为核心的"农超对接"模式。在我国农产品流通的过程中,由于城乡之间二元经济状态的存在,我国物流体系也出现了"二元"结构,这种结构的存在是阻碍农产品在城乡顺利流通的重要原因。

基于城乡一体化的农产品流通模式,主要由农村经营主体、城市经营角色、城乡信息交换中心和城市配送中心组成。在农村,除了散户,重点引入了种粮大户、种植专业户这样有一定规模的经营主体,以增强生产者抗市场风险和获取市场信息的能力。农产品进城后,通过市内配送中心,依托比较发达的市内物流,及时将农产品送至消费者手中。与传统模式相比,新模式降低了农产品流通的中间成本。

1. 农产品市场技术环境

加强城乡信息交换中心建设,实现农产品市场技术环境的信息化、电子化、网络化、国际化。首先,在农村经营主体和城市端的配送中心之间构建一个信息交流平台,它的主要作用是收集并双向反馈城乡供需信息,使生产者能够了解市场需求信息,减少盲目生产、农产品积压滞销的现象。建设信息交换中心,一方面将城市消费者的需求信息传递给农村经营主体,使生产者及时了解市场需求,按照市场需求组织农产品生产;另一方面,生产者的供应信息能通过信息交换中心及时地发往市场,终端消费者(包括最终消费者、超市和餐饮企业)也能及时地了解市场供应情况,做出消费判断。其次,注重城乡信息传导机制建设。传统农产品流通模式的弊端除了因流通环节过多造成的成本上升之外,导致农产品出现丰收积压滞销现象的原因主要是因为城乡之间农产品供需信息的流通不畅。现实中可通过电子商

务、物联网等平台建设,构建城乡信息对接平台,以及时了解农产品供需信息,在信息层面上实现城乡之间关于农产品信息的沟通。

2. 农产品市场主体

实现农村经营主体专业化、多元化、个性化的统一。现在的农产品生产模式以散户为主,一方面农民分散经营,生产成本较高;另一方面散户组织性比较弱,对市场信息的反应也不够灵敏。因此,城乡一体化视角下的农产品流通模式,在农产品生产一端主张一般农户通过农民协会这种组织方式共同构成经营主体,实现规模效应。新模式引入了种粮大户和种植专业户这样的具有一定规模和更高技术含量的生产者,以求在生产端降低生产成本。除了散户和种粮大户以及种植专业户外,新模式在加工销售这一端引入了不直接从事农产品生产的乡镇企业。乡镇企业对于农产品的初级加工和分类包装是提高农产品的附加值、实现农产品的标准化和商业化的重要手段。

3. 农产品市场交易对象

建立农村统一的农产品收集市场,实现标准化、绿色化和有机化经营。统一的农产品收集市场在新模式下会影响农产品生产端,可以发挥农产品集聚作用。新模式主张在生产端形成规模效应,按照市场的需求来进行农产品生产。建设统一的农产品收集市场可以及时了解农产品的生产规模,统一制定农产品销售价格,对农产品的商业化起到推动作用。当前可以考虑的一个有效途径是通过建设核心乡镇企业的方式来进行,乡镇企业可以依托自己天然的地域优势实现对农产品的收集,并对农产品进行初步的加工和包装,提高农产品的附加值。

4. 农产品市场制度与保障措施

实现城乡一体化农产品市场发展法治化与灵活化的有机统一,消除一元经济体制的影响,清除阻碍城乡农产品流通的壁垒,这是对政府执政能力的严峻考验。

首先,政府应从宏观调控的层面,对城乡农产品批发市场进行统一规划,避免出现重复建设、盲目布点、过度竞争、大场小市、有场无市等现象;其次应建立高效、综合的农业管理体制,对管理农产品流通市场的有关部门加强协调和统一,合理划分各级政府和职能部门在城乡农产品市场统筹发展中的职责;最后要加大政府对农业、农村的资金投入。在西方发达国家,政府对农业的资金投入一般超过农业总产值的20%,有的甚至达到一半左右,而我国与西方发达国家相比,这一比值要小得多。因此,政府必须加大财政支持力度,增加政府对农业、农村的资金投入,保证对农业、农村公共投资的数量和份额。通过横向、纵向的转移支付,加大对农业、农村及落后地区的帮扶力度,促使各种社会资源得到有效配置,扭转城乡和地区间农产品批发市场发展不平衡的局面,促进城乡农产品市场的协调发展。

其次,建立完备的市场法律法规体系,健全市场规则。有了法规制度的支撑,才能为农产品市场的建设创造良好的宏观条件,为农产品市场顺利发展提供有力保障。市场法规体系包括:为农产品市场健康发展制定的批发市场法;对农民合作组织进行规范的合作社法;规范农产品市场信息的收集、发布、使用,以保证信息真实、准确的信息法;规范整个农产品流通活动的商业法等。在制定法规的过程中一定要注意:起草制定的各项法规制度要从实际出发,根据现阶段农产品批发市场的发展现状与发展空间,制定法规制度条文,并要具有很强的可操作性。

5. 农产品市场交易范围

农产品市场交易范围的扩大主要通过发展农村电子商务、建设现代化的配送中心来实现。首先,加强城乡物流体系建设。在我国长期的二元经济体制下,物流体系也出现了比较明显的"二元"状况。在新模式中,农产品流通的过程必然要经过农村物流和城市物流两个物流体系,城乡一体化的农产品流通模式是从城乡一体化的角度提出的,加强城乡物流体系建设也应当利用好城市物流对农村物流的辐射带动作用。加强城乡一体化的物流体系建设对于新模式的意义在于:可以保障农产品流通过程中城乡物流运输效率的一致性和农产品流通全过程的流畅。其次,配送中心承担的任务是将农产品配送至市内各农产品经营场所和消费者。它的优势在于一方面通过城乡信息交换中心将城市需求信息传回农村经营主体,另一方面可以根据市内不同农产品经营角色对农产品的不同需求进行有意识、有目的的统一的配送,以降低农产品在市内流通的成本,同时提高配送效率。配送中心的建设是农产品中转的客观要求。在新模式中,配送中心可以借助管理信息系统,采用下订单的方式,及时将农产品配送至需要的门店。此外,配送中心可以对物流线路进行科学合理的规划,从而进一步降低运输成本。

第四节　安徽农村市场体制改革的成效、意义与展望

一、农村市场体制改革的成效

1. 价格形成的市场化机制基本实现

市场经济是效率经济,资源配置遵循效率优先的原则,价格则是市场运行的唯一信号。计划经济体制下价格的形成完全依据政府的指令,无法反映真正的供求关系,因而计划经济下的价格信号完全失真,难以正确地引导资源流向效益高的地方,进而也就造成了资源浪费。改革开放以来,安徽农村经济体制改革的最终目标是建立社会主义市场经济体制。这种体制的改革正是围绕着计划与市场的关系不断深入推进的,其核心是价格改革。随着农村家庭联产承包责任制的实行,以农产品价格改革为标志的农村经济体制改革也就必然出现在改革的舞台中心。在这一改革中,与国民经济和人民生活息息相关的粮食、棉花及其他农副产品的流通体制改革贯穿始终,并且基本实现了市场化,生产过程中的市场导向效应、市场配置资源的规律的作用逐步显现,这无疑对加快农村经济体制改革进程起到巨大的推动作用。经过 30 多年的改革开放和发展,安徽农村正在从自然经济向现代经济过渡,基本实现了从计划经济体制向社会主义市场经济体制的转轨,市场调节逐步成为农村资源配置的决定性因素。

2. 维护了农民利益

农村价格及流通体制的市场化改革,使市场经济中的公平交换原则得以落实,非农领域对"三农"造成的损伤将无法继续,农民通过自身拥有的生产要素资源和劳动,合理合法地获得相应收益,从而在局部改变了城乡、工农收入分配格局。如随着农村市场化改革的深入,工农产品剪刀差逐步缩小。同时,农村市场化改革也为农民增收提供了更多的渠道和空间。如市场化改革带来的效率提升和规模效益,受市场引导的农业产业化、专业化分工带来的农产品增值收益和新增就业收益

等。因此,在农村市场化改革的这些年,农民收入一直呈上升趋势。当然,到了20世纪90年代后期,农民收入增幅开始低于社会收入平均增幅,这在很大程度上与农业的弱质性和农民的自身素质有关,而不能归咎于农村市场化改革。

3. 市场体系日趋完善

经过30多年的改革,安徽农村市场体系建设取得重大进展,基本形成了多层次、多类型、多渠道、多主体的农村市场体系新格局。① 交易方式和流通业态不断创新。除传统的集贸市场外,各种综合市场、专业市场、批发市场和期货市场逐步扎根农村;连锁经营、物流配送、电子商务等现代流通方式以及小型超市、便利店等新型流通业态也不再是城市独有的风景,已经开始在农村开花结果。② 经营形式百花齐放。农资连锁配送发展势头较好,分销、直销、超市、总代理、总经销等多种经营模式蓬勃发展,为农民创造了方便、安全和实惠的农资购买环境,对扩大农村内需、吸纳农民就业、引进工商资本等方面起到重要作用。③ 市场主体呈多元化格局。农民经纪人、农产品运销大户和农村流通合作组织是目前农村市场经济发展的核心力量。农资经营已形成由供销社农资公司、农资生产企业、农业"三站"、个体工商户等多种主体、多种渠道共同参与的格局。

4. 市场网络日益发达

在计划经济体制下,农村市场基本上是三足鼎立,按照行业部门分工,供销社、粮食系统和商业系统各自形成了以行政为主导、按计划调控的经营网络体系,其中供销社的网络经营体系成为农村流通的主渠道。传统经营网络系统虽庞大,网点虽然健全,但由于点未能连成线,线未能织成网,导致形联实散,市场竞争能力不强。改革开放后,三大经营网络体系分别进行了机制转换和体制转变,转为市场化和企业化经营,真正成为市场主体。特别是近几年来,在有关部门的推动和自我完善下,农村市场网络建设正如火如荼地开展起来,取得了骄人的成绩。2005年,安徽省被国家商务部列为全国唯一的以"万村千乡市场工程"为主要内容的农村商品流通改革和市场建设试点省,省政府为此专门下发文件并连续两年召开了全省试点工作会议进行动员部署。截至2007年年底,全省累计新建或改造了231个农家店商品配送中心,新建或改造连锁农家店1.7万多家,覆盖全省所有乡镇和30%行政村(其中安徽"千村百镇"示范村的覆盖率达100%),基本形成以城区店为龙头、乡镇店为骨干、村级店为基础的顺畅、高效的新型农村商品流通网络。

5. 专业化、社会化程度越来越高

流通决定于生产,也反作用于生产。发展横向联合,发展农工商、产供销一体化经营,把生产、加工、销售有机联系起来,构成一个共同发展生产、共同增强和积累力量、保持自身良性循环的现代市场机制,这是市场经济和现代农村经济发展的必然要求。① 推进供销合作社改革,使之成为自负盈亏的市场主体,并发挥其在农村市场流通中的主体作用。② 建立以产品为联系或纽带的各类协会、商会及农村经纪人队伍,提供产供销一条龙服务,帮助农户实现农产品订单生产和合同销售,降低生产成本,带动农民增收。③ 大力兴办专业合作社。把兴办专业合作社作为服务"三农"的突破口,集中精力发展农资、农副产品、废旧物资、种植养殖和日用消费品等一些专业合作社,逐步形成"龙头企业＋专业合作社＋基地＋农户"的农业产业化经营模式,提高了农民的组织化程度。

二、农村市场体制改革的重大意义

安徽以价格改革为突破口的农村市场化改革,其重大意义在于以此奠定了我国社会主义市场经济体制改革的基础。市场经济(又称自由市场经济或自由企业经济)是一种经济体系,在这种体系下产品和服务的生产及销售完全受自由市场的自由价格机制引导,而不像计划经济一般由国家所引导。从全国来看,农村经济体制改革是我国经济体制改革的前奏,农村流通体制改革则是我国经济体制改革的突破口。从计划经济体制向市场经济体制转轨,正是从流通领域开始的。改革开放初期,按照党中央、国务院部署的"三多一少"(多种经济形式、多种经营方式、多种流通渠道,减少流转环节)战略,进行商品流通体制改革,对冲破计划经济统购统配的产品流通体制起到了重大促进作用,使商品流通体制改革先行,推动了整个经济体制改革。安徽正是紧紧抓住商品流通领域的关键环节——价格形成机制,通过渐进式改革,实现了由政府定价为主向以市场定价为主的根本性转变,从而使安徽农村走上了社会主义市场经济的发展道路。

这种基础作用还体现在农产品在社会商品中的基础地位。农业在国民经济中的地位决定了农产品价格在价格体系中属于基础价格,对其他价格有重大影响。如农产品价格直接影响劳动力价格,从而引起其他商品价格的连锁反应;部分农产品是工业品的原材料,其价格直接或间接地决定着相关工业品价格。因此说,农产品价格的市场化改革,以及伴随而来的劳动力价格的市场化改革,是市场体制改革

的基础。如果没有基础产品的价格形成机制的改革,市场经济体制的建立就如同空中楼阁。

安徽在推进农村价格市场化改革的同时,开始着手对相应的外部环境和制度进行改革,让市场规律在农村经济发展中发挥作用,特别是要使市场在社会主义国家宏观调控下对资源配置起基础性调节作用,提高生产效率和经济效益。这些年的农业产品结构调整、产业化专业化经营、生产加工中新技术的应用、流通模式和经营业态的创新等改革,无一不受市场的指引。市场经济的意识和规则正不断地深入人心。政府也开始从农村微观经济领域中退出,减少对农业生产经营的不当干预,转而专注于对粮食安全、农民增收、农村发展等方面的调控,以及农村社会主义市场经济体制法制的建立与完善,这也是市场经济得以良性发展的最重要的前提和保障,从而不断推进市场经济与法治社会的同步发展。

三、农村市场体制改革展望

安徽农村市场体制改革经过30多年的演变,从放松对价格的管控到放松对劳动力诸要素的管制,从市场流通领域到其他环节,逐步推进,取得了重大成效,对全国农村市场体制改革有积极的借鉴意义。当然,也存在一些不足和需要进一步完善的地方。① 在市场经济体制框架下如何解决农村资源外流的问题。市场配置资源的规律决定生产要素必然持续向会产生更高收益的领域流动,而农业本身的弱质性决定其无论多么努力也很难成为高收益领域,从而导致农村资源外流。农村的相对衰落不可避免,这在全世界都是普遍现象,安徽也是如此。农村资源外流,导致农村市场不景气、基础设施落后、城乡收入差距拉大,甚至由于精英外流而使农村留下的人员整体素质偏低。在当前条件下,仅仅采取市场经济的手段,可能无法扭转这一趋势,只有立足社会主义国家的国情和性质,通过宏观调控和转移支付来解决这个问题。② 农村市场体制改革如何结合新型城镇化的进程。改革开放以来,安徽城镇化进程一直在稳步推进。目前,安徽名义城镇化率已达到50%,大部分农村在平时除了有少量老弱病残的农民留在当地,已基本上看不到青壮年。一些自然村庄的商业网点、服务设施多数已不存在,农村的消费、娱乐地点基本只剩下乡镇政府所在地和县城。在这种情况下,农村市场建设及公共服务站点建设就面临两难问题,面太大、点太多,必然效率不高,而若收缩站点就难以兼顾少数偏远地区的群众需求。况且,中国的城镇化还处在一个不断变化的动态发展过程,人口流动趋势的预测也有相当高的复杂性。这就要求农村市场体制改革和市场建设必须充分考虑到城镇化进程中的人口流动因素,也要求涉农部门在规划农村发展时加强沟通与协调,合理选择市场调节和政府宏观调控两种方式,尽可能兼顾各方需求,提高经营和服务效率。③ 鉴于农产品的特殊性,对宏观调控的要求越来越高。农产品具有生产周期长、需求弹性小、对国计民生影响大的显著特性,不可能单纯依靠市场调节,任何国家对农产品的价格及流通都会保持调控和干预,我国也不例外。但中国农业在生产经营整体上是分散的、小规模的,这样就导致生产经营主体应对市场变化的能力较弱,获取信息的难度较大。信息也是市场经济的核心要件,如果不能得到政府或其他组织及时有效的信息指导,往往会造成盲目性生产和经济损失。如频繁发生的农产品"卖难"和剧烈的市场价格波动,就会严重打击农民生产积极性,也会造成社会资源浪费。因此,农村市场化改革不能一放了之,还要增强政府宏观调控能力,为市场主体提供有效的指导和服务,尤其是要加强对市场信息的及时发布和传播,提高农村的信息化水平。

第四章 安徽农村税费改革及其配套改革

农村税费改革是继农村家庭联产承包责任制之后的又一次重大改革,主要是针对国民经济分配领域进行调整,但也在一定程度上触及了上层建筑改革,引发了农村管理制度、工作方法和农业发展路径的一系列综合改革,有些改革目前还在不断深化之中。安徽是全国首个以省为单位实施农村税费改革的试点省,取得了许多宝贵经验。正是在安徽成功实践的基础上,中央决定在全国范围内推广实施税费改革,于2005年年底全面废止了征收农业税,结束了2 600多年对农业征收"皇粮国税"的历史,并由此引发了新一轮解放和发展农村生产力的综合改革。

第一节 安徽农村税费改革的背景

一、改革的背景分析

农村实行家庭联产承包责任制之后,农业有了较快发展,农民收入也经历了一个大幅度上升的阶段。但到了20世纪90年代末,农村和农业发展陷入滞缓状态,"三农"问题成为影响经济发展和社会稳定的焦点问题。安徽作为中部地区的农业大省,税费改革之前存在的问题具有普遍代表性,农民负担呈上升趋势,与社会其他群体相比,农民的经济和社会地位愈见下降。

1. 农业比较收益下降，工农城乡差距拉大

安徽实行以"大包干"为主要内容的家庭联产承包责任制之后，极大地激发了农民的积极性，农业生产力水平有了大幅度提升，由此带来了农民收入的快速提升，农民人均纯收入从1978年的131元提高到1996年的1 607.7元，年均递增12%以上。但从20世纪90年代中后期开始，全国大范围地出现了农业增产不增收的现象，农业生产经营收入占农民纯收入的比重逐年下降，加上种子、化肥、农药等农资价格上涨，工农产品价格"剪刀差"逐渐拉大，农业生产经营的整体利润率下滑至保本边缘。加上附着在农村户口和土地上的各种税费较多，导致从事农业的比较收益逐年下降，个别地方甚至出现种田一年所得收入不够交各种税费和摊派费用的个案，导致各地出现大面积的农田抛荒和弃耕的现象，已危及粮食安全和整个农业产业的健康发展。安徽省农民增收也出现明显的趋缓态势。如安徽省自20世纪80年代中期起，出现了几次较大规模的"卖粮难"，农产品价格起伏不定，农业生产经营受到自然条件和市场风险的双重冲击，农民务农收入一直未能增长。与此同时，曾经辉煌一时的乡镇企业进入低增长的调整期，吸纳农村剩余劳动力的能力和对农民增收的贡献明显回落。因此，从1997年起，安徽在农民人均收入已接近2 000元的情况下，连续三年提出使农民人均收入达到2 000元的目标，但均未实现。与此同时，城乡收入差距进一步扩大。以城镇居民人均可支配收入为农民人均纯收入的倍数计算，1985年城乡居民收入之比为1.7∶1，1990年为2.5∶1，1995年为2.9∶1，[①]加上城镇居民享受的各种福利和补贴，实际的城镇人均收入可能高达农村人均收入的5~6倍。正是人为的城乡二元分割制度，造成了如此巨大的城乡收入鸿沟，作为中国改革开放缔造者的广大农民，在中国经济大发展的时期，却不能公平地分享改革开放的成果，实在有违中国特色社会主义的性质和宗旨。

2. 农村税费征收混乱，农民负担过重

农民负担主要表现在五个方面：① 农村"三乱（乱收费、乱集资、乱摊派）"现象普遍存在。在收费方面，中小学学生入学、农民建房、农民结婚登记时的搭车收费乱象比较严重；在集资方面，群众反映较多的问题是地方向农民集资修建道路、兴修水利等。② 高估虚报农民人均纯收入，多提村提留和乡统筹费。国家规定，村

---

① 根据《安徽省统计年鉴》中有关数据统计。

提留和乡统筹费不得超过农民上年人均纯收入的5%。受此制约,有的地方为了多提村提留和乡统筹费,在农民纯收入统计数据上弄虚作假,虚增收入,变相加重了农民负担。③ 摊派问题依然严重。如平摊农业特产税、屠宰税,一些地方不按税法规定依法征税,采取高估平摊办法,按人头、田亩数向农民征收农业特产税、屠宰税。有的地方为了增加农业特产税税源,甚至强迫农民种烟、种果等。报刊乱摊派现象也比较严重,主要是来自上级部门的强制摊派,一般的村每年报刊费用支出少则上千元,多的在万元以上,加重了乡村和农民负担。④ "两工"政策弹性大,强行以资代劳现象较为严重。根据当年的规定,可以要求每个农村劳动力每年承担5～10个农村义务工和10～20个劳动积累工,有条件的地方,经县级政府批准还可适当增加。该项政策在具体执行中,几乎地方政府都要求农民无偿出工,有的地方甚至不让农民出工,而要求农民以资代劳。⑤ 不切实际的达标升级活动屡禁不止。往往是上面布置任务,基层出钱出物,这些负担最后都被摊派到农民头上。法定的税少、政出多门的费多,造成农村税费结构性失衡。就当时农民负担的税费比例来看,农业税收只占其总负担的20%左右,其余80%左右为各种名目的收费。这些政出多门、名目繁多的收费、集资、罚款和摊派,大多被强加在农民身上,而在城市,这些费用基本是由政府负责、财政承担。大量收取农村税费,既违背税收公平的原则,也造成政府和市场作用边界不清,严重损害了农民的经济利益和自我发展权利。

3. 制度本身不够合理,没有体现扶农支农的政策意图

现行的农村税费制度和征收办法还不完全合理,收取税费不规范的问题仍然存在。农业税征收依据是计税面积和计税常产,由于农地二轮承包制度的疏漏,有许多地方出现计税面积与实际面积不符、计税常产与实际常产不相一致的问题;地区间税负不平衡,出现畸轻畸重现象,农业主产区贡献大反而税负重;农业特产税设置不恰当,征收形式不合理,不仅没有起到扶持农产品加工业发展的效果,反而增加了农业生产经营成本,降低了农产品的国际竞争力;由于税制老化、税收调节功能弱化等原因,客观上促成了税轻费重现象产生。据调查,1997年安徽全省农业税占农民负担总额的比重为36.6%,而"三提五统"费用却占63.4%。[①] 农业作为弱势产业,世界各国大多对其采取扶持政策,即便是农业生产力先进的欧美等国,对本土农业还是给予了大量的财政补贴,以此降低农业生产成本,保持相对的

---

① 根据安徽省农村税费改革办公室2000年公布的数据统计。

价格竞争优势。我国在经济发展到一定水平之后,也必然会走上补贴农业的道路,取消农业税费只是实施补贴农业的应由之举和前提条件。

4. 基层政府功能错位,影响农村发展和社会稳定

农村基层政权体制集中和集权的问题长期没有得到根本解决,乡镇等基层政府机构和人员编制不断膨胀。在过去的历史条件下又缺乏正常的财政供给体制来维持其正常运转,只好通过向农民要钱要物来解决困难,导致农民负担不断加重,并陷入年年要减轻农民负担又减不下来的困境。收取农业税费涉及的群体多、时间长、工作量大,占据了基层干部的大部分精力,很多乡镇根本无心无力谋划建设和发展。部分基层干部法制观念淡薄,工作作风较差,在向农民征税收费的过程中,不严格依法办事,不向农民宣传、解释国家有关政策,方法过于简单,成为当前导致农民上访和引发恶性案件的重要原因。这些问题,严重侵害了农民的物质利益和民主权利,导致农村干群矛盾突出,挫伤了农民的生产积极性,伤害了农民对党和政府的感情,影响了农村社会稳定。

5. 经济发展带来财力增长,具备以工补农的物质条件

经过改革后多年的发展,我国的财政实力有了较大增长,已由1978年的1 132亿元增长到2000年的13 380亿元,城乡之间的财政格局开支格局已经具备条件也应该做出较大调整,以适当的方式对农村的发展给予支持。且就全国而言,农业税在财政收入中的比例日渐下降。农业在长期支持国家建设和工业发展的同时,自身陷入了弱势产业的局面,农民也成了社会的弱势群体。"三农"问题日益成为影响和制约国民经济的关键因素。因此,在这个时候,国家应该也必须对农业实行补贴和倾斜政策。当然,在农业占较大比重的安徽省,农业税费的降低及取消,在一定程度上影响了当地财力,甚至影响了部分基层政府的运转。为此,安徽在推行税费改革的同时,还安排了较大规模的财政转移支付。

二、前期探索和局部试点

安徽省从1994年开始,就在部分地方进行了农村税费改革的试点。主要有三种模式:①"税费合并"的模式。1995年首先在太和县进行试点,1996年起在阜阳市推行,主要是实行"税费合并、统一征收、统一管理、分开使用"的模式。这种模式虽然简化了税费征收程序,方便了税费征管,但只涉及税费缴纳方式的改变,且在

部分地区仍然可能造成税费平摊的现象。② "农村公益事业建设税"的模式。财政部 1998 年提出的改革思路主要是将"五统"改为农村公益事业建设税,并在全国选了四个县作为试点。安徽省五河县经财政部和省政府批准,于 1998 年开始按此模式运作。由于这一模式涉及开征新税种,同时与国务院粮食改革条例中关于"除农业税外其他税费一律不得代扣"的规定相矛盾,因此,1999 年起财政部已不再扩大试点。③ "税费改革"的模式。该模式最初设想的内容是"一个取消、两项调整、一个完善",即取消乡统筹,调整农业税计税常产、计税土地面积和农业税税率,调整"三提"征收方式,完善农业特产税征收。这种模式与中央确定的试点方案比较接近。

根据中央关于加快农村税费改革步伐的精神,1999 年 5 月,经省委省政府批准并经财政部同意,安徽省分别选择了来安、怀远、濉溪、望江等四个县按第三种模式进行试点,并要求试点县制定了十多个相关配套文件。这四个试点县的农村税费改革的具体内容是:取消"五统",调整农业税计税常产、计税土地面积和农业税税率,调整"三提"征收方式,完善农业特产税税制及其征收办法。

四个试点县在具体实施时都取消了"五统",同时结合本县农业生产实际,对农业税制中几项要素进行了调整。来安县将农业税税率调整为 6.7%,怀远县、濉溪县调整为 6%,望江县调整为 7%。农业税以 1998 年前 5 年平均粮食产量为计税常产,以二轮土地承包面积为计税土地面积,计税价格按 1998 年国家确定的粮食定购价格执行。"三提"的征管主要有两种方式:① 随税代征,来安、濉溪、望江等三县将"三提"随农业税一并征收,通过农民售粮由乡镇财政所与乡镇粮站结算后,交由乡镇农经站管理,实行"村有乡(镇)管"。② 怀远县将"三提"中公益金、管理费等"两提"作为农业税附加税一并征收,并将公积金交给村民委员会组织征收。附加收入采取预算外资金管理方式由乡镇财政所统一管理。村级组织用款时需报使用计划,经农经部门审核并经乡镇政府审批后使用。

据统计,1999 年来安、怀远、濉溪、望江四县农业税实际入库率分别为 100%、99.6%、100% 和 71%,农业税入库率比往年有所提高,入库时间也比往年提前(望江县受水灾影响未完成任务)。四个试点县"三提"征收额及征收率也比上年有不同程度的提高。

试点县的农村税费改革取得了明显成效:① 减轻了农民负担。据统计,怀远县减负总额达 2 132 万元,人均减负 19.92 元;来安县减负总额达 284.14 万元,人均减负 7.91 元;濉溪县减负总额达 750 万元,人均减负 10.2 元;望江县减负总额达 113 万元人,人均减负 2.1 元。② 规范了税费征收行为。③ 改善了干群关系。

④ 财政性资金和集体性资金管理得到进一步加强。

1999年12月6日,在全国农村税费改革座谈会上,时任国务院副总理温家宝同志听取了我省的汇报,并给予充分肯定,同时提出希望安徽进行全省范围的农村税费改革试点。1999年12月29日,中央农村税费改革领导小组又在北京召开六省座谈会,安徽省再次向中央汇报了有关税费测算情况,并就试点中可能出现的问题提出了看法和建议。党中央、国务院经多次研究,决定用3年时间完成农村税费改革工作,并于2000年首先在安徽省进行试点。

从这个过程可以看出,安徽对农村税费改革是抱着极其谨慎的态度来开展的,先是开展单项、局部的试点,不断进行调查分析、总结经验、调整方案,然后才全面铺开,逐步规范。正是有了这样的基础,中央才放心让安徽来承担全国农村税费改革先行示范的重任。

第二节　安徽农村税费改革的总体方案及具体措施

2000年初,安徽成立了以省委书记为组长、省长为第一副组长的领导小组,在反复讨论修改的基础上,出台了《安徽省农村税费改革实施方案》,提出以"三个取消、一个逐步取消和两个调整、一项改革"为主要内容的试点方案,即取消乡统筹费,取消农村教育集资等专门面向农民征收的行政事业性收费和政府性基金、集资,取消屠宰税;逐步取消统一规定的劳动积累工和义务工;调整农业税政策和农业特产税政策;制定改革村提留征收使用办法。

一、农业税及农业特产税的调整

1. 农业税方面

（1）确定计税土地面积。以农民第二轮承包用于农业生产的土地为基础确定计税面积,其他单位和个人从事农业生产的,以实际用于农业生产的土地计算计税面积。计税面积发生增减变化,农业税应及时调整。

（2）调整计税常产。以1993～1997年5年间平均粮食产量为当前计税常产,将全年种植的各种农作物产量折合成粮食产量。

(3) 调整税率。全省农业税实行差别比例税率,但最高税率不得超过7%,各县(市、区)农业税的具体计税常产、计税税率和农业税征收任务,在报经省政府批准后,再落实到乡镇、农户或其他纳税人。

2. 农业特产税方面

(1) 取消原来一个应税品目在两道环节征税的办法,只在生产环节征收一道税。

(2) 按略高于农业税的原则,适度调整了农业特产税税率。

(3) 按照农业税和农业特产税不重复征收的原则,根据主要征税作物的品种,在农业税计税土地上只征收农业税或农业特产税。严禁两税重复征收。取消果用瓜(包括西瓜、甜瓜、种子瓜等)和大棚蔬菜的农业特产税。

二、乡统筹及村提留征收与使用办法的改革

1. 取消乡统筹费

改革开放以后,农村集体"三项村提留五项乡统筹"的分配方式,沿袭了计划经济时期向农民筹集资金的老路子,规定由乡镇政府按照不超过当地农民人均纯收入的5%计提。实际操作中的层层加码、按需而征、以支定收的收费行为,严重挫伤了农民的生产积极性,影响干群关系。安徽农村税费改革方案决定,取消原按农民人均纯收入一定比例提取的乡统筹费,原由乡统筹费开支的农村义务教育、计划生育、优抚和民兵训练支出,由各级政府通过财政预算予以支付。

2. 改革村提留费收取方法

实行随农业两税征收附加的办法,附加比例最高不超过改革后农业税的20%。村干部报酬、五保户供养、办公经费,除了原由集体经营收入开支的仍继续保留外,其余均在农业两税附加中开支。对集体公益事业建设费用的提取和使用,考虑到社区公用品需求的差异性及资金使用效率,本着遵从本村农民意愿的原则,按照"一事一议"程序进行操作。具体规定是:村内兴办水利、修路架桥、植树造林等集体公益事业,将遵循量力而行、群众受益、民主决定、上限控制(每人每年负担不超过15元)、使用公开的原则,实行一事一议,所需资金或者劳务,经村民委员会

提请村民会讨论决定,并报乡镇人民政府审批。用 3 年时间逐步取消统一规定的劳动积累工和义务工。

3. 减轻村级负担

取消涉及村集体和农民出钱、出物、出工的达标升级活动;严禁向村集体和农民乱收费、乱集资、乱摊派、乱罚款;禁止截留、平调和挪用村集体资金;严格控制村组干部人数和报酬标准,大力压缩村集体招待费开支;妥善处理村集体的历史债权债务;积极发展集体经济等。

三、行政事业性收费和政府性基金的规范

中共安徽省委办公厅、安徽省人民政府办公厅以皖办发〔2000〕14 号文件的形式,转发《省物价局、省财政厅、省监察厅、省农委、省政府纠风办关于清理整顿涉农收费、切实减轻农民负担的意见》。《意见》要求:取消现行一切专门面向农民征收的行政事业性收费、政府性基金和各种集资、摊派;取消现行除法律、法规和国务院、省政府规定以及国家计委、财政部、农业部联合审批之外的一切涉及农民的行政事业性收费项目;取消一切需要农民出钱、出物、出工的达标升级活动;取消各项带有强制性的经营性服务收费。

为把改革的力度同各方面能够承受的程度很好地结合起来,增强改革的科学性、合理性和可操作性,安徽首次提出农村税费改革的"六字方针",也是改革的总体目标:减轻、规范、稳定。同时明确要求"三个确保",即确保农民负担得到明显减轻、不反弹(这是改革的首要任务);确保乡镇机构和村级组织的正常运转;确保农村义务教育经费满足正常需要。

第三节 农村税费改革的配套措施

农村税费改革的配套措施,是对农村税费改革内容的深化、延伸和扩展,是农村税费改革取得成功的政策性保障。安徽试行全省性改革不久,省委、省政府就在深入调研的基础上,围绕农村税费改革这条主线,部署有关部门研究制定相关的配套措施,陆续出台了 20 多个配套办法,保证了税费改革的顺利推进。

一、县乡财政体制改革

为解决税费改革之后面临的基层财力缺口问题,安徽同步推行财政支出制度改革。较早实施公共财政支出改革试点的五河县,1999年全县20个乡镇一年压缩开支600万元,再加上改革实现的增收因素,50%的乡镇财政收支略有盈余。肥东县自1999年开始,对全县38个乡镇全面实施综合财政预算和"零户统管""工资资金专户"制度,将长期游离于财政体系外的各种财政性资金统一纳入了乡镇财政管理。共取消乡镇直属单位全部262个银行账户,清理收费项目84个,清退不在编人员1 873人,年减少开支500万元。[①] 另外对乡镇直属单位的公用经费、业务费、专项经费严格实行项目和定额管理。

各地在农村税费改革过程中,县、乡(镇)一级财政适时推行了"零户统管"制度。这项制度通过对各单位的财务收支采取"集中管理、统一开户、分户核算"的方法,实施对财政支出全过程的监督和管理,即取消行政事业单位银行账户,取消单位核算会计岗位,各单位只设一名报账员,负责经办单位各项资金收支出纳业务。行政事业单位的各项收入直达国库或财政专户,支出由会计核算中心支付,由会计核算中心对支出逐笔进行审核。"零户统管"制度的建立,为最终建立国库集中支付制度和政府采购制度打下了基础,有利于从制度上、源头上杜绝不合理开支和预防腐败现象,为农村税费改革的深入进行创造了良好的外部环境。为适应新形势下农税工作要求,安徽省及时转变农税征管机构职能。农业税务局一律改名为农村财政管理局,将其主要职能转移到征用耕地占用税、管理和发放财政涉农补贴资金、加强乡镇财政管理上来。

2003年,安徽省选择了有代表性的9个县开展乡镇财政管理方式改革试点工作,对乡镇财政实行"乡财县管",将乡镇一级财权上收县级统一管理。按照省里对试点地区的统一规定,"乡财县管"改革的基本原则是"三权不变",即预算管理权不变、资金所有权和使用权不变、财务审批权不变;改革的主要内容为"六统":账户统设、票据统管、收入统缴、支出统拨、采购统办、财务统管。

2004年,安徽又在全省范围内开始推行"省直管县"的财政管理体制改革。按照改革方案,省财政直接对57个县进行管理,其核心内容是将收入考核、转移支付、财政结算、资金调度、项目申报、债务偿还、工作部署等工作直接与县对接,改革

---

① 张平.安徽农村税费改革实践与探索[M].北京:当代中国出版社,2001.

的基本目标是确保基层政权组织正常运转,县乡工资正常发放,有效控制县乡债务,促进县域经济发展。

二、精简乡镇机构

农村税费改革后,因收入减少,县、乡政府的开支受到影响,除采取上级转移支付办法进行财力支持外,还需要通过转变政府职能、精简机构、压缩财政供养人员、调整支出结构等途径解决。按照政企分开和精简、效能的原则,合理设置乡镇机构,严格核定人员编制,提倡党政干部交叉任职。适当合并现有乡村学校,对教师队伍进行必要的整顿和压缩。

1. 对党政机构的改革

安徽省委、省政府专门制定了《关于乡镇党政机构改革的实施意见》(皖发〔2000年〕15号文件)规定:中心建制镇和城关镇可设置3个综合性机构,即党政办公室、经济发展办公室、社会事务办公室(同时挂计划生育办公室牌子),其他乡镇可设1~2个综合性机构。乡镇党委设书记1名,副书记2~3名(其中1名兼任纪委书记);乡镇人大主席由党委书记兼任的可配专职副主席1名,不兼任的配专职主席1名;乡镇政府设乡镇长1名,副乡镇长2~3名。提倡党政领导交叉任职,不设乡镇长助理。乡镇一级不设政协机构。乡镇行政编制精简10%。各地在核定行政编制和领导职数的基础上严格定岗定员。2004年7月,宣城开始探索"乡镇领导体制改革",不仅实现了乡镇领导干部的精简、减少了财政支出,而且实行乡镇领导交叉任职,甚至"书记镇长一肩挑",影响之大,被媒体称为"七月政改"。宣城"七月政改"后,质疑者、赞成者各不相让,即使在9月16日十六届四中全会提出"适当扩大党政领导成员交叉任职,减少领导职数"后,外界的质疑也并未因此减少,但此后乡镇副职和班子成员数量还是逐年有所下降。

2. 对事业机构的改革

安徽省委、省政府制定了《关于乡镇事业单位机构改革的意见》(皖发〔2000〕16号)文件规定:乡镇事业单位改革的范围是县(市、区)主管部门和乡镇政府管理的各类乡镇事业单位。改革的重点是理顺条块关系、压缩机构建制、大力精简财政供给人员。除必须由国家办的事业单位外,允许事业单位实行联合、兼并、转企或组建集团等多种形式的改革,支持和鼓励多种社会力量参与兴办社会事业,实现举办主体和投资主体的多元化。撤销、划转一批与国民经济和社会发展需要相脱节的事业单位;调整撤并在计划经济体制下按部门重复设置、职责任务基本消亡、长期不具备开展业务条件、多年不出成果的事业单位;清理精简各类规费和行政事业性收费养人的机构,以后不得增设此类机构。乡镇事业单位(不含中小学校、卫生院)平均由12.2个压缩到7个以内;财政供给人员平均由43.2名精简至30名以内,彻底清退事业单位不在编人员。积极稳妥地做好未聘人员的分流安置工作,多渠道分流人员:鼓励创办或领办经济实体,包括兴办各类示范基地、领办乡镇或村级经济实体、创办农民股份合作社、建立社会中介服务机构等;下派任职、挂职,主要是安排到村任职或挂职;对具备中师以上学历,并符合任教条件的人员,采取竞争上岗的方式,择优充实到缺编的中、小学任教;鼓励辞职自谋职业;对接近退休年龄的人员可实行提前离岗。

3. 调整乡镇区划和村组规模

针对目前一些行政村规模过小、不利于减轻农民负担的现状,在尊重民意的基础上,适当进行撤并调整。位于人口居住相对集中的平原、丘陵地区的村,其人口规模原则上要达到3 000人以上;人口居住相对分散的山区、库区的村,其人口规模原则上要达到1 500人以上,方可保留。村民小组的人口规模可以适当扩大。在调整村组规模的同时,精简村组干部。村民委员会成员原则上控制在3～5人。村党支部成员通过依法选举可兼任村委会成员;除村党支部和村委会主要负责人外,其他村民委员会成员(会计、民兵营长、妇女主任和团干等)可交叉兼职。每个村民组原则上只设1名小组组长。村干部人数和报酬标准,从本村实际出发,由村民会议或村民代表大会讨论决定。每个村享受固定报酬的干部人数控制在2～3人,误工补贴的干部人数也应从严控制,一般不超过2人。村组干部的补贴标准要与村级经济发展水平和农村税费改革后的村级财力相适应。

2003年,安徽省委、省政府决定进一步加大乡镇区划调整工作力度,根据地理环境、人口密度和乡村现状,分别规定了乡镇和村级的具体规模,并要求各地结合实际全面开展调整工作。到2004年年底,全省共撤并乡镇304个,撤销村委会3 000多个。①

---

① 数据来源于安徽省农村税费改革办公室。

三、实施和扩大对农民的直接补贴

除了费改税、规范征收和减免农业税之外,各地还改革了对农产品的补贴方式,将过去补贴给流通和加工领域的经费直接补贴给农民,并进一步扩大了补贴的范围和力度。给予种粮农民直接的补贴试点,也是首先从安徽开始的。其他还有良种补贴、综合直补、农机补贴、退耕还林补贴、能繁母猪补贴和奶牛补贴等。从2003年开始,安徽相继实施了粮食直补、良种补贴和农机具购置补贴。各地普遍推行"一卡通"的做法,将各项涉农补贴及时、足额地发放到农民手上。2003、2004两年共发放粮食直补资金13.18亿元,水稻、小麦和油菜良种补贴资金4.92亿元,农民购置农机具补贴1460万元。2003~2007年,全省累计发放粮食、农资、良种、农机、生猪等各类补贴123.4亿元,发放退耕还林和公益林补贴38亿元,全省农民在农村税费改革前人均年上缴税费109.4元,2007年人均得到政府补贴139元。[①]此举极大地调动了农民的种粮积极性,巩固和提高了农业综合生产能力。

四、改革义务教育管理体制

农村税费改革试点伊始,安徽省委、省政府把保障农村义务教育作为巩固和完善农村税费改革的目标之一。通过农村中小学管理体制改革、保障农村义务教育投入和教师工资发放、合理调整农村中小学布局、实施危房改造、优化教职工队伍结构、合理配置教育资源等一系列改革措施,使全省农村义务教育持续健康稳步发展。

农村税费改革试点的第一年,全省乡镇、村财力减少18.4亿元,严重影响到农村义务教育投入和教师工资发放。为及时解决这个问题,省财政系统进行了保障农村义务教育投入财政体制的改革,适时增加了对农村义务教育的投入。2000年,安徽省农村义务教育经费总支出为44.8亿元,比税改前的1999年增加了6.1亿元,增幅为15.76%。2001年,农村义务教育总支出达55.7亿元,比2000年增加了10.9亿元,增幅上升到24.5%。从2001年9月起,安徽省全面实行"分级管理、以县为主"的农村义务教育管理体制,将农村中小学教师工资收到县统一管理,保证农村中小学教师按国标工资按时足额发放;到2001年年底,不仅做到了不新

---

① 以上数据由安徽省财政厅提供。

欠教师工资,而且还消化了部分陈欠工资。

优化教育资源配置,合理调整农村中小学布局,也是在安徽农村税费改革大背景下进行的一项改革,其目标是:从2000年年底起,用3年时间,将全省农村义务教育阶段现有中小学调减15%左右,将小学从22 800多所调减到19 000所,初中由3 200多所调减到2 700所,适当调减农村高中数量,扩大农村高中规模。2007年,安徽省全面实施农村义务教育经费保障机制改革,免除城乡义务教育阶段全部学生学杂费,继续为农村贫困家庭学生免费提供教科书,并补助寄宿生生活费,建立中央和地方各级分项目、按比例分担的义务教育经费保障机制。

五、推进村民自治

村务大事坚持大家提、大家定、大家办,不允许村干部或者少数人说了算,切实保证农民群众当家做主的权利。凡涉及农民群众切身利益的大事都要提请村民会议或者村民代表大会讨论决定,如村干部报酬标准、村内兴办集体生产公益事业筹劳筹资、向不承包土地而从事工商业的农户收取资金的标准等。积极引导村民以"一事一议"的形式兴办集体公益事业,随后又出台了有关"一事一议"的专门性文件,规定操作流程,防止以"一事一议"的名义变相加重农民负担。规范村务公开制度,完善相关配套制度,努力提高村务公开的质量和效果,明确村务公开的内容、形式和程序。农村税费改革后,把二轮承包的耕地面积、每户农民的实际负担等情况张榜公布,接受群众监督。

安徽省从2000年开始,率先实行全省性的农村税费改革试点。2001年,按照农村税费改革"巩固、规范、完善、配套"的要求,认真执行省政府确定的农业税计税价格,对农业税计税土地实行动态管理及对农业税计税常产实行上限控制。2002年,安徽省在萧县、砀山县进行农业特产税改征农业税试点改革,并于2003年4月1日起在全省全面推行;在全国率先取消农业税附加,再降低农业税税率2.2个百分点。2005年,安徽省提前全面免除农业税。此后,农村税费改革在全国推广,2005年12月29日,十届全国人大常委会第十九次会议高票通过了关于废止农业税条例的决定,中国大地上延续了2 600多年的农业税历史至此终结。

第四节 后税费改革时期的安徽农村综合改革

全国免征农业税之后,农业发展进入以工促农、以城带乡新阶段,也对当前农村工作提出了新的要求。制约农业和农村发展的一些深层次问题进一步暴露出来,如乡镇机构职能转变、农村公共产品供给、公共财政体制等,直接涉及上层建筑的变革,单纯指望农村税费改革是不可能解决的,甚至有可能会因为这些矛盾的长期存在而不断侵蚀农村税费改革的成果。基于此,安徽决定在全国率先推行以体制机制改革为主的农村综合改革,探索建立农村工作新机制。由于农村综合改革是基于农村税费改革暴露出来的问题而进行的改革,很多地方也称之为税费改革的配套改革,但实际上这次改革已经突破了税费改革的范畴,直指制约农村发展的体制和机制问题,着力于解决农村上层建筑与经济基础不相适应的一些深层次问题。安徽的农村综合改革,已经成为新一轮农村改革的起点,其目标、任务、模式都还在不断地丰富和发展之中。

2005年6月,中共安徽省委、省政府出台了《关于开展农村综合改革试点、建立农村基层工作新机制的意见》(皖办发〔2005〕16号),决定从2005年6月起,将改革重点转向以深化3项改革、建立农村基层工作新机制为主要内容的农村综合改革,并确定在18个县、市、区先行试点。试点的主要内容是"一个转变,三个建立,一个改进",即转变乡镇政府职能,建立农村基层管理新体制,建立农村公共产品供给新机制,建立"三农"社会化服务新体系,改进农村工作考核评价办法。

一、乡镇区划调整和职能转换

着眼于解决乡镇政府职能存在的缺位、错位、越位问题,突出"发展经济、社会管理、公共服务、维护稳定"的职能定位,把乡镇政府的主要职能转移到社会管理和公共服务上来,重点是促进社会事业发展和构建和谐社会,努力建设服务型、法制型政府。安徽开始了大规模的乡镇撤并和乡镇区域调整工作,先后撤并乡镇584个、行政村9 474个,精简乡镇党政机构9 700个、事业单位11 800个,共清退乡镇自聘人员11万人,精简行政编制6 100名、事业编制43 400名。18个试点县调整乡镇区划和村级规模,减幅分别达27%和24.15%。乡镇党政内设机构减幅为

38.64%,行政编制减幅为16.24%,事业编制减幅为29.75%。同时,积极稳妥地推进乡镇领导体制改革,推行乡镇党政职"一肩挑",减幅达48.08%。积极推行乡镇事业单位改革,减幅达51.9%。① 机构精简之后,安徽省广泛推行乡村为民服务全程代理制,创新政府管理方式,加强为"三农"服务的功能。

2005年7月底,作为首批农村综合改革试点县的庐江,完成了综合改革的第一步——乡镇区划调整,将28个乡镇撤并为17个镇。同时,基层政府机构也开始缩减编制,书记、镇长一肩挑,409名乡镇领导班子成员更是减至153人。仅"乡镇长"就减少了200多位。整合镇内设机构,即将原来众多的部门整合为"三大办公室"——党政办公室、经济发展办公室和社会事务管理办公室。中层干部一律实行竞争上岗,一般干部实行双向选择、考核上岗。2006年,在乡镇机构改革基本完成之后,庐江迅速转向综合改革的第二个层次——全面推行农村为民服务代理制,在乡镇建立政务服务中心,在村建立代理点。建立了县、乡、村三级工作的新机制,堵住了农村基层政府"权力寻租"的渠道,实现了乡村政府职能从"管理型"向"服务型"转变。如安徽省亳州市谯城区自2007年起推广为民服务全程代理制,区里设立为民服务全程代理中心,乡镇、街道设立为民服务全程代理室,村设立全程代理接收点。共梳理了206项代理服务项目。2007年10月到2008年7月中旬,全区就为农民群众办理全程代理类事项78 426件,办结率达98.5%,群众满意率接近100%。

二、建立农村公共产品供给新机制

一方面,安徽省加大对"三农"的财政支出,逐步实现公共资源向农村基础设施、义务教育、公共卫生、计划生育、社会治安的倾斜;另一方面,采取以奖代补、以工代赈、民办公助、合同承包等方式,调动社会各方面力量参与投入农业生产的积极性,在坚持农民自愿的基础上,进一步完善"一事一议"政策,引导农民参与自己直接受益的基础设施建设和公益事业发展。探索农村公共工程建设管理和运营新机制。根据项目的不同类别、性质和特点,按照"谁出资、谁经营、谁受益"的原则,采取承包制、股份合作制等形式,提高建设管理和运营效率。安徽省对一些小型水利设施的建管维护,采取招投标的方式,引入明确的建管运营主体,取得了较好的经济和社会效益。加快产权制度改革,适合转让的基础设施,可以通过公开拍卖转

---

① 数据来源于安徽省农村税费改革办公室。

让工程产权,由购买者自主经营管理。探索建立农村社会保障制度,主要是结合民生工程,建立四大社会保障制度:全面实施农村计划生育家庭奖励扶助制度,逐步建立农村独生子女户和两女户的养老保障制度,目前已覆盖所有乡镇;建立新型农村合作医疗制度和农村医疗救助制度,目前农村参保率已达到98%以上;建立农村新型养老保险,目前已实现全省覆盖,所有农民男性满60岁、女性满55岁可按月领取数额不等的养老金;完善农村五保户、特困户等弱势群体救助制度和农村最低生活保障制度,已覆盖全省,目前正不断地"扩面提标"。

三、建立"三农"社会化服务新体系

按照政事分开和公益性职能与经营性职能分开的原则,整合乡镇现有事业站所,依据经济区域和服务范围设置经济技术服务中心和社会发展服务中心。采取"执法职能上收、政府职能归位、公益性职能整合、经营性职能放开"等办法,积极推进事业单位人事制度改革,在公益性服务机构实行全员聘用制,建立职工薪酬与服务绩效挂钩的绩效工资制。大力推行"民办公助""以奖代补""以工代赈"和"养事不养人""政府采购""合同承包"等社会公益事业投入和管理方式。支持和鼓励民营和工商资本介入农村社会化服务领域,充分发挥农民合作组织在"三农"社会化服务中的主体作用,政府通过委托代理、合同承包、向市场购买服务等方式,让社会经营组织为"三农"提供公益服务。作为政府购买公共服务的典型案例,安徽很多地方的农民培训和职业教育,都是通过招标或委托方式,由各类性质的教育培训机构承担,当地政府验收合格后,给予相应的经费补偿或奖励。在此期间,安徽农村各类中介合作组织应运而生,并呈不断发展壮大之势。如水稻合作社、水果协会、农机理事会、用水协会、龙虾养殖合作会等,开始主要是从事一些提供销售信息的服务,后发展成为代购原材料、代销产品、提供中间技术指导等全方位一条龙服务,有些地方甚至出现农地托管、"田间保姆"式的一条龙服务组织。至2012年年底,安徽各类合作组织已发展至近4万个,其中,以合作社的形式最多,全省农民合作社总量达到29 000个[①]。农民合作组织坚持以民办、民管、民受益为原则,较好地处理了家庭经营和合作经营、农民自我发展与政府扶持推动、个人利益与集体利益等方面的关系,提高了农业生产经营的组织化、专业化、社会化程度,日益成为农业社会化服务体系的重要支撑。

[①] 张华建.贯彻落实1号文件,加快构建新型农业经营体系[J].安徽农村通讯,2013(3).

2006年,安徽省肥西县三河镇木兰村创新土地流转模式,成立"土地流转经营专业合作社",把"分"到一家一户的田地又"合"起来,通过地块互换,将占全村耕地一半的偏远耕地集中连片,租赁给种粮大户、水产养殖户,走规模化、集约化经营之路,提高了耕地利用率,使土地资源得到有效配置,实现了农业增效、农民增收的目的。一年多来,规模已由刚立社时的483人发展到561人,土地已由立社时1 258亩扩展到2 100亩。一方面,入社农户可获得稳定的土地租金收入,比如2007年每亩可获得收入350多元,高出单独转包收入约1倍,比自己耕种划算。另一方面,土地合作社把农民从土地的禁锢中解放出来,他们可以安心外出打工经商,或就近从事第二、第三产业,每个劳动力每年获得收入1万~1.5万元,形成了承租者、社员、合作社"三赢"的局面。2006年,该村农民人均纯收入达4 200元,2007年达5 280元,远超出全省及周边地区的农民收入的平均水平。

四、继续完善财政体制改革

深化县乡财政体制改革,安排合理划分县乡事权、支出责任和收入范围,根据财力水平和县乡财政支出责任,合理配置县乡财力,努力平衡乡镇财力差距,尽量下移财力,使乡镇财权与事权相适应。为确保乡镇财政供给人员工资的正常发放,从2006年起,所有乡镇财政供给人员工资实行县级财政统发,逐步统一县乡干部工资福利待遇。严格实行农村义务教育收费的"一费制",出台收费标准和监管细则,义务教育经费缺口由市、县(区)财政统筹解决。省财政通过取消县级原体制递增上解、调减县级原体制上解数额、将相对固定的结算补助和专项上解合并后纳入体制基数等措施,进一步规范了省对市、县的财政分配关系(数额直接核定到县)。调整后,所有县均为体制补助县。同时,取消了市对县的各种形式、名义上的财力集中(市级因此造成的财力缺口,省财政予以适当补助),规范了市与县的财政分配关系。这次的财政体制改革,起到了减少行政层次、降低行政成本、平衡城乡间公共服务的基本作用,初步理顺了各级政府的事权、财权及其上下级之间的财政关系。

与之同时,安徽省加大了财政支农的力度,全面整合资金,提高财政支农资金的使用效益。对财政补贴农民资金以外的其他财政支农项目资金全面实行统一制定规划、统一申报立项、统一招投标等"六个统一"的管理模式,科学合理地制定中长期农业发展规划和分年度农业发展计划,对于物资、服务等项目,由政府采购中心集中采购,财政支农资金全部进入专户管理,实行"一个漏斗向下"政策。如作为国家级扶贫开发重点县的金寨县,2005年共整合财政支农资金4 974.48万元,有力地促进了农村经济社会发展:整合本县各种资金1 000万元,与省级安排的通村柏油(水泥)路建设资金1 400万元进行捆绑,铺筑通村水泥路164千米、柏油路33千米;整合特大防汛资金、财政扶贫资金、库区资金、社会捐赠资金620万元,修复水毁河堤6 865米,除险加固病险水库12座,农村基础设施建设步伐加快;整合财政发展资金280万元、以工代赈资金296万元,用于整村推进村水利、卫生、学校、道路等基础设施建设,扶贫开发整村推进效果明显;整合各类资金1 213万元,向重点农业项目区集中投入,把项目区内生态环境、基础设施、农业科技推广、农业结构调整有机结合起来,发挥重点农业项目区辐射功能和示范效应。

五、改进农村工作考核评价办法

安徽省建立与乡镇政府新职能相适应的工作考核评价体系,考核重点从注重形式和过程转向注重成果和绩效,突出对乡镇服务"三农"的绩效进行考核。省、市、县各级各部门认真落实正确的政绩观,对各类表彰奖励、检查督导和达标升级活动进行全面清理,建立切合实际的长效激励约束机制。探索乡村干部选拔任用新机制,扩大乡镇干部"一推两考"(民主推荐、理论考试、组织考察)和直选村党组织委员会成员"两推一选"(党内推荐、群众推荐、党内选举)试点工作。加大对乡镇领导干部选拔、任用和交流力度,实行定期绩效考核和岗位竞争淘汰制,实行乡镇主要领导干部任期、离任审计制度。对乡镇干部进行政绩评价,通过民意调查,广泛听取群众意见,并将考核结果纳入干部档案。改进后的农村干部考核方法激发了基层干部为"农"服务的热情,也迫使基层政府自发提升农村管理和服务水平。

后税费改革时期的安徽农村综合改革,在很大程度上是对农村税费改革的继续和完善,针对税费改革之后暴露出来的问题采取了相应措施,尽管只是一些单项的改革,并且有些领域的改革还有待进一步深化,但在本质上已不仅仅是利益分配格局的调整,也不是简单的从对农业"少取"到"多予"的转变,很多措施已经涉及"三农"工作体制和机制的转变,涉及农村上层建筑——生产关系的调整。因此,这段时期的农村改革是问题导向的改革,很多措施是过渡性的、阶段性的,但对整个农村改革而言,起到了承上启下、由量变引发质变的作用。

第五节　改革的成效及其深远影响

农村税费改革是新中国成立 60 多年来我国农村继土地改革、实行家庭承包经营之后的又一重大改革,是中国农业发展历程中一个标志性事件。此次改革,依法调整和规范了国家、集体与农民的利益关系,将农村的分配制度进一步纳入法治轨道,堵住了加重农民负担的"口子",实现了对农业从"取"到"予"的根本转变,并逐步探索以工补农、以城带乡的发展模式。农村税费改革不仅是对分配领域中国家、农民、集体三者利益关系的调整,而且还在一定程度上触发了农村上层建筑的变革,引发了对农业宏观管理体制和农业经营体制的改革和创新。

一、改革的特点和成效

1. 改革的特点

(1) 问题导向。此次改革的背景是当时农业和农村发展出现了一系列问题,农业的高成本低收益、农民的低收入弱保障、农村的长期资源流出和利益输出严重影响了经济社会的健康发展,有违发展中国特色社会主义的宗旨。我们党和政府本着实事求是、以人为本的精神,认真分析问题产生的根源,针对农村税费过重这个主要矛盾,作出了全面调整乃至取消的决定。同时,对税改过程中暴露出来的农村财力薄弱、自我发展能力不足、公共产品供给短缺等问题,及时出台了相应的配套改革方案。从实践结果看,此次改革在短期内较好地解决了上述问题。

(2) 自上而下。此次改革与农村"大包干"改革的不同之处在于改革是自上而下进行的,改革的实施主体是政府,从外部改革农业和农村发展中的利益分配问题。安徽省经过多次试点,反复研究修改并报中央批准后,才出台了全省改革总体方案统一部署、统一要求、统一标准,由省(税费改革领导小组、税改办)向市、县、乡镇逐级推动,督促落实。当然,在具体实施中,充分尊重了基层干部群众的意见,及时对方案进行微调。

(3) 重点突破。"三农"问题多、涉及面广,不能期望一次改革解决所有问题,必须分清主次、先后顺序,才能实现预期的改革目标。此次改革针对农民负担和农业成本过高的现实问题,重点从免税减费、加大对"三农"的政策支持和财政直补等方面着手,实现了从"取"到"予"的历史性转变。在后期的综合改革中,也是抓住了农民反映较为强烈的基层政府服务、公共产品供给和社会保障等问题,重点在乡镇政府职能、财政管理体制、"三农"社会化服务体系,以及农村居民的教育、医疗和社会保障等方面,不断地进行制度改革和创新,力求在这些重要领域取得突破。

(4)由表及里。此次改革从解决当时对"三农""取"多"予"少的突出问题着力,到建立合理的城乡、工农利益分配格局,再到增强"三农"自我发展能力,直到建立新型农业经营体制和农村管理体制,步步推进、层层深入,由解决显性问题,到寻找问题发生的深层原因,直到探索建立长效机制,拉开了新一轮解放农村生产力和改革农村生产关系的序幕。

2. 改革的成效

(1)实现了农民减负、农业降成本。实行农村税费改革的2000年,安徽省农业两税及附加税共37.61亿元,减幅为23.6%;加上取消屠宰税和农村教育集资,农民总的税费负担减少16.9亿元,减幅达31%。全省农民人均现金负担由109.4元减少到75.5元,人均减少33.9元。农民"两工"(劳动积累工和义务工)人均负担由上年的29个减为20个。同时,全省取消各种收费、集资、政府性基金和达标项目50种,[①]基本堵住了农民称之为"无底洞"的"三乱"(乱收费、乱摊派、乱集资)。到2005年我省全面取消农业税,全省共减轻农民政策性负担54.5亿元,人均减负109.4元,亩均减负93.8元。[②] 农村税费改革大幅度降低了农业生产经营成本,税改前,据我们在安徽农村各地调查,以普遍的水稻和小麦种植为例,农业亩均税费基本上在50~80元左右,加上各种隐性负担,大多超过100元,占到农业生产成本的10%~20%。在农业特产税征收中,长期存在重复征税、平摊税款和随意加码等现象。取消农业税费,同时加大了对农业财政补贴。给予种粮农民的补贴,也是首先从安徽开始实施的,有良种补贴、综合直补、农机补贴、退耕还林补贴、能繁母猪补贴和奶牛补贴等。这些政策的实施,对农业生产的投资回报起到一"降"一"增"的双重效应,并提高了农业的吸引力和产品竞争力。税改后几年,安徽农村抛荒地明显减少,农产品供应量增长稳定。

(2)调整了城乡、工农分配格局。改革前,农村收入二次分配关系混乱,国家、

---

① 葛如江. 安徽农村税费改革试点取得初步成效[EB/OL]. (2001-02-22). http://qingyuan.people.com.cn/GB/channel2/3/30/2093/200102/22/39737.html

② 陈先森. 亲历安徽农村税费改革[J]. 党史纵览,2011(10).

集体与农民三者关系不明晰,为随意向农民、摊派留下了制度性缺陷和隐患。农民本来就属于低收入的弱势群体,反而承担了太多的社会责任和义务。改革后,农民的合法利益得到保护,农民从事农业生产的全部收入归自己所有,同时,政府不断加大直接补贴和财政转移支付力度,不仅不"取",还要多"予",真正进入了以工补农、以城带乡的城乡统筹发展的新阶段。

(3)改善了干群关系和党风政风。农村税费改革将基层政府的工作内容从强制收钱收粮转变为提供服务,从源头上制约了不正之风的滋生,从制度上促进了基层的党风廉政建设。因为减少了与群众之间的直接冲突和矛盾,基层干部也有了更多的精力谋划农业和农村发展,从而密切了干群党群关系,重塑了党和政府在人民群众心中的良好形象。

(4)推动了农村基层民主政治建设。改革后,扩大了村民自治的范围,凡属村内集体生产、公益事业建设资金和农村"两工",均实行"一事一议",由村民会议或村民代表大会民主讨论决定,所有涉及村民的事项均需要张榜公示,真正让农民自己当家做主,实行大家事大家议、大家定、大家管,调动了广大农民依法有序参与基层民主政治的积极性。

(5)促进了农村基层政权的职能转变。改革后,"减人、减事、减支"逐渐在全省上下形成共识,各项配套改革也由"要我改"变为"我要改",财政体制改革、乡镇机构改革、职能转变、人事制度改革和教育体制改革等配套改革初见成效,减轻了改革的阻力和压力,确保改革顺利推进。同时,引入市场化机制,探索建立农村公共产品供给和社会化服务的新机制,使改革向更深层次推进。

安徽农村税费改革成效显著、意义重大,无疑是新中国农村发展史上浓墨重彩的一笔。但此次改革主要是分配领域的利益关系调整,尽管也触及到生产关系的各个层面,影响毕竟有限。对如何解决农村中不适应经济基础的上层建筑、组织形态,不适应生产力发展水平的生产关系、生产模式等问题,尚未给予一个明确的答案。在农村税费改革以及农业税免征之后,农村和农业发展的形势有了根本性的变化,农村干部如何实现从"管理型"向"服务型"转变,乡镇职能究竟应该怎样定位,如何解决农村公共产品缺位和城乡一体化发展问题,如何在家庭联产承包责任制的基础上,探索农业适度规模经营和农村合作经济发展,等等,都还有待于下一步深化农村综合改革来解决。

二、税改对完善社会主义市场经济体制的深远影响

中国的改革开放起始于农村和农业领域,之后逐渐向城市和其他领域扩散延

伸。中国改革开放30多年的主要成果之一是在全社会建立起中国特色社会主义市场经济体制,直到今天,这项工作仍在不断完善中。相比较而言,农村和农业的市场化进程,起步早而进展缓慢,造成这个局面的原因,有农耕文化传统和居民素质的因素,更多则是管理体制和机制的问题。安徽农村税费改革及其之后的一系列配套改革,从一定程度上破除了农业市场化的制度禁锢,对在农村地区加快建立和完善社会主义市场经济体制起到显著的推动作用。

1. 税改体现了政府调控职能和社会主义性质

不管哪个国家和地区搞市场经济,都必须发挥市场无形之手和政府有形之手的作用。在一些趋利性、竞争性的领域,可以利用市场规律提高资源配置效率;而在一些市场规律失效的公益性和外部经济特性的领域,需要发挥政府调控职能,才能保证经济社会的良性发展。二者殊途同归,都是市场经济不可或缺的重要部分,且政府有形之手与市场无形之手必须各负其责、分工合作、定位清楚、边界明确,不能合二为一。安徽农村税费改革在宏观方面是要解决分配领域不公平的问题,以及对处于弱势地位的农业和农民的扶持问题,这就需要政府发挥调控作用,出台相应的政策法规,取消向农业和农民收取税费、与民争利的制度安排,制定向农村倾斜的财税政策,帮助农村发展各种公共事业。尤其是在农村基础设施建设投资方面,因其公益性特征很难采取市场化方式进行运作,因此必须依靠政府的力量,采取"回报农民、反哺农业、扶持农村"的形式,通过加快对广大农村公共物品的补偿性供给来促进农村经济发展。当然,对一些权属较为清晰、受益群体比较明确的小型农田水利基础设施的投资建设运营,安徽也进行了一些探索,如推行承包、出租、出售经营权等市场化运作方式。从大的方面来说,农村税费改革也是由我们社会主义国家的国情所决定的。作为中国特色的社会主义市场经济,对处于弱势地位的农业和农民,采取"少取多予"甚至"不取多予"的方针,让广大农民更多地分享发展改革的成果,体现了党和政府全心全意为人民谋福利的宗旨。

2. 税改增强了农业自我发展、公平竞争的能力

在市场经济条件下,作为一个产业,必须具备自我积累、自我发展的能力,否则,这个产业就无法长期生存和发展,农业也不例外。如果单纯依靠政府扶持和补贴,而不能实现正常的投入产出效益和接近社会平均水平的利润率,就无法作为一个完整的产业存活下来。安徽农村税费改革取消针对农业和农民收取的各种税费,增加对农村的转移支付和财政补贴,起到了明显的降本增收的效果,提高了农

业生产经营的比较效益,使农业劳动者生产潜能得以释放,有力地促进了农业生产的发展。更重要的是,安徽在农村税费改革之后,在财政体制、社会化服务、基础设施建设、公共产品供给等领域实施了一系列配套改革,开始了"以工补农、以城带乡"的探索。通过改革,安徽省加大了财政支农力度,优化财政支农的结构和方式,将财政支农投入的落脚点放在提高农业整体效益和竞争力上,从而进一步增强了农业内生增长、自我发展的能力。以前,国家对农业的支持往往通过使用行政手段提高农产品价格和降低农资价格来实现,但中国加入世贸组织后,此举既面临着国际市场农产品价格的冲击和国际规则的压力,也有违市场经济的本质特性。因此,为适应世贸组织的规则,安徽农村综合改革要在财政支农的制度设计上,明确政府和市场的边界,使其在不同领域发挥各自作用。如财政支农由重点支持流通环节和消费者转为重点支持生产者,由侧重价格支持转为侧重于对农民收入和基础设施的支持。对主要体现社会效益的公益性和基础性的项目,原则上采取政府直接无偿投资的方式;对符合国家产业政策和本省中长期规划、具有示范价值和经济效益显著的建设项目,可以采取政府投资参股、资本金投入和担保、贴息等投资方式,也可以在项目建成后用资产租赁、转让和出售等方式实现政府投资的回收,以促进财政支农资金的循环使用。

3. 税改推动了农村和农业的市场化进程

农村的市场化进程滞后于城市和工业的发展,主要体现在价格和市场管控、生产要素流动受阻等方面。安徽农村税费改革,尤其是之后的一系列配套改革,厘清了政府和市场的关系,在生产经营领域,采取放开搞活的方针,真正让市场规则发挥作用。改革开放后,我国逐步放开了对大部分农产品价格的管控,但对粮食、棉花等大宗农产品仍采取定购定销、限价和保护价等政策,使之成为"半市场化"的产物。安徽在税费改革之后,很快实施了粮食、棉花等大宗农产品流通体制的彻底改革,全面放开购销市场和政府定价,基本实现了农产品购销的市场化和市场主体多元化。2005年,我省被国家商务部列为全国唯一的以"万村千乡市场工程"为主要内容的农村商品流通改革和市场建设试点省。经过3年多的努力,基本形成了以城区店为龙头、乡镇店为骨干、村级店为基础的顺畅高效的新型农村商品流通网络,方便了农民购买生产生活资料,降低了农民购物成本。据测算,农资大型流通企业延伸到农村地区,在种子、农药、化肥三类农资连锁配送上相比多头采购、散乱经营,使每亩土地农业生产成本平均降低40元左右。安徽农村税费改革还极大地促进了农村生产要素的自由流动和市场化配置。农村税费改革之前,税费主要按农户的田亩收取(少数地方也有采取人地结合的计税方式),农业用地承载的税费较高,在很大程度上制约了农地按市场规则流转集中。取消农业税费后,既降低了农地流转的费用,也消除了附着在农地上的额外义务,对推动农地流转、发展规模经营起到了良好的促进作用。21世纪初,安徽农村土地流转的规模和比重有较大幅度的提升,与此有很大关系。安徽农村税费改革还进一步推动了农村社会化服务体系的重构和完善,在统一规则和要求的前提下,全面放开农村社会化服务市场,积极培育各种性质的、专业化的市场主体,引导社会资本进入"三农"服务领域。

4. 税改有助于启动农村内需、改善国民经济发展格局

投资、消费、出口,是市场经济条件下拉动经济增长的"三驾马车"。经过30多年的改革开放,中国通过增大投资比重和扩大出口,实现了经济的快速增长。但进入21世纪,内需不足已越来越成为制约国民经济增长的主要因素,尤其是农村地区,农民收入水平较低,投资和消费需求难以启动。安徽农村税费改革使农民减轻了负担,加上财政补贴,农民可支配收入明显增多。农民收入的增加为启动农村市场、扩大消费需求提供了先决条件。在农村税费改革的第1年,2000年年底,安徽许多农村的集镇出现了久违的人流如潮、供销两旺的现象,多数县乡的社会消费品零售额出现较大增幅。农村市场的激活带动了消费需求增长,为经济增长提供了动力源泉,为工业生产扩大了市场空间,增强了拉力;工业生产的发展,又带动了就业机会的增多、职工收入的增长。就业的扩大和居民收入的提高又带动新一轮的消费和对服务业的需求,因而形成对第三产业的拉动。安徽农村税费改革从增加农民收入和消费入手,润滑了分配、消费、生产之间的连接链条,可谓牵一发而动全身,为国民经济发展步入良性循环奠定了基础。

总而言之,在当时的历史条件下,安徽农村税费改革及其配套的综合改革,是减轻农民负担、增加农民收入的根本举措,为"以工补农、以城带乡"的城乡统筹发展奠定了制度基础,加快了农村和农业的市场化进程,对社会主义市场经济在农村的构建和完善起到了积极的推动作用。农村税费改革只是一个起点,想要彻底解决错综复杂的中国"三农"问题,真正实现农村全面、持续、协调的发展,还需要进行相关的改革探索和制度重建,这一切都有赖于下一步的深化农村综合改革,有赖于中国特色社会主义制度的不断创新和发展。

第五章　放松管理后农村生产要素配置的市场化改革

第一节　乡镇企业异军突起

改革开放后,同全国一样,安徽乡镇企业异军突起,并且在国内产生了一定的影响。沿海地区创造了苏南模式、温州模式、"珠三角"模式,安徽则出现了"阜阳模式"。阜阳地区在20世纪80年代中期进行了一次不发达地区发展乡镇企业的勇敢探索,曾出现乡镇企业蓬勃发展的好势头,当时"阜阳模式"闻名全国。可以说,乡镇企业是农村改革的产物,是农民在改革进程中继农业家庭承包经营之后树立的又一座丰碑,没有农村改革就没有乡镇企业的发展。

一、乡镇企业发展的客观背景

1. 家庭联产承包责任制的普及为乡镇企业发展提供了生产要素保证

中共十一届三中全会以后,安徽农村率先实行家庭联产承包责任制,劳动效率成倍提高,全省出现了大约1/3的农村剩余劳动力,一些田少人多的地方剩余劳动力占比高达40%~50%,这为乡镇企业的兴起与发展提供了充足的劳动力。同时随着劳动生产率的提高和生产的发展,农产品的商品率有了很大提高,农民的收入大幅度增加,手头开始有了剩余资金。据调查,1984年末仅蒙城、休宁、嘉山3县农民个人存款总额就达3723万元。这为乡镇企业的兴起与发展提供了资金条件。

此外,家庭联产承包制的推行促进了农业生产的大发展,不仅粮食生产发展较快,而且经济作物和其他农副产品也得到了较大的发展,有的产品呈一倍至数倍地增长。农业的高速发展,为主要以农副产品为加工原料的乡镇企业提供了充足的资源。

2. 投资和消费的快速增长为乡镇企业发展提供了市场保证

改革开放以来,伴随着经济的快速发展,安徽投资增长势头强劲。1978～1987年,安徽省基建投资增长了1.5倍,年均递增10.7%。农民收入增长也较快,1980～1987年,全省农民人均收入增长1.3倍,年均递增12.8%。随着农业生产的发展、农民收入和生活水平的提高,中小农具、化肥、农药、建筑材料和日用消费品等需求量猛增。1987年,安徽全社会商品零售总额比1978年增长2.7倍。投资和消费的快速扩张,为乡镇企业创造了巨大的市场空间。同时,改革开放前期,农村的广大市场由于基础设施、交通运输等条件不好,从而使得城市工商企业难以在农村地区开展业务,表现出较强的区域性和半封闭性特征。这就使得大多数乡镇企业迅速占领农村市场成为可能,为推动乡镇企业迅速发展提供了市场的保证。据1987年对阜阳地区440家乡镇企业的抽样调查显示,在乡镇企业的产品销售市场中本地农村占72.6%、外地农村占5.7%,本地城市占13.6%、外地城市占2.7%。

3. 政府高度重视为乡镇企业发展提供了组织保证

在乡镇企业发展的过程中,各级政府部门的高度重视和对其加强领导起到了极为重要的作用。安徽省委、省政府主要负责同志始终抓住乡镇企业不放,逢会必讲,检查地方工业必问,到基层必看,把是否重视乡镇企业、是否抓好乡镇企业作为考核和任用干部的重要标准之一。各地、市、县都成立了乡镇企业工作领导小组,主要负责同志亲自挂帅。很多县的几大班子每个领导都包扶一个乡镇、蹲点一个企业,所包单位在发展中遇到什么问题,就直接找包点领导。当时,为调动积极因素,安徽省委、省政府每年都要表彰奖励一批对发展乡镇企业作出突出贡献的先进集体和个人。1994年、1995年连续两年,安徽对全省92个县(市、区)上一年度发展乡镇企业的实绩进行考核排序,并将结果通过新闻媒介进行公布。1996年,安徽省委、省政府首次拿出180万元资金,奖励5个先进地市和21个先进县(市、区)。这种行政推动为安徽乡镇企业发展提供了组织保证。

二、安徽乡镇企业的发展历程

1. 恢复发展时期(1978～1983年)

乡镇企业的前身是人民公社时期由公社或生产大队、生产小队创办的社队企业,安徽社队企业在"文化大革命"期间受到了很大打击。1978年12月,党的十一届三中全会指出:"社队企业要有一个大发展。"1979年中央《关于加快农业发展若干问题的决定》和国务院《关于发展社队企业若干问题的决定》(即18条)两个文件下发后,安徽省委、省政府作出了《关于大力发展社队企业的决定》,提出了"放手发展,阔步前进"的指导方针,对乡镇企业发展作出了一系列政策规定,其中有:凡宜于农村加工的农、林、牧、渔产品及其土特产品,由农村当地加工,国家一般不再建立新厂;林区可以利用梢头枝丫、小材小料自行加工木竹制品;允许有条件的地方开采小煤矿、小矿山,发展砖、瓦、砂石、石灰、水泥、水泥预制件生产;积极发展劳动密集型行业,大力扶持传统名牌产品,并要求逐步形成生产基地。在税收方面,尽可能地给予照顾,对新办企业和加工业水平低的企业,实行减税或免税。各地还加强了对乡镇企业的产供销管理,拓展农村集体流通渠道。加上农村改革的全面展开,极大地解放了生产力,农村开始出现剩余劳动力,农民兴办乡镇企业的热情很高,安徽乡镇企业开始全面恢复。这一时期,安徽乡镇企业的发展路子主要是"三就"(就地收购、就地加工、就地销售)、"四为"(为农业生产服务、为人民生活服务、为大工业服务、为出口服务)、"四不"(不搞"无米之炊"、不搞生产能力过剩的加工业、不与先进的大工业争原料、不破坏国家资源)。同时,针对社队企业中政企不分、管理不善、效益低下等问题,积极稳妥地推行各种形式的经营承包责任制,取得了初步成效。到1983年年底,全省有80%以上,即3.5万个企业初步实行了各种形式的经营承包责任制,全省社队企业总产值达19.5亿元,实现营业收入17.8亿元,均比1978年翻了近一番。

2. 加快发展时期(1984～1988年)

随着农村广大干部群众要求发展乡镇企业的呼声不断高涨,1984年,中央下发了《关于转发农牧渔业部党组〈关于开创社队企业新局面的报告〉的通知》,高度评价了社队企业的地位和作用,制定了一系列的政策措施,正式将社队企业更名为乡镇企业,明确了乡办、村办、联户办和户办四个轮子一起转的发展方针。同年,安徽省政府出台了《关于加快发展乡镇企业若干问题的暂行规定》。1987年,安徽省委、省政府对农村工作提出了"一个稳定增长,两个加快发展"的要求,其中一个加快发展就是指乡镇企业。同年9月,全省乡镇企业工作会议在滁州地区召开,会上号召各级党委、政府把乡镇企业摆到突出位置。全省上下热情高涨,各级政府对乡镇企业积极扶持,农民群众四处筹集资金、请师傅、闯市场、办企业,安徽乡镇企业的发展出现了良好的发展势头。不少地方积极探索,突破了"三就四为"的发展路子,形成了一些独具特色的发展模式,如桐城市的"两头在外,开发智力"(原料、市场在外,重视人才)、阜阳的"三专二厂"(发展专业户、专业村、专业经济区域和户办、联户办厂)等。1988年,安徽乡镇企业实现产值215亿元,比上年增长30.3%,占全省工农业总产值的38%。全省600多家乡镇企业的产品获部优、省优和省系统优质称号,其中部优22个、省优73个。宁国密封件厂成为全省乡镇企业系统中第一个国家二级企业。

3. 调整时期(1989～1991年)

十三届三中全会后国民经济进入了3年治理整顿时期,在这3年中安徽乡镇企业生产经营受到较大冲击,增长速度急剧下降,甚至出现了"零增长"。1990年,安徽省委、省政府针对乡镇企业发展的严峻形势,出台了《关于在治理整顿中积极引导乡镇企业健康发展的通知》,要求在调整中做到"有保、有促、有压、有上、有缓、有下,加快优化乡镇企业经济结构"。这一举措很快在全省范围内稳定了思想、稳定了政策、稳定了队伍,乡镇企业开始主动适应国家宏观调控,生产经营出现转机。但是,1991年的特大水灾又让安徽乡镇企业遭受了重大损失,全省有17 350家乡村集体企业受淹,占总数的30%。据不完全统计,该次水灾中全省乡镇企业直接经济损失14.8亿元,影响产值30亿元。这3年间,安徽乡镇企业年均发展速度回落到16.5%,到1991年年底,全省乡镇企业营业收入355亿元。

4. 大发展时期(1992～1998年)

1992年党的十四大和邓小平同志南方谈话、1993年的国务院《关于加快发展中西部地区乡镇企业的决定》,为乡镇企业发展创造了前所未有的宽松环境。全省上下进一步解放思想、抢抓机遇、加快发展,乡镇企业进入历史上最快、最好的发展时期。这一时期,安徽省委、省政府出台了一系列扶持政策,如省政府1992年34号文件、1993年和1994年连续两年的1号文件以及一年一度的表彰奖励等。同时,安徽省委、省政府成功地实施了抓重点突破、促整体推进的发展战略,一手抓基础较好的10个县、20个乡镇、30个村和50个企业,实施"1235"工程;一手抓基础相对薄弱、发展相对缓慢的后进地区的快速起跳。1995年年底,全省乡镇企业营业收入达3 078亿元,在全国的位次上升到第9位,连续4年年均递增61.6%。全省营业收入超亿元的企业达到62家,其中,超3亿元的5家,超千万元的利税大户25家,10家企业组建成为全国性乡镇企业集团,36家企业步入国家大中型企业行列。淮北市杭淮丝绸厂、天长市天大企业集团、宁国中鼎股份有限公司、临泉达裕实业总公司、太和县美颖纺织制品总厂和临泉县邢塘镇等单位被农业部、外经贸部授予"出口创汇先进单位"称号。

5. 转变提高时期(1999年以后)

随着两个根本性转变的深入推进,乡镇企业结构性矛盾逐渐显现出来,如产品质量差、档次低、科技含量不高及企业创新能力弱、经营管理粗化、机制退化等,同时在处理大与小、工与农、城与乡的关系问题上,再次出现了认识上的不统一,乡镇企业的发展再次面临严峻的挑战。这一时期,乡镇企业在认识环境、舆论环境不宽松的背景下,寻求发展的新突破。① 由以新上项目外延扩展为主,转为内涵技术改造与外延扩展并举,坚持速度与效益相统一,走出一条高速、高效的发展路子。在发展布局上,由相对分散的形态转向工业小区和小城镇有机结合。在产业选择上,优先发展机电、化工行业,改造提升建材、食品、轻纺行业,大力发展农副产品加工业,把开发性农业与乡镇企业发展结合起来,并逐步由传统资源型粗加工为主转向增加高科技含量为主。② 由偏重依靠政策优惠转向依靠政策、依靠科技、依靠人才,运用激励手段,通过实施科技兴企战略,使乡镇企业的发展切实转移到依靠科技进步和提高劳动者素质的轨道上来。③ 由以承包制为主转向以现代企业制度为重点内容的产权制度改革。对原有乡村集体企业进行改制、改组、改造,创造新机制,重视企业管理,逐步由家庭式管理向科学化、规范化、现代化管理方向发展。④ 由以国内市场为主转向国内国外两个市场同时开拓,通过外向带动战略,积极参与国内外经济合作与竞争。在这个过程中,全省乡镇企业发展速度相对平稳,增速减缓,但运行质量逐步提高。1998~2007年,全省乡镇企业营业收入年均增幅下降为14.6%,但营业收入利税率和增加值率分别达到18.3%和29.5%,较以前有明显的提高。

三、乡镇企业在安徽经济和社会发展中发挥了重要作用

经过多年发展,安徽乡镇企业经济总量和运行质量都有了较大提高,为全省经

济和社会发展作出了重大的贡献。

1. 增强区域竞争力的有效途径

到 2007 年年底,安徽乡镇企业达 93 万户,固定资产投资共计 1 589.7 亿元,实现增加值 1 487.6 亿元,同比增长 14.3%,占全省生产总值的 1/5;出口产品交货值 219.8 亿元,占全省出口总额的 1/3;上缴税收 209 亿元,占全省税收的 1/4。改革 30 多年间,安徽省生产总值的 30% 来自于乡镇企业。像天长、桐城、宁国等县(市),正是由于乡镇企业发展得快、发展得好,县域经济综合实力才得以增强。乡镇企业的发展提高了全省的综合竞争力和县域经济的实力。

2. 推进工业强省的重要力量

乡镇企业的发展冲破了"城市搞工业、农村搞农业"的二元经济格局,使安徽走出了一条城市工业与农村工业相互依托、相互融合、相互促进的新型工业化道路,加快了安徽工业化的进程,为实施工业强省战略奠定了坚实基础。到 2007 年年底,全省乡镇工业企业实现增加值 789.5 亿元,同比增长 13.8%,占全省工业总量的 38%,其中规模以上乡镇工业企业实现增加值 268.5 亿元,占全省规模以上企业增加值的 36%。改革 30 多年间,全省工业增加值净增量的 1/4 来自乡镇企业。

3. 吸纳农村剩余劳动力的主要渠道

乡镇企业的发展不仅加快了安徽省工业化的发展进程,也为解决农村剩余劳动力的出路提供了一条有效途径,解决了长期困扰安徽省发展的农民非化问题。到 2007 年年底,全省乡镇企业已经安置农村剩余劳动力约 800 万人,缓解了安徽省的就业压力。乡镇企业的发展扩展了就业空间,吸收了农村大量的剩余劳动力,使安徽农村剩余劳动力问题得到缓解,同时也优化了农村劳动力结构,为农业适度规模经营、提高劳动生产率创造了条件。

4. 开辟了农民增加收入的现实途径

由于人多地少,仅仅依赖土地来增加农民收入、改善农民生活,显然是极其困难的。与非农产业相比,农业效益偏低,因此农业劳动力向非农产业转移实际是从低收入部门转向高收入部门,乡镇企业成为了农民增收的主渠道之一。乡镇企业的发展过程,也是农民收入增加的过程。据抽样调查,1988 年全省每个农民平均从乡镇企业获得的收入为 110 元,占人均收入的 23%。桐城县双铺乡于 1984 年遭受严重水灾，种植业绝收面积占农业总面积的70%，粮食产量比上年减少76%，但由于乡村工业规模较大，所创产值占全乡工农业总产值的61.2%，使得在大灾之年人均收入仍持续增长，达到305元，比全县平均水平高出97元。霍邱县行蓄洪区10个乡的农民利用水面优势，大力兴办运输业，参加水运的农民年人均收入达到680元，比全县人均收入高出1倍以上。同时，乡镇企业的发展还在很大程度上承担了农村各项社会性开支，减轻了农民的负担，使农民的实际收入相应增加。

5. 促进农业现代化的物质基础

乡镇企业的发展，增加了农业投入，提供了大量农用生产资料，实行农产品加工增值，以工补农、建农、带农，有力地支持了农业的发展。1987~1988年，全省乡镇企业从所得利润中提取9.2亿元作为补农、建农资金，用于为农民购置农业机械和农田基本建设。淮北市烈山乡先后从乡镇企业利润中拿出600余万元，用于架设电线、购置农业机械、建造温室，为全乡粮食和蔬菜生产的进一步发展创造了条件。据统计，1978~2007年期间，安徽乡镇企业用于支农建农的资金约200亿元。特别是农业产业化发展模式的运用，通过龙头企业、中介组织、专业市场、农民合作社等带动，农业产业链条得到延伸和放大，有效降低了农业自然再生产和社会再生产的风险。

6. 带动了小城镇建设

实践证明，乡镇企业发达的地方，小城镇发展也快。乡镇企业的迅猛发展大大增强了农村经济实力，加快了安徽小城镇建设的步伐。在乡镇企业的发展过程中，主要通过两种形式推动小城镇的发展。① 有的乡镇企业在依托原有乡镇集中发展起来后，农村富余劳动力由农业转向工业，并延伸出为工业生产和职工生活服务的第三产业，于是大量的农民转化为城镇居民，并不断集聚，推动小城镇发展壮大。据对安徽省48个建制镇的抽样调查，乡镇企业的发展既增强了小城镇的经济功能，也大大推动了小城镇规模的扩张和人口增加。通过发展工业园区，与小城镇建设相结合，48个建制镇面积扩大了2~3平方千米，道路、通信、电力等基础设施得到了加强。2006年，48个镇乡镇企业实现增加值108亿元，占当地GDP的76%；上缴税金近10亿元，占当地财政收入的84%。② 不少乡镇是依托乡镇企业发展起来的。在很多地方，出现了许多同一行业的乡镇企业，于是开始出现专业市场，随着专业市场商品规模的不断扩大，带动了人口的集中和第三产业的发展，形成小城镇。由于乡镇企业的发展,阜阳地区小集镇由 1983 年的 489 个发展到 1988 年的 600 多个。太和县皮条孙村过去没有集镇,尼龙绳加工业发展起来后,促使互不靠集的偏僻乡村兴起了集镇。小城镇的发展,反过来也有利于乡镇企业的集中和经济效益的提升。乡镇企业与小城镇互为依托、互相促进、共同发展,加快了农村城镇化步伐。

7. 推进了农村社会主义精神文明建设

"仓廪实而知礼节",精神文明是以物质文明为基础的,很多乡镇企业在生产发展后,大力发扬新的道德风尚,积极筹款集资,支持地方办教育、办交通、办文化设施、办福利事业,扶贫助弱,为农村的思想文化建设和教育发展作出了贡献。凤阳县灵泉村曾是出了名的"讨饭庄",乡镇企业发展起来后,要技术,要信息,激发了农民追求文化知识的积极性,出资办教育的热情空前高涨,全村 5 个庄都兴办了幼儿园和小学,还有 4 户农民自费送子女到外地读师范大学,毕业后回村当教师。更重要的是,一大批农村劳动力从第一产业转移出来务工经商,直接地经受商品生产的锻炼和考验,逐步成长为新型的农民或新型的工人,加速了新的价值观念和商品经济观念的形成,逐步以崭新的生活方式和经济活动方式改变农村的传统面貌,改变农村经济落后、技术落后和文化落后的状况,其意义是重大的。

8. 加速了城乡一体化进程

乡镇企业发展为城乡结合、工农结合、条块结合创造了条件,打破了行政上的城乡分割格局。由于乡镇企业的发展,农村形成了新的工业生产力和新的工业生产体系,使得城市工业有机会将那些零部件加工扩散到农村,乡镇企业与城市企业在生产领域联营协作。城乡企业生产要素的结合,把城乡企业的命运紧紧交织在一起,形成竞合双赢的关系,既解决了城市工业扩大再生产缺少场地、厂房的困难,又解决了乡镇企业资金、技术力量不足问题。芜湖市微型电机厂将国优出口产品分马力电机的全部铸件和部分精加工配件扩散到 9 家乡镇企业生产,企业生产能力成倍扩大。乡镇企业在兴起与发展的过程中,紧紧围绕企业生产和城市消费者的需求,逐步形成与国营商业和供销社平行的商品流通队伍和供销机构,使得工业品既下乡又进城、农副产品既进城也下乡,打破了长期以来城市工业品下乡、农副产品进城的单一流通方式。

四、乡镇企业发展的经验

1. 不能"村村冒烟"

在乡镇企业发展过程中,要促进企业合理集聚、健康发展。在乡镇企业发展的早期,曾提倡过、肯定过村村办企业,但这种"村村冒烟"分散零乱的布局结构,带来了浪费土地、浪费资源、污染环境等一系列问题,不利于乡镇企业的可持续发展。要引导乡镇企业由点到面、由面到片、由片到区,实现向园区和小城镇相对集中,使乡镇企业发展与小城镇建设互为依托、互为补充、互相促进、协调发展。这既有利于生产力要素合理流动和科学配置,发挥集聚效应和投资效益,节约土地和资源;也有利于加快第三产业发展,更大规模地转移农村富余劳动力;还有利于加强对乡镇企业的管理和社会化服务体系的建立健全。据测算,集中发展可以使一个企业节省公共设施投入10%、节约土地15%、治理污染费用降低5%。例如,正是通过刃模具企业的集聚发展,当涂县博望镇才成为"中国刃具之乡"。

2. 不能拼资源

乡镇企业的存在和发展离不开对资源的索取,但同时要做到保护和合理利用自然资源,防止破坏和浪费资源。乡镇企业早期的发展多是以本地自然资源为立足点和出发点,根据资源条件决定生产经营项目。这种资源型的模式作为乡镇企业发展起步阶段的主体是由当时的客观条件决定的,是无可非议的,也是符合地区优势原则的。但是,乡镇企业不能进行掠夺式生产,要坚持节约资源,不断提高资源利用效率。同时,乡镇企业不能总是停留在卖资源的老路上,要转变经营理念,加大科技投入,淘汰落后的产能,跳出原有单相度产业模式,走上产业结构转换和集约化的道路。事实上,资源比较优势对于乡镇企业的重要性在不断减弱,乡镇企业的发展取决于竞争优势的发挥,而且由于有些资源是不可再生的,那种拼资源的发展方式也是不可能长久持续的。

3. 不能污染环境

乡镇企业的发展不能以牺牲环境为代价,要牢固树立"绿水青山就是金山银山"的理念,坚持绿色发展。乡镇企业是农民的伟大创造,但农民普遍存在受教育水平低、观念落后等问题,导致农村人口的环境保护意识比较淡薄,乡镇企业在发展过程中往往对环境保护重视不够。尤其是在农村周边开办工厂的一些企业家，更是只顾眼前经济利益，忽视生态效益。因此，要加强宣传教育力度，提高农村居民的环保意识。乡镇政府要根据当地实际情况，加强工业园区建设，并引导企业入园。采取政府投资或企业集资的方式，在园区统一配置污染治理设施，进行集中治污，从而解决有的企业没有经济实力单独建治污设施的问题。此外，企业集中生产也有利于降低环境管理和监测的成本，提高环境管理和监控工作的效率，遏制企业超标排污和偷排偷放等现象。对于园区以外的，并且又超出标准排污范围的企业，要进行整顿，对于整顿后仍未达到标准排污的企业，相关部门应坚决给予关、停、并、转。

4. 要走适合地方特点的发展路子

乡镇企业发展要因地制宜，在不同类型的地区，采取不同的发展策略。在经济不发达地区，安徽以发展家庭、联户办企业为基础，大力发展资源开发型和劳动密集型产业，不断壮大乡镇企业的群体规模。歙县利用茶叶、青枣等土特产资源，兴办精制茶厂、蜜枣加工厂，1988年土特产加工产值占全县乡镇企业总产值的1/3以上。在经济比较发达的地区，安徽在择优新上重点项目的同时，走内涵扩大再生产的路子，侧重抓老企业的技术改造，发挥骨干企业的龙头作用，带动家庭、联户企业的发展，形成乡办、村办、家庭办和联户办4个层次竞相发展，互为延伸、互相推进的局面。仅滁州地区1985年对386个老企业的技术改造，就新增产值1.01亿元，新增税收1 270万元，占全地区当年新增产值的20%和新增税收的19.4%。安徽城市郊区在提高接受城市企业产品扩散加工能力的同时，大力发展第三产业，鼓励农民把商品经济的触角伸向城市，利用劳动力优势兴办商业、饮食、服务业和运输业，成为城市第三产业中的一支劲旅。

5. 要适时推进企业的转型升级

乡镇企业诞生于从计划经济体制向市场经济体制转型的早期阶段，当时具有自主决策、自主经营、自负盈亏、自我发展的机制优势，符合市场经济的特点和要求。但随着时间的推移，乡镇企业自身的缺陷逐渐暴露出来。比如，由于企业产权不清，企业规模难以扩大；由于权责不明，经营者和生产者缺乏积极性；由于缺乏监督，腐败行为日益严重。因此，乡镇企业必须根据环境变化和自身发展阶段要求，加快转型升级。① 要进行产权制度创新，按照产权清晰、权责分明、政企分开、管理科学的要求，建立现代企业制度，使乡镇企业成为自主经营、自负盈亏、自我约束、自我发展的企业法人主体和市场竞争主体。② 要从传统的家族式管理方式转向现代管理方式,建立起适应现代市场经济要求的管理制度体系,不断增强乡镇企业的生机和活力。③ 要加大科技投入,有条件的乡镇企业要建立技术研究中心,不断提高企业的自主创新能力,由劳动密集型产业向技术密集型产业转变,由生产初级产品、中间产品向生产中高档产品、最终产品、具有高科技和高附加值的产品转变。

第二节　农村劳动力的自由流动

改革开放后,大批农民从土地中解脱出来,实现了人这种生产要素在城市和农村之间的自由流动。无数的中国农民离开"希望的田野",从西向东、由北往南,外出务工,像潮水一样漫卷祖国大地,形成民工潮。在浩浩荡荡的民工潮中,有一支移而不迁、规模庞大的皖籍劳务大军,他们南下广东、西去新疆、北至佳木斯,汗水洒遍祖国的大江南北,神州大地各处都留下他们艰苦拼搏的身影,这就是被称为"皖军"的安徽农民工。"皖军"在全国具有一定影响力,与"川军""湘军""豫军"齐名,被称为在外的"另一个安徽"。农民工从改革开放之初的拾遗补缺,演进到成为当今社会不可缺少的一部分,他们用朴素的行动,以一种不可抗拒的力量,缩小着城乡之间的社会、经济与文化差异,推动着国家的城市化和现代化发展。

一、农村劳动力转移的原因

1. 家庭联产承包责任制推行后大量剩余劳动力的出现

党的十一届三中全会以后,家庭联产承包责任制在农村普遍推行,一方面打破了农村人民公社集体劳动管理体制,提高了劳动生产率,农户在获得土地经营自主权的同时,获得了在农业劳动之外寻求就业和收入的权利,从而使农业劳动力由过去的"隐形剩余"转化为现实的"显性剩余",同时也获得了劳动力自由支配的流动权利;另一方面,粮食等主要农产品的产量大幅度提高,由长期短缺变为供求平衡、丰年有余,改变了粮、油统购统销制度,基本上能够满足进城就业农民食品供给的需要,这就为农村劳动力流动提供了最基本的物质生活保障。

2. 乡镇企业的发展、沿海地区先发型经济增长和城市体制改革，对劳动力的需求旺盛

改革开放后，乡镇企业的快速发展创造了大量就业岗位，这为农村劳动力的就地转移创造了条件。在党和国家改革开放政策的指引下，沿海地区率先实施了外向型的经济战略，"三来一补"等劳动密集型出口加工工业及服务业的迅速崛起，成为吸引中、西部地区富余劳动力流入的重要因素。随着城乡经济发展的深化，逐步允许农村劳动力进入城市第二、第三产业，进一步拓宽了农民流动就业的空间。从20世纪90年代开始，中国经济改革和发展进入了快车道，外商投资、个私经济等非国有经济快速成长，进一步扩大了对农村劳动力的吸纳能力，出现了一浪高过一浪的"民工潮"，并显示出农村富余劳动力流动的多向性和市场配置人口资源的多样性。

3. 城乡、区域间居民收入差距的存在

居民收入差距是农村劳动力转移的基本动力。居民收入差距包括城乡居民收入差距和区域居民收入差距。城乡居民收入差距是农村劳动力转移到城镇就业的基本激励因素。许多学者利用刘易斯关于发展中国家劳动转移的二元经济模型和托达罗的人口迁移模型来解释中国农村劳动力转移的原因，基本认同城市居民较高的工资率及预期收入和不断扩大的城乡居民收入差距是农村劳动力转移的根本动力。区域居民收入差距是农村劳动力跨区域转移就业的重要因素。改革开放以来，由于地理位置优越、发展政策优惠、人力资源素质较高等因素，东部沿海地区率先发展，我国地区间经济社会发展出现明显分化，1980年东部、中部、西部地区人均GDP之比是1.8∶1.18∶1，2002年扩大到2.63∶1.26∶1。东部地区有相对较多的就业机会、相对舒适的生活环境和较高的工资福利待遇水平，是中西部地区农村劳动力包括安徽农村劳动力向珠江三角洲、长江三角洲、环渤海地区转移的主要原因。

二、安徽农村劳动力转移的五个阶段

安徽是全国农业大省，也是全国农村劳动力转移大省。2008年安徽信息中心预测处的调查结果显示，当年11月全省有1100多万的农村劳动力在外打工，其中90%集中在长三角、珠三角等发达地区，仅长三角地区就集中了70%以上的农村

劳动力。回顾安徽农民工发展的历程,大致经历了五个阶段。

1. 第一阶段:离土不离乡(1985～1991年)

20世纪80年代中后期,在"大包干"改革解决了农民的温饱问题以后,乡镇企业异军突起,对劳动力的需求量不断上升,部分农民开始进入乡镇企业,离土不离乡,早出晚归,一支亦工亦农的队伍发展得"风生水起",最终形成了一道潮流,成为带动一方经济建设的弄潮儿。据统计,1988年安徽省乡镇企业职工人数由1978年的78.6万人迅速增加到476.4万人,年均增长19.7%。与此同时,也有少数人离土离乡,到大中城市从事保姆等家政服务业。安徽省委、省政府对农民工外出打工一直持支持态度,当时的省委书记黄璜就说过:"无为的小保姆外出打工应支持,这也是人才输出。"总体上看,这一阶段的农村劳动力转移主要是以转移到乡镇企业为主,属于就地转移,具有自发性、盲目性、群体性特点。

2. 第二阶段:离土又离乡(1992～1998年)

1992年,邓小平的南方谈话催生了开发区发展大潮,港澳台地区的制造业开始大规模向广东等地的开发区转移,民工潮开始涌起。与在本地乡镇企业离土不离乡的打工不同,外出打工是离土又离乡,做工不务农,年初出,年末归,周而复始地在居住地与打工地之间呈钟摆式摆动。这几年,全国农民工流动的数量每年以800万～1000万的速度增加,最多时在城市的农民工的总数有1.2亿。皖籍农民工是这段时期全国农民工大军的主流,1997年全省劳务输出达到659万人。究其原因,主要有以下几点:

(1)适龄劳动人口增长较快,劳动力储备大军就业压力增大。20世纪70年代中期以前,国家没有实行严格的计划生育政策,60年代末、70年代初出生的大量人口陆续步入就业大军的行列。据估计,安徽全省在20世纪90年代每年新增劳动力大约40万人,这些新增的大量就业人口是皖籍民工潮产生的客观原因之一。

(2)适龄劳动人口的整体文化水平依然较低。随着教育事业的发展,安徽农村青少年的文化程度在20世纪90年代不断提高,但是同全国平均水平相比,特别是同先进省市相比,文化素质偏低的问题仍然突出。1997年安徽文盲半文盲约有880万人,占总人口的14.36%,高于全国平均水平。这些文化程度不高的适龄劳动人口成为了外出打工潮的主流人群。

(3)本地就业结构调整相对滞后。1998年,安徽省第一、第二、第三产业的结构比例为26∶47∶27,就业结构比例为58.9∶16.6∶24.5。这组数字表明,全省本应容纳较多劳动力的第二、第三产业,但由于结构调整不及时,实际吸收的就业人口又有限,大量劳动力仍滞留在农业生产等第一产业上。劳动力在农业上的大量积聚,直接造成了庞大的农村剩余劳动力大军,规模估计达1000万,约占农村劳动力总量的40%。

3. 第三阶段:大规模流动(1999~2003年)

20世纪与21世纪之交,东南亚经济危机爆发,我国乡镇企业受到严重冲击,吸纳农村劳动力的能力急剧下降,农村大量剩余劳动力纷纷涌向大中城市和沿海发达地区,他们在城乡之间呈候鸟式来回迁徙,形成了波澜壮阔的民工潮。安徽是农业大省,进城打工的农民总量居全国前列。2000年,全省共转移农村剩余劳动力786万人,其中到外省务工、经商是最主要的转移途径,占转移总数的60%。但是,由于传统观念和旧体制的束缚,很多城市对农民的本能流动并不认同,仍然认为这是"盲流",采取"围、堵、限、赶"措施,限制"盲流"进城,使得广大农民工处境艰难。

4. 第四阶段:有序流动(2004~2008年)

2003年以后,中央加大了对农村、农业的支持力度,以前的各种税负大为减轻,同时农副产品价格开始上涨,在减负增收的双重作用下,种田变得不再完全无利可图,农民工开始回流。广东、福建、浙江等东南沿海经济发达地区开始出现"民工荒",甚至在一贯是农民工输出地的内陆省份,也一度出现了企业招工难的现象。与此同时,随着改革开放的进一步深入,农民工在现代化建设中的地位和作用逐渐得到社会认同,各地不断完善保障农民工合法权益的政策措施,纷纷建立农民工城乡间有序流转的机制,农民工流动逐步步入规范化渠道。在这些因素的作用下,从2005年起民工潮再次兴起。2008年安徽农村劳动力外出就业人数达到1125万人,占整个农村劳动力的比重达27.4%,其中转移至省内其他地区的占28%,转移劳动力315万人;转移至省外的占72%,转移劳动力810万人。

5. 第五阶段:返乡潮带动创业潮(2009年以来)

2008年下半年,世界范围的经济危机爆发,大批农民工因企业不景气提前返乡。一大批在外打拼了10~20年的安徽农民工,带着在市场经济条件下积累的经验、技术和资金回到家乡,创办企业,民工回乡创业出现新高潮。截至2009年6月,安徽省已有100余万农民工返乡创业,创办各类企业30余万个,吸纳农村富余劳动力220余万。其中金融危机以来,安徽全省就有5.1万名农民工返乡创业,创办各类经济实体3.1万个,带动就业20多万人。在宿州、淮北、阜阳、安庆等市以及无为、天长、舒城等县,都涌现出不少由返乡农民工创办的现代种植养殖业、以制造业为主的第二产业和以零售服务为主的第三产业的企业。随着安徽经济持续快速增长,企业用工人数大量激增,省内务工对安徽农村劳动力的吸引力与日俱增。2010年,在省内就业的安徽农村劳动力近400万人,比2009年末增加42万人。

三、农村劳动力转移对经济社会发展的贡献

1. 促进了国民经济增长

一般来说,生产要素的自由流动会提高生产率。劳动力从生产率低的地区、部门向生产率高的地区、部门流动,是实现生产要素合理配置与优化组合的重要手段,也是提高资源利用效率、推动国民经济增长的重要途径。农村剩余劳动力是农业边际生产力等于零的劳动力,他们转移到第二、第三产业就业,不会减少农业产出量,却可以为经济增长提供额外的推动力,带来国民经济产出量的增长。世界银行1998年估计,劳动力部门转移可以促进约16%的GDP增长。潘文卿(1999)估计1979~1998年间劳动力结构变动对经济增长的贡献率是15.9%。蔡昉和王德文(1999)的估计值更高,他们认为1982~1997年劳动力转移对GDP增长的贡献率为20.23%。Johnson(1999)认为,如果劳动力由农村向城镇迁移的障碍被逐渐拆除,同时城乡收入水平在人力资本可比的条件下达到几乎相等的话,劳动力在部门间转移可为年均经济增长率贡献2~3个百分点。

大量农村剩余劳动力从中西部地区向沿海发达地区的转移,促进了我国劳动密集型加工业的发展。正是由于源源不断的廉价劳动力供给,从20世纪80年代后期开始,国外及中国香港、中国台湾地区纷纷将劳动密集型加工工业转移到我国东南沿海地区。"民工潮"实现了国外及中国港台地区资本、沿海地区的土地和中西部地区大量廉价劳动力的相互结合,创造出极大的生产力,这不仅大大加快了我国工业化进程,也推动了珠三角地区和长三角地区经济的迅速崛起。据测算,一个农民打工者在珠江三角洲等发达地区作出的贡献折合成GDP约为全年3万元左右,除去自身的消费和带回家乡的收入,还剩余1.5万~2万元左右。以平均每人每年贡献1万~1.5万元计算,安徽省外出农村劳动力为流入地区GDP所作的贡献每年约为400亿~600亿元。

2. 加快了城镇化进程

正如乡镇企业崛起对应了中国快速工业化进程一样,农民工的数量增长对应了中国快速城市化的过程。当亿万农民大军走出土地、走出乡村时,他们不仅成为向非农产业挺进的大军,也成为产业工人的重要组成部分,而且每年有数百万人成为城市"新市民",农民工成为推动城镇化的强大力量。农民工已经成为城市流动的"血液",有研究表明,农民工约占城镇劳动力的1/4,在北京、上海等大城市农民工曾一度占城镇劳动力的1/3左右,达200万到300万人之间。我国城镇化水平由1979年的18.96%上升到2006的43.9%,城镇人口由1.8亿增加到5.77亿。到2010年,全国6亿多城镇人口中,非城镇户口的农民工已经达到将近一半。安徽农民工作为我国农民工的重要主体,也为城镇化进程的快速推进作出了重要贡献。早在2007年,在北京打工、经商的安徽人就有100万,其中在北京市工商局登记注册企业的安徽人有10余万人。

3. 培育了支撑经济发展所必需的人力资本

人力资本在经济发展中的意义和作用越来越大。农村劳动力素质普遍较低是安徽农村经济发展不快、后劲不足的主要原因。传统农业经济活动投资收益低下,主要是由于农业技术落后与农民技能低下所引起的。农民贫穷的根本原因是缺乏现代物质资本和人力资本。"民工潮"的出现,使安徽农民在工业社会的熏陶下,一方面提高了科技文化水平和劳动技能,另一方面增长了见识,积累了从事经营活动的经验,培育了市场经济观念,塑造了推动社会变革的原动力。"出去一个憨厚腼腆的乡下人,回来一个见多识广、精明能干的城里人""出去一身土气,回来满脑袋灵气"成了农民打工前后的鲜明写照。安徽农民工在流动中改造了自己,也影响着他人。终年风尘仆仆的"打工人"回到农村,不仅带回了打工的收入,更带回了先进的文化和城市文明的生活方式和生活习惯,引导农民更加关注现代社会的动态,更加注重对科技文化知识的学习、对子女的教育培养等,推动了农村社会由封闭型向开放型转变,由农业文明向工业文明、政治文明迈进。

4. 推动了社会变革

农民工在流动中不可避免地要与传统的制度发生碰撞和冲突,而社会恰恰在这种碰撞中发展、在这种冲突中变革。安徽农民工跟我国其他地区的农民工一道,有力地促进了我国的社会变革。民工潮推动了户籍制度的改革。我国农民工所代表的迁移过程伴随着从计划经济向市场经济的转型,农民自主开辟出一条市场机制的迁移路径,并逐渐地"稀释"了严格的户籍管理制度。20世纪90年代以后,民工潮的规模越来越大、人数越来越多,改革户籍制度的要求更加广泛、更加迫切。应该说,在推动户籍制度创新方面,民工潮是积极的、重要的推动力量。1997年,国务院批转公安部《小城镇户籍管理制度改革试点方案》,小城镇户籍改革首先拉开序幕。《方案》中引人注目的一点就是,小城镇常住人口的办理"实行指标控制",而且纳入"农转非"的计划。2001年,大中城市也吹响了改革的号角,石家庄、北京等地陆续开展了"投资(兴办实业)入户、购买商品房入户"等一系列户籍改革试点。上海市在实行"蓝印户口"的基础上,开始试行居住证制度,凡取得居住证的外地人就可享有与上海人同等的待遇和保障。这些改革虽然进度不一、力度不同,但成效都十分明显。2001年5月,国家粮食局发出通知,取消了"户粮挂钩"的政策,为户口迁移扫除了一个重大的制度性障碍。特别值得一提的是收容制度的改革。我国长期实行的城乡二元结构是在特定历史条件下的一种特定的发展模式,在这种不完善的结构下,出现了一批不够合理的法规和体制,最典型的莫过于《城市流浪乞讨人员收容遣送办法》。在经历了太多的荒唐和悲剧后,在广州上演了孙志刚案件惨烈的一幕。以孙志刚案为契机,在一片讨伐声中,这部对城市外来人口尤其是农民工带有明显歧视的法规终于走到了尽头。此外,对农民工权益的关注也引发了全社会对社会公平、社会保障制度等的进一步反思、探讨乃至修改。

5. 铸就了安徽形象

安徽农民工创造了很多享誉全国的品牌,这些安徽品牌是大家对安徽农民工认同的积淀,是农民工最好的就业名片,也是安徽新形象的最好代表。以输出"无为保姆"闻名遐迩的安徽无为县,当地人对"保姆"两个字的认识发生了根本性的变化。无为县姚沟镇农民工王爱华说:"以前进城做保姆,自个儿都脸红,背后也有人指指戳戳。如今我们拿它当一个好职业来看,在北京抢得很呢!县里、乡里还搞了'保姆礼仪培训''烹饪技术培训',要把这个劳务品牌叫得更响!"家住北京市方庄小区的章凯曾驱车千里,到无为县姚沟镇来找保姆,他说:"无为小保姆勤快又灵活,最懂料理家务,在北京的劳务市场上,可是块响当当的品牌呀,抢手呢!"肥东县有15万农民工从事建筑业,身影遍布从青藏高原到东南沿海的19个省份,被誉为"肥东建工现象",成为安徽农民工创品牌的标志。输出了36万劳力的颍上县,政府根据当地外出务工人员的职业选择特点,组织技能培训,在服装裁剪、机械维修、汽车驾驶这三大专业上培养了熟练技工8万多人,"颍上裁剪""颍上机修""颍上驾驶员"在苏、浙、沪地区的企业中非常抢手。肥西县根据本地的优势特色劳务,在政府的积极引导下,创造了"肥西家政""肥西缝纫""肥西建工"等系列劳务品牌。随着创业经验的积累和文化素质的提高,一些农民工已经不再满足于卖苦力赚钱的状况,开始将创品牌触手伸向高技术行业。在北京高科技园区中关村,霍邱县冯井镇1100多名"泥腿子"牢牢占据着中关村CPU芯片市场60%以上的经营份额,垄断着电脑芯片零售市场,被称作"冯井电子现象"。"霍邱芯片"如今在中关村已是路人皆知,这群"不安分"的"泥腿子"彻底实现了从"卖苦力"到"玩智力"的转变。六安保安、阜阳家政、滁州电子、桐城推销员等一批在社会上颇有影响的劳务品牌也先后脱颖而出,为安徽形象增光添彩。

安徽农民工还谱写了一曲曲动人的英雄之歌。2007年8月,卢丙会在温州打工期间,为了帮一名素不相识的妇女追回被抢的包,遭到歹徒报复,身中20多刀。2007年8月21日,徐义胜在宁波市北仑区一间突然起火的民房内,勇敢地救出了两个被困火海的孩子,自己全身面积80%被烧伤,先后荣获浙江省十佳"最感动您的民工""宁波市优秀外来务工人员""感动宁波十佳外来务工人员"等荣誉称号。2002年3月13日,胡广胜在长春市绿园区奋勇抓捕入室窃贼,被歹徒刺伤,经两次大手术,左肾摘除,先后被授予"吉林省见义勇为先进个人""长春市见义勇为先进个人"称号。董学法在北京做保洁员期间,业余担任治安巡逻员,与违法者搏斗33次,抓获违法人员100多名,2009年被选为首都十大公德人物。2003年12月24日上午,梁友来途经一铁道口时,看到一位老人违章穿越铁轨,奋不顾身上前营救,不幸被疾驰而来的火车撞击牺牲,被北京市人民政府授予"首都见义勇为好市民"(荣誉市民)称号……这些人是安徽农民工的典型代表,他们在展示自己风采、传播正能量的同时,为安徽人在外树立了良好的形象。

四、做好农村劳动力转移的举措

1. 加强农民工技能培训

农民工技能素质的高低,决定着他们外出就业的稳定性和收入水平的高低。安徽省十分重视农民工培训工作,将其作为就业工作重点,摆到突出位置,先后被列入省政府对市县政府重点工作目标考核范围和民生工程项目。2004~2009年,安徽各级财政共安排农民工培训资金8.45亿元,为开展农民工培训提供保障。安徽省农民工培训主要由两部分组成:一是农业部门牵头组织实施的新型农民培训。

新型农民培训从2004年开始实施,侧重点是通过培训引导农民向农业综合开发、农村服务业、农业产业化龙头企业转移,实现就近就地转产转岗就业;同时对拟转移到城镇第二、第三产业就业的人员进行技能培训。二是人力资源和社会保障部门牵头组织实施的农村劳动力技能培训,主要是针对进城求职和拟转移到城镇非农产业的农村劳动者进行的职业技能培训。据统计,2004～2009年,全省共有372.8万人参加了培训,其中参加新型农民培训的人数为173.82万人,参加农民工职业技能培训的人数为199.1万人。

2. 推进户籍制度改革

户籍制度是我国城乡二元结构的产物,是阻碍农村劳动力流动的一个重要因素。为了顺应社会主义市场经济发展的要求,面对持续高涨的"民工潮",安徽积极稳妥地推进户籍管理制度的改革。1997年,安徽推行了暂住证制度;1999年1月,安徽实施了婴儿落户、投靠落户政策;2001年,安徽全面开展了小城镇户籍制度改革;2003年9月,芜湖市在全市范围内取消现有的农业户口和非农业户口,统称为"居民户口",建立起城乡统一的户口登记管理制度,实现了由二元制向一元制户口管理模式的转变;2011年,铜陵全市户籍人口取消了"农业户口"和"非农业户口"性质的划分,统一登记为"居民户口"。安徽户籍制度改革打破了阻碍农民进城务工的枷锁,逐步剥离了隐含在户口之中的社会福利,减弱了户籍制的福利色彩,附着于户口之上的城乡利益差别已经明显缩小,为农村劳动力的自由流动提供了有利条件。

3. 创新农村土地制度

农村劳动力转移为农村土地流转制度的建立带来了机遇,提供了条件。安徽省作为农业"大包干"的发源地,一直积极探索农村土地制度创新。安徽农村土地承包经营权流转始于20世纪80年代中期,只不过当时规模小、效率低。20世纪90年代以后安徽省政府开始在部分农村地区开展土地流转的试点工作,并在此后相继出台了一系列与土地流转相关的法律、法规,建立健全土地流转制度,在自愿的基础上,通过转包、转让、互换、租赁、使用权入股等多种方式,实现土地经营权的依法有偿转让。在安徽不少地方,土地流转已取得了很好的效果。2013年,庐江县土地流转比例达36.3%,太和县土地流转比例也达到36%。农村土地流转不仅解决了农民外出务工后的土地抛荒问题,促进了农业规模经营,也鼓励了一部分非农就业和收入稳定的农民彻底从农业中转移出来,成为真正的城镇居民,推动了安徽农村劳动力的转移。

4. 推进农民工市民化

稳定的就业是农民工市民化的基础和前提。安徽省在增强各类企业吸纳农民工就业能力的基础上，加快提升农民工创业增收能力。将农民工随迁子女教育纳入教育发展规划，积极推动农民工随迁子女以输入地为主、以普惠性幼儿园为主接受学前教育，落实农民工随迁子女接受义务教育和接受义务教育后在当地参加升学考试的政策，让农民工子女平等接受教育。促进农民工及其随迁家属共享城镇基本医疗卫生服务，将符合条件的农民工纳入居住地医疗救助范围。把农民工住房问题纳入保障房建设规划，将符合条件的农民工纳入城镇住房保障政策体系；鼓励用人单位多渠道地向农民工提供集体宿舍或单元型小户型公共租赁住房；逐步将农民工纳入住房公积金覆盖范围；推动农民工依法参加企业职代会，依法保障农民工参加居(村)民委员会选举权和管理权，积极引导农民工加入工会组织。

5. 保障农民工的合法权益

关注、善待农民工群体，依法保障其合法权益关系到社会的稳定，也是构建社会主义和谐社会的应有之义。安徽省采取多项措施，维护农民工合法权益。

(1) 在落实农民工工资"二金三制一卡"等措施的基础上，专门制定保障工作方案，保障"两节"期间农民工工资支付。开展清理整顿人力资源市场秩序专项行动及用人单位遵守劳动用工和社会保险法律法规情况专项检查，在建设、交通、水利、铁路等农民工较为集中的领域，开展以农民工工资支付和工资支付保障金制度执行情况为主要内容的排查清理行动。

(2) 积极推动农民工参保。开展农民工参加大病医疗保险的专项扩面行动，重点解决农民工住院医疗保障问题。制定农民工基本医疗保障关系转移接续办法，从 2011 年 1 月起，流动人员基本医疗保险关系逐步实现跨地区转移。工伤保险制度覆盖范围由国有、集体企业逐步向各类企业及有雇工的个体工商户拓展，大力推进煤炭、非煤矿山、化工、建筑等高风险企业和服务业及其农民工参加工伤保险。

(3) 加速构建便捷的农民工维权法律援助体系。对农民工维权事务简化工作流程，优先接待、受理和指派人员。全省多个法院建立了专门的审判合议庭，形成了维护农民工权益的有效机制。

(4) 多地联动，双向维权。2006 年 11 月，安徽省芜湖、马鞍山、池州、安庆、铜陵、巢湖6个沿江城市率先建立维护农民工合法权益联动机制。在6市辖区内,农民工一旦在异地发生权益被侵害事件,案发市的劳动保障监察机构将与各相关协办市劳动保障监察机构迅速联系、通力合作,确保事事有回音、件件有落实。时隔不久,合肥、滁州两市先后加入,8个城市劳动监察执法联动协作机制正式形成。在8个城市区域协作的基础上,2009年12月安徽省人社厅劳动监察执法局与上海市劳动保障监察总队、江苏省劳动监察总队和浙江省劳动保障监察总队联合签署了《关于印发〈泛长三角地区劳动保障监察委托协查办法(试行)〉的通知》,实施泛长三角地区劳动保障监察委托协查合作机制。安徽省劳动监察执法局以及各地市劳动监察支队与其他兄弟省市也建立了良好的劳动监察合作关系。

第三节 农村生产要素配置市场化改革的启示

一、农村生产要素配置市场化改革是解决"三农"问题的关键

"三农"问题是以农民为主体、以农村为地域、以农业为纽带相互交织为一体的农民、农村、农业问题的总称。其中,农业问题主要是因为农业产业化的问题,农业基本上属于自给自足的小农经济,没有形成规模经济,农业的购销体制不畅;农村问题主要是户籍制度将城乡二元分割,从而形成了城乡之间经济发展、文化水平的较大差异;农民问题主要是农民文化水平不高,自身素质较低,农民收入增加缓慢等问题。"三农"问题是农业文明向工业文明过渡的必然产物,也是具有根本性、全局性、广泛性特点的问题。改革开放后安徽农村生产要素配置的市场化改革,打破了以往农村的劳动力、资金和土地等生产要素只能投入农业的禁锢和局限,使农村生产要素能够由效益低的地方向效益高的地方流动,促进了农村生产要素优化配置,在一定程度上推进了"三农"问题的解决。

1. 推进了农业规模化、产业化

同全国一样,安徽省农业耕地面积不多,人均占有量偏低,长期以来农民一直沿袭传统生产方式下自给自足的小农生产方式。大量农村剩余劳动力从农业中被

解放出来,不仅缓解了人地紧张关系,农民可利用的农业资源条件得到改善,而且通过土地流转推动了农业规模化、集约化、产业化经营,大大提高了农业生产率。安徽省宿州市埇桥区夹沟镇夏刘寨村党支部书记王化东,看到有的土地没人种便提出由村民一人出租一亩地,由他成立的星原农业科技开发公司开展规模经营,走生产、销售一体化的新路子,大力发展产业农业、科技农业、生态农业、观光农业。到 2006 年王化东种植的规模从夏刘寨辐射到周边 4 个村,面积从 500 亩扩大到 1 万亩,夏刘寨村从一个贫困村变成全国闻名的小康村,夏刘寨村被誉为全国农村改革的一面旗帜,王化东本人也先后被授予"全国农村青年创业致富带头人""全国十大种粮标兵""中国农村改革十大风云人物"等荣誉称号。安徽不仅涌现出一批种粮大户,还在有的地方逐步形成了具有一定规模的产业群体,如安徽省桐城市挂车河镇的蔬菜生产加工基地,天长市芦龙乡、十八集乡集约化水产养殖基地,含山县环峰镇的规模化苗木花卉基地,定远县、凤阳县一些丘陵地区的药材生产加工基地等。

2. 促进了农村经济社会发展

乡镇企业的发展冲破了城市搞工业、农村搞农业的二元经济格局,不仅推进了农村经济发展,还优化了农村产业结构。1984 年,在全省 16 个地、市中,年乡镇企业总产值占当地农村社会总产值比重在 30% 以上的有 8 个,1985 年增加到 13 个。1988 年,全省 16 个地、市农村的非农产值占当地农村社会总产值的比重超过或接近 30%。乡镇企业也带动了小城镇发展,促进了农村城镇化。安徽农村劳动力转移不仅促进了流入地的经济发展,对流出地第二、第三产业的发展同样起到了巨大的推动作用。安徽许多个体私营企业是农民工在外出打工积累了原始资本、掌握了生产技术、学习到管理经验和提高了经营能力后返乡创办的。据 2003 年调查统计,安徽外出打工者中约有 2%~4% 走上了回乡创业之路,全省共计 20 万人左右,主要从事开发性农业项目、创办工商企业,成为了小城镇经济发展的新生力量。仅无为县就有 5 600 名外出人员返乡办起了企业,其中年产值超过 1 000 万元的工业企业有 14 家,固定资产投资近 2 亿元,安置就业人员 11 万多人。

3. 增加了农民收入,提高了农民素质

农村劳动力外出的最大动机是寻求较高的经济收益,外出务工的直接效益是促进了农民的非农收入增长。1999 年,安徽省农民外出打工收入达 217 亿元,超过了当年全省 174.3 亿元的地方财政收入;人均劳务收入达 431.6 元,占全省农民

人均纯收入的22.7%。农民在非农产业从业中获益匪浅,外出打工成为农民增收的主渠道及脱贫致富的重要途径。"一人打工,全家脱贫""两人打工,全家致富",这句在农村地区流行很广的口号,是安徽许多农民生活的真实写照。同时,农村剩余劳动力在从第一产业走向第二产业和第三产业、从农村走向城市的过程中,不断接受工业社会和城市文明的洗礼和熏陶,从生活方式到价值观念,无不在发生潜移默化的变化。他们不仅开阔了视野、更新了观念,而且学会和掌握了新的知识和技能,增强了信息观念、技术观念、市场意识、自我实现感等综合素质,成千上万的农民工脱胎换骨,从传统意义上的农民成为现代产业工人和现代市民。

因此,农村生产要素配置的市场化改革,是解决"三农"问题的治本之举。要解决目前我国依然存在的"三农"问题,必须进一步推进农村生产要素配置的市场化改革。

二、农村生产要素配置市场化改革离不开国家政策的支持和引导

农村生产要素配置的市场化改革,既是随着我国社会主义市场经济体制的建立和不断完善,农村生产要素追求利益最大化的内在要求,也是农村地区和农民积极探索的过程。同时,要推进农村生产要素配置的市场化改革,离不开国家政策的支持。安徽在改革开放前就有了乡镇企业,只不过当时叫社队企业,并在"文化大革命"期间受到严重打击。1979年中央《关于加快农业发展若干问题的决定》和国务院《关于发展社队企业若干问题的决定》(即18条)两个文件下发后,安徽乡镇企业才得以恢复发展。1989~1991年,安徽乡镇企业发展受挫,甚至出现了"零增长"。正是因为邓小平同志的南方谈话、1993年国务院《关于加快发展中西部地区乡镇企业的决定》为乡镇企业发展创造了前所未有的宽松环境,1992年后安徽乡镇企业进入大发展时期。可以说在安徽乡镇企业的发展和转型中,国家政策起了重要的支持和引导作用。

农村剩余劳动力的转移过程也是如此。随着城乡经济改革的不断深化和食品供给状况的逐步好转,国家对农村劳动力流动管理的政策在改革中不断推进和完善,特别是在建立社会主义市场经济体制之后,政府对农村劳动力流动管理政策发生了质的变化,经历了从最初限制流动到允许流动,从控制盲目流动到实施有序化流动,直到实行城乡统筹就业,推动城乡劳动力市场逐步一体化。1984年中央1号文件准许农民自筹资金、自理口粮进入城镇务工经商;1994年实施以就业证卡

管理为中心的农村劳动力跨地区流动就业制度;2000年"十五"计划纲要首次提出打破城乡分割体制,逐步建立市场经济体制下的新型城乡关系,改革城镇户籍制度,形成城乡人口有序流动的机制,取消对农村劳动力城镇就业的不合理限制,引导农村富余劳动力在城乡、地区间有序流动;2004年强化保障进城就业农民的合法权益,进一步清理和取消针对农民进城就业的歧视性规定,要求各地政府采用法律、经济和必要的行政措施,督促拖欠农民工工资的企业尽快偿付;2007年组织动员社会力量广泛参与农民转移就业培训,完善农民外出就业的制度保障,做好农民工就业的公共服务工作;2008年健全农民工社会保障制度,加快制定农民工养老保险办法,扩大工伤、医疗保险覆盖范围;2012年坚持城乡统筹,建立健全城乡劳动者平等就业的制度,消除劳动者就业的城乡差别和就业歧视,创造公平的就业环境。没有体制转轨后的政策松绑,就没有民工潮流动的政治环境。国家政策的调整既为农村剩余劳动力转移扫清了体制上的障碍,也较好地保障了农民工的权益,促进了农村剩余劳动力的转移。

三、农村生产要素配置市场化改革需要相关配套改革的协同推进

农村生产要素配置市场化改革的目的,是促进农村各类生产要素的自由流动。为达到这一目的,需要相关配套改革的协同推进。比如,为促进农村土地的自由流转,不仅需要进行农村土地制度改革,建立完善的土地流转制度机制,还要进行农村社会保障制度改革,解除农民的后顾之忧,弱化土地的福利和社会保障功能;为促进农村劳动力的自由流动,需要进行户籍制度、就业制度、城镇住房制度等一系列相关配套制度改革。同全国一样,安徽在农村生产要素配置市场化改革过程中,进行了相关配套改革。比如,2001年安徽全面开展了小城镇户籍制度改革。但相关配套改革还未到位,土地流转的制度机制尚不完善,流转价格及方式等配套的措施尚未明确,土地的流转受到很多限制,跨区域流转难以实现,整个流转过程也缺乏规范性,造成了对农民工土地权益的侵害。农村社会保障体系尚处于非规范化、非系统化阶段,"养儿防老"的传统养老模式已不适应当下农村社会的发展,新型农村合作医疗制度在实际运行过程中覆盖面还太小,且普遍存在报销起付线高、比例小、救助能力弱的问题。户籍制度改革虽然取得一定的成效,但是附着于户籍上的公共服务和福利制度并没有发生根本性改变,很多地方的户籍改革主要是放宽对本辖区内本地农民在城市落户的限制,对跨地区的流动人口户籍制度基本没有改

革。劳动力市场分为城市劳动力市场和农村劳动力市场,而且城市劳动力市场存在典型的二元结构,农民工从事的多是城镇居民不愿意干的工作,也享受不到城市和企业对他们进行技能培训的权利。外来农民工在住房产权拥有、住房类型、住房质量、住房面积,以及城镇保障性住房拥有等方面,均落后于城镇非农户籍家庭,严重影响了农民工在城镇获得住房。正因为相关配套改革措施的滞后,目前农村生产要素尚未实现完全自由流动,土地流转还不顺畅,农民工市民化仍存在障碍。因此,在下一步农村生产要素配置市场化改革中,要继续推进农村土地制度、农村社会保障制度、户籍制度、就业制度、城镇住房制度等相关配套制度的改革。

第六章　以村民自治为主的农村政治建设

推进农村基层民主政治建设,保障人民享有更多更切实的民主权利,是关系农村改革、发展和稳定的重大现实问题。党的十八大报告明确指出:"在城乡社区治理、基层公共事务和公益事业中实行群众自我管理、自我服务、自我教育、自我监督,是人民依法直接行使民主权利的重要方式。要健全基层党组织领导的充满活力的基层群众自治机制,以扩大有序参与、推进信息公开、加强议事协商、强化权力监督为重点,拓展范围和途径,丰富内容和形式。"这一重要论述深刻阐明了我国基层民主的科学内涵和基本特征,也为新时期进一步健全基层民主管理制度指明了方向。我们一定要从完善社会主义民主、保障人民政治权益、实现"两个一百年"奋斗目标、实现中华民族伟大复兴的中国梦的战略全局出发,认真贯彻这一重大部署,科学总结和运用我国农村基层民主建设的实践经验,不断深入推进和发展以村民自治为核心的农村基层民主政治建设,加强和创新农村社会治理,形成规范有序、充满活力的乡村治理机制,切实把发展农村基层民主这一社会主义民主政治的基础性工程建设好。

第一节　村民自治制度在实践中创新发展

基层群众自治制度作为我国民主政治的四项制度之一,是中国特色社会主义政治发展道路的重要内容,也是农村社会治理的关键所在。基层社会治理是国家治理的重要基础,加快基层社会治理体系和治理能力的现代化建设,对于实现全面深化改革的总目标具有重大战略意义。经过30多年的探索和实践,安徽省农村基层民主政治建设取得了巨大进步。

如何扩大和发展农村基层民主,使农民在所在村庄真正当家做主,充分行使自己的民主权利,是中国民主政治建设的重大问题。经过多年的探索和实践,中国共产党领导亿万农民找到了一条适合我国国情的、推进农村基层民主政治建设的途径,这就是实行村民自治。村民自治是广大农民直接行使民主权利,依法办理自己的事情,实行自我管理、自我教育、自我服务的一项基本制度。它发端于20世纪80年代初,发展于80年代,普遍推行于90年代,现已成为在当今中国农村扩大基层民主和提高农村治理水平的一种有效方式。当凤阳县小岗村18位农民开创家庭联产承包责任制之时,他们虽然未能明确地对农村"政社合一"的体制提出任何挑战,但在其获得土地经营权的同时,也使束缚他们20余年的"政社合一"体制变成无本之木、无源之水。随着农村经济体制改革的不断推进,我省农村经济社会发生了深刻变化,村民自治的实践也在不断创新发展。广大村民群众踊跃参与村级民主实践活动,活跃了农村基层民主生活,调动了村民群众建设美好乡村的积极性。

一、民主选举步入正常轨道

民主选举是村民自治的前提和基础。自1988年以来,安徽省先后进行了九届村委会换届选举,一届比一届规范,民主选举已步入正常轨道。2014年5月,安徽省第九届村民委员会换届选举工作启动,至9月结束。各地由村民直接提名产生村委会成员候选人,经法定选举程序统一完成村委会换届。在这次换届选举中,村民参政意识进一步增强,全省15 444个参加换届选举的村已有15 189个成功完成选举,完成率达到98.3%。其中蚌埠市、宣城市、黄山市等地换届选举任务全部完成,阜阳市、滁州市、六安市、芜湖市、铜陵市、宿松县等地完成率达99%以上。村干部素质明显提高,能人"村官"占到总数的1/3。村干部任职数进一步精简,比上届减少近1/3。在本次换届选举中采用"观察员制度"的村共有6 375个,占41.3%;采用"一票制选举"的村共有1 252个,占8.1%;采用"定岗选举"的村共有1 951个,占12.6%。先后进行的九届村委会换届选举实现了三个转变:由户代表或村民代表参加选举转变为村民直接投票选举;由等额选举转变为差额选举;由协商确定候选人转变为无记名投票直接提名产生候选人。参加选举,已成为村民重要的、常态化的政治生活。为了进一步扩大农村基层民主,安徽积极探索村委会选举新模式,2008年第七届村委会换届选举时,安徽省决定在芜湖市鸠江区、繁昌县的6个村开展观察员制度、"一票制"选举和定岗选举三项改革试点。将观察员制度引入村委会选举,较好地解决了村委会选举监督薄弱的问题,规范了选举行为,保证了选举的公开、公平、公正,提高了选举的公信力。"一票制"选举适应了当前大量农民外出务工、不愿耗费太多时间投票等情况,降低了选举成本,提高了选举效率。定岗选举有利于优化和改善村委会结构,选出更适合的人才。从试点单位的选举结果来看,群众对选举形式的改革较为拥护,参选率较高,投票率都在90%以上。

二、民主决策逐步规范、科学

1989年以来,全省村级民主决策制度逐步建立并得到规范和推广。各地普遍建立了以村民会议和村民代表会议为主要载体的民主决策的组织形式,基本上每个村每年都能召开1次以上村民会议、2次以上村民代表会议、不定期召开村委会及各下设委员会会议。2001年,修订后的《安徽省实施〈中华人民共和国村民委员会组织法〉办法》规定村发展规划、村集体经济项目的立项等事项必须由村民会议讨论决定,对其他涉及村民重大利益的事项可以授权村民代表会议讨论决定。《村民委员组织法》设定的村民会议和村民代表会议两项制度,在村民自治的实践中发挥了很好的作用,全省农村村级民主决策进入规范化阶段,真正实现了"大家的事,大家议;大家的事,大家办"。农村税费改革后,全省在农村普遍推行了公益事业"一事一议"制度,在村级公益事业建设中,对村民投资投劳进行议决,从而为村级民主决策增添了新的形式和内容。为了进一步促进村级民主决策,安徽普遍推行了"四议两公开"工作法(又称"4+2"工作法),凡是涉及维护群众基本权益、强化集体资产管理、发展集体经济和农村公益事业等村级重大事项,以及与多数群众利益密切相关的重要问题,都要在村党组织领导下,按照党支部提议、村"两委"会商议、党员大会审议、村民代表会议或村民会议决议的程序进行决策,决议的内容和实施结果向全体村民公开。为推进村级事务决策的广泛性和规范化,安徽省进一步完善"四议两公开"工作法配套机制,指导村一级建立健全了党员联系群众制度、村民代表联系户制度、村民代表推选制度、村民会议和村民代表会议制度、两委联席会议制度、村务监督委员会工作制度、民主理财小组工作制度、财务管理制度和责任追究制度等,形成了完整的民主决策制度体系。日益完善的村级民主决策程序,切实保障了村民利益,也使村民自治落在了实处。

三、民主管理不断健全、深化

民主管理,就是发动和依靠村民,共同管理村内的各项事务。民主管理主要体现在两个方面:① 通过村民会议或者村民代表会议,让村民就村内管理的事项发表意见,直接参与村务管理,大家的事大家决定,大家共同遵守执行。② 制定村规民约或者村民自治章程,村规民约一般是就某个突出问题,如治安、护林、防火等约束大家的行为,村民自治章程的内容一般包括村民组织、经济管理、社会秩序三个方面,村民委员会和村民通常就是按照被称为"小宪法"的自治章程实行自我管理、自我教育和自我服务。农村民主管理制度的建立,改变了过去由少数人说了算的现象,有效地提高了农村的管理水平,使农村管理出现了新的局面。

早在1995年5月,安徽省委就制定出台了《关于加强全省农村基层组织建设的意见》,对建立村级民主管理制度提出了明确的要求。五河县头铺镇位于淮河以北,是"全国民主建设的领头羊"。头铺镇自1996年10月在屈台村率先开展"村务公开、民主管理"试点工作以来,积极推行"四民主三公开"。四民主即民主选举、民主决策、民主管理、民主监督,三公开即村务公开、政务公开和财务公开,这就是闻名全国的"屈台模式"。1998年9月23日,江泽民同志到五河县视察农村基层民主政治建设工作时,对头铺镇屈台村的村务公开民主管理制度给予了肯定,对安徽省农村民主政治发展成就和创新之举给予了高度评价,"屈台模式"开始向全国农村推广。截至目前,安徽农村普遍制定并不断完善了村民自治章程、村规民约、村民会议和村民代表会议议事规则、财务管理制度等,还将村民自治章程和村规民约印制成册发至农户。实行民主化、规范化管理,改变了过去单一的依靠行政命令管理的方式,体现了农村基层组织的"自治"性质。此外,为了便于广大群众知晓每项事务的决策程序,同时也使村干部在研究确定村级事务时有章可循,安徽省推行了村级事务流程化管理,使广大群众知晓每项事务的决策、管理程序,以便跟踪监督,也利于规范村干部行为,提高了村务透明度,规范了权力运行。

四、民主监督力度持续增强

民主监督是保证村委会正确行使权力必不可少的措施,也是村民自治得以落实的关键。安徽省民主监督主要包括以下几种方式:① 民主评议村干部制度。民主评议对象为村"两委"和村集体经济组织的班子成员、村民小组长以及享受由村民或集体承担误工补贴（工资）的其他村务管理人员。推行"年初承诺、年内践诺、年终评诺"的"三诺"工作机制，强化对新任村干部履诺监督考核。民主评议一般每年进行一次，对连续两次被评为不称职的村干部，是村党组织成员的，按党内有关规定处理；是村民委员会班子成员或村集体经济组织班子成员的，责令其辞职，不辞职的则启动罢免程序；其他村务管理人员，由村委会召开村民会议或村民代表会议作出处理决定。② 完善集体财务审计制度。村干部任期届满或离任时必须进行审计。对侵占集体资产、资源和资金的，责令其如数退赔，并依法进行处理。③ 设立村务公开栏，实行村务公开，就是将农民群众最关心的财务收支、民房建设、土地费收缴、企业承包、集体提留、义务工、救灾款物发放、计划生育政策落实、村内人事安排等情况，于每季度首月15日在村务公开栏上进行公布，接受村民经常性的监督，财务公开制度深受村民欢迎。2010年初，省委办公厅、省政府办公厅印发了《关于推进"阳光村务工程"建设的意见》，开始启动以村务公开民主管理、"三资"清理、村务监督委员会建设、村级事务流程化管理为主要内容的"阳光村务工程"建设，并全面推行村务监督委员会制度。弊生于暗，廉生于明。实行民主监督后，让村级权力在阳光下运行，使村干部的不廉洁行为得到有效遏制，使得村干部形象明显改观、干群关系显著改善。

安徽省围绕发展农村基层民主、维护农民合法权益，以"四个民主"为内容的村民自治工作成效显著，涌现出一大批先进典型，保证了党和国家强农惠农富农政策在农村的贯彻落实，促进了农村经济社会事业全面进步。合肥市包河区、五河县、芜湖县等9个县（市、区）先后被命名为"全国村务公开民主管理示范单位"，当涂、宁国等14个县（市、区）被民政部命名为全国村民自治模范县。2015年3月，合肥市包河区大圩镇学塘村、淮北市烈山区烈山镇榴园村、亳州市谯城区古井镇减店村、淮南市潘集区泥河镇后湖村、马鞍山市花山区塘西街道团结村、铜陵市郊区大通镇和悦村、池州市贵池区梅村镇霄坑村、休宁县海阳镇盐铺村、广德县新杭镇千口村等22个村被司法部、民政部授予第六批"全国民主法治示范村"称号。这些荣誉称号的获得，是对全省上下一心、合力推进农村基层民主政治建设最好的肯定。

五、村民自治在安徽的创新实践

作为农村基层民主政治建设的创新高地，安徽省曾经创造出引领全国的"小岗经验"。在全面建成小康社会的征程中，江淮儿女继续发扬敢为人先的创新精神，在当家做主、发展民主中勇于实践、不断探索，有的属于全国首创、有的彰显安徽特色,进一步丰富和发展了农村基层民主政治建设。

1. 组合竞选制:民主选举的创新试验

《村民委员会组织法(试行)》尽管规定了村委会"由村民直接选举产生",但怎样"直接选举",法律规定付之阙如。为填补法律缺漏,各地在试点中尝试使用了各种各样的选举模式。1989年1月17日,岳西县莲云乡腾云村村委会进行了"组合竞选制"试验。这次选举的特点是打破过去上级提名、村民举手通过的老框框,采取选区推荐、联名推荐和本人自荐的办法,不限额地产生村委会主任候选人并张榜公布,让选民发表意见加以比较,经过各村民小组会议民主投票,最后确定4名正式候选人竞选村委会主任。在选举大会上,4名候选人分别发表竞选演说,同时把自己提名的村委会组成人选名单公布于众,并接受选民们的质询。为了争取村民的信任,谁也不敢把自己的"九亲六族"拉进来,更不会把名望不佳、明显带有某种集团利益和经济利益关系的人作为自己的竞选伙伴,否则他就会丢失选票。当然,他们也不会把同自己谈不拢的人提名到自己的班子中来。经过两轮无记名投票,一名农民技术员当选为村委会主任。腾云村民选出来的村委会没有辜负村民的信任,他们自上任伊始就建立了一个专门监督村委会的机构(监事会),还聘请本村离退休干部担任顾问,指导村委会工作。当年全村粮食产量比前3年平均产量翻了一番,经济收入是常年收入的2倍。"组合竞选制"在岳西的成功经验引起了其他地方的关注。2005年安徽农村第六次换届选举时,"组合竞选制"的试验范围进一步扩大,岳西、灵璧两县全部实行了这种制度,阜阳市的颍上、阜南、太和和颍泉等县、区也选择很多村进行了试点。2005年1月21日,《人民日报》长篇报道了岳西县农村"组合竞选"村委会的盛况。"组合竞选制"的影响已经走出安徽,走向全国。

2. 民主听证质询制度:民主监督开创新路

如何深化和发展村民自治?以前村务公开的形式和内容都存在一定局限性,往往只是结果的公开,缺少过程的监督。2003年,一种以"当面质询、限时反馈、监督落实"为基本内容的村级民主听证质询制度在五河县应运而生。所谓民主听证质询制度,就是村民就他们关心的热点问题与村干部对话,提出质询,村干部要当场解答,限期落实,按时反馈。听证质询会由村"两委"负责召集和主持,原则上每半年召开一次,不受人数限制,凡本村有选举权的村民都可以参加。听证会程序灵活,内容也不拘一格,凡涉及村民切身利益的事项,均可列为听证质询的内容。听证质询会在一定程度上填补了村民会议和村民代表会议空缺的作用,使村民能在更大范围、更经常地对村干部和村务实施灵活有效的监督。为确保听证质询实效，五河县要求把握"四个环节"：① 确定内容，突出重点。为确保听证质询会不走过场，会议召开前，村"两委"须做好调查研究，突出质询的重点内容，一般每次会议质询的议题以1~2个为宜。② 超前谋划，发出告示。参加听证质询会的人员既可以是普通村民或党员，也可以是村民代表，一般不得少于20人，多的可达50人甚至上百人。听证质询会前3~5天，由村两委将会议的时间、地点和内容通过公开栏、广播等形式公之于众。③ 加强引导，开好会议。会上，村两委负责人首先报告相关工作，然后接受村民评议、质询。对涉及村里的热点难点问题，村两委与村民一起协商，提出解决的办法。④ 抓好落实，及时反馈。对于听证质询会上村民们提出的意见和建议，村两委须及时召开会议，逐条研究解决，并在一个月内将解决的措施和办理情况向村民们反馈，真正做到事事有交代，件件有着落。

3. 村民理事会：乡村协商治理的探路之举

村民理事会是新形势下我省农村改革发展中涌现出的一项新生事物，为我们提供了一个值得观察的样本。在农村，自然村是利益联结最紧密、利益趋同化最明显的村民集体单元，共同利益表达需要一种适合而有效的组织途径和方式，村民理事会正是实现这些利益需要的结果和较好形式。望江县长岭镇后埠村杨家老屋自然村是最早建立村民理事会的村子之一。当时，政府把水泥路修到了村里，群众表示希望路能修到家门口，便选举理事会管理资金和协调建设。路修好后，理事会这种自治形式受到了群众的认可，便被保留了下来。渐渐地，南陵、全椒、含山、和县、铜陵、桐城、怀宁、金寨、贵池等县(市、区)在农田水利、道路建设等方面，通过民主方式组建村民理事会，在乡村基础设施建设、村级公益事业等方面发挥了积极作用，村民理事会在全省各地逐步建立。村民理事会的主要做法是突出规划引领、实行项目民选、落实项目民建、鼓励多元投入等，这种做法提高了群众积极性，缩短了建设工期，提高了工程质量，节约了建设资金，实现了有效监督。2012年省政府办公厅印发了《关于开展农村公共建设管理体制改革试点有关问题的通知》，要求"凡村集体所有所管、利用集体建设用地、农民使用受益的公共设施建设，实行村民自建"并要求村民民主选举理事会，负责组织项目实施。2013年《安徽省实施〈中华人民共和国村民委员会组织法〉(修订草案)》，在全国范围内第一次将村民理事会纳入法律范畴，明确提出"村民小组的村民可以自愿成立村民理事会""村民委员会支持、指导村民理事会组织开展精神文明建设、兴办公益事业"，促进了村民自治实践的进一步深化，丰富了村民自治的内容和形式。

4. 农村社区：扩大基层民主的有效载体

近年来，安徽省高度重视、积极推进农村社区建设工作，逐步完善了农村社区"基本公共服务""市场化服务"和"义务服务"三大服务体系建设和乡(镇)、村两级社区服务中心设施配套建设，形成了"一村一社区"为主，"一村多社区""中心集镇社区"等多种模式。2013年4月，省委办公厅、省政府办公厅出台《关于进一步加强农村社区建设的意见》，提出从当年开始，每年选择10个县(市、区)、120个乡(镇)、1 500个村开展农村社区建设试点；到2016年，全省80%乡镇建立社区综合服务中心，初步建立起覆盖农村社区全体成员、服务功能完善、服务质量和管理水平较高的社区服务体系。新修订的《安徽省实施〈中华人民共和国村民委员会组织法〉办法》明确提出，"村民委员会应当根据完善基本公共服务、加强基层社会管理、发展村民自治的需要，按照农村社区建设的要求，配合政府及其有关部门推进农村社区服务中心建设"，这对于创新基层社会管理与服务，最大限度调动群众参与社区建设的积极性，深入推进美好乡村建设具有重要意义。截至2015年年底，全省农村社区服务中心(站)覆盖率达62%。黄山市屯溪区、淮北市杜集区、池州市贵池区、当涂县、铜陵县先后经民政部验收并授予"全国农村社区建设实验全覆盖"示范单位称号。各地坚持分类施策，因地制宜，农村社区建设特色显著。例如，淮北市累计投入8 000万元，用于村级全程代理室、文体活动室等八室以及公共活动广场、便民服务中心等服务设施的建设；黄山、宣城等地把农村社区建设与徽文化传承有机融合，保护传统古村落，注重发挥村规民约、村训家训、村民自治章程作用，保持农村社区乡土特色；马鞍山、芜湖等地探索农村社区专职工作人员职业化，实现了岗位职业化、报酬职级化、管理规范化。值得一提的是，自2008年起，淮北等地全面推进开放式村部建设，以前村部装有围墙、铁门，而且功能单一，难以很好地服务群众。村部围墙拆除后，方便了群众办事，消除了干群隔阂。"开放式村部"的小变革带来了农村执政理念的大变化，被广大群众誉为"民心工程""德政工程"。截至2015年，淮北全市共279个开放式村级组织活动场所不仅成为党员活动中心、村民议事中心、便民服务中心、教育培训中心、文化娱乐中心和调解维稳中心，更成为农村基层党组织宣传政策的窗口、传授知识的课堂、凝聚党员的阵地和联系群众的桥梁，收到了良好的社会效果。

村民自治在安徽的成功实践，是党领导农民群众发展中国特色社会主义民主政治的伟大创举。扩大农村基层民主，实行村民自治，完善基层治理体系和治理能力现代化，大大激发了广大农民当家做主的积极性、创造性和责任感，掀开了安徽省农村民主政治建设新篇章。

第二节　基层党组织建设在实践中全面加强

农村基层党组织是农村全部工作的基础,是农村各级组织有效运转的核心所在。农村基层党组织建设,不仅是执政党发展的永恒命题,也是巩固党的执政基础和执政地位、推进国家治理体系和治理能力现代化的重要环节,对推动农村改革发展、促进农村经济社会进步,具有重要的现实意义和深远的历史意义。安徽作为典型的传统农业大省、中国农村改革的发源地,扎实推进农村基层党组织建设,对于安徽在新一轮农村改革中再度抢占先机、改革创新以及转型引领新的生产发展方式具有特殊的、决定性的意义。改革开放以来特别是党的十八大以来,安徽深入学习贯彻党的十八大、十八届三中、四中、五中、六中全会以及习近平总书记系列重要讲话精神,紧紧围绕协调推进"四个全面"战略布局,一以贯之把抓好农村基层党组织建设工作,作为长远之计和固本之举,坚持改革创新,完善制度机制,突出问题导向,狠抓任务落实,推动农村基层党组织建设取得了辉煌成就,获得了丰富经验,为打造"三个强省"、建设美好安徽、推动"四个全面"战略布局在安徽的实践提供了坚强的组织保证和有力支撑。

一、创新选育培优,基层党组织带头人素质整体提升

基层党组织书记是党在基层的骨干力量,是党员群众的带头人。基层带头人队伍建设,关乎党的执政基础和执政地位。"火车跑得快,全靠车头带",有个好带头人,支部就坚强、村里就发展、群众就满意,这是被无数实践证明了的成功经验。因此,加强基层党组织建设,核心是要抓好基层党组织带头人队伍建设。近年来,安徽按照党的十八大要求,把基层党组织带头人队伍建设摆在突出位置,紧紧牵住基层党组织带头人队伍建设这个"牛鼻子",着力在乡镇党委书记队伍建设、实施"523"工程、选派"第一书记"、实施大学生村官计划等方面进行探索创新,打出了一套漂亮的"组合拳",建成了一支守信念、讲奉献、有本事、重品行的基层党组织带头人队伍。

1. 多措并举,着力加强乡镇党委书记队伍建设

乡镇党委是党在农村基层组织中的领导核心和战斗堡垒,是农村基层组织建设的"龙头",乡镇党委书记是党在农村基层的执政骨干,是拉动基层工作开展的"火车头",其作用发挥的好坏会直接影响到社会主义新农村建设,更决定着能否全面建成小康社会。安徽以优化结构、提升素质、增强活力、改善形象为着力点,紧扣选配任用、教育培训、评价激励、管理监督等四大环节,切实加强乡镇党委书记队伍建设。

(1) 抓选配任用,不断优化乡镇党委书记队伍结构。坚持德才兼备、以德为先的用人标准,注重选拔政治素质较好、基层工作经验丰富、文化层次较高、专业结构较合理的优秀干部担任乡镇党委书记。近年来,乡镇党委书记队伍总体达到"一好四强",即思想政治素质好、贯彻执行政策能力强、推动科学发展能力强、处理复杂问题能力强、联系服务群众能力强。如马鞍山市全市35名乡镇党委书记中,有13名是在镇长、镇人大主席职位上接任乡镇党委书记职位的,有29名有多段乡镇工作的经历,有2名是因年富力强且具有专业知识及处置突发事件的丰富经验的干部而被选拔到乡镇党委书记岗位,有3名是作为市、县直部门优秀干部充实到乡镇党委书记岗位的。同时,先后从市、县区直单位选拔了12名年轻干部充实到乡镇领导班子中,作为后备乡镇党政正职后备干部培养,使乡镇领导班子结构得到了明显优化。滁州市已多年坚持开展"双向挂职"活动,每年选派100名市、县(市、区)机关干部到乡镇挂职,选派100名乡镇干部到市、县(市、区)机关挂职,以拓宽基层干部的视野,增强基层干部的实际工作能力。

(2) 抓教育培训,不断提升乡镇党委书记队伍素质。近年来,安徽各级党委组织部门把乡镇党委书记的教育培训纳入干部培训的整体规划,制订年度培训计划,并认真组织实施。省委组织部每年都要对新任乡镇党委书记进行任职培训,市委重点组织开展轮训和专题培训,县(市、区)委负责日常培训。乡镇党委书记每年至少参加一次县级以上的集中培训,累计培训时间不少于7天,任期内在各类培训机构累计培训时间不少于3个月。创先争优活动是加强基层党组织建设和党员教育最重要的载体和抓手。创先争优活动一启动,安徽便认真贯彻落实中央部署要求,紧紧围绕"推动科学发展、促进社会和谐、服务人民群众、加强基层组织"的总体要求,结合新形势下安徽"三农"工作实际以及农村基层组织建设、新农村建设、农村综合改革等当前农村基层热点难点工作,精心谋划,科学安排,利用干部网络培训平台,通过视频会议系统由省里统一组织授课,学员分市集中听课,仅用一周时间

就一次性完成对全省1 262名乡镇党委书记和部分涉农单位负责人全员的专题培训,为农村创先争优活动打造了骨干队伍,切实提高了农村创先争优活动组织领导水平。从2011年11月开始,安徽历时2个月,对1 254名乡镇(林场)党委书记、278名街道党工委书记及100名村党组织书记进行轮训。通过对基层党组织书记的轮训,帮助他们进一步明确了工作目标和思路,不断提高做好群众工作的水平,充分发挥党的领导核心作用。

(3)抓评价激励,不断增强乡镇党委书记队伍活力。以"三级联创"考核为抓手,通过调阅述职述廉报告、民主测评和领导点评等方式,对乡镇党委书记履行党建工作第一责任人的情况进行考核评价,并将考核评价情况作为乡镇党委书记提拔任用的重要依据。针对地域边远、条件较为艰苦的乡镇党委书记,对其在职级待遇等方面予以倾斜,鼓励干部安心在边远、艰苦乡镇工作。如马鞍山市有13个乡镇党委书记高配副处级干部,占乡镇党委书记总数的37%,有9名乡镇党委书记进入县、区领导班子,5名乡镇党委书记被安排到县直单位重要岗位,1名乡镇党委书记到市直机关担任重要领导职务。2012年,市委拿出4个副处级领导岗位定向从全市乡镇党委书记中公开选拔,进一步调动了乡镇党委书记的工作积极性。

(4)抓管理监督,不断改善乡镇党委书记队伍形象。加强对乡镇党委书记履行职责的规范和约束,探索完善乡镇重大事项决策、实施、监督分开的制度和办法。健全乡镇党委议事规则、决策程序,大额资金支出、重点项目建设等重要事项须经乡镇党委集体讨论决定。探索实行重大事项决策票决制。强化对乡镇党委书记的日常监督。坚持开展县(市、区)委书记及县(市、区)委组织部门负责同志每年同乡镇党委书记开展谈心谈话制度,了解其思想、工作、作风和廉洁自律等方面情况,对苗头性问题早发现、早提醒、早纠正。建立健全乡镇机关考勤制度、乡镇领导干部请销假制度,突出对重点人员和重点时段进行监管,防止和纠正乡镇干部特别是乡镇党委书记"走读"问题。认真落实农村党风廉政建设责任制,健全乡镇党务政务公开、个人重大事项报告、年度述职述廉、离任经济责任审计和任期经济责任审计等制度。加大群众监督力度,对乡镇党委书记考核、考察时注意听取党代表、人大代表、政协委员和村(社区)党组织书记的意见。开展乡镇党委书记工作群众满意度调查,了解群众的评价。对履行职责不到位、作风不实、执行民主集中制不力、群众有意见的干部,要进行批评教育,促其改正;对工作不负责任、廉洁自律不严格、群众反映突出的,及时予以调整;对造成严重后果的,按有关规定严肃处理。如滁州市近3年来对党建考核末位、群众评价差的8名乡镇党委书记进行了严肃批评、约谈通报和组织处理。

2. 实施"523"工程,优化村党组织带头人队伍

为充分发挥村党组织带头人在美好乡村建设中推动科学发展、带领农民致富、密切联系群众、维护农村稳定、加强基层组织等作用,安徽省委组织部从2012年开始实施村党组织带头人"523"工程。

"523"工程旨在通过强化教育培训、突出实践锻炼、加大扶持力度、完善激励保障、注重民主监督、加强组织领导等措施,经过5年左右的努力,重点培育省级示范村党组织书记500名、市级示范村党组织书记2 000名、县级示范村党组织书记3 000名。在操作中,把思想政治素质好、"带富能力"强、发展潜力较大、年轻有为的村党组织书记作为培育重点,并加强与安徽农业大学和安徽科技学院等省属涉农高校合作,有针对性地为"523"工程村党组织书记提供大专以上学历教育和"双技"培训,增强他们履行岗位职责的能力。每年还有计划地从中选拔一批到省内外新农村建设示范村挂职锻炼、跟班学习,提高创造性地推进美好乡村建设能力。同时,积极协调财政、发改、农业、科技等部门加大扶持力度,把创新项目、试点工作、优惠政策、资金支持等向"523"工程村倾斜。结合实际建立业绩考核奖励制度,对示范作用明显的"523"工程村党组织书记进行表彰,对成绩突出的、符合条件的,可破格选拔或通过换届选举进入乡镇党政班子,也可以选拔挂任乡镇领导职务。

通过实施"523"工程,村党组织书记普遍达到了"一好双强"的要求,村"两委"班子战斗力显著增强;村党组织设置科学合理,党员作用发挥明显,村级规章制度健全完善,工作运转规范有序;美好乡村建设任务得到扎实推进,村级集体经济收入明显增加,基本实现了村庄美、生活美、乡风美目标。同时,一批"523"工程村已经成为全省乃至全国范围内具有一定影响力和示范带动作用的先进村、示范村,在带动中间村晋级升档、促进后进村整顿转化中发挥引领和标杆作用。

3. 选派"第一书记",配强基层党组织"领头雁"

选派优秀机关干部到村里任职、挂职,是建强基层组织、推动精准扶贫、提升干部处理群众工作能力的有效之举。

安徽始终把选派工作作为一项基层组织建设重点工作来抓,以求真务实的作风,按照"加强组织、发展经济、富裕农民、维护稳定、锻炼干部,促进农村全面进步"的目标要求,严把选派、激励、管理、考核等关键环节,从党政机关选派一大批政治素质好、工作能力强、敢于担当、不怕吃苦的优秀年轻干部到村担任第一书记。2001年以来,先后从党政机关选派1.8万名机关优秀年轻党员干部,到难点村、贫困村和后进村担任党组织第一书记,帮助改善村级贫困落后状况,涌现出以沈浩为杰出代表的一大批优秀"第一书记",为基层党组织建设、农村经济社会发展注入了有生力量。2011年,安徽持续开展的选派工作被中组部评为"十佳地方特色工作"。

据统计,自选派工作开展以来,选派村先后发展党员8万多名,有21.5万多名党员参加"双培双带"先锋工程,77.6万多名党员参加设岗定责活动,为民服务全程代理代办事项达610多万件,新建扩建村级活动场所6961个,累计实施选派村经济发展项目3万余个,投入资金超过84亿元,累计化解村级债务15亿多元。全省85%的选派村整体工作进入所在县乡的先进行列,培养了一大批熟悉农业、了解农村、对农民群众有深厚感情的高素质干部。

选派干部实实在在的帮扶有力推动了农村基层党组织的建设,激活了农村党员干部活力,发挥了示范带动作用,也大大增强了基层党组织的凝聚力和向心力。不少地方村民在选派干部任期满后,纷纷以摁手印这一中国农民表达意愿的传统方式真诚挽留选派干部,仅在第4批、第5批选派工作中,就有210多个选派村的党员群众联名要求挽留选派干部继续在本村任职。

4. 实施大学生村官计划,建设党政干部队伍"战略工程"和新农村建设骨干力量"源头工程"

择优选聘高校毕业生到村任职,是党中央着眼于培养党和国家可靠接班人、解决"三农"问题而做出的一项战略决策。安徽高度重视这一战略决策,认真贯彻落实党中央关于加强大学生村官工作的有关政策,把选聘大学生村官作为党政干部队伍建设的"战略工程"和新农村建设骨干力量的"源头工程",扎实推进"一村一名大学生村官"计划,并在实施大学生"村官"计划的实践过程中取得了很大成效。

2008年以来,安徽分8批、共选聘大学生村官10 670名。各地开展培训和结对帮带,促进大学生村官更好地成长成才。据统计,全省累计有1 200多名大学生村官创办、领办、合办了各类种植、养殖和农产品加工企业,建立大学生村官创业示范园或基地157个,带动创业农户3.7万多户。2014年村"两委"换届后,全省共有2 787名年轻有为、乐于奉献的大学生村官通过选举进入村"两委"班子,其中,担任村党组织书记65人、第一书记741人、村委会主任19人、村党组织副书记和村委会副主任1 278人。2015年10月,中共安徽省委印发了《关于进一步加强农村基层党组织建设的意见》,明确提出要进一步加强大学生村官教育培养和选拔使用工作,实行大学生村官与选调生工作并轨。经过3~5年努力,每个县(市、区)在岗的大学生村官中要有60%进入村"两委",1/3以上的乡镇至少有1名大学生村官担任村"两委"正职;每个乡镇至少有1名党政领导班子成员有大学生村官工作经历,每个县(市、区)至少有3～5名部门领导班子成员有大学生村官工作经历。

实施"大学生村官"计划,不仅优化了村级干部队伍结构,提高了村干部的整体素质,而且为党和政府输送了一批优秀人才,开辟了选拔培养干部的新途径。

二、创新制度机制,基层党组织建设保障有力

一项制度本身应具有根本性、全局性、稳定性和长期性。对于农村基层党组织建设来说,安徽在实践中重视从制度机制创新上寻求破解之策。

1. 创新基层党建述职评议考核制度

创新基层党建工作述职评议考核制度,突出问题导向、从严从实开展基层党建述职评议考核,以实际行动回答习近平总书记提出的党建"三问"。省委主要领导亲自抓,各级党委精心组织,通过实事求是"述"、动真碰硬"评"、客观公正"考",牵住了基层党建"牛鼻子"。每年述职评议考核结束后,省委推动各级建立问题、整改、责任"三个清单",以此为抓手,突出农村党建这个重点,全面提升基层党建工作水平。

(1) 建立问题清单,不怕揭短亮丑。找准问题,精准发力,有的放矢,击中要害。比如,在2014年度述职评议考核中,省委组织部派出13个指导组全程参与、严督实导,各级书记自己查摆问题9 212个、上级领导点评问题3 182个、群众代表提出问题5 817个、发现问题1 623个。针对这些问题,省委召开常委会进行专题研究,从省级层面加强统筹,由省领导牵头研究解决。市县党委分别召开常委会,对存在的问题一项一项"过筛子",举一反三、剖析原因,领导班子成员对号入座、主动认领,区分轻重缓急,拿出解决办法。亳州市3县1区召开了12次常委会,集体"会诊",分类研究整改措施。铜陵市委书记开展了7次蹲点调研,解剖问题、理清思路、研究对策。通过深入查找问题、聚焦问题、剖析问题,在全省上下吹响了向农村基层党建问题进军的"集结号"。

(2) 建立整改清单,确保兑现承诺。对于自己能够解决的问题,即知即改,以实际成效取信于民。对于基层自身无力解决、依靠单个部门不易推进的难事,整合资源、合力解决。比如,省委常委会把解决投入保障不足的问题列入2014年度民主生活会整改方案,推动省、市、县把基层党建经费和服务群众专项经费列入财政预算,2015年新增投入9.5亿元,比上年翻一番;统一为村"两委"干部购买城镇职

工养老保险,为31万名新中国成立以来正常离任的村干部发放生活补助7.45亿元,为9.3万名在职村干部每人每年增加报酬4 000元,大大激发了村干部的荣誉感和责任感。

(3) 强化督查,一抓到底。比如,2014年省委派出8个检查组到16个市、42个县(市、区)开展随机抽查,督促各级真改实改彻底改。池州市等地"一月一督查、一季一调度",芜湖市等地将市、县、乡党委书记整改清单全部公示,淮南市根据整改进展每两个月发放一次提示单,督促整改、跟踪问效。全省细化落实5 100多项整改措施,已整改问题共3 900多个。

(4) 建立责任清单,促进抓好主业。① 全面系统明责。省委制定《领导班子和领导干部综合考核评价实施办法》,进一步明确党委的主体责任、各级书记的第一责任、分管领导的直接责任、班子成员的"一岗双责",构建齐抓共管的责任体系,做到人人有责、人人担责。宣城、安庆等地细化分解责任,层层签订《基层党建工作目标管理责任书》,把"软任务"变成"硬指标"。② 认真履职尽责。各级书记把述职评议考核"一天的事",变成落实主体责任"一年的事"。2015年以来,省委常委会5次研究基层党建工作,省委主要领导深入16个市调研基层组织建设。淮北市、马鞍山市实施基层党建"书记项目",解决重点难点问题;滁州市委书记主动担任发展村级集体经济工作领导小组组长,计划3年内消灭"空壳村"600个。③ 严格考核追责。省委在2014年度省管领导班子和领导干部"三项考核"中,把党建工作特别是基层党建工作考核所占权重提高到35%,由省领导担任组长,亲自坐镇、一线督查,把大抓基层党建工作的"指挥棒"高高举起、重重落下。2014年以来,省里对党建考核末位、群众评价差的5名市委书记和组织部长进行了约谈提醒,对6名抓基层党建工作实绩突出的县(区)委书记提拔任用,同时市、县两级公开通报、单独约谈、组织调整567人,推动最大政绩观入脑入心、基层党建责任落地见效。岳西县乡镇党委书记抓基层党建述职评议的特色做法受到中央办公厅的肯定。

2. 健全激励约束机制

把优秀乡镇党委书记作为选拔县级党政领导班子成员、市直部门班子成员、省直机关处室副职人员的重要来源,尤其加大从优秀乡镇党委书记中定向选拔市直部门领导班子成员的力度。从2012年起,县级党政领导班子成员中有乡镇党委书记任职经历的逐步达到50%。全面落实村干部"一定三有"要求,完善村干部基本报酬和社会保障动态增长机制,建立村党组织书记业绩考核奖励制度,妥善解决离任村干部的生活补助问题。加大从优秀村干部中招录乡镇公务员和招聘乡镇事业编制人员的力度,疏通从优秀村党组织书记中选拔乡镇领导干部的渠道。加强对乡村党组织书记履行职责的规范和约束,全面推行以"一诺双评"为主要内容的村干部实绩考核评价办法。建立健全乡镇党委书记和村党组织书记任期和离任经济责任审计制度。督促乡村党组织书记认真落实农村基层党风廉政建设责任制,完善基层领导干部个人重大事项报告、述职述廉等制度,建立健全和调整处理不合格干部的有效机制。

3. 创新城乡基层党组织结对共建运行机制

开展城乡基层党组织结对共建活动,是构建城乡统筹基层党建新格局、加快城乡统筹发展步伐、全面落实科学发展观的重大举措。党的十七大对构建城乡统筹基层党建新格局提出了目标要求,党的十八大又再次作了强调。

安徽自 2008 年开展城乡基层党组织结对共建活动以来,省直部门与相关市县,紧紧围绕"基层组织共建、党员队伍共管、科学发展共赢、困难群众共帮、党建资源共享"的目标要求,以创新组织模式为切入点,以解决实际问题为突破点,以推动城乡经济社会全面协调发展为总目标,以强化党员教育管理为根本,以创新共建工作运行机制为保障,紧密结合实际,采取有效措施,采取"1+2"的模式,与村、社区党组织开展结对共建,初步形成了以省、市、县三级机关事业单位党组织为主,国有企业、非公有制经济组织、社会组织、城市社区等党组织广泛参与的结对共建新局面。

围绕推进建设社会主义新农村的主题,机关党组织充分发挥在信息、资金、技术、项目、人才等方面的优势,带动各类发展要素向农村流动,切实为结对村、社区解决了群众生产、生活中遇到的实际困难和问题,促进了农村经济发展、社会和谐稳定;结合学习实践科学发展观,开展创先争优、"学沈浩、创先进、争优秀""五级书记带头大走访""千名组织部长三走进三服务"和群众路线教育实践活动等,不断丰富共建工作内涵。通过机关党员深入农村、社区,开展工作调研、志愿服务、挂职锻炼和慰问帮扶等方式,使城市党员干部熟悉了基层,密切了党群干群关系。城乡基层党组织结对共建工作的开展,较好地促进了城乡基层党组织优势互补、资源融合、互帮互学、共同提高,让党员干部受到了锻炼教育、人民群众得到了实惠、基层党组织增强了活力,使城乡基层党建工作整体上了台阶,较好地服务了城乡一体化发展。

据安徽省委组织部介绍,近年来,全省城市基层党组织与农村基层党组织结成对子1.1万多个,覆盖了全省70%的行政村,不少地方实现了结对共建全覆盖。近

3年来,共向结对村投入帮扶资金7.2亿元,开展集中培训27万人次,为结对村办实事16万多件。2011年年底,六安市委按照"城乡结对、互帮互助、双向互动、共同提高"的原则,组织137个市直机关、企事业单位党组织与122个村党组织,全面实施"百家组织共建谋发展、千位干部进村惠民生、万名党员帮扶促和谐"工程,即"百千万"工程。截至2014年年底,"百千万"工程共结成"一帮一、几帮一"对子15 937对;召开联合党委会议784次;建立各类制度369项;共同过组织生活647次、上党课230余次,受教育者达20万人;开展信息宣传咨询189场次,受益者达15余万人;进行调研指导214次;慰问结对村困难党员1.5万人次,累计投入钱物共计3 210余万元;帮助新办(扩大)了村级综合养殖、油茶基地、大棚蔬菜、花卉苗圃、毛竹生产等集体经济项目106个,协调项目资金近1亿元,年收益预计近1.2亿元;组建各类合作社179个,推动畜牧业示范养殖、农产品加工、农家乐休闲旅游等"一村一品"特色产业项目116个,投资规模近3亿元;争取基础设施建设项目65个,协调项目资金1 980余万元。"百千万"工程的继续深入实施,夯实了基层组织,推进了农村发展,转变了干部作风,积累了宝贵经验,取得了良好成效。

4. 创新流动党员管理服务机制

安徽作为劳务输出大省,常年在外务工人员达1 850.2万人左右,其中流动党员约15万人。怎样解决流动党员流出地党组织"管得着但看不见",而流入地党组织"看得见但管不着"的问题,如何管理好流动党员,发挥他们的先锋模范作用,是一道必须破解的难题。近年来,安徽通过积极探索完善,逐步建立了一个流出地与流入地党组织"双向联动"的管理服务新机制,让流动党员"在党旗下汇聚,在流动中生辉"。

(1) 建立起流动党员信息库。2009年12月,省委组织部出台了加强流动党员规范化的管理意见,流动党员管理工作初步走上了制度化道路。经过2年的信息平台构筑,全省已建立了标准统一的省、市、县、乡、村五级流动党员网络管理系统,建立起流动党员信息库,使流动党员离乡不离党。

(2) 组建流动党员党组织。"流动党员到哪里,党组织就发展到哪里。"目前,全省已在北京、上海、广州、郑州、青岛、常州等30多个大中城市建立流动党员党组织1 500多个,以驻外地机构为依托建立流动党员联络站900多个,为两地党组织提供准确及时的流动信息,使流动党员管理做到流而不散,"风筝"高飞线不断。

(3) 打造"智慧党建"。随着互联网技术等信息化技术的日益普及和应用,全省各地充分利用现代网络通信技术,把"互联网+"引入党员教育管理,打造"智慧党建"平台,实现流动党组织建设由传统向现代、由封闭向开放、由实体到虚拟的转变。探索开发"网上接转组织关系""网上缴纳党费""微服务""便民服务代理事项"等项目,引导各级党组织实现流动党员教育管理的信息化、智能化、网络化,让服务需求与服务能力能够更加便捷、迅速、有效对接。

5. 完善基层基础保障制度

抓基层强基础,必须有实实在在的保障。近年来,安徽不断加大基层基础保障力度。① 推动省、市、县把基层党建经费和服务群众专项经费列入财政预算,逐步健全以财政投入为主、稳定的经费保障制度,以保证每个村都有基本的运转经费和服务群众的专项经费。② 认真执行县以下机关公务员职务与职级并行制度和乡镇工作补贴制度,落实工资待遇向乡镇干部倾斜政策,把乡镇公务员年度考核优秀等次比例提高到20%,稳定了乡镇干部队伍。③ 建立正常增长机制,按照不低于当地农村常住居民人均可支配收入2倍的标准确定村党组织书记和村委会主任基本报酬,合理确定绩效报酬,同时,以县为单位,为符合条件的村干部统一办理城镇职工养老保险,建立村干部医疗保险和人身意外伤害保险补助制度,落实好离任村干部生活补助政策。④ 按照"开放式"要求,加强村级活动场所建设,推动活动场所全面达标,使活动场所真正成为党员群众综合服务中心。⑤ 因地制宜发展壮大村级集体经济,通过3~5年努力,力争全省所有行政村都有集体经营性收益,其中5万元以上的达到50%,同时还将在村级组织开展"清牌减负"活动,规范委托基层代办事项,全面清理在村设立的临时工作机构、加挂的各种牌子,大力削减、清理面向基层开展的各类检查、考核、评比和达标活动。

据统计,2015年各市对基层党建投入约41.5亿元,比2014年增加13亿元。合肥市村"两委"正职年均报酬3.7万元,97.7%的村干部办理了城镇职工养老保险。铜陵市全面落实村党组织基本运转经费、服务群众专项经费、村干部报酬待遇三项保障制度,并建立常态增长机制。

三、创新活动载体,基层党组织建设焕发活力

创新活动载体是推动基层党建工作的有效手段和重要途径。近年来,安徽以为民服务全程代理和"双培双带"先锋工程为重点,以承诺制为抓手,创新、完善、统筹推进无职党员设岗定责、流动党员"双向带动"、党员议事会等农村党建"六大载体"建设,基层党组织建设焕发活力,凝聚力、战斗力、向心力显著增强。

1. 为民服务全程代理

作为在全国率先实行农村税费改革的省份,安徽在全面取消农业税后,农村基层党组织职能悄然发生变化。如何在新形势下创新活动载体,加强基层服务型党组织建设,多为民众办实事,让群众满意,使基层党组织焕发出新的活力,成为了安徽在新形势下进一步探索创新农村基层工作的新目标。

自2002年开始,宣城、长丰等地就率先启动了为民服务全程代理试点工作;2005年,金寨县建立了乡镇政务服务中心,在全县27个乡镇全面推行为民服务全程代理制,利用原乡镇财政服务大厅建立了27个政务服务中心,在原村纳税点的基础上组建了435个为民服务代理点。2006年5月,安徽决定在全省乡村全面推行以乡镇政务服务中心为龙头,县、乡、村三级联动的农村为民服务全程代理制,对农民群众需要要办理的事项,采取统一受理、分类承办、上下联动、限时办结的方式,为农民群众提供"一站式"服务。目前全省各县(市、区)都开展了为民服务全程代理工作,已建立乡镇政务服务中心1 192个,占乡镇总数的90%以上,建立村级代理点15 000多个,占乡村总数的80%以上。

为深入贯彻落实党的十八大精神,践行党的宗旨和群众路线,进一步转变政府职能、改进工作作风、服务农民群众,促进全省农村为民服务全程代理工作规范化、制度化,2013年10月,中共安徽省委办公厅和安徽省人民政府办公厅联合印发了《关于进一步完善农村为民服务全程代理制的意见》(皖办发〔2013〕19号),就进一步完善农村为民服务全程代理提出了意见。

(1) 进一步拓展服务范围和规范操作程序。各地要以群众需求为导向,以利民便民为目的,全面履行基层政府社会管理和公共服务职能,进一步增强农村基层组织服务功能,将服务范围向生产经营管理服务领域拓展延伸,有条件的地方要注重加强和改善农村金融服务。按照利民、便民、公开、规范、效能的原则,全面规范操作程序,理顺操作节点,切实抓好受理、办理、回复服务,坚决杜绝"门难进、脸难看、事难办"等现象。

(2) 进一步落实工作责任。乡镇党委或政府明确一位负责同志分管为民服务全程代理工作;乡镇为民服务中心负责办理、代理服务事项,指导村级开展工作。村级党组织或村委会主要负责人是村级代理工作第一责任人,负责全村代理服务工作。

(3) 进一步完善内部管理制度、政务公开制度、部门责任制度以及绩效考核制度。

(4) 进一步创新服务方式。整合各类服务资源,以省农村综合信息服务平台为依托,对为农民提供的多种服务资源进行整合,建立集业务受理、流程跟踪、信息公开于一体的农村全程代理"一站式"业务系统,努力打造资源共享、互通互联的为民服务平台。精简下放审批权限,减少代理层级和工作程序,方便基层和群众办事。构建网络服务平台。按照"一网多用、多网并用"的要求,充分运用现代信息网络技术,按照先行试点、总结完善、逐步推行的原则,实行农村为民服务全程代理网上申报、网上审核、网上办理,提高服务效率,降低运行成本。

(5) 进一步夯实基础工作。加强队伍建设,各地要挑选党性强、作风正、业务精、责任心强、热心为群众办事的干部从事农村为民服务全程代理工作,努力打造一支为民、务实、清廉、高效的服务队伍。加强场所建设,各地要充分利用现有资源,加大政策和资金支持力度,加强以县级政务服务中心为龙头、乡镇为民服务中心为主体、村级代办点为基础的服务场所建设,建立健全县、乡、村三级为民服务全程代理网络。

为民服务全程代理是安徽农村基层党组织建设的一大亮点。它不仅方便了群众,成为深受农民欢迎的"民心工程",而且提高了基层执政能力,转变了政府职能,改变了干部作风,密切了党群干群关系,增强了基础党组织的号召力、亲和力、凝聚力。

2. "双培双带"先锋工程

为"把农村党员干部培养成发展能手,把发展能手培养成党员干部,带头致富,带领群众共同致富",2002年年底,"双培双带"先锋工程在江淮大地107个县(市、区)的1 680个乡镇、26 403个村开始实施。在扎实推进"双培双带"先锋工程过程中,省委负责同志高度重视,提出了要求,省农村工作领导小组将"双培双带"先锋工程作为重点工作部署。各地普遍制定五年实施规划和年度工作计划,确定"双培双带"对象,并登记造册。在此基础上,采取集中办班、观摩学习、典型引导等办法,一手抓党员和干部培训,提高他们的发展能力;一手抓非党发展能手的培养,引导他们向党组织靠拢,解决党员队伍人员构成不合理和活力不强的问题。从2012年起,省、市、县(市、区)委组织部每年分别直接联系一批"双培双带"基地,进行重点帮扶指导。

随着"双培双带"先锋工程的不断深入和完善,安徽进一步加大了对"双培双带"基地政策、资金、项目、人才等的扶持力度,加强对"双培双带"户的培育。据统计,通过实施"双培双带"先锋工程,全省共集中培训农村党员、干部136万人次,培训非党员发展能手 34 万人次;确定"双带"示范户 19.8 万户,参加"双带"的党员干部 34 万人,带动农户 116 万户。

实施"双培双带"先锋工程是一大创新,通过"双培双带",农村基层党组织和广大共产党员在发展农村经济中的战斗堡垒作用和先锋模范作用得以充分发挥。

为进一步创新完善、不断深化农村基层党建"六大载体"建设,安徽又提出了具体的目标任务,那就是,争取每年每村培养 5 名以上"带富能力"强的党员致富能手,每个致富能手至少帮带 5 名以上党员和群众,力争 5 年内 50 岁以下的农村党员普遍掌握 1~2 门实用技术或致富技能,40％的农村党员成为致富带头人;具有服务能力的农村无职党员每人每年争取认领 1 个以上为民服务岗位;流动党员双向带动能力逐步提高;农村基层党组织公开承诺实现率达到 100％,农村党员公开承诺实现率不低于 80％;党员议事会作用发挥明显,党员意识和主体意识得到强化,党员权利得到有效保障。

第三节　安徽农村基层民主政治建设的基本经验

发展农村基层民主,保障农民享有更多更切实的民主权利,一直是我们党领导的扩大社会主义民主伟大实践的有机组成部分。改革开放以来,特别是党的十八大以来,全省基层干部群众积极扩大人民民主,健全民主制度,丰富民主形式,拓宽民主渠道,有效地发挥农村社会自治功能,有力地提高村民有序政治参与的能力和水平,为社会主义新农村建设提供了重要的政治环境保障。事实证明,发展农村基层民主,是提高农民群众政治素质和管理能力的重要平台,是农民实现有序政治参与的重要渠道,是推进中国特色社会主义民主政治建设的主要内容。深刻总结我省农村基层民主政治建设的实践经验,并用以指导今后发展实践,是推动农村基层民主政治建设的必然要求。

一、坚定不移地坚持党的领导

党的领导是人民当家做主的根本保证,也是发展基层民主的根本保证。邓小平同志曾指出,党的基层组织是党联系广大群众的基本纽带,经常检查和改进基层组织的工作,是党的领导机关的重要政治任务。① 从根本上说,我国农村基层民主就是广大人民群众在党的领导下实行民主选举、民主决策、民主管理、民主监督,是党领导和支持人民当家做主的一个重要内容。2010年修订的《村民委员会组织法》第四条也明确规定:"中国共产党在农村的基层组织,按照中国共产党章程进行工作,发挥领导核心作用;领导和支持村民委员会行使职权;依照宪法和法律,支持和保障村民开展自治活动、直接行使民主权利。"因此,村党组织在村民自治中发挥着领导核心作用。只有坚持党的领导,才能保证农村基层民主建设沿着正确的政治方向前进,才能切实做到有效保证人民的政治权利,才能不断巩固党的执政地位和社会主义政权的社会基础。当然,坚持党管农村的原则,必须坚持不懈地改善党的领导,健全农村基层党组织,妥善处理村党组织与村民委员会的关系,不断提高党管农村、指导农村民主建设的能力。尤其随着农村改革的深化、社会经济的进一步发展,各种新情况、新问题将层出不穷,农村基层党组织必须站在巩固党的执政地位和扩大党的群众基础的高度,创新执政和领导方式,不断探索有效开展农村基层组织建设的途径,认真解决农村基层组织建设中存在的一些问题,切实提高党在农村的影响力和号召力,充分发挥党组织在农村民主建设中的领导核心作用。

二、始终坚持人民群众的主体地位

人民是国家的主人,是推动社会主义民主发展的力量源泉。发展农村基层民主,是人民群众自己的事业,根本目的是维护好、实现好、发展好广大人民的根本利益。"没有利益的差别,就没有民主产生的必要。"我国基层民主政治的发展,有一条根本的思路就是始终坚持民主建设要从与人民群众的切身利益密切相关的领域做起、从人民群众能够直接行使民主权利的领域做起、从能够做得到的地方做起,这样,使得基层民主的内容具有直接性的特点。② 改革开放以来,从邓小平理论、"三个代表"重要思想、科学发展观到习近平总书记系列重要讲话,都凸显了发展的重要性,反复强调群众利益无小事,以村民自治为核心内容的农村民主发展也因此获得了来自上层的主导性推进力量和来自农民的主体性建设力量。在全省30多年的农村基层民主政治实践中,既有总体性的创新,如望江县的村民理事会,也有单向性的创新,如岳西县的"组合竞选",都是人民群众智慧的结晶,在推进农村基

---

① 邓小平. 邓小平文选:第1卷[M]. 北京:人民出版社,1994:253.
② 徐勇,刘义强. 我国民主政治建设的历史进程与基本特点探讨[J]. 政治学研究,2006.

层民主政治建设过程中,具有重要的实践意义。因此,发展农村基层民主,必须把依靠人民、为了人民作为根本出发点和落脚点,尊重农民群众的首创精神,充分把握广大人民群众的民主意愿,努力动员和组织广大人民群众积极投身农村基层民主建设,不断巩固人民群众当家做主的政治地位。只有这样,才能充分调动起广大人民群众发展基层民主的积极性和主动性,实现共建共享,使农村基层民主建设拥有不竭的力量源泉。

三、切实贯彻依法治国基本方略

依法治国,是我们党领导人民治国理政的基本方式,也是发展基层民主政治遵循的重要理念。邓小平同志深刻地指出,为了保障民主,必须加强法制,必须使民主制度化、法律化,使这种制度和法律不因领导人的改变而改变,不因领导人的看法和注意力的改变而改变。党的十八大报告将"全面推进依法治国"确立为推进政治建设和政治体制改革的重要任务,十八届四中全会又吹响了全面推进依法治国的新号角,把法治作为实现国家治理体系和治理能力现代化的根本保障。这表明,中国共产党将对法治国家建设的认识提到了前所未有的高度,也为进一步推进农村基层民主政治建设指明了方向。

新时期农村基层民主政治建设必须切实贯彻依法治国基本方略。根本原因就在于,无论是村民自治探索,还是基层党建创新,都必须彻底摒弃权大于法的惯性思维和基层政府强行干预村民自治的不良现象,都要以法治为基础,用法治做保障,在法治框架内有序推进。具体而言,就是在基层民主政治建设具体实践中,必须将民主与法治有机统一起来,既要防止只讲村民当家做主、村民自治,而离开党的领导和法治轨道;也要防止违背依法治国基本方略,基层干部贪污腐化、违法乱纪,基层政府无视法律、强行干预村民自治的事件出现。唯有如此,我们才能续写农村基层民主政治建设的新篇章。

四、以改革创新助推农村基层民主政治建设

创新是一个民族进步的灵魂,是一个国家兴旺发达的不竭动力。改革开放以来我们党治国理政的一大突出特色就是始终坚持改革创新。党的十八大以来,习近平总书记对改革创新提出了一系列重要思想和科学论断,把改革创新提高到事关全面建成小康社会和实现中国梦的高度。

近年来,安徽在农村基层民主政治建设方面不断地进行改革创新并涌现出大量的改革创新案例,其中不少创新典型已经在全省被推广,有一些还在全国产生了较大的影响。如在村民自治方面,进行了"组合竞选制"这一民主选举的创新试验,开创了民主听证质询制度这一民主监督新路、在全国第一次将村民理事会纳入法律范畴等;在农村基层党组织建设方面,创新实施"523"工程和"双培双带"先锋工程,率先探索为民服务全程代理制,全面建立市、县党委书记抓农村基层党建"三个清单",创新完善市、县、乡三级联述联评联考等。十一届三中全会以来安徽农村基层民主政治建设之所以取得了如此辉煌的成就,就是因为不断进行改革创新。

当前,农村出现了许多新情况、新变化,特别是随着新型工业化、信息化、城镇化、农业现代化同步推进,农村组织形式日益多样,农村社会阶层更加多元化,农村人口流动更加频繁。面对农村经济社会发展过程中出现的这些新情况、新变化,如果固步自封、不思进取,没有打破一切不合时宜的旧观念、旧体制、旧习惯的勇气,农村基层民主政治建设就会止步不前。只有坚持不懈地改革、持之以恒地创新,才能推动农村基层民主政治建设取得更大的成就。敢为天下先的江淮儿女,完全有条件、有能力在农村基层民主政治建设领域走在全国前列,作出更大贡献。

第四节 当前农村基层民主政治建设存在的主要问题

一、基层"四个民主"发展不平衡

现实中我国农村基层的"四个民主"发展是不平衡的。首先,民主选举的水平和规范化程度普遍高于民主决策、民主管理、民主监督。"选举时热热闹闹,选举后冷冷清清"的现象较为普遍,构成了一种独特的"选举参与型"治理模式。① 其次,村务公开问题颇多。绝大多数村级事务公开在执行中走样,不公开、假公开、难监督的现象屡见不鲜,难以杜绝。再次,民主决策、民主管理困难重重。农村综合改革后村级规模扩大,皖北有的村人口达到七八千人甚至上万人,大别山区、皖南山区

---

① 彭勃. 乡村治理:国家介入与体制选择[M]. 北京:中国社会出版社,2002:239-265.

一些村地域面积达数十平方千米,召开全体村民大会成本巨大,筹备复杂,村民会议这种直接民主形式在现实中遭遇诸多瓶颈。最后,民主监督效能低下。目前安徽各地均建立了村务监督委员会,但设计的制度功能并未得到充分发挥,一些地方的村务监督委员会选举不规范,甚至有人兼任村"两委"成员,其独立性、公正性备受质疑。

二、乡镇治理面临着双重困境

一方面,乡镇是国家政权体系中最基层的组织,来自于上级组织的各项政策需要乡镇予以落实;另一方面,随着村民自治的不断推进,村级民主日益深化,并不断巩固。在这一过程中,村民的民主意识、民主能力都得到很大增强。由于国家政策的普适性与执行力的刚性要求,与区域性农村实际需求并不完全一致,造成乡镇在执行国家政策和农民利益诉求之间,常常面临来自于上下的双重压力,陷入困境。例如,国家推进农村土地集中流转的政策,在滁州市全椒县得到很好的执行,当地农民以种粮为主,土地集中流转种植苗木后,农民收入有较大的提高。但是在滁州市南谯区则受到抵触,因为南谯区农民大多以种植苗木为主,土地收益较高,没有集中流转的意愿,如果由乡镇强行推进土地流转,势必会造成基层政府与受损农民的直接冲突。随着城市化进程的加快和农村改革的深入发展,农民的利益获取日趋多元,并已由家庭、村庄延伸到乡镇。乡镇与农民的利益关联性日益增强,推进乡镇民主政治建设的呼声也越来越强烈。如何改善基层治理困境,使执行国家政策和维护地方农民利益两方面达成统一,已成为推进国家治理体系和治理能力现代化的一个十分重要的基础和环节。

三、村级组织行政化倾向明显

由于上级政府的许多行政化的工作均要依靠村级机构来实施,多数乡镇和村委会的关系事实上是领导与被领导关系,必然导致村级组织出现行政化倾向,弱化了村民自治功能。多数乡镇对村的管理主要采取干部包片到村的方式,名为帮扶,实则领导。乡镇政府作为最基层的一级政府,职能广泛,政治、经济、文化、社会无所不包,招商引资、计划生育、安全生产、社会治安无所不干,成了标准的"全能政府",在日常工作中管理着很多不该管、管不了、管不好的事情。一方面,人民群众迫切要求解决的问题没有管理到位,"错位、越位、缺位"现象突出,公共服务职能亟须加强。另一方面,市、县对乡镇建立了比较严格的责任机制或政绩考核制度,特别是"一票否决"的硬性规定,迫使乡镇干部不得不设法完成下派的任务。为了完成工作任务,乡镇政府对村"重领导,轻自治",将压力转嫁,对村委会采取行政命令,对村民自治起到了一些负面影响,表现为村级组织日益行政化,以完成上级下派的工作为主要任务,本末倒置,将村民自治放在次要位置,甚至应付了事,从而造成村级社会、经济、公益等自治事务的民主管理、民主决策、民主监督普遍不到位。

四、村级"两委"职能界定不明确

自村民自治制度实行以来,村委会与村党组织的关系问题一直是农村基层组织建设的一个难点。根据最新的《村民委员会组织法》规定,"中国共产党在农村的基层组织,按照中国共产党章程进行工作,发挥领导核心作用,领导和支持村民委员会行使职权"。同时,《中国共产党基层组织工作条例》规定,村党支部受乡镇党委领导,村党支部成员由党员大会选举产生,讨论决定本村经济建设和社会发展中的重要问题。可见,国家有关法律和政策对党支部和村委会的职权界定不明确,这就不可避免地会导致农村两委间的摩擦与矛盾。由此而导致的问题就是,村委会作为村民自治组织,以全体村民的民主选举为基础,并有相应的法律作为支持,具有行使自治职能的自主性。但实际上,尤其是村民自治还不太成熟的地方,村党组织的权力大大超过村委会的权力,村委会成为了它的附属机构,村党组织负责人掌握着全村最重要的资源和最大的权力,如管理集体企业、批租承包地等。如此造成的后果就是,农民对掌握着本村重要资源而又非经农民选举产生的党组织缺乏相应的法律监督权利,而村民选举产生的村委会在村级管理中又发挥不了实质的作用,村民对村委会的问责效用也就大打折扣。

第五节 深入推进农村基层民主政治建设的对策和建议

一、破解选择性治理,深化乡级民主

1. 要建构以群众需求为导向的服务型政府

要建构以群众需求为导向的服务型政府,就要进一步扩展民意表达,建立有效

的基层政府公共服务评价机制,在乡镇引入竞争性选举,改变基层政府领导人只需对上负责的问责机制。基层政府领导人只有切实认识到自己的权力是人民赋予的,他们才会处处从维护群众利益的角度出发,行使好公共权力,确保公共权力与公共利益并行不悖。当前,在乡镇平台上建立与农民政治参与积极性不断提高相适应的乡村治理机制,深化乡级民主,既可以推进我国基层民主的健康有序发展,又可以促进农村基层政府向服务型政府的有效转变,进一步改进提高农村治理水平。

2. 要更好地发挥乡镇人大的作用

乡镇人大作为最基层的人大机构,其创新方向主要是更好地反映和代表村民意志。可考虑将乡镇人大与村民代表会议连接起来,形成乡镇民主与村级民主的相互衔接与良性互动。乡镇民主化改革的重点应放在议事的内容和形式上,乡镇和村之间建立协商式民主平台,如乡镇经济社会发展规划、各级政府下拨的资金等乡镇治理事务,需要通过村民委员会联席会议等形式听取农民意见;乡镇财政预算的制定要吸收村民代表参与,进行民主协商。

3. 要大力推动乡镇政务公开

近年来,随着"村村通"等工程的实施,农村信息化水平迅速提高,乡镇政务公开的技术条件大大改善,实行政务公开已不存在技术层面的困难。总之,随着经济社会发展,村级民主中的民主选举、民主决策、民主管理与民主监督可以向上扩展到乡镇一级,尽管形式有所不同,但基本要求是一致的。

二、推动基层政府职能转变,理顺乡村关系

党的十八大作出了"深化乡镇行政体制改革,创新行政管理方式,提高政府公信力和执行力,推进政府绩效管理"的战略部署。乡镇政府要转变职能,积极探索乡镇治理的新模式,要充分认识到政府职能转变是政府管理与基层民主有机结合的前提和基础。乡镇政府转变职能,一方面需要县级政府简政放权,明确县、乡政府权限和责任,推动建立服务型、法治型、责任型政府,将基层政府的工作重心转移到社会公共服务和社会治理上来;另一方面需要厘清基层政府与村民自治组织的职责边界,在现有的法律框架内,进一步明确乡镇人民政府履行公共服务和行政管理的内容和范围,乡镇人民政府支持和帮助村委会工作的基本内容和形式,村委会

协助乡镇人民政府工作以及村民自治的内容、程序、形式等,并逐步以法律法规的形式予以固化,以权责明晰的法制体系规范乡村关系,实现基层政府行政管理和村委会自我管理的有效衔接、基层政府依法行政和村民依法自治的良性互动。

三、推进农村社区建设,探索村民自治有效实现形式

农村社区是村民生活的共同体,是推动村民自治的有效载体。要继续搞好以社区为基本单元的村民自治试点,扩大以村民小组为基本单元的村民自治试点,积极探索符合安徽实际的村民自治有效实现形式。在推进农村社区建设中,要注重创新管理方式,不断扩大安徽省"十三五"期间农村社区建设的试点面,提高实效性。① 着力健全农村社区服务机制。建立健全省级统筹协调机制,推动城乡统筹发展总体规划、农村社区建设规划和各专项规划相互衔接、协调统一。② 着力打造农村社区服务中心平台。通过农村社区服务中心平台建设,进一步明确、规范基层政府为村民提供公共服务的职能,厘清政府公共服务与村民自治的内涵和边界,为村民自治的发展赢得更充分的空间和时间。③ 着力提升农村社区服务效能。把以人为本、居民满意作为根本导向,积极推动政府基本公共服务项目向农村延伸。同时,大力发展农村社区社会组织,鼓励驻村单位积极参与,积极推进农村社区志愿互助服务。

四、推行基层协商民主,为村民自治注入新动力

村民自治是中国农民的一项伟大创造,也是现行中国农村基层社会的治理体制。作为中国特色社会主义自治制度,村民自治是马克思主义自治理论与中国实际相结合的产物。在当下,在协调发展村级"四个民主"的同时,注重发展基层协商民主制度是有效破解乡村矛盾和困境的根本出路。其主要做法就是通过民主恳谈会、民主座谈会、民主理事会、村级民主协商日等协商民主形式,开展形式多样的协商活动。① 把发挥党组织的主导作用与群众的主体作用结合起来。在协商过程中,既要确保党组织的主动权,避免群众因强调民主而脱离党的领导的现象发生,又要充分尊重广大群众的主体地位,保障其提议权、参与权、表达权落在实处。② 把扩大基层民主与增强议事能力结合起来。基层协商民主实施的效果如何,关键取决于干部群众参政议事能力的高低。要采取多种形式加大教育引导力度,努

力提高他们建言献策的水平,确保说话有分量、建议有价值、决策有依据。③ 把落实基层协商民主制度与完善配套制度结合起来。要不断制定完善民主沟通会、决策听证会、决策议事会、村民议事会、乡镇人大表决会、党代会代表建议回复会和村民代表监督管理会等相关配套制度,健全村民对村务实行有效监督的机制,加强对村干部行使权力的监督制约,确保监督务实管用,使基层协商民主逐步走上科学化、规范化、制度化的轨道。

第七章　探索农村公共文化建设新路径

文化建设是建设中国特色社会主义"五位一体"布局的重要组成部分,党的十七届六中全会通过了《中共中央关于深化文化体制改革推动社会主义文化大发展大繁荣若干重大问题的决定》,十八大从实现"两个一百年"奋斗目标的高度,提出建设社会主义文化强国的战略任务。安徽省委省政府出台了一系列重大决策和政策措施,全面推进公共文化服务体系建设,加快实现城乡公共文化服务标准化均等化。特别是"十二五"以来,在实现农村文化惠民工程全覆盖的基础上,坚持工作重心下移,开展农民文化乐园和乡镇综合文化中心建设试点工作,加快县域特别是贫困地区的公共文化建设,探索出了"反弹琵琶"、推进社会主义文化建设的新路径。

第一节　全面实施农村文化惠民工程

文化建设是全面建成小康社会的重要任务和目标,全面建成小康社会,文化建设不能缺位。如同全面建成小康社会的重点难点在农村,文化建设的重点难点也在农村。安徽是农业大省,"十一五"以来,虽然进入了快速发展的新阶段,但工业化、城市化、城镇化水平仍然低于全国平均水平。2010年全国第六次人口普查统计数据显示,全省6 862.0万户籍人口中,常住人口为5 950.1万人,全省居住在乡村的人口为3 391.0万人,约占全省常住人口总数的56.99%,每年有1 300万青壮年农民外出务工经商,常年在外的农村劳动力达911.9万人。安徽农村公共文化建设不仅与发达地区和城市存在巨大差距,而且与农民的公共文化消费需求存在明显的不适应,加快农村公共文化建设时间紧迫、任务艰巨。农村文化惠民工程响应农民群众的精神文化需求,2007年安徽在部分市、县开展农家书屋建设试点,2008年起在全省全面实施农村文化惠民工程,2009年8月安徽省委、省政府出台了《关于加快文化强省建设的若干意见》,把农村文化惠民工程列入文化强省建设重要任务和省级民生工程,工程进度大大加快,到2012年提前实现全省文化惠民工程全覆盖。

一、农家书屋建设的进展状况

"十一五"期间,安徽在全省推进包括农家书屋、乡镇综合文化站、广播电视村村通、文化信息资源城乡共享工程、公益电影放映、送戏下乡6项农村文化惠民工程建设,以改善农村公共文化的供应状况,解决农民"读书读报难""看电视听广播难"和"看电影看戏难"问题,满足农民的基本公共文化消费需求。2012年,农家书屋、乡镇综合文化站、广播电视村村通、文化信息资源城乡共享工程建设全面完成,公益电影放映、送戏下乡也按期完成年度任务。2010~2011年,我们以"农家书屋"工程为重点,选取含山、青阳、凤阳、长丰、颖上5县作为调查样本,进行了连续2年的跟踪调查,对全省农村文化惠民工程建设和实施效益有了大致的了解。

2007年,安徽在部分市、县启动农家书屋建设试点,当年建成105家;2008年在全省全面实施农家书屋工程;2009年农家书屋建设列入省政府民生工程。在2008~2010年的3年时间里,平均每年建成"农家书屋"3 000家,到2010年年底,全省建成农家书屋合计9 105家,约占全省行政村总数的60%,服务对象覆盖了全省50%左右的农村居民。"十二五"以来,农家书屋建设速度明显加快,2011年建成农家书屋6 924家,是前3年年均建成数的2倍多,累计建成农家书屋15 924家,约占全省行政村总数的85%,2012年,完成剩余2 923个村农家书屋的建设,提前3年实现农家书屋建设全覆盖(参见表7.1)。这些农家书屋都按国家新闻出版广电总局的要求,配备了1 500册图书、30~40种报刊杂志和书橱、桌椅,有的还配置了电脑,农民可以足不出村、方便地借阅图书报刊。

表7.1 安徽省农家书屋工程建设年度进度表

项目 年份	户数	建筑面积(m²)	服务人口
2007	105		
2008	3 000	150 591	10 240 813
2009	3 000	103 803.3	10 130 215
2010	3 000	106 642.5	9 671 376

续表

项目 年份	户数	建筑面积(m^2)	服务人口
2011	6 924	236 286.7	21 841 720
2012	2 923		
合 计	18 952	597 323.5	51 884 124

数据来源:根据安徽省农家书屋工程领导小组办公室编印的《安徽省农家书屋工程建设实施计划》(2008～2011)相关数据整理。

安徽地跨长江淮河,南北自然地理环境、人口密度差异很大,所辖17个市(包括2011年撤销的地级巢湖市)的经济发展、城市化水平也是参差不齐,发展农村文化事业如同负重爬坡,经济发展较为滞后、人口密度大、城市化程度低的大别山地区和皖北地区面临的财政压力更大,但各地重视文化建设,克服困难,加大投入,实现了全省农村文化惠民工程全面推进、均衡发展。马鞍山、宣城、宿州3市和一批县(区)率先完成农家书屋建设任务,提前实现了农家书屋境内全覆盖(参见表7.2),尤其是地处皖北、经济欠发达的宿州市在农村文化建设上走在全省前列,说明了文化建设虽然必须以经济建设为基础,但由于本身具有相对独立性,可以适度超前发展并成为推动经济建设、政治建设、社会建设的重要条件。宿州能够办到的事,其他地方也应该能办得到,关键在于提高认识,真抓实干。

表7.2 安徽省及17市农家书屋工程建设和服务状况表(2008～2011)

项目 地区	建成数 (家)	建成面积 (m^2)	户均面积 (m^2)	服务人口 (人)	户均服务人 (人)
合肥	971	39 291	40.46	2 870 559	2 956
淮北	361	10 628	29.44	1 010 188	2 798
亳州	1 215	54 178.2	44.59	5 093 883	4 192
宿州	1 259	75 732	60.15	3 480 707	2 765
蚌埠	932	39 104	41.96	2 680 705	2 876
阜阳	1 655	59 057.2	35.68	6 716 914	4 059
淮南	571	24 546	42.99	1 264 577	2 215
滁州	1 106	46 991.5	42.49	3 637 309	3 289
六安	2 318	73 014.1	31.50	6 409 180	2 765
马鞍山	240	9 546	39.78	629 052	2 621

续表

项目\地区	建成数（家）	建成面积（m²）	户均面积（m²）	服务人口（人）	户均服务人（人）
巢湖	960	31 540.5	32.85	4 445 344	4 631
芜湖	451	15 303	33.93	1 379 604	3 059
宣城	789	28 486	36.10	2 322 541	2 944
池州	584	18 307	31.35	1 239 136	2 122
铜陵	141	3 782	26.82	309 754	2 197
安庆	1 521	54 260	35.67	4 965 149	3 264
黄山	850	30 637	36.04	1 343 606	1 581
合计	15 924	61 440.5	38.58	49 798 208	3 127

数据来源：根据安徽省农家书屋工程领导小组办公室编印的《安徽省农家书屋工程建设实施计划》(2008～2011)相关数据整理。

在含山、青阳、凤阳、长丰、颍上5县的跟踪调研中，我们看到含山的农家书屋建设进度走在全省前列，提前完成了"十二五"规划建设任务；凤阳、青阳农家书屋的建设标准、覆盖面积和服务人口，均超过全省平均水平；地处江淮分水岭的长丰和农业人口大县的颍上，其农家书屋建设进度也赶上了全省平均水平(参见表7.3)。调研结果说明了安徽农村文化惠民工程建设平稳、有序和均衡发展。

表7.3 安徽5县农家书屋工程进度表(2008～2011年)

进度\县名	工程实绩		覆盖面			覆盖人口		
	已建家数	户均面积（m²）	应建家数	已建家数	占比（%）	应服务人口	已覆盖人口	占比（%）
含山	117	32.14	117	117	100.00	470 000	472 027	100.00
青阳	109	42.48	110	109	99.09	265 000	230 586	87.01
凤阳	220	35.85	224	220	98.21	753 304	692 647	91.95
长丰	249	31.83	302	249	82.45	789 900	663 831	84.04
颍上	268	30.23	346	268	77.47	1 670 000	1 288 938	77.18
合计	963	34.5	1 099	963	87.62	3 948 204	3 348 029	84.79

数据来源：根据安徽省农家书屋工程领导小组办公室编印的《安徽省农家书屋工程建设实施计划》(2008～2011)相关数据整理。

二、农村文化惠民工程的运营状况

农村文化惠民工程不仅要建,更重要的是要用。这些年来,各级财政为农村文化惠民工程投入巨资,以农家书屋工程为例,每个农家书屋投资 2 万元(不包括村里提供的房屋场地),全省共投入 3.79 亿元,其中县级财政投入近 0.95 亿元配套补贴费用,对于依靠财政转移支付的农业大省来说,这是一笔不小的开支。发挥农村文化惠民工程的作用,提高实施效益,是关乎农村文化惠民工程可持续发展的重要问题。通过问卷调查、实地考察和召开小型座谈会,我们发现各地农村文化惠民工程大都运营正常,受到农民的普遍欢迎,但从文化惠民工程项目的相互比较看,不同工程项目的运营状况、受欢迎程度和实施效益,还是有明显差距的。

(1) 广播电视村村通。广播电视村村通建成后由安广网络公司收取收视费,负责日常维护,运行最为正常。据凤阳县广播电视局的同志介绍,2006 年实施广播电视村村通前,全县有 322 个自然村是广播电视信号"盲村",接收不到数字广播电视信号,农民在家里无法听广播、看电视,勉强能看到电视的,也常出现信号模糊、声音不清的问题,并且节目频道少,一般只有 5~6 个频道;实施广播电视村村通以后,采用光缆连接或安装小型卫星接收器,不仅偏远地区都能看到电视,而且声音和图像清晰、节目丰富,有 30 多个频道可供选择。随着农民收入增加和国家实行家电下乡补贴政策,农户的彩电普及率近达 100%,看电视成了农民最主要的业余文化生活,广播电视村村通成为最受农民欢迎的文化惠民工程。

(2) 乡镇综合文化站。2008 年以来,中央、省、市、县投入 5.22 亿元,完成 1 305 个乡镇综合文化站建设任务(其中列入省民生工程的 1 240 个、省级增投安排 65 个),实现了"乡乡有站"的目标。各地狠抓建、管、用三个环节,在全国率先开展乡镇综合文化站等级评定工作,2010~2012 年,全省分 3 批评定等级站 1 121 个:一级站 273 个、二级站 400 个、三级站 448 个。等级站占乡镇综合文化站总数的 79.50%、占民生工程项目总数的 90.40%,反映出安徽乡镇综合文化站建设标准高、配置到位、服务能力强。这些乡镇综合文化站建成后,利用农闲、逢年过节的时段,开展群众喜闻乐见的文化体育活动;有的在寒暑假期间开放,成为面向中小学生的活动室,成为留守儿童的"第二课堂"。但乡镇综合文化站没有固定的财政经费作为保障,开展活动全靠乡镇领导喜好或者向当地企业"化缘",这影响了乡镇综合文化站的正常开放。2012 年起,乡镇综合文化站免费开放被纳入民生工程,每个站每年有 5 万元财政补贴,彻底改变了"无米之炊""等米下锅"的状况,基本上能够正常按时开放。现在影响乡镇综合文化站正常开放的主要因素有：一是人手不足，且人员年龄和专业结构不合理；二是免费开放的经费只能保证基本需求，与开展经常性群众文化体育活动经费需求差额较大。

（3）农家书屋。农家书屋建成后，各级新闻出版部门定期举办业务培训和读书演讲比赛等活动，以扩大农家书屋的影响。农家书屋提供免费图书报刊借阅服务，受到农民尤其是农村中小学生的欢迎，但由于缺乏后续经费支持，导致农家书屋图书陈旧。2012年实行村级文化建设专项补助，图书更新难的状况得到缓解，但农家书屋管理员一般由村干部兼任，不能保证正常开放，这使得农家书屋前景堪忧。

（4）城乡文化信息资源共享工程。文化信息资源共享工程由省文化厅直接招标采购，将设备下发到县级支中心和乡（镇）村服务点，但需要项目单位提供房舍和管理人员。各地文化信息资源共享工程设备的使用状况不一，有的在阴雨天或假期，利用投影设备为中老年农民和中小学生放映老电影，进行革命传统和爱国主义教育；有的利用上网设备，通过互联网帮助农民寻找科技、经济信息，成为农民致富的好帮手；但也有地方设备闲置，农民无法享受文化信息资源服务。

（5）数字电影下乡。各地虽然会按计划完成每个行政村每月放映一场电影的任务，但实际到场看电影的农民人数较少，这中间既有电视普及对电影市场形成冲击、农民居住分散和大量青壮年农民外出务工造成观众流失的原因，也有影片老旧、观影条件差和放映成本居高不下等原因，政府每场100元的放映补贴（2012后提高至200元）远不抵租片费、设备转用费和放映员工资。

（6）送戏下乡。2013年以前，送戏下乡作为"文化三下乡"活动的内容，大多数农民只是听说而没有亲眼看过。在我们针对1 550户农民公共文化消费需求状况的调查中，1 467份有效问卷中只有253人表示看过戏（文艺演出），占调查对象的17.25%，其余1 214人一年中从未看过戏（文艺演出），占调查对象的80%以上。在我们调查的5县中，只有青阳和长丰两县看过戏（文艺演出）的调查对象的比例达到30%左右，颍上、含山在10%左右，凤阳看过戏（文艺演出）的比例不足2%（参见表7.4），几乎可以忽略不计。农村戏剧演出市场衰落萧条，除了农民居住分散和青壮年农民外出务工造成观众流失等客观原因，还主要与前些年市、县国有和集体戏剧团体陷入困境、农民业余宣传队解散、人才流失，新的民营演出团体发展滞后有关。

表7.4 安徽5县农民看戏和文艺演出情况统计

(单位:人)

类别 县别	发放问卷 (份)	有效问卷 (份)	看过戏和文艺演出		没看过戏和文艺演出	
			人数	占比(%)	人数	占比(%)
含山	310	306	30	9.80	276	90.20
青阳	310	300	95	31.67	205	68.33
凤阳	300	260	5	1.92	255	98.08
长丰	310	304	89	29.28	215	70.72
颍上	320	297	34	11.45	263	88.55
合计	1 550	1 467	253	17.25	1214	82.75

数据来源:根据"安徽农村文化惠民工程建设实施效益研究"课题组发放的"安徽农民公共文化消费需求状况调查表(2010~2011年)"相关数据整理。

三、农村文化惠民工程的社会评价

"人民群众满意不满意"是衡量惠民工程一切工作的最高价值标准,也是改进农村文化惠民工程建设管理、提高农村文化惠民工程实施效益的基本依据。在《安徽农村文化惠民工程建设实施效益研究》的调查中,我们专门设计了农民对农村公共文化供给状况和对农村文化惠民工程满意度的选项,从静态和动态两个方面考察农民对农村文化建设的评价。

(1) 关于对农村公共文化供给状况的评价。数据显示,农民对农村公共文化供给状况的总体评价低于我们的期待值。在受调查的1 467人中,表示满意的有312人,占总数的21.3%;表示基本满意的有638人,占总数的43.5%;两者相加为950人,占受访人总数的64.8%。表示不满意的有442人,表示很不满意的有43人,两者之和为485人,占受访人总数的33.1%(参见表7.5)。这种评价结果既反映出农村公共文化体系建设、农村公共文化供给状况与群众心理期待间的差距,也反映出农村公共文化服务体系运营状况和农民需求的差距。农民解决温饱后,进入了消费需求升级的新阶段,对当下农村公共文化供给状况的不满意,表明农民对丰富精神文化生活有新期待。党中央、国务院重视包括文化惠民工程在内的农村文化建设,是对农民群众新期待的热切回应,大力发展农村公共文化事业,提升农村公共文化产品和服务的供给能力,保障和实现农民群众基本的文化权益,恰逢其时,大有作为。

表 7.5 安徽 5 县农民对农村公共文化供给状况评价统计

类别\县别	有效问卷	满意		基本满意		不满意		很不满意		未填	
		数量	占比(%)	数量	占比(%)	数量	占比(%)	数量	占比(%)	数量	占比(%)
含山	306	56	18.3	160	52.3	76	24.8	14	4.6	0	0
青阳	300	54	18.0	162	54.0	69	23.0	15	5.0	0	0
凤阳	260	3	1.0	47	18.0	187	72.0	7	2.7	0	0
长丰	304	145	47.7	146	48.0	10	3.0	0	0.0	3	1.0
颍上	297	54	18.0	123	41.4	100	37.7	7	2.4	13	4.4
合计	1 467	312	21.3	638	43.5	442	30.1	43	2.9	16	1.1

数据来源:根据"安徽农村文化惠民工程建设实施效益研究"课题组发放的"安徽农民公共文化消费需求状况调查表(2010~2011年)"相关数据整理。

(2) 关于农村文化惠民工程的评价。调查数据表明,农民群众对正在实施的农村文化惠民工程在总体上是认可的。在受访的 1 467 名农民中,评价农村文化惠民工程实施情况好的有 266 人,评价一般的有 902 人,肯定和基本认可农村文化惠民工程的有 1 168 人,约占总数的 79.6%;认为实施农村文化惠民工程流于形式、劳民伤财的有 247 人,占受访人总数的 16.8%;对农村文化惠民工程未置可否的有 52 人,占受访人总数的 3.5%。在被调查的 5 县中,只有颍上县农民对正在实施的农村文化惠民工程的认同度偏低,原因在于颍上县乡(镇)均人口较多,按标准建设的乡村公共文化设施的容量和服务能力无法满足当地众多农民的精神文化生活需求。

表 7.6 安徽 5 县农民对文化惠民工程评价统计

类别\县别	有效问卷	好		一般		流于形式		未填	
		数量	占比(%)	数量	占比(%)	数量	占比(%)	数量	占比(%)
含山	306	36	11.8	218	71.2	52	17.0	0	0
青阳	300	52	17.3	168	56.0	78	26.0	2	0.7
凤阳	260	10	3.8	221	85.0	29	11.2	0	0
长丰	304	118	38.8	152	50.0	21	6.9	13	4.3
颍上	297	50	16.8	143	48.1	67	22.6	37	12.5
合计	1 467	266	18.1	902	61.5	247	16.8	52	3.5

数据来源:根据"安徽农村文化惠民工程建设实施效益研究"课题组发放的"安徽农民公共文化消费需求状况调查表(2010~2011年)"相关数据整理。

通过调查,我们发现受访者对实施农村文化惠民工程的满意度远高于对当下农村公共文化供给状况的评价,农民对现在党委政府重视文化建设,特别是注重城乡统筹、大力推进城乡一体的公共文化服务体系建设给予积极的评价,农民群众对农村文化惠民工程建设是拥护和支持的;同时我们也注意到,农民对当下农村公共文化供给状况不满意的达到33.1%,对正在实施的农村文化惠民工程不满意的仍占20.3%,其中不乏"形式主义"和"劳民伤财"的尖锐批评。倾听农民的呼声,从农民的批评中发现农村文化惠民工程建设和管理的不足,想方设法,把为农民的实事办好,开展农民文化乐园和乡镇综合文化中心试点,打造农村文化惠民工程"升级版",成为十八大以后安徽探索农村文化建设的重点。

第二节　重点夯实县域公共文化体系基础

党的十八大从实现"两个一百年"奋斗目标的高度,提出建设社会主义文化强国的战略任务。在贯彻十八大精神的过程中,安徽省委省政府领导深入调研、集思广益,在听取广大农民和基层文化工作者意见的基础上,加强农村和贫困地区的公共文化服务体系建设,开展农民文化乐园和乡镇综合文化中心建设试点,创建省级公共文化服务体系建设示范县,加快县域特别是贫困地区的公共文化服务体系建设,实现城乡公共文化服务标准化均等化,开创了安徽农村公共文化服务体系建设的新局面。

一、试点农民文化乐园建设

2013年初,在贯彻党的十八大精神、开展群众路线教育实践活动中,中宣部、文化部将推进公共文化服务标准化均等化确定为城乡公共文化建设的重点任务,同年3月,时任中共安徽省委常委、宣传部长曹征海同志率省委宣传部、文化厅、广电局、新闻出版局负责同志深入大别山深处的金寨县南溪镇,调查了解乡镇和行政村两级公共文化服务现状,问计于农民和基层文化工作者,寻找加强乡镇基层公共文化服务的良策,提出在全省农村开展农民文化乐园建设试点;同年5月,试点工作实施方案报经省委省政府批准同意,在六安、合肥、淮北、黄山、宣城、马鞍山6市11县20个美好乡村中心村启动农民文化乐园建设试点。试点工作中,省市县乡

(镇)村五级联动,相关部门全力配合,试点村干部、群众和基层文化工作者共同努力,截至 2014 年 4 月底,20 个省级试点村的农民文化乐园全部建成投入使用。

安徽农民文化乐园建设试点的基本做法是以农民文化乐园建设试点为抓手,填补村级公共文化服务网点空白,解决农村公共文化服务"最后一公里"难题,探索在村一级推进公共文化服务标准化均等化的具体路径。

1. 农民文化乐园建设的具体做法

(1) 选准突破口。发展公共文化服务,根据我国国情和治理历史,需要建设城乡一体,以县城为中心、乡镇为分中心、行政村为支点的县域公共文化服务网络,不同层级的公共文化服务机构应根据自身在网络中的地位和覆盖范围、服务人口,界定规模、功能和服务内容,相互补充,错位发展。作为县域公共文化服务网络的基础和服务终端,村级公共文化服务网点最薄弱,实施农村文化惠民工程后虽有了 1 间农家书屋,但功能单一、缺钱少人,弱势地位没有根本改变。"基础不牢,地动山摇",建设农民文化乐园,就是要强化公共文化服务体系最薄弱的环节,夯实县域公共文化服务网络的基础,这种依据"木桶原理",在工作指导上"反弹琵琶"的思路,对加快公共文化服务标准化均等化建设有着事半功倍之效。

(2) 因地制宜。农民文化乐园强调功能配置标准化,鼓励各地从实际出发。在建设布局上,尽可能集中规划,一园多用,打造文化综合体,在山区和土地特别紧张的地方,也可众星拱月,分散建设,一园多点;在工程建设上,以"改扩建为主、新建为辅",整合村级宣传文化资源,充分利用现有场地设施,不搞大拆大建;在建设规模上,大村有大的气派,小村有小的精致,强调适中适用,预留发展空间,避免建设形象工程和闲置浪费;在建设形式上,文化乐园既可单独建设,也可以与便民服务中心、村部等联合建设,地处乡镇所在地的试点村农民文化乐园,则与乡镇综合文化中心合二为一,共建共享。

(3) 农民主体。明确农民文化乐园为谁建、谁来建、怎么建的问题。各地在试点过程中始终坚持农民主体地位,通过媒体、会议、宣传栏等,把农民文化乐园建设目的、基本布局和功能定位宣传到位,提升村民认同感;农民文化乐园建设方案从建设选址、建筑风格、功能布局到"墙上展什么、室内摆什么,群众看什么、进园干什么",都征求村民的意见、集思广益;建立由村民代表和老干部、老教师、乡土文化能人组成的农民文化乐园建设理事会,全程参与农民文化乐园的谋划和建设管理。

(4) 有序推进。农民文化乐园建设试点采取主动申报、先试再推、有序推进、滚动发展的模式,2013 年 5 月确定 6 市 20 个中心村为第一批省级试点,11 市 25

个(县区)参照省里标准,自行确定83个行政村进行同步试验。2014年4月,在完成第一批农民文化乐园建设试点验收的基础上,全省确定83个中心村作为第二批省级农民文化乐园建设试点,试点范围扩大到全省16个市。2015年全省确定200个中心村作为第三批省级农民文化乐园建设试点,试点范围覆盖到全省所有县区。到"十二五"末,全省共建成省级农民文化乐园503个,建成市、县级农民文化乐园1 000余个。2016年,安徽以皖北、大别山和国家级贫困县为重点,选择239个中心村作为第四批省级农民文化乐园建设试点,使省级农民文化乐园建成数超过500个,在这个基础上,再用2年时间实现省级美好乡村中心村农民文化乐园建设试点全覆盖。这种试点先行、稳步推进,避免了急于求成、一哄而起的"文化大跃进"。

2. 农民文化乐园建设带来四大变化

(1) 硬件建设标准化。围绕"农村基层公共文化服务体系的基本平台、思想道德科学文化建设的主要阵地、新时期农民群众的精神家园"的建设目标,各试点村按照"一场(综合文体广场)、两堂(讲堂、礼堂)、三室(文化活动室、图书阅览室、文化信息资源共享工程室)、四墙(村史村情、乡风民俗、崇德尚贤、美好家园)"的硬件设施建设标准,采取新建、改扩建的办法,打造功能配置适度超前的村级公共文化服务综合体。

(2) 服务内容多样化。以农民文化乐园为依托,整合散落在行政村一级的公共文化服务资源,提供包括戏剧文艺演出、广播电影电视、书报阅览、上网、政策法律及科技培训等多样化服务,改变原先资源分散、内容单一、吸引力差、利用率低的状况,有效满足不同群体的公共文化消费需求。特别是在内容建设中突出社会主义核心价值观教育,通过整理村史村情、乡风民俗,挖掘本土优秀文化遗产,宣传展示当地先贤名人、好人好事、道德模范,留住乡情,亲切感人,以浓郁乡土文化将服务农民和引导农民结合起来,发挥公共文化服务"以文化人"的教化功能。

(3) 文化活动常态化。加大以政府为供应主体的农村公共文化产品和服务总量,坚持"送文化"与"种文化""养文化"并重,发现、培养乡村文化能人,发挥乡村文化工作者、退休干部教师和文化活动积极分子的作用,组织文化志愿服务队、农民文艺演出队、体育锻炼健身队等,采取能人带动、兴趣引导的方式,开展适应农村特点和农民文化消费偏好的文娱和健身活动,将短期集中服务与常年自娱自乐结合,大戏每年看,电影月月放;广播村村响,电视户户通;书report常年开,上网真自在;文体活动天天有,男女老少乐开怀。农民文化乐园不仅"建起来",还真正"用起来""转起来",使农村居民"乐起来"。

(4) 保障措施制度化。在农民文化乐园试点中,安徽用制度建设破解农村基层公共文化服务体系建设中人才缺、资金难的难题,一是设立文化乐园管理员,纳入大学生"三支一扶"计划,建立群众文化辅导员、志愿者、文化骨干和热心人组成的农村基层文化建设基干队伍。二是加大资源整合和资金投入,将农民文化乐园纳入美好乡村和村级公共服务设施建设整体规划,按部门隶属关系分头申报村级文化项目,在农民文化乐园平台上集中建设,实行资源共享、高效利用。设立农村文化建设专项补助,各级财政按比例承担,每村每年补助1.2万元,保障村级基本公共文化服务的最低资金需求。

二、打造乡镇综合文化中心

乡镇综合文化站是我国农村公共文化服务的主要阵地,建设乡镇综合文化中心就是打造乡镇综合文化站的"升级版"。2013年,安徽着手谋划乡镇综合文化站"升级"工程,2014年,乡镇综合文化中心建设列入省级民生工程和政府工作要点,采用乡镇自行申报,县、市主管部门推荐的方式,要求以一级乡镇综合文化站为主,设施完善,布局合理,拥有品牌服务项目,投入保障机制较为完善,运行管理制度健全、服务规范,拥有一批文化人才队伍,方便群众使用、利于群众共享。经过评审批准,合肥市大圩乡、马鞍山市太白镇等30个乡镇取得试点资格,正式启动综合文化中心建设试点工作。

1. 提升综合功能

针对现有乡镇综合文化站资源短缺、功能较单一、保障不足的现状,安徽省制定了《乡镇综合文化服务中心试点工作方案》,要求试点乡镇综合文化中心的建设规模达到1 000平方米以上,设立县级图书馆乡镇分馆、综合性文体广场、科普活动厅、青少年综合服务室、乡镇志书编纂室等一系列公共文化设施,使其具备开展教育培训,文体活动,编写乡镇志书,组建群众文化辅导员、社会体育辅导员、科普辅导员等志愿者队伍等功能,打造普及科技知识、传播精神文明、促进和谐幸福的综合平台,提高综合服务能力。

2. 突出资源整合

乡镇综合文化服务中心试点以改扩建为主、新建为辅,在现有乡镇综合文化站的基础上,整合乡镇宣传文化、党员教育、科学普及、体育健身等基层设施资源,实现场所、设施、资金、项目等共建共享、互联互通;统筹文化、新闻出版、广电、体育、科技等相关项目资金,引导社会力量参与,打造统一高效的乡镇综合文化服务平台;探索组建乡镇综合文化服务中心理事会,鼓励社会力量参与管理使用,实现多个部门的场所、设施、资金、项目、人力等资源的互通互联、共建共享。

3. 建立协调机制

乡镇综合文化服务中心试点建设由市、县两级文化主管部门进行业务指导,有关乡镇党委、政府具体领导实施。试点中,试点所在的乡镇党委、政府重视乡镇综合文化中心建设,精心设计《乡镇综合文化中心建设试点实施方案》,既按省制定的统一标准、路线图与时间表完成规定项目,又结合本乡镇实际有所创新,力求"一乡一品"。加大人力财力投入,将试点建设经费列入乡镇刚性财政预算,省文化厅用以奖代补的方式给予支持,抓紧为综合文化服务中心配备专职人员,组建文化辅导员、宣讲员、社会体育指导员、科普辅导员队伍和业余文化体育团队。县图书馆、文化馆"结对帮扶",提供业务指导和公共文化资源共享。这些措施使得乡镇综合文化中心建设试点进展顺利,硬件设施、资源配置、服务能力和服务水平有明显提高,乡镇综合文化服务中心也将优质资源"流转"起来,带动周边农民文化乐园活动常态化,在县域公共文化服务网络中越来越能发挥出"分中心"和"二传手"的作用。

4. 丰富活动内容

作为乡镇一级的文化阵地,乡镇综合文化服务中心持续免费开放,根据群众需求,因地制宜地开展丰富多彩的文化活动,还承担了组织部门的党员教育、宣传部门的文明创建、体育部门的健身和赛事、科技部门的实用技术培训、广电部门的村村通工程和电影放映等工作职能。此外,乡镇综合文化服务中心试点还承担着促进乡村特色文化发展的新使命,把保护传承非物质文化遗产、收集整理地方文献资料、编写乡镇志书作为一项重要任务。

5. 创新体制机制

乡镇综合文化服务中心试点不是简单的资源投入、规模扩张,而是乡镇公共文化建设中的体制机制创新。建立省、市、县三级联席会议制度,完善协调推进机制。创新乡镇公共文化服务载体和运行机制,建立以县级公共图书馆为总馆、乡镇综合文化服务中心为分馆、村农家书屋为服务点的县域图书资源建设、流通、服务网络,突出资源整合,推进体系建设,实行县文化馆与乡镇综合文化服务中心"结对帮扶"、乡镇综合文化服务中心与农民文化乐园"串联结网",实现乡村场所、设施、资金、人才、项目共建共享,互联互通。在公共文化产品和服务供给上,引入市场机制,围绕群众需求,搭建供需平台,建立群众评价和反馈机制,实行供需见面、农民"点单"、政府买单。在管理机制上,探索乡镇综合文化服务中心资产所有权、管理权、使用权分离,建立各部门相互监督、相互支持的管理服务机制;探索组建乡镇综合文化服务中心理事会,吸纳有关方面代表、基层群众参与管理,鼓励社会力量参与乡镇综合文化服务中心的管理和使用。

三、创建省级公共文化服务体系建设示范县

2011年,马鞍山市取得了国家首批公共文化服务体系示范区创建资格。2012年5月,在关于马鞍山市创新中国成立家公共文化服务体系示范区调查研究的基础上,社科专家们提出在安徽"创建省级公共文化服务体系示范县区"的建议,获得省委和省政府领导的肯定性批示。2014年5月,省文化厅、财政厅联合发文,在全省启动省级公共文化服务体系示范县创建工作,金寨、宁国、含山等12县获得首批创建资格。几年来创建工作进展顺利,当地的公共文化服务体系建设和城乡居民的文化幸福指数均有了可喜的变化。

1. 创建认识到位

示范区创建由县级人民政府申报、市级人民政府推荐、文化厅和财政厅组织专家委员会评审,最终从30多个申报单位中遴选出12个县进行示范区创建。申报地党委、政府成立创建领导小组,组织工作班子,县(市)政府主要领导亲自宣读陈述报告,回答专家提问。示范区创建从一开始就列入党委、政府议事日程,政府主要领导成为第一责任人,公共文化服务体系建设实现了"党委领导、政府主导,党委宣传部门牵头、文化主管部门承办、相关部门配合、社会力量多方参与"。曾经担任马鞍山市文化委员会主任的含山县委书记卞建秋说:"发展公共文化服务,现在是人心所向、水到渠成;再不抓文化建设,就是失职失责,就不是合格的县委书记、县长。"过去文化部门找书记、县长汇报工作排不上队,现在书记、县长主动向文化部门过问示范区创建的事。

2. 创建思路清晰

安徽省文化厅、财政厅根据安徽省实际,参照国家公共文化服务体系示范区的

创建办法、创建标准,拟定了《安徽省公共文化服务体系示范县创建标准》,各地在申报过程中,集思广益,明确创建指导思想、基本原则、目标任务、重点工作、时序进度和保障措施。在取得示范区创建资格后,各地又修订《示范区创建规划(2014~2016年)》和《创建重点任务分解表》。对示范区创建谋划的科学化、精细化,是多年来各项工作中所少见的。

3. 创建任务明确

各地对照对县级"两馆一院"(图书馆、文化馆和影剧院)、乡镇综合文化站、村文化活动中心(农民文化乐园)达标全覆盖的创建要求,"缺什么、补什么",通过改建、扩建,实现原有公共文化场馆的升级达标、提质增效,一些长期没有图书馆、文化馆的县,则开工建设综合性的文化艺术中心,确保在创建考核验收前投入使用。各地还重视基层公共文化服务设施建设,扩大投入、优化存量,增强基层的公共文化服务能力。通过两年的创建工作,各示范县将建成城乡一体、县乡村三级设施网络布局合理的现代公共文化服务体系。

4. 创建责任共担

创建示范区最大的好处,是将公共文化服务体系建设从文化主管部门的"部门工作",提升为党委政府负总责的社会工程,创建任务分解到部门,具体责任落实到个人,加上严格的考核督查机制,使得示范区创建有了"人人关心、个个参与"的良好氛围。"众人拾柴火焰高",困扰公共文化发展多年的资金少、立项难等问题迎刃而解,一批重大的公共文化服务设施开工建设,示范区创建开局良好,进展顺利。

5. 创建成果惠民

全省首批12个省级公共文化服务体系示范县,其数量约为全省62个县(不含省辖市的区)的1/5。它们分布在10个省辖市,约占全省16个省辖市的2/3。12个示范县覆盖面积20 915.3平方千米,约占全省总面积的16%,其中面积最大的是金寨县,有3 814平方千米。12个示范县覆盖服务人口630.03万人,约占全省常住总人口的10%,其中人口最多的是泗县,有89万人。示范区创建边建设、边受益,图书馆、文化馆、博物馆全部实行免费开放,公益数字电影放映、送戏送文艺演出下乡,供需对接、政府买单,加上各种各样群众喜闻乐见、自娱自乐的广场文娱体育活动,使公共文化服务设施"用起来、转起来",城乡居民"笑起来、乐起来",提高了人民群众的文化幸福指数。

第三节　实现城乡公共文化服务标准化均等化

党的十八大提出,到2020年在全国基本建成现代公共文化服务体系,实现城乡居民公共文化服务标准化、均等化。2015年2月,中共中央办公厅和国务院办公厅下发《关于加快构建现代公共文化服务体系的意见》。同年10月,国务院办公厅又下发《关于推进基层综合性文化服务中心建设的指导意见》,进一步明确建设现代公共文化服务体系的任务书、时间表和路线图。"十三五"期间,农村公共文化建设要抓住城镇化和文化与科技融合的历史机遇,在基本实现农村公共文化服务全覆盖的基础上,将工作重心转移到整合资源、优化布局、拓展功能、提质增效上来,打造城乡一体、优质高效的公共文化服务体系,为城乡居民提供满意的公共文化服务。

一、加强"顶层设计"

要抓住编制《"十三五"文化改革发展规划》的契机,充分发挥宣传文化主管部门、公共文化机构和社科研究机构的作用,深入研究在经济社会发展"新常态"和工业化、城市化、新型城镇化背景下,完善文化与科技高度融合、供给和需求紧密衔接、传统公共文化服务网络与数字公共文化服务网络共同发展的现代公共文化服务体系的整体方案,"抓两头""带中间",大力推进县级公共文化服务基础设施建设,确立县城在县域公共文化服务网络中的中心地位;整合村级文化资源,建设布局合理、功能完备、管理有序的村级农民文化综合体;带动中心镇、小城镇建设区域公共文化服务的分中心。

1. 农村公共文化服务体系建设要以县城为中心

县城是县域经济、政治、文化中心,也应当成为县域公共文化服务中心;县城人口主体是农民,随着工业化、城镇化和农民从农村转移到城市,县城是农村居民移民的首选地。建设县城公共文化服务基础设施,受益对象不仅有县城的市民,还有从农村转移来的"新市民";农村基本公共文化服务体系建设要"纲举目张",推广图书馆"总分馆和服务点"模式,发展公共图书馆服务体系,普及公共电子阅览、城乡文化资源共享等,都需要县级公共文化服务机构发挥中心和辐射源的作用。

2. 农村公共文化服务体系建设以行政村(中心村)为触角

行政村(中心村)是农村人口的主要聚居地,随着城镇化、规模经营和美好乡村建设,一部分农民转入城市和集镇,留在农村的农户也在向行政村(中心村)集中。由于农民日常活动半径和消费习惯的限制,行政村(中心村)就成为了农民公共活动和日常消费活动的发生地,建设村级公共文化服务综合体,农民就近参与,体现了公共文化服务方便、快捷的要求。公共文化服务是公共服务的重要组成部分,前几年全省农村普遍推广"为民服务全程代理",近年来在美好乡村建设中又规划建设村公共服务中心,将公共文化服务纳入村公共服务中心,使得村级公共服务内容更加全面。

3. 农村公共文化服务体系建设以乡(镇)为支点

中国历史上有"政不下乡"的传统,国家对社会的管理和服务主要依靠县级政府及其所属机构来实现,乡镇作为最基层的行政层级,它的行政职能和服务功能有别于县级政府的全能型和全方位的特点,乡镇公共文化服务机构在整个县域公共文化服务体系中处于中间地位:一方面,作为基层公共文化服务网点,直接为乡镇所在地及周边的居民提供公共文化服务;另一方面,连接县级公共文化服务机构和行政村(中心村)农民文化活动中心,将县城的公共文化服务资源转移和输送到行政村(中心村),间接地服务乡镇范围内的全体居民。离开乡镇综合文化站这个节点和纽带,县域公共文化服务网络就形成不了系统功能,发挥不了整体作用。

二、制定建设标准

要制定县、乡镇和行政村三级公共文化服务设施建设标准,优化县域公共文化服务网络的整体布局和功能配置,特别是乡镇和村两级公共文化服务设施要错位发展,乡镇综合文化服务中心的建设规模、功能配置要有别于县城文化中心,既不能贪大求全,也不能过于简陋;村级农民文化乐园的建设规模、功能配置要综合考虑辖区面积、服务人口(包括城镇化带来的人口数量和结构的变化)等因素,应有所为、有所不为。公共文化服务设施建设要适度超前,其中建筑和场地建设可一次性到位,或一次规划、分步实施。在建设顺序上可先期开展重点硬件建设、打造平台,后期侧重重点功能建设、完善配套服务。

1. 突出改革创新

中国经济社会发展进入"新常态",安徽正处在经济社会发展的加速期,需要发展的事业还有很多。到2020年在全省建成现代公共文化服务体系,可增加的投入有限,唯有依靠改革创新。发展公共文化服务需要转变发展方式,从增加投入、外延扩张转向优化结构、内涵提升,依靠制度创新,打破地域、部门等门户之见,整合全社会的资源为发展公共文化服务所用,激活公益型公共文化服务机构的内部活力和社会力量参与公共文化服务的动力。

(1) 完善乡镇和村公共文化服务资源整合机制。按照系统论观点,系统的功能不仅取决于要素的多寡,而且取决于要素整合的结构方式。提升农村公共文化服务能力,需要加大投入,但更要建立整合机制,加大整合力度,实现要素的优化配置。乡镇综合文化服务中心和村级农民文化乐园建设,需要将乡镇和村级现有零星分散的公用设施、公共文化资源进行整合,将来自不同层级、渠道的资金集中使用,将来自不同部门的文化项目集中建设,实现农村公共文化服务发展方式的转变。但是,令基层政府困惑的是,资金整合中会遇到现行财政制度和规范所带来的障碍,项目整合中会遇到部门项目管理和考核验收的难题,资源整合中有遭遇产权转让流失的风险。建议中央有关部门和省级政府制定统一、规范及具有可操作性的实施办法,明确整合主体、整合范围和政策界限。

(2) 建立现代公共文化服务体系的管理体制和运行机制,县文化馆对乡镇综合文化中心、村文化活动中心承担业务指导责任,县图书馆和乡镇综合文化中心、村文化活动中心实行"总馆—分馆—网点"运行服务模式。

(3) 创新乡村公共文化服务的供给方式,通过政府采购、项目补贴、定向资助、贷款贴息、税收减免等政策措施,鼓励各级各类文化企事业单位公平竞争,参与乡镇公共文化服务。

(4) 深化乡镇综合文化中心内部改革,以全员聘任制和岗位责任制为核心,建立健全各项规章制度,完善公共文化服务指标和考核体系,引入第三方评价机制,激活乡镇公共文化服务事业发展的内在动力。

2. 夯实网络基础

建设现代公共文化服务体系的难点在农村,"短板"在乡、村两级。安徽全省已经实现了乡镇综合文化站和行政村农家书屋全覆盖,农村基本公共文化服务体系建设已经从"以建为主"转变为"建管并重""管用为主"。立足农村基本公共文化服务体系的实际,现在必须把完善农村基本公共文化服务体系的布局结构、提高农村基本公共文化服务体系的综合实力和服务能力、发挥农村基本公共文化服务体系的整体效益列为工作重点。具体来说,就是要把农村基本公共文化服务体系建设的重点放在行政村(中心村)一级,加大对村级公共文化服务的投入,使村级公共文化服务设施不仅能够"建起来",而且能够"用起来""转起来",使广大农民能够"乐起来"。

(1)农村公共文化服务体系需要接"地气"。农村基本公共文化服务体系的服务对象是农民,重点建设村级公共文化服务设施,把公共文化服务办到农民的家门口,就近为农民提供方便、快捷的基本公共文化服务,体现了农村基本公共文化服务体系建设的价值目标。

(2)公共文化服务网络需要解决"落地"问题。村级公共文化服务设施是整个城乡公共文化服务体系的基础,只有夯实基础,整个城乡公共文化服务体系才不会成为"空中楼阁",中看不中用。离开星罗棋布、布局合理的村级公共文化服务设施,约占全省人口一半的农民群体要均等地享受基本公共文化服务,就只能是一个美丽的童话。

(3)村级公共文化服务设施建设要克服"短板"效应。村级公共文化服务设施是城乡公共文化服务网络中最薄弱的环节。根据"木桶原理",公共文化服务体系的服务能力是由其最薄弱的环节决定的,所以抓主要矛盾,解决农村基本公共文化服务体系建设中的突出问题和薄弱环节,补齐村级基本公共文化服务设施的短板,将能事半功倍地大幅提升农村公共文化服务体系的系统功能和整体效益。要在示范区创建中切实改变乡镇和村级公共文化服务设施不全、资源和人才短缺的状况,示范区创建考核办法和考核指标要有导向性。建议在启动第二批示范区创建时,修订完善创建标准,增加乡镇综合文化中心和村级文化中心(农民文化乐园)的权重;在对县文化馆、图书馆等公益公共文化机构的考核中,增加开展城乡对口帮扶、开展流动服务、上门服务等内容,使全社会都关心、重视、参与、支持农村公共文化建设,为缩小城乡文化鸿沟、保障农村居民平等地享受基本公共文化服务尽职尽责。

3. 抢占科技高地

科技创新是文化发展的重要引擎。文化与科技的融合创新是文化和科技发展的新趋势,现代公共文化服务体系的最大特征是数字技术和互联网技术的运用,公共文化服务由此突破了时间、空间和地域的局限,改变了服务方式、丰富了服务内容、扩大了服务范围。它既使公共文化服务标准化均等化成为可能,也使公共文化服务变得更加智能、更加精准到位。要抓住国家发展"互联网＋"和"三网融合"的历史机遇,走文化与科技高度融合的发展之路,实体服务和虚拟服务并举,在完善传统公共文化服务体系的同时,加快发展数字公共文化服务体系,实现公共文化服务的业态创新,增强对年轻一代服务对象的吸引力。数字公共文化服务体系建设重在打造数字化公共文化服务平台和公共文化服务数据库。数字化公共文化服务平台要制定统一的技术标准,有利于互联互通。公共文化服务数据库建设要"虚实结合",线上线下共建,着重做好现有公共文化资源数字化,启动数字公共图书服务体系建设,以信息化系统为龙头,以实体图书馆和文化信息资源共享工程为支撑,配备24小时自助图书借还设备,推广自助图书借还运行模式,完善基层数字化网络布局,将数字服务延伸到乡镇、街道,打造现代公共图书服务体系。启动数字文化馆和数字影院建设,在剧院、博物馆等公共文化场馆采用数字技术、光电技术,提升公共文化演示的展示能力和展示水平,丰富公共文化服务内容,增强公共文化服务的吸引力,创新公共文化传播服务渠道,提升公共文化服务水平和能力,扩大公共文化服务覆盖面。

4. 完善保障措施

农村基层公共文化服务体系建设运行管理面临着资金和人才短缺两大难题,特别是乡镇和村公共文化服务设施建成以后,加大公共文化服务设施运行管理的投入和人才建设,是农村公共文化服务体系正常运转、可持续发展的关键。

国家已将公共文化服务列入财政经常性支出项目,对县级公共文化场馆和乡镇综合文化站实行免费开放补贴,对村级实行村均1.2万元的文化建设专项补助,但目前经费保障标准偏低,不仅与其功能定位不匹配,也与其服务面积、服务人口、服务项目、活动频次不符。这些问题可从以下几个方面进行改善:① 加大投入。逐年增加对公共文化服务机构运营管理经费的投入,在对乡镇综合文化中心进行基本公共文化服务成本核算的基础上,提高免费开放补助标准,保障乡镇综合文化中心正常运营;编制村级基本公共文化服务保障标准和服务目录,为村级基本公共文化服务提供基本的经费保障。② 精准投入。改变文化建设专项资金投入"遍撒胡椒面"的做法,重点扶持贫困和欠发达地区,解决发展公共文化服务体系中的突出问题和薄弱环节。③ 科学投入。改变按行政区划和乡镇综合文化中心数量平均分配资金的办法,根据服务人口规模,确定乡镇综合文化中心的建设规模、补助额度;将现行乡镇综合文化站免费开放补贴从"排排坐、吃果果",改为考虑单位数量、建设规模、地域特点、服务人口等综合因素的资金分配,促进农村公共文化服务标准化均等化。④ 设立专项奖励基金,对活动正常、考核优秀的乡镇综合文化中心、村农民文化乐园给予奖励。

5. 加强基层文化人才建设

(1) 稳定人才队伍。为从事基层公共文化服务工作人员发放津贴、补贴,鼓励他们扎根乡村,鼓励市、县文化工作者到乡镇"轮岗任职",发挥本土文化能人、非物质文化遗产传承人的作用,扶持、壮大文化志愿者和群众文化活动积极分子队伍。

(2) 扩大人才总量。根据农村公共文化服务事业发展需求,增加乡镇综合文化服务中人员编制,从文化事业单位"改制转企"、农村中小学整合撤并时核减事业编制中调剂余缺,设置乡镇文化专干、文化辅导员等志愿服务岗位,将其纳入大学生"三支一扶"计划,吸引优秀高校毕业生从事基层公共文化服务。

(3) 优化人才结构。实行公共文化服务人才资格认定和准入制度,建立符合公共文化服务专业需要的技能考核评价标准,增加乡镇公共文化服务专业人才的数量。

(4) 加强人才培训。实行全员继续教育,省市文化主管部门开展针对乡镇综合文化中心从业人员的业务培训,提升他们的专业技能和服务能力。鼓励在职人员参加高层次学历教育,争取到 2020 年,乡镇公共文化服务从业人员均达到大专以上文化水平。

第四节 探索农村公共文化建设新路

党的十八大以来,安徽省委、省政府围绕建设"文化强省"、实现城乡公共文化服务标准化均等化的目标,开展农民文化乐园和乡镇综合文化中心建设试点工作,创建省级公共文化服务体系建设示范县,着重关注和扶持基层和贫困地区的公共文化服务体系建设,有效改善了全省农村公共文化服务体系基础薄弱、发展不均衡的状况,开创了安徽农村公共文化服务体系建设的新局面。

第七章
探索农村公共文化建设新路径

一、公共文化建设思路的转变

"反弹琵琶",贫困地区公共文化建设先行一步、超前发展,这是文化建设发展思路、发展战略的重大转变。欠发达地区的公共文化发展,虽与当地经济、政治、文化、社会发展相联系,但我们不能机械地理解经济与文化发展的关系,要善于抓住新阶段党中央国务院重视公共文化服务标准化均等化、加快贫困地区公共文化建设带来的政策机遇,精心谋划当地文化建设加速发展的启动时间、所需条件、推动力量、发展手段、发展过程等,借助政府推动和社会援助,激活当地文化现代化的内生动力,实现贫困、欠发达地区文化建设跨越式的发展。

二、公共文化发展方式的转变

公共文化建设要从贫困地区经济社会发展实际出发,以满足城乡居民的文化消费需求为目标,无论是打造布局合理、功能齐全、手段先进、服务高效的城市公共文化服务网络,还是打造以县城为中心、以乡镇为支点、以村组为触角、城乡一体的县域公共文化服务网络,都不能脱离现有基础。要转变公共文化服务的发展方式,依靠体制机制创新,解放和发展公共文化服务能力,通过资源整合,实现城乡公共文化服务的提质增效。

三、公共文化发展重点的转变

城乡公共文化服务网络基本建成后,公共文化建设的重点要适时地从"以建为主",转移到"建管并重""管用为主",从注重硬件建设过渡到注重内容建设、人才建设和制度建设,探索建立符合中国国情、中西部特点,具有可操作性和示范效应的城乡公共文化服务体系,尤其是乡村公共文化服务站点的运行机制和管理模式,形成公共文化服务常态化的保障机制和政策措施,保证已经建成的公共文化设施管得好、用得上。

四、公共文化发展价值的转变

"反弹琵琶",加快贫困、欠发达地区公共文化建设,实现公共文化标准化、均等化。这充分体现了公共文化建设过程中越来越重视公平正义的价值取向和让文化改革发展的成果惠及全体人民的"文化为民"的理念。政府主导、社会支援,尊重人民群众的主体地位,从城乡居民特别是农村居民的文化需求状况和发展变化出发,发展人民群众需要和满意的文化,不仅可以大幅提升城乡居民的文化幸福指数,而且为社会主义文化大发展大繁荣开辟了广阔的发展空间和市场空间。

在总结安徽农村文化建设实践经验的基础上,实现理论升华,形成了"反弹琵琶"、推进社会主义文化建设的新路径,为加快建成现代公共文化服务体系、实现城乡公共文化服务标准化均等化提供了"安徽经验"。

"反弹琵琶"、建设社会主义文化的理念,最初是在2013年初关于如何加快贫困地区公共文化服务体系建设的调研中萌发的。同年5月,拥有5个国家级贫困县的安庆市申报创新中国成立家级公共文化服务体系建设示范市,提出"反弹琵琶"的创建思路,"安庆能够办到的,安徽全省都能办得到;安徽能够办到的,中国广阔的中西部地区都可以办得到",这赢得了文化部、财政部专家委员会的认同,安庆顺利入选国家级公共文化服务体系建设示范市行列。所谓"反弹琵琶"是指在经济社会发展欠发达但文化资源富集地区开展公共文化建设时,可以适度超前发展公共文化服务事业,发挥"以文化人"的作用,为经济社会发展提供智力支持和人才保障;在设计城乡一体的公共文化服务体系建设推进路线时,反向操作,将工作重点放在公共文化服务体系建设最薄弱的农村地区和公共文化服务网络最薄弱的乡镇和中心村两个环节,以此为突破口,加大工作力度,补齐"短板",在整体上提升城乡公共文化服务网络的供给能力和服务能力。此后,"反弹琵琶"被推广到包括发展文化产业的文化建设所有领域,成为贫困、欠发达地区加快文化建设的一种有益探索。

人们通常认为,经济发展是文化发展的基础,经济建设为文化建设提供物质基础和保障,文化发展总是伴随着经济发展并且在经济发展到一定阶段才能发展起来。但这并不意味着文化的发展必须始终跟随经济发展的脚步,也不能简单地认为文化只是经济、政治的派生物和附属品。恩格斯晚年在关于历史唯物主义的信件中曾专门谈到意识形态发展的独立性,认为科学、艺术、宗教、哲学等虽然是一定经济发展阶段的产物,但一旦成为社会分工的独立部门,就有了自己特殊的发展规律,开始了自己特殊的发展道路。恩格斯以16～18世纪资产阶级革命时期的哲学发展为例,论证哲学发展与经济发展的不一致性:由于每一个时代的哲学作为分工的一个特定的领域,都具有由它的先驱传给它,而它便由此出发的特定的思想材料作为前提。因此,经济上落后的国家在哲学上仍然能够演奏第一小提琴;18世纪的法国对英国来说是如此(法国哲学是以英国哲学为依据的);后来的德国对英法两国来说也是如此。

文化发展具有独立性和超前性,经济欠发达地区完全可以成为文化发展的先进地区。安庆市虽有5个国家级贫困县,整体上处在经济社会快速发展的启动阶段,但文化建设却毫不逊色:文化改革风生水起,黄梅戏梅开三度唱红全国,以草根经济、民营文化企业为主体的文化产业跨越发展,2011年以来多次被评为全国文化体制改革和发展先进市。还有地处大别山深处的岳西县,属于国家级贫困县,20世纪80年代首创文化扶贫的"莲云模式",在全国产生广泛影响。近年来这里不仅城乡公共文化建设成效显著,而且文化旅游发展精彩纷呈,"映山红大观园"成功上市,"泉源盛"进入全国文化产品出口企业100强。同属国家级贫困县的宿松、舒城、泗县也都先后成为全国文化发展先进县。由此可见,以"反弹琵琶"的理念和路径推进和实现文化建设的适度超前发展,不仅不违反历史唯物主义关于经济基础和上层建筑关系的一般原理,而且以对历史辩证法的灵活掌握和创造性运用,展示了人民群众建设中国特色社会主义的历史主动性和中国特色社会主义制度的优越性。

在农村和贫困、欠发达地区加快公共文化建设,是政府主导的后发外生型的文化现代化过程,政府主导作用必须同人民群众主体地位相结合,激活当地文化发展的内生动力机制;外来先进文化必须同当地优秀传统文化相结合,实现文化发展中的基因重组和文化再造。

实行"反弹琵琶"的文化建设模式,关键在于制度创新和机制创新。① 建立资源整合机制。依靠存量调整、优化配置,解决贫困地区文化建设中资源短缺的突出矛盾,实现城乡公共文化服务体系的功能拓展和提质增效。② 建立内生动力机制。依据城乡居民的文化消费需求和期待,引导城乡居民自主参与公共文化服务体系的建设和管理。③ 建立长效运行机制。加强公共文化服务机构的制度建设和机制创新,探索县乡公共文化服务机构的管理模式和运营服务规范创新。④ 转变公共文化服务方式和公共文化管理方式。政府虽是公共文化服务的责任主体,但必须"管办分离",将工作重点放在把握文化建设的方向、重点和路径上,采用社会化市场化的手段实现对文化资源的优化配置,提供令人民群众满意的公共文化服务。

建设现代公共文化服务体系,加快实现公共文化服务标准化、均等化,保证全体人民群众包括贫困地区的城乡居民也能够平等地享受公共文化服务,我国还有很长的路要走。以"反弹琵琶"的思路来加快贫困地区的文化建设,因此具有特别重要的意义。

第八章　新形势下以农业现代化为目标的农村经济改革

第一节　农业现代化发展趋势及主要特征

一、农业现代化特征

农业现代化是用先进的科学技术改造传统农业,大幅度提高农业资源利用率、土地产出率、劳动生产率水平,将农业由自然经济状态转变为高度发达的社会化、专业化的市场农业的过程。农业现代化又是一个生产力进步和生产关系变革的历史过程。按照世界农业现代化演变过程及新理念、新技术发展,可将其划分为三个层次:

(1) 现代科技渗透的农业。1960~1990 年是现代工业装备的设施化农业阶段,以机械化、化学化、水利化、电气化为主要标志。但是各国农业现代化技术路径存在一定差异,美国、加拿大、苏联和东欧国家首先采用节约劳动的农业机械化技术增加农业产出,日本和欧洲大陆国家主要通过增施化肥、采用优良品种及精耕细作的方法来增加农业产出。1990 年至今是现代科技武装的信息化农业阶段,以精准农业、智能农业、生命基因农业为主要标志,美国、欧盟等先进资本主义国家均已进入这一阶段。

(2) 社会化农业。这种社会化分纵向和横向两种。纵向社会化是指农户、家庭农场、合作社同农产品加工、销售企业之间基于市场导向、以合同为纽带的产链接。横向社会化是指农民组成经济性或社会性的合作社组织,形成分工效应、获得谈判权、分享长期发展红利。

(3) 可持续农业。基于农业可持续发展的理念,应对食品安全与健康、生态平衡与环境保护、自然资源永续利用提出要求,发掘农业的多功能性,实现农业生产与社会发展和自然生态环境保护的有机融合。

安徽是农业大省,也是全国粮食主产省、中国农村改革先行省。多年来安徽一直积极推进改革创新,改变传统农业生产、组织、经营方式,增加农业有效投入,增强新型产业化组织要素整合、资源优化配置能力,以土地、资金、科技、管理、服务等纽带将传统小农纳入农业产业化体系,提高农业规模化、标准化、集约化、信息化水平,有效地降低成本、提高效益。运用管理体制变革、政策支持等多种手段,降低农业自然风险、生产风险和市场风险,促进农业与第二、第三产业融合发展,形成现代生态高效集成产业,顺应社会消费结构变化的需要,大幅度提高优质、安全农产品产出水平,促进农民收入稳步增长。

二、安徽经济发展阶段及农业现代化背景

1. 经济社会发展阶段性特征

农业现代化与工业化、城镇化、信息化、市场化发展息息相关。安徽正处于经济结构加速转型的工业化中后期阶段,经济社会表现出新的趋势性特征。

(1) 经济结构特征。工业结构由资源型重工业占主导转向高加工度工业占主导,战略性新兴产业所占比重不断提升;经济结构中信息通信、教育培训、设计规划、旅游、金融、科技等知识服务业所占比重不断提高;产业组织结构由以中小企业为主导向混合并购形成的大型企业集团引领转变,产品结构由初级产品为主的数量型向绿色循环安全的质量型转变。

(2) 工农关系变动特征。以乡输城的税赋体制彻底扭转为以工补农、以城助乡的财税金融政策支农体制。城市的资金、人才、信息、科技、资本等要素不断流入农村,打破农村市场封闭狭小的状况,带动农业经营与销售体系变革;农业产业化组织化程度提高,农村由单纯的生产单位转变为产供销、农工贸一体化发展;农产品销售由多环节少渠道转为多渠道少环节,农超对接、上门收购、网上直销、展销会、产地市场、就地加工再销售等新型销售方式减少了鲜活农产品在途销售的时耗和损失。

（3）城乡关系变动特征。城乡统筹开始启动，城乡资源要素由分割转为交流融合，资源利用范围拓展、利用层次提升，农业资源化、资源利用减量化、再利用的循环经济比重不断提升。在城乡要素整合利用过程中，三次产业边界不断交叉、融合，新理念、新制度、新生产组织方式、新技术工具、新营销模式、新产品新品牌不断涌现，生产力水平快速提升。

（4）消费结构变化特征。对精神产品的需求上升。在产品消费结构中，初级农产品需求下降，绿色、安全、优质的加工型农产品需求不断上升。于是，农业多功能性得到释放和挖掘，农村成为绿色农产品、生态环境产品、历史文化教育产品的承载地，农民将享有农产品结构升级带来的利益增值。

2. 安徽现代农业发展面临的机遇及挑战

新时期安徽现代农业发展面临新机遇和挑战。① 新兴工业为农业现代化发展提供资金、人才、科技等要素支持，以及设施、装备等硬件支持。② 各类企业及新型规模经营主体不断壮大，农业产业化组织程度不断提高，农业与第二、第三产业融合发展，农业企业将逐步分享社会平均利润，有利于农民分享农业增殖收益。③ 随着消费结构升级，市场导向发生变化，不同规模经营主体之间竞争加剧，高投入集约型特色农业不断取代低值低效的农业产业，进一步挤压传统农业发展空间，绿色无污染循环农业等现代农业发展将成为传统农业痛苦转型的最终结果。

为应对这些挑战，安徽省委、省政府积极作为，出台一系列政策，形成一系列配套措施，有力地促进了安徽农业现代化发展。2015年3月18日，安徽省委发布《关于加大改革创新力度加快农业现代化建设的实施意见》（2015年一号文件）。为确保省委一号文件精神落实，一号文件首次以附件形式将112项重点任务分解到69个省直有关部门和单位。文件遵循中央精神，强调要以转变方式为主线，拓展农业发展新空间、适应新常态，确保延续农民增收好势头，打造农民安居乐业美好家园，是经济新常态下做好全省"三农"工作，加快农业现代化建设的重要纲领。

2015年9月18日至19日，省委、省政府召开全省"加快调结构、转方式、促升级动员大会"。会议决定实施十大重点工程，农业现代化推进工程为其中之一。这是落实"四化同步"发展战略的具体行动，是加快农业调结构、转方式、促升级的迫切需要，也是保障农业农村持续稳定发展的有效举措。省政府组织制定了农业现代化推进工程实施方案，召开了全省农业现代化推进工程暨深化农村改革工作会议进行部署。省委、省政府将工程实施列入了重大决策督查内容。通过实施农业现代化推进工程，安徽省将着力提升物质技术装备水平，调整优化农业结构，推进农业绿色转型发展,培育新型农业经营主体,加快构建现代农业产业体系、生产体系和经营体系,努力走出一条符合安徽实际情况的农业现代化道路。

三、安徽农业现代化发展水平及特征

农业现代化具有层次性、体系性、动态性、结构性的特点,农业现代化水平主要体现在要素投入、综合产出、产业结构、产业组织、产业体系、可持续发展等方面。根据这些方面的表现可初步判断,安徽处于农业现代化发展阶段前期,与全国平均发展水平基本同步。

1. 安徽农业现代化特征表现与工业化初中期特点相吻合

近年来安徽农业的要素投入、综合产出居于全国中上水平,土地产出率提升较快,但是由于基础设施投入历史欠账较多,农田水利条件改善、种养结构优化、土壤肥力蓄积不够理想,绝对水平仍然较低。2013年安徽农机总动力、有效灌溉面积、科技进步率分别处于全国第4位、第6位、第9位,但是粮食平均单产处于全国第19位,只有全国平均数的85%;农业人均劳动生产率28 352元,单位耕地面积农业增加值3 629元,分别是全国平均水平的132.5%、129.4%,但是农民人均纯收入8 098元,是全国平均水平的91.0%,处于农业劳动生产率较高、土地利用率尚可、土地产出率较低、纯收入较低的状况,体现出农产品供给以数量型为主、农业比较效益较低、城乡差距较大的工业化初中期特点。

2. 安徽选择了优先发展农业机械化的技术路径

2014年安徽乡村人口为5 357万,乡村劳动力为3 335万,其中农民工为1 850万,常年在外打工的青壮年劳动力达1 320万,从事农业生产的劳动力仅1 414万,并且以中老年和妇女为主。作为劳动力外出务工大省,安徽较早地选择了优先发展农业机械化的技术轨道。在农业机械化实现过程中,农业综合机械、大型机械数量增加,农用拖拉机、农用运输车比例却逐步减少。2000年以来,通过农机制造产业培育、农机服务组织建设、职业农民培训等综合措施,农民合作购机与使用、订购农机专门化服务的热情高涨,奠定了农机化发展的基础,而龙头企业、示范园区、产业基地成为新型农机使用、推广、服务的引擎。农民生产投入意愿和能力不断增强,2013年农民家庭生产性固定资产原值为19 791元,是2000年的4.76倍;百户家庭大中型拖拉机拥有量达2.9台,是2000年的2.1倍。2014年农机总动力达

6 365万千瓦,比2010年增加955千瓦,年均增长4.2%,是2000年的2.3倍。目前小麦、水稻、玉米、棉花、茶叶等主要农作物综合机械化水平近70%,高于全国平均水平10个百分点。

但是当前农机装备水平的提升仍然是局部的,主要集中在田间作业方面,并且存在大型农机具品种少、利用率低、闲置时间长的问题。安徽拥有农机具种类大约10大类近1 000余种,全国有14大类3 500余种,发达国家一般拥有农机具超过65大类7 000多种,安徽农机产业发展与运用空间仍然很大。随着城镇化、工业化推进,农业劳动力紧缺状况进一步加剧,开发服务于全系列作物的组合式、系统集成式机械,成为了以工业化带动农业机械化的发展方向。

3. 安徽人均农业资源少、集约化水平低

安徽农村人均土地面积只有1.1亩,是全国平均水平的85%,且质量不高,中低产田占比为45%,超过全国平均水平17个百分点。人均淡水资源974.5立方米,只有全国的47.3%,且水资源分布不均,淮河流域耕地面积占全省的67%,但水资源只占全省的35.6%。农业水土资源不足,直接制约着现代农业的发展。

化肥投入量和利用率是反映种植业集约化水平的重要指标。2014年安徽农村化肥年施用量338万吨(折纯量),亩播种面积用量为24.8千克,利用率为35%;化学农药年施用量为5万吨(商品量),其中生物农药仅占10%,亩播种面积用量为0.37千克,利用率为30%左右。种植业总氮、总磷流失量达10万吨,占农业投入总量的74%,流失的氮、磷导致农田土壤、水体等受到污染,提高科学种田、集约化水平尚有很大空间。

农业生产成本是反映种植业集约化水平的综合指标。近年来,安徽粮食种植成本不断提升、比较效益不断下降。2014年稻谷和小麦两种口粮作物每亩平均成本为869.7元,比2010年增长了39.7%,其中人工成本增长48.4%,土地成本增长70.4%。如果缺少各类农业补贴,则中小农户种粮基本无法获得收益。规模种植50亩以上的大户,亩均纯收入在300~500元,比较效益低下。

农产品加工程度是反映集约化、产业化水平的综合指标。2014年安徽农产品加工产值达8 372.1亿元,仅占全国总量的5.3%,农产品加工值与农业总产值之比为1.98∶1,略低于全国2∶1的平均水平。农产品精深加工比重为38%,比全国平均水平低1.5个百分点,并且全省没有产值超100亿元的农产品加工企业。

4. 在保障粮食安全供给前提下不断改善农业结构

作为全国粮食主产区,在增加农业补贴、加强现代农业示范区建设、提高科技

推广能力等政策支持下,安徽优质安全的粮食商品供应量稳步提升。2014年农业总产值、粮食总产量、粮食单产、人均粮食产量分别位于全国第11位、第6位、第18位、第7位。农作物播种面积达8 453.6千公顷,粮食播种面积占77%,比2010年提高2.2个百分点。粮食播种面积达6 513.9千公顷,其中优质专用小麦播种面积占比为32.3%。安徽粮食播种面积年均提高2.4个百分点,粮食单产年均提高5.6个百分点。2014年粮食播种面积为6 905千公顷,占农作物播种面积的77%。粮食单产由2006年的257千克提高到2014年的343.7千克,提高了33.7%。

在保障粮食供给的前提下,安徽农业结构不断改善。2000年农林牧渔业比例为58.7∶6.7∶22.2∶12.4,2006年农林牧渔业比例为50.9∶9.5∶30.3∶9.3。2000年到2006年农业比例下降了7.8%、牧业比例提高了7.9%,在投入、技术、示范带动等措施推动下,家庭养殖、专业大户、合作社、龙头企业等不断涌现,畜牧业快速发展。这一时期重点调整了种养比例,提高粮食过腹还田的转化效益。

2006~2014年,种养比例发生逆转。2014年农林牧渔及服务业比例为52.6∶6.9∶24.7∶12.3∶3.5,与2006年相比,农业占比提高了1.7个百分点,牧业占比下降5.6个百分点。此时卖方市场转为买方市场,生猪价格波动较大、牛羊肉及蛋类价格时有下降、奶类需求上升,中小农户应对市场能力较弱,生产积极性有所下降。在环境友好型生产方式的约束下,从事生猪、奶牛、家禽等大型养殖户受牲畜粪便、发病死亡等处理技术的限制,生产基地的扩展受到限制,造成畜牧业增速下降。目前安徽畜禽粪便养分供给不足农作物养分需求的80%,调整种养比例、提升比较效益是今后的努力方向。

5. 安徽区域农业现代化水平体现较大差异

根据气候、地形及种植适宜性的不同,从沿江地带、沿淮与沿江之间的丘陵地带、淮北平原、皖南山区到大别山区,安徽农业自然条件由优到劣呈现。近年来由于各地交通条件、工业带动、投入能力存在差异,农业发展水平以沿江地带最为先进,淮北平原和大别山区最为落后。沿江地带规模化集约化水平高,产业结构优化升级带动人均收入快速提升,大约处于由农业现代化发展阶段向基本实现阶段迈进的阶段,江淮丘陵及皖南山区大致处于农业现代化发展阶段,淮北平原地区及大别山区部分县农村投入能力弱、产出水平低、人均收入水平低,尚处于农业现代化初级阶段。

从综合数据反映出的农业商品化、市场化水平以及以工补农、以城带乡水平的农民人均现金收入变化,可见地区之间农业现代化发展进程的差距。2000年,淮南、马鞍山、芜湖、铜陵、淮北农民人均现金收入以3 189元、3 098元、2 847元、2 803元、2 332元分列前五位,其中淮南、淮北农民由于可进入当地煤矿打工而获得较高的现金收入;2013年,马鞍山、芜湖、铜陵、滁州、宣城农民人均现金收入以13 073元、12 082元、11 830元、11 269元、11 240元位列前五位,沿江的马鞍山、芜湖、铜陵依然位居前列,而滁州、宣城排名的提升是由于城镇发达的工业产业集群为农民提供了较多的现金收入。2000年,农民人均现金收入最低的5个地区分别是阜阳2 080元、宿州1 987元、合肥1 982元、安庆1 817元、六安1 716元;2013年农民人均现金收入最低的5个地区分别是宿州9 100元、阜阳8 480元、六安8 284元、亳州8 176元、淮北8 175元,除了大别山区的六安以外,都属于淮北平原农区。由于城镇化及消费市场的带动,省会合肥由2000年第14位晋升到第6位,农民现金收入由1 982元提升到10 430元,增长了4.2倍,提升幅度最大。

地方财政收入、农林牧渔产值、农民纯收入指标具有相互关联性,分别反映了投入能力、产出水平、效益水平。从2013年这些指标的表现看,人均地方财政收入较高的县分布在沿江的芜湖、马鞍山、宣城、铜陵以及皖南的黄山、池州地区,较低的县则集中在淮北平原的阜阳、宿州、亳州地区。农民人均纯收入较高的县集中在沿江的马鞍山、宣城、芜湖地区,较低的县集中在安庆地区。人均农林牧渔产值较高的县集中在江淮丘陵的合肥、滁州地区,较低的县集中在阜阳、宿州以及六安地区。

2014年安徽区域人均地方财政收入、农林牧渔产值、农民纯收入指标排序见表8.1。

表8.1 2014年安徽区域人均地方财政收入、农林牧渔产值、农民纯收入指标排序

单位:元

2013年	前十位	后十位
人均地方财政收入	沿江:芜湖(繁昌8 045、芜湖6 148)、马鞍山(当涂5 226)、宣城(宁国5 133、郎溪3 866)、铜陵(铜陵4 170) 皖南山区:黄山(绩溪3 723)、池州(青阳3 657) 江淮丘陵:淮南(凤台3 481)、滁州(天长3 461)	淮北平原:阜阳(临泉254、阜南254、太和458)、宿州(泗县626、砀山552、萧县594、灵璧411)、亳州(利辛552) 大别山区:六安(寿县423)、安庆(太湖600)

续表

2013年	前十位	后十位
人均农林牧渔产值	江淮丘陵：合肥（长丰11 682、肥西10 832、肥东9 808）、蚌埠（固镇11 574）、滁州（五河10 538、定远9 388、全椒8 596） 皖南山区：黄山（绩溪9 354） 淮北平原：宿州（泗县8 894） 沿江：芜湖（南陵8 674）	大别山区：六安（金寨4 559、霍邱4 645） 淮北平原：宿州（颍上4 702）、阜阳（太和4 825、阜南4 902、临泉4 960、涡阳5 027）、亳州（利辛5 047） 皖南山区：黄山（祁门4 906） 沿江：铜陵（铜陵5 029）
农民人均纯收入	沿江：马鞍山（当涂13 993）、宣城（宁国12 970、广德12 075）、芜湖（芜湖12 632、繁昌12 332、南陵12 002） 江淮丘陵：滁州（天长11 769）、合肥（肥西11 304、肥东11 233） 沿江：安庆（桐城11 151）	皖南山区：黄山（石台5 053） 淮北平原：阜阳（阜南5 589、临泉5 721）、亳州（利辛5 824）、宿州（颍上6 795） 沿江：安庆（望江6 795、纵阳6 906） 大别山区：安庆（岳西5 612、太湖5 974、潜山6 193）

将上述三项指标联系起来分析，可以进一步发现各地区农业发展水平的差异。沿江地带财政收入较高、农民较富裕，江淮丘陵地区产出水平更高，淮北平原的阜阳、宿州地区人均地方财政收入水平较低，阜阳、六安地区产出水平较低，阜阳及安庆地区农民收入较低。阜阳地区是财政收入、农业产出、人均收入三低的集中地，陷入了投入能力差、农业产出低、人均收入低的不良循环。而属于大别山区的六安以及安庆部分县则因为自然灾害多、生产条件差、农业产出水平低而导致农民人均收入低。

第二节　新形势下安徽构建促进现代农业发展的政策和管理体系

为推动农业现代化进程，安徽制定了一整套严密的政策体系，包括按照生产提质增效，设定生活条件改善、生态环境优化的现代化发展目标，加大农业基础设施投入,发展设施农业、特色农业、智能农业,进行产业功能区安排,加强科技示范区等现代化园区建设,培育兼具企业经营、合作经营、家庭经营优势的产业化联合体,提高区域资源综合开发、循环利用能力,拉长农业产业链、提升价值链,带动农民共同富裕。新时期安徽更加注重理顺政府与市场的关系,加大政府购买服务的改革力度,不断扩大购买范围,促进大众创业,刺激社会资本、社会力量更多地参与农业现代化。把土地确权可能带来的好处发挥到位,推动家庭承包经营向家庭农场和产业联合体升级。理顺上下体制关系,赋予地方和基层更多的自主权。加强农业现代化的微观基础再造,让县乡根据当地具体情况设计安排项目,消除"不接地气"的官僚主义现象。

一、建立适应融合型农业发展的管理体制

发展现代高效生态农业,提高农业产业化水平,需要进行管理体制创新,建立适应融合型农业发展的管理体制。安徽确立融合性的农业管理思维和服务,实行宽领域管理,赋予农业管理部门有效的管理权力和手段,实行部门联合管理,注重生产管理推及产前、产中、产后一体化管理,将单纯的农业管理拓展到工农商等产业化相关领域联合管理。

二、促进产业融合的政策措施

由农业主管部门牵头制定相关政策措施,从科技、财政、金融、土地管理等方面为产业融合提供支持。① 进行融合型产业识别,基本依据是让技术、生产、加工、包装、储运、消费等经济环节均符合资源节约、环境友好型社会建设的要求,能够有效推动现代农业发展。② 创新科研等相关管理体制。打破传统的分行业、部门的研究与开发政策,在制订科技计划时,对融合性产业发展技术研究优先立项,引导建立不同学科交叉融合研究的科研机制,并在一定程度上降低技术成果的资产专用性。③ 提供财政金融等相关支持。扶持融合性产业发展,为相关企业提供税费减免等优惠。对融合性产业发展在贷款金额、贷款期限、贷款利息、还贷方式上提供商业或政策性金融支持,大力发展农业风险投资。在土地政策上,对融合性产业发展减少收取土地出让金或土地使用费。

确立政策导向,将各类经营主体纳入农业产业化链条。引导涉农企业实施跨产业的多元化经营战略,提高涉农企业的辐射带动能力。增加农村人力资本投资,

培育新型职业农民,实施新型农民科技培训工程,提升农民的文化科技素质,发展壮大家庭农场。支持农民兴办专业合作或者股份合作等多种形式的新型农民合作组织,强化对农民生产合作社的政策、资金支持,加快农民合作社发展。强化利益连接,发展兼具企业经营、合作经营、家庭经营优势的产业化联合体。

三、建立支持现代生态农业发展的政策体系

加快农产品质量安全追溯体系建设,构建农产品生产、收购、贮藏、运输等各个节点信息的互联互通,实现农产品从生产源头到产品上市前的全程质量追踪。重点加快制定质量追溯制度、管理规范和技术标准,推动国家追溯信息平台建设,进一步健全农产品质量安全可追溯体系。

相关部门通过扶持第三方农产品认证机构,带动农产品标准化建设,倒逼小农生产模式向现代农业迈进,实现规模化种植、标准化管理、品牌化营销。同时做好农作物种植结构调整和种植管理、保鲜、运输等各环节监管服务工作,确保高质量的农产品通过电商平台进入流通领域。

四、建立金融支持农业规模化生产与集约化经营政策

围绕地方特色农业,以核心企业为中心,捆绑上下游企业、农民合作社和农户,开发推广订单融资、动产质押、应收账款保理和产商银等多种供应链融资产品。支持农业产业化龙头企业依法通过兼并、重组、收购、控股等方式组建大型农业企业集团,合理运用银团贷款方式,满足农业规模经营主体的大额资金需求。探索土地经营权抵押融资业务新产品。探索以厂商、供销商担保或回购等方式,推进农用机械设备抵押贷款业务。

强化对农业规模化生产和集约化经营重点领域的支持。在产业项目方面,重点支持农业科技、现代种业、农机装备制造、设施农业、农业产业化、农产品精深加工等现代农业项目。在农业基础设施方面,重点支持耕地整理、农田水利、商品粮棉生产基地和农村民生工程建设。在农产品流通领域,重点支持批发市场、零售市场和仓储物流设施建设。

强化农业保险政策支持。中央财政提供农业保险保费补贴有15个品种,对于玉米、水稻、小麦、棉花等种植业保险,中央财政给中西部地区补贴40%。对能繁母猪、奶牛、育肥猪保险,中央财政给中西部地区补贴50%。安徽应在此基础上扩

大财政补贴覆盖面及提高风险保障水平,积极谋划增加设施农业、水产养殖等保险品种,不断扩大保险覆盖面。逐步减少或取消产粮大县县级保费补贴;鼓励保险机构推出特色优势农产品保险产品;鼓励开展多种形式的互助合作保险。

五、引导工商资本投资农业产业化

鼓励工商资本进入农业,重点发展农产品加工流通和农业社会化服务,把产业链、价值链、供应链等现代经营理念和产业组织方式引入农业。鼓励工商资本发展高标准农田建设、良种种苗繁育、高标准设施农业、规模化养殖等现代种养业,开发农村"四荒"资源,开展农业环境治理和生态修复。

引进工商资本和龙头企业一起,组建覆盖制造、销售、维修、培训与服务全产业链的产业联合体,从资源、资本、技术、市场多个维度整合产业链条,同步推进种植业、养殖业、加工业与生物质能利用,实现种植机械化、养殖福利化、食品有机化、剩余物资源化,使产业链上每一个环节都成为价值增值点,使联合体中每一个主体都有更多更稳健的盈利机会。

六、稳步增加家庭农场补贴的政策体系

对于家庭农场在基础设施投入、示范认证、新技术认证、食品认证、新技术应用、品牌建设等方面给予补贴或奖励。① 基础设施投入补贴。主要支持家庭农场土地整治、设施建设、新品种及新技术引进、农机具购置补贴等;重点扶持被县级以上相关部门认定的示范性家庭农场在基础设施、生产设施、生态建设、景观绿化等方面的建设。② 食品认证补贴。对家庭农场新通过、续展认定的无公害、绿色(有机)食品认证的给予奖励。对当年通过"农产品无公害农产品、绿色食品、有机食品认证和农产品地理标志"认证的奖励1万元。对于有机食品、绿色品牌、无公害生产基地给予品牌奖励。③ 新技术应用补贴。对通过与省级以上科研院校合作建立"产、学、研"示范基地,并引进新品种、成效明显且有一定示范推广价值的家庭农场给予奖励;对推广应用新技术且平均效益比普通农户高30%以上的家庭农场给予奖励。

七、现代农业示范区建设支持政策

加大对国家现代农业示范区建设的支持力度,形成财政资金、基建投资、金融资本等各类资金协同支持示范区发展的合力。① 继续实施"以奖代补"政策,扩大奖补范围,对投入整合力度大、创新举措实、合作组织发展好、主导产业提升和农民增收明显的示范区安排1000万元"以奖代补"资金,支持鼓励示范区加快推进农业体制机制创新。② 安排中央预算内基本建设投资6亿元,加大对示范区旱涝保收标准农田建设的支持力度,每亩建设投资不低于1500元,其中中央定额补助1200元。③ 加大对示范区的金融支持力度,推动示范区健全农业融资服务体系,2014年国家开发银行、中国农业发展银行、中国邮政储蓄银行等金融机构对示范区建设的贷款余额不低于300亿元。

八、农村改革试验区建设支持政策

启动实施第二批农村改革试验任务,深化第一批试验区改革探索,以加强农村改革试验成果转化推广为重点,加强制度建设,完善工作机制,改善管理服务,着力在深化农村土地制度改革、完善农业支持保护体系、建立现代农村金融制度、深化农村集体产权制度改革、改善乡村治理机制等方面进行深入探索,努力形成一批可复制、可推广的经验。

九、支持农村电子商务发展政策

农业电子商务、农业物联网、农业大数据、信息进村入户,是"互联网+现代农业"发展的基础。加强数据的采集和开放,切实把数据转变为资源,为现代农业建设提供新动力。发展农村电子商务必须破解政府部门"各自为政"的难题,明晰农业、商务、扶贫等涉农部门的职责定位,出台针对性强的扶持政策。强化政府作为,加大物流、加工包装等产业配套,尽快建立电商公共服务中心,为电商主体提供政策咨询等市场化服务。

十、创新适应现代农业特点的投入补贴机制

建立资金多渠道投入机制,鼓励社会资本参与生态环保、农林水利、市政基础设施、社会事业等重点领域建设,财政资金以投资补助、基金注资、担保补贴、贷款贴息等方式给予支持。对于社会资本参与的PPP等融资项目,政府应制定标准化合同,规范合作关系,并健全纠纷解决和风险防范机制。鼓励民间资本发起设立投资于公共服务、生态环保、基础设施、区域资源综合开发等领域的产业投资基金。支持民间资本投资宽带接入网络建设和业务运营,在县域或重点城镇进行电商运营平台建设。

建立以创新信贷产品为突破点的金融信贷机制,协调引导金融机构加大"三农"扶持力度,发展多样化助农惠农金融产品。推进农地金融试点,将反担保抵押物扩大到土地承包经营及预期收益权、林权、集体建设用地使用权、农村房屋所有权、保险农畜产品、大型农机具、应收账款等可变现物权。

鼓励各类农业企业或上市公司采用债权投资计划、股权投资计划、资产支持计划等融资工具,引导社保资金、保险资金等投资于收益稳定、回收期长的农业基础设施和基础产业项目。支持农业企业采用企业债券、项目收益债券、公司债券、中期票据等方式筹措投资资金。

建立资金统筹使用机制。建立财政投入、金融信贷、保险资金互动机制。探索财政资金支持开展排污权、收费权、集体林权、特许经营权、购买服务协议预期收益、集体土地承包经营权质押贷款等担保创新类贷款业务。探索信用担保和贴息、业务奖励、风险补偿、费用补贴、投资基金,以及互助信用、农业保险等方式,增强农民合作社、家庭农场(林场)、专业大户、龙头企业的贷款融资能力和风险抵御能力。

以统借统还为农业融资的基本模式,以现代农业示范区、现代农业产业化示范区、现代农业建设投资企业为操作平台,设立财政投入管理平台、借款平台、担保平台、信用协会,将农业产业化龙头企业、农民专业合作社等新型农业经营主体的贷款项目打包,向国家开发银行等金融机构进行统贷统还。建立以提高涉农保险覆盖面为保障的银保互动机制。

提高财政资金使用效益。进一步整合中央与省市级水利、农业、国土、林业等涉农部门资金,加大涉农资金管理使用机制创新力度,对重点区域、项目统筹使用、精准扶持,切实解决资金使用"碎片化"现象,用足用活有限的财政投入。进一步优化转移支付结构,省级对市县应增加一般性转移支付支持,将专项转移支付注入引

导类、救济类、应急类事项范围,并将具体资金分配权、项目确定权逐步向市县移交。改革涉农资金使用方式,积极引进市场机制,特别是在农业面源污染治理和生态修复方面,建立集中处置机制,通过引进和培育专门化企业,解决畜禽粪便、死亡畜禽处理、秸秆利用、农业废弃物回收等问题,发挥财政资金"四两拨千斤"的杠杆调节作用。

第三节　新形势下安徽提升农业现代化发展水平的措施与路径

一、推进农业产业功能区规划和布局

1. 现代农业示范区特色布局

综合考虑区域资源、条件基础、市场前景、发展目标,进行全省农业产业功能区规划和地方主导产业布局。以高效化、生态化、综合化为发展导向,粮食生产功能区应调整产品及品种结构,以优质专用为主攻方向,开展绿色增产模式攻关示范;扩大杂粮、薯类等有市场的小作物生产,推进马铃薯主粮化试验示范和产业化开发。增加高效作物种植面积,开展蔬菜、水果等园艺作物标准园创建,扩大蔬菜种植面积;推广轮作和间作套作,推广林下养殖、稻鱼共生、鱼菜共生、稻鸭共生等综合种养技术新模式,因地制宜开展生态型复合种养业。农牧结合区应综合考虑种养规模和环境消纳能力,开展种养结合的循环农业试点示范,合理布局绿色低碳循环畜牧业,积极发展草食畜禽。山区应大力发展水产健康养殖业,加快发展茶叶、食用菌、中药材、林特等规模化特色农业。各类农区都应积极提高农业多功能性,推进"美丽田园""农事体验"等生态观光农业发展,提高农业整体效益。

根据各地生产条件、产业特点和环境的适宜性,坚持重点突出、差异化发展原则,确定100个左右的地方省级现代农业示范区,皖北地区重点建设小麦、玉米、畜禽、蔬菜和水果等主导产业示范区,突出粮食、棉油、畜禽、蔬菜和水果等产业化发展优势。沿江地区重点建设综合性示范区,发展水稻、油菜、棉花、畜禽、蔬菜、水产等主导产业,突出种养加协调发展、多功能有机融合的特色。皖南和大别山区突出

发展家禽、茶叶、蚕桑、蔬菜和林竹等主导产业,重点建设特色农业示范区。城市郊区突出发展蔬菜、特色种养业等主导产业,发展休闲观光、都市型农业,重点建设综合性示范区或特色农业示范区。

坚持标准控制,发挥各类示范区辐射带动作用。主导产业示范区和综合性示范区的核心区连片规模要达到 2 万亩以上,辐射区达到 8 万亩以上;特色农业示范区的核心区连片规模要达到 1 万亩以上,辐射区达到 4 万亩以上。

2. 现代农业示范区综合发展方向

以产业融合发展为导向,优化农产品产地加工、销售及休闲等相关服务业布局。各类农业产业功能区和主导产业示范区,均应发展地区性多元化综合农业,规避单一原料基地的缺陷,降低气象灾害引起的大面积减收和绝收风险,减少由市场波动、价格下降等引发的经济损失。由龙头企业或企业集团主导,从生产向加工、销售的商业化领域扩展,通过产业化链条将基地、农民、合作社、企业、市场等各个主体串联起来,实现资本等要素的高效运转,节本增效,提升价值链,拓宽增收链。

二、构建生态农业产业化发展框架

1. 安徽现代生态农业产业化发展方向

20 世纪 80 年代初安徽开始进行生态农业建设试点,2000 年试点面积 2 250 多万亩,项目区重点推广猪(羊、牛、禽)—沼—果(菜、鱼、粮、菌)、小流域综合治理、种—养—加—菌(沼)、水田立体生态种养、果园立体种养、观光生态农业、矿区塌陷地综合治理等十大生态农业模式及其技术,受益人口 500 多万人。2014 年巢湖流域、黄山市入选全国首批生态文明建设先行示范区,2015 年黄山、池州、宁国、岳西、霍山等 5 市(县)被列入全国生态保护与建设示范区。目前全省共有不同类型、不同规模的生态农业试点 250 多个,实施面积 3 700 万亩,受益人口 600 多万人。

在生态农业试点基础上,2013 年安徽出台了现代生态农业产业化行动方案,要求依托现代农业示范、农业产业化示范区等平台,打造一批示范主体、示范园区、示范市县,构建以企业为单元的生态小循环、以示范园区为单元的生态中循环、以县域为单元的生态大循环,助推绿色农业、特色农业和品牌农业发展,走出一条"产出高效、产品安全、资源节约、环境友好"的现代农业发展道路。

现代生态农业产业化以市场为导向,通过品牌引领,打造产品生态圈,探索建立农产品产地环境、生产过程、加工流通、消费全程可追溯体系。以联合体组织打造企业生态圈,推进第一、第二、第三产业融合及产、加、销一体,培育一批具有良好品牌信誉的农业产业化龙头企业,打造全产业链的紧密型企业联盟。以复合式循环打造区域产业生态圈,通过植物生产、动物转化、微生物还原的循环生态系统,推进"种养加、贸工农"一体化,实现地域范围内的复合式循环,即构建以企业为单元的生态小循环、以示范园区为单元的生态中循环、以县域为单元的生态大循环,实现"一控两减三基本"目标。

2. 现代生态农业产业化发展模式

发展复合循环的生态农业,逐步形成体现生态原理的产业布局,实现资源高效利用、生产全程清洁、环境持续优化的发展格局。① 构建适应性、可持续发展的生物圈资源体系。充分依靠和利用自然力,尽可能地利用各地生态系统中的可再生资源与生物资源,采取适当的人为措施,合理使用化肥、农药等化学品,构建水土光热资源耦合体系。② 推广粮食绿色增产模式。在创建各类高产示范田基础上,融入耕地质量保护与提升、水稻节水灌溉、肥药双控、玉米生物防治等绿色技术,广泛开展测土配方施肥,启动化肥、农药减量工程和零增长行动,加强对秸秆过腹还田、粉碎还田等措施的综合利用。③ 推广生态复合种植和种养结合模式。开展农牧结合、粮改饲和畜禽养殖废弃物资源化利用试点。采用间套轮作、保护性耕作、粮草轮作、增施有机肥等方式,促进种地养地结合。发展生态高效农业模式,如水稻—草莓、水稻—西红柿轮作的"千斤粮万元钱"模式,稻鱼(鳖)混养模式,林下养殖模式,猪—沼—菇综合利用模式。④ 实施养殖功能区划分。畜牧业是发展现代生态农业产业的关键环节,对畜禽养殖污染和病死动物的处理,关系到生态循环的成败。畜牧业可参考浙江等发达地区经验,要求每个县划定禁养区、限养区、宜养区。在禁养区的养殖场必须限期关停或者搬迁;限养区内,按照生态消纳或达标排放标准进行限期整治、达标审核;宜养区内,根据环境承载容量确定养殖规模,建设各类生态循环园。通过肥效提升和有机肥替代等方法减少化肥用量,通过推进病虫害统防统治、绿色防控和高效农药替代,实现农药减量。⑤ 建立各类生态循环园区。实施畜禽养殖污染治理与排泄物资源化利用、畜禽生态养殖提升工程,兴建容纳从林果生产、饲料饲草、畜禽饲养、沼液利用到畜禽产品加工业等多项内容的生态循环园区,通过有机肥加工、沼液配送利用、秸秆综合利用、生物链养殖、渔业尾水生态处理等方法实现内部废物利用小循环,将农业的各个环节"吃干榨尽",做到"物尽其用"。在畜牧、种植、水产三大产业间搭建农业废弃物的"大循环"。⑥ 借鉴外地经验,建立畜禽污染物综合利用的企业化、社会化机制。湖北省对畜禽粪污推广自我消纳、基地对接、集中收处等利用方式,推广畜禽粪污综合利用技术模式,探索规模养殖粪污的第三方治理、PPP模式等机制。宁波市鄞州区建立了政府引导、市场化运作的沼液物流配送服务体系,引进沼液处理企业,为23家养殖企业处理沼液,并将沼液按需配送至各农作物基地。2008~2014年,该公司累计配送沼液30余万吨,解决了全区近50%的畜禽污水处理问题。

三、培育产业化联合体

1. 产业化联合体发展情况

为了改变龙头企业产业化组织链条短、抗风险能力弱的不利状况,龙头企业、专业大户、家庭农场、农民合作社等众多生产经营组织基于自愿联合,形成连接紧密的利益共同体,提高了农业现代化水平。现代农业产业化联合体是以龙头企业为核心、专业合作社为纽带、专业大户和家庭农场为基础,以契约的形式形成要素、产业和利益的紧密联结,集生产、加工和服务为一体化的新型农业经营组织联盟。培育联合体,有利于打造新型农业经营主体的利益共同体,激发现代农业发展的内生动力,促进第一、第二、第三产业融合发展,推进多种形式的规模化经营。安徽各级政府搭建人才支持、主体培训、融资服务、信息服务4个平台,大力培育以龙头企业为引领的各类产业联合体。2015年8月,安徽省政府办公厅出台《关于培育现代农业产业化联合体的指导意见》,全面启动联合体培育工作,安徽成为最早培育现代农业产业化联合体的省份。至2015年年底,全省各类联合体已达到900家,成为现代农业发展过程中带动力最强的生力军。同时,全省经过工商注册的家庭农场、农民专业合作社分别发展到3.2万个和6.3万个,规模以上农产品加工企业达到5 922家,农机和植保社会化服务组织超过1.8万个,全年培育新型职业农民2.25万人。按照相关规划,力争到2016年年底全省各类联合体达到1 000个,2020年全省各类联合体达到3 000个,其中省级示范联合体500个左右。

2. 扶持产业联合体的政策措施

加强产业联合体的要素连接,形成资金融通、资产融合、技术关联、品牌共享的紧密联系。鼓励龙头企业与合作社、家庭农场、专业大户采取生产计划、生产标准、技术规程、产品检测、品牌使用"五统一"方式,形成质量稳定、投入可控的优质原料基地。鼓励龙头企业以自身资产抵押担保,为合作社、家庭农场、专业大户提供贷款支持,提供种苗、化肥、农药、薄膜等生产资料垫资,或成立产业储备基金,统一使用;引导经营主体以农用机械出租、入股等方式,交由农机服务合作社统一运营,将家庭农场、合作社纳入以龙头企业为核心的生产、管理、销售一体化的紧密联合体,提高企业竞争力。

鼓励联合体采取统分结合等形式,提高组织化程度,延伸农业产业链。比如各经营实体独立核算,自负盈亏,设立联合体办公室、销售部、采购部、生产部、财务部等组织机构,对内进行生产经营活动的统一组织、指导、管理,对外进行宣传、协调活动。统筹规划基地生产、加工、旅游休闲、品牌运营、农超对接、电商销售等综合发展项目,形成以工补农、以企养社、以社促企的联动发展、合作共赢模式。

鼓励各类企业开发农村"四荒"资源,发展地方特色的水产品、林特产品生产销售。以产业化龙头企业为核心,以产业协会、科技平台、专业大户、家庭农场等为基础,采用"1+N"现代农业联合体运作模式,对地方珍稀中药材、动植物资源进行系列化开发,生产米面素饼、饼干、炒货、烘焙食物、果汁蜜饯、速冻食品、茶饮酒品以及药用干粉、保健饮液等多系列产品,形成种植、产品开发、加工、运输、贮藏、物流配送、"互联网+"等全产业链。

四、创新特色农业多样化发展模式

顺应可持续化、多功能化、融合化发展的趋势,把握高山、丘陵、平原、水域、城郊等不同区域特点,发展各具特色的生态农业、智能农业、体验农业、信息化农业、工厂化农业、设施农业、都市农业、休闲观光农业,推进农业高端增值进程。

引导工商资本下乡,重点发展资本、技术密集型的现代种养业,推动传统农业加速向现代农业转型升级。不排斥农民、不代替农民,通过利益联结、优先吸纳就业等多种途径带动农民共同致富,让农民更多地分享现代农业的增值收益。同时鼓励掌握高技术的食品制造企业及销售网络丰富的流通企业、零售企业与当地龙头企业组成产业联合体,共同开发新商品、开拓国内外市场,将地方特色农产品品牌做成国家品牌、国际品牌。

1. O2O 模式

政府、电商平台、物流配送系统是支撑"互联网+农业"发展壮大的三支力量。全国农村电商巨头形成了各自的特点和发展优势:阿里的优势在于强大的生态系统,其主导的"千县万村"计划集合了电商、金融、物流等业务,覆盖行政村 5 000 个以上,积累了超过 70 万的卖家数量。京东采取了乡村代理人的发展模式,现已达到 10 万人的规模,形成了自营业务优势。乐村淘采取"村供销社和小卖部为体验店＋乡镇配送物流中心＋县成立管理中心"的三级电商运作的模式,同时以 O2O 模式直接向工厂下订单,以这种形式销售工业商品价格比市场价便宜 30% 以上。

各地根据自身特点和需求选择不同电商平台进行合作,安徽政府支持的邮乐农品网推出"邮掌柜"项目,挑选一批小卖部、超市,将店主们培养成当地的"邮掌柜"。邮乐网和邮掌柜系统提供线上支持交易,通过邮政配送渠道发送货物。各市县根据地方实际,选择了不同的发展模式。黄山市有 4 个区县建了淘宝 1 号店、特产中国地方馆,1 个区县建了邮乐农品地方馆,从事农产品电子商务的企业、合作社达 80 余家,2015 年上半年线上销售额达 1.63 亿元,同比增长 83%。该市黄山区被列为全省电子商务"1122"工程示范县,黄山区农特网、休宁怡兴农产品开发有限公司、徽州区谢裕大茶叶公司被列为全省示范企业。

以互联网带动市场化、倒逼标准化、促进规模化、提升品牌化,加之培育地方性电商品牌,有利于解决生鲜农产品易腐难储、不易运输、难以标准化等问题。聚农 e 购推出了锄禾街社,将合作社、家庭农场的农产品集中打包,通过线上推广、线下展销等方式,将新鲜绿色蔬菜送到市民家门口,打造"农夫市集的 2.0 版"。合肥景徽联合社开发的生鲜电商生态系统,通过电商平台、手机 APP 客户端、微商城等媒体工具,将全省 150 多家农民合作社的近 2 000 个蔬菜品种搬上网,实现了从基地直接到餐桌的快速通道模式。

2. 物联网模式

进入 21 世纪以来,网络技术不断突破地域、组织、技术的界限,为农业科技创新提供跨越时空、功能强大的研发载体和工具。从机械化、规模化、集约化到精准化、科技化、智能化,农业生产力水平实现了大级别的飞跃。运用物联网、云计算、精准技术的智慧农业,可实现最佳的资源利用和最少的成本投入,达到实现农作物生产、运输和销售的智能化管理的目的。

农业物联网技术运用有助于农业标准化生产,通过智能传感可为农作物提供适宜的湿度、温度及肥水配合的最优方案,实现精细化、标准化投入;可在农产品与食品安全监控等领域发挥积极作用,比如冷链物流体系建设能有效解决生鲜农产品电商发展瓶颈,推动现代生态农业与现代商业深度融合发展;有助于农业信息监测体系建设,进行自然灾害预警、市场行情预测、防疫情防控等,构建农产品流通追溯系统,实现农产品流通的过程可追溯。

安徽一些农业物联网技术研发和应用项目已取得初步成效。安徽农业大学的农业部农业物联网技术集成与应用重点实验室和以色列 Agroweblab 网络实验室签署了《农业物联网合作研发协议》,合作建立农业物联网联合研究中心和以色列农业技术示范农场。2013 年,怀远县气候智慧型主要粮食作物生产项目获得全球环境基金赠款 255 万美元,县政府按 1∶5 配套投入资金,总投资金额为 1 572 万美元。该项目通过引进国际气候智慧型农业理念和技术,重点开展减排固碳的关键技术集成与示范,提高化肥、农药、灌溉水等投入品的利用效率,增加农田土壤碳储量,减少作物系统碳排放。

黄山市农业物联网示范县黄山区、休宁县和黟县,重点在茶叶、特色养殖等地方主导产业中推广农业物联网+电商一体化模式。农业物联网建设应用的新型经营主体 12 家(其中省级农业物联网示范企业 6 家),累计投入物联网建设资金 1 188 万元,拥有专业技术人员 30 余名。应用领域涉及茶园、设施蔬菜、畜牧养殖及水产养殖等,其中茶业物联网在茶园基地管理、生产加工、仓储、产品质量追溯方面发挥了巨大作用。生猪、蛋鸡智能化养殖处于全省领先水平。

3. 众筹农业、体验农业的盈利模式

近年来,安徽出现了以物联网技术整合金融、物流等多方资源的一些众筹农业、体验农业新模式。比如石台县西黄山茶园基地在农交会推广茶山订制业务,消费者可以 800 多元的价格订制 0.1 亩地的私家茶园,享受茶叶配送、免费游园采摘、农家乐旅游住宿等多项福利,吸引城里人来乡村休闲和消费。

农业物联网技术的应用实现了农作物与农民、市民的互动,也实现了农民与市民、政府与市场的互动。运用手机安装的 APP 软件,市民可以实时监控订制的"私家菜园"的菜地长势,查看菜棚各项数据,随时下单和预订送菜。这些都市"菜农"可通过互联网手段与农庄主及技术人员讨论绿色防控、智能灌溉、水肥一体化等各种问题,"体验式农业"缩短了农业生产者与消费者的距离。

4. 市场农业模式

肥西苗木花卉面积已达 30 多万亩,拥有苗木花卉经营户 2 万多户,各类专业公司 300 多家,苗木经纪人 3 000 多人,带动从业人员 8 万多人,年销售苗木花卉近 10 亿多株,销售额近 25 亿多元。肥西县被评为安徽省首批"全省休闲农业与乡村旅游示范县",三岗村被评为"全国农业旅游示范点",肥西老母鸡家园被评为"全国休闲农业与乡村旅游示范点"。

第四节 新时期安徽推进农业现代化的成效与经验

一、加快农村土地流转

1. 创新土地流转方式

2004年以前,安徽农户土地流转主要局限于亲朋好友之间的换耕、代耕、转让。2009年安徽出台了《关于农村土地承包经营权流转若干问题的意见》,推动土地流转与土地整理、建设用地置换和新农村建设结合。2013年安徽出台了《关于深化农村综合改革示范试点工作的指导意见》,进一步引导农民向专业合作社、龙头企业、种植大户有偿转让土地。

安徽土地流转的特点:① 土地规模化流转,提高了要素配置效益。2008年以来,农地流转面积以年均29.1%的速度增长,2011年单次流转50亩以上的规模经营总面积达1 540万亩,占土地流转总面积的88.6%。2014年流转土地面积3 393.14万亩,其中耕地2 541.7万亩,约占耕地总面积的41.09%。土地流转优化了农业生产要素配置,提高了劳动生产率、资源利用率和土地产出率。全省5万个种植大户,平均单产比分散经营的农户高出10%以上,纯收入高出4倍以上。② 土地流转方式的创新,扩大了可交易的土地数量。在传统的租赁、互换、转包、转让方式基础上,近年出现了土地入股、土地银行、土地合作社、"两田制"或"三田制"、反租倒包、农机合作社等方式,由农地供需双方一对一谈判转变为乡村提供基础设施的土地集中流转方式。③ 土地流转价格稳步上升,激发了农户流转意愿。以粮食种植为例,南方稻谷流转地价格从2003年每亩30元上涨到2013年的296元(按平均1年2季计算),累计上涨幅度达886%,年均增幅约89%。北方小麦流转地价格从2003年每亩35元上涨到2013年的352元(按1年2季平均计算),累计上涨幅度达906%,年均增幅约90%。而流转土地用于粮种、蔬菜、油桃、中药材、家禽家畜等高效农业用途的,每亩流转价格在600~1 000元不等。④ 财政支持逐年增加,优化了规模经营环境。各级政府以土地整理、小型农田水利建设、农业综合开发等项目名义,争取到更多的补贴资金或低息贴息贷款,进行土地连片平整、农田道路、沟塘渠坝、仓储设施建设以及村庄整治,降低了规模经营主体的生产经营成本,为其发展种养加综合经营,开辟旅游、商业、文化教育等多种经营门路提供环境支持。

2. 克服土地流转发展不平衡问题

安徽土地流转率仍低于周边浙江、江苏等发达地区,且存在区域土地流转进展不平衡等问题,比如经济欠发达、交通条件不良、地势复杂、人均耕地少、零星分散的地方,难以实现土地的集中连片开发,土地流转率较低;缺少市场化服务机构及规范流程、信息传递慢、合同签订不规范、政策把握不到位,这些因素都影响着土地流转工作的推进;政策、金融、科技服务等配套扶持没有完全跟上,土地流转主体苦于融资难、仓储及设备用地难等。这些问题需要在新形势下继续发挥改革精神,探索新的模式加以解决。

二、大力培育家庭农场

1. 安徽家庭农场发展状况

家庭农场是以农民家庭成员为主要劳动力,以农业经营为主要收入来源,利用家庭承包土地或流转土地,从事规模化、集约化、商品化农业生产的模式,是农户家庭承包经营的升级版,成为引领适度规模经营、发展现代农业的有生力量。2013年中央1号文件首次提出发展家庭农场,2013年安徽省农委及时出台扶持家庭农场发展的政策措施,支持区域性农技、农机、生资、金融等社会化服务机构将家庭农场作为重要服务对象,目前全省有乡镇农业技术服务机构2 394个,从业人员1.3万人,人均服务家庭农场达到1.9个。

安徽是全国较早开展家庭农场培育试点的省份,计划到2017年培育家庭农场3万个,占规模经营比重达到30%以上。2009年郎溪县率先在全国成立了"家庭农场协会",县农委连续三年拨付"全国农技推广体系示范县建设"项目资金共计90万元,优选10个家庭农场,每年投入项目资金3万元,开展示范家庭农场建设。2012年,郎溪县家庭农场协会为全县648个家庭农场举办各类培训班158期,受训规模达6 320人次,发放贷款1 000多万元。2012年宿州市在全省率先开展家庭农场认定管理,对于机械化和科学化水平较高、产品和品牌市场竞争力较强、生产效益比高出普通农户20%以上、土地流转年限不少于5年的家庭农场给予扶持。2014年宿州市对462家粮油种植家庭农场推行农业政策性保险提标试点,玉米、大豆、小麦保额分别提高了150元、90元和230元。2012年天长市鼓励家庭农场进行工商登记,成为全国家庭农场规范发展的县区之一。2013年,安徽制定了示范家庭农场认定办法及扶持措施,划定粮油、蔬菜等种植业经营规模200亩以上、水产养殖面积100亩以上的认定条件,并对经营规模、土地流转年限、经营场所、标准规程、产品认证等提出具体要求。2014年,经过评定的省示范家庭农场达200个。2015年上半年全省经工商注册的家庭农场达2.48万个,比上年年底增长32%。2014年省财政选择493个家庭农场开展"直管直贷"试点,已拨付扶持资金4 000万元,累计发放贷款近2.5亿元。

2. 安徽家庭农场发展特点

经过短短七八年的发展,家庭农场已成为规模经营的生力军。邵平(2013)对宿州120个家庭农场的调查研究表明,农场主拥有以下共同特点:① 主要依靠血缘、亲缘、地缘关系维持生产经营,当地大户、村干部的占比分别为49%、25%。他们了解当地农地资源,有利于安排适宜性农作制度并实现科学管理,可雇佣较为可靠的工人以降低监督成本,有利于获得较高的土地产出率和劳动生产率。② 拥有较多的社会资源,在土地流转、生产经营、产品销售、政策支持方面能获得较多的便利。③ 阅历丰富,大多有工商业从业经验和一定的原始积累,他们平均干过1.7个工种,自有资金在10万元以上,个体户或企业主、公职人员占比分别为34%、2%,对自然和市场风险的承受能力较强。

3. 安徽家庭农场发展趋势

(1) 粮食生产类家庭农场需要转型提升,一场多业成为必然选择。单纯从事粮食生产的家庭农场比较效益低,经营规模的扩大受到人力、资金、技术、管理等条件限制。粮食生产亩均纯收入300~500元左右,一般南方稻田适度规模在100亩以下,北方小麦适度规模在150亩以下,则家庭人均纯收入为3万元上下。为了提高收入,农场主或兼为农户提供农机、农技服务,或兼营运输、销售等其他产业,或增加养殖、经果林等高效种养业,还有的家庭农场通过加入合作社、龙头企业产业体系,来摆脱规模限制,提高总收入。

(2) 加强地方产业体系建设,引导高效农业发展。从事蔬菜、苗木、茶叶、畜禽养殖的家庭农场,亩均收入为2万~5万元,人均纯收入在10万~30万元左右,但是设施设备投入大,并对农场主的市场预测、良种良苗选择、科学种养、产品品质控制及销售渠道建设、风险承担等能力要求较高。目前淮北平原这类家庭农场较少,优化家庭农场发展的外部环境,建设便捷的信息化、社会化、产业化服务体系迫在眉睫。

(3) 规范认证,加强家庭农场管理。目前家庭农场来源复杂,既有以夫妻为主经营的家庭农场,也有专业大户转型而来的家庭农场,还有合作社、农业企业挂牌的家庭农场,这会影响政府扶持政策的有效性,易造成管理上的混乱,应把握标准、予以甄别剔除。其次应规范土地流转合同的签订,限制口头约定的松散流转和一年一签式合同的签订,建议合同约定时间为土地合同承包剩余期,租金按年支付。

(4) 加强培训,提高农场主群体素质。目前家庭农场主文化程度普遍不高,缺少规划运筹和科学管理水平,存在发展瓶颈。比如郎溪县家庭农场主年龄在36～50岁(含)之间的占总数的70.8%,具有初中文化知识水平的占60.5%,是以能工巧匠、种田能手、退伍军人、村队干部为主的经验型人才,应通过有偿与无偿结合、现场与课堂结合、网络与书本结合等多种培训方式,不断灌输现代农业发展新理念、新信息、适用技术、科学管理知识,形成具有复合型知识的农业产业化中坚力量。

三、引导各类农民合作社发展

1. 农村合作社发展模式

2000年以来安徽农村合作社蓬勃兴起,2015年上半年全省经工商注册的各类农民合作社已达5.78万家,合作社成员达100.6万户,其中农机和植保社会化服务组织达1.87万个,保持较快的增长态势。经过多年发展,合作范围拓展、合作层次提升、连接纽带加强,农民合作社已从产品合作走向产业合作,从单一要素合作走向全要素合作,从生产终端合作走向全过程合作。比如合肥市合作经济组织达3232家,其中国家级示范社28家、省级示范社46家、市级示范社214家。合作范围覆盖全市90%的行政村,入社农户占总农户数的50%,合作组织成员数突破43.5万人,规模经营面积突破70余万亩,跨行政区域辐射带动周边农户88万户,入户成员比当地同类型农户增收30%以上。

农村合作社主要有五种模式:① 企业带动型。以"公司＋合作社＋社员"的模式,将企业技术、资金及市场优势与合作社桥梁纽带作用相结合,公司与农户形成产加销联合体。② 种养大户创办型。种养大户发挥管理经验、资金、技术优势,带动农民入社,分工协作。③ 集体组织牵头型。村"两委"发挥组织优势,围绕本村主导产业开展生产经营活动,实现共同致富。④ 行业人才领办型。由技术人才、大学生、返乡创业青年等拥有良好科教文化知识背景的新型农民领办合作社。⑤ 主营产业衍生型。规模经营主体联合组建专业化的农机、植保合作社,为周边农户提供系列服务。

2. 创新农民合作社组织形式

以农民为主体的合作社兼具个体经营与集体经营模式,并具有企业经营优势、要素整合功能、抗风险均利益作用,是国际农业现代化发展过程中广泛采用的组织方式。农民合作社已从松散型走向紧密型,合作内容不断增加,一些合作社为社员提供全程服务,实行种苗供应、原料供应、疫病防治、质量标准、技术规范、品牌包装、产品销售、基地认证等"一条龙服务"。合作范围不断拓展,从以前单一产前、产中等生产领域合作,向加工、流通、销售、品牌创建等经营领域拓展。

针对部分合作社生产规模不大、信息流通不畅、市场品牌不响、抗风险能力较差等制约因素,政府引导农民专业合作社走联合经营、集约发展道路。2014年合肥市成立15家农民专业合作社联合社,共有300多家合作社参加。政府以"财政资金＋互助基金"模式建立农业产业化融资联盟共同基金,下设农业合作社联盟共同基金。2015年有50家市级以上示范农民专业合作社成为了基金首批成员,每家合作社授信贷款规模为50万～100万元,贷款年利率在6.8%～8.5%之间。淮南市建立毛集实验区绿馨园、谢家集区曹庵利农、潘集区许家岗等3个产业联合体,每个联合体依托1家龙头企业,分类成立2～3个服务型合作社,带动15～40个家庭农场共同发展,成为现代农业发展的"试验田""样板田"。

四、加快现代农业综合示范区建设

1. 示范区发展历程

2008年安徽开始建设现代农业综合示范区,探索出一条规划先行、整合资金、项目带动、产业引领的路径,有效推进了现代农业发展。2009～2011年,由财政部门引导各地以示范区为平台,采取"统一规划、集中投入、各计其功"的方式,全面整合现有农林水利、国土建设等各类涉农资金,按照30%的计提标准提取1 095万元省级科技推广资金,依托省级以上农业大学和科研单位,率先实施了22个先进和适用农业技术项目。2011～2013年,省级财政安排专项资金1.8亿元,整合农业综合开发、土地整理、良种农机补贴等涉农资金40亿元,市县财政投入24亿元,吸纳工商、金融和社会资本265亿元,按照"田地平整肥沃、水利设施配套、田间道路通畅、科技先进适用、优质高产高效"的建设标准,优先投向示范区的基础设施建设,改善了农业生产条件,提高了集约化水平,强化了导向作用和优势叠加效应,推进现代农业向纵深发展。

目前安徽拥有国家级农业产业化示范基地10个,13个国家级、74个省级现代农业示范区,总耕地面积达1 403万亩,占全省耕地面积的22.3%,其中省级示范区核心区建设面积为151万亩,占比为10.8%;高产创建示范区面积达到247.47万亩,占比为17.6%。示范区按照"政府引导、企业参与、部门配合、市场运作"的方式,构建公益性和经营性服务相结合、专项和综合服务相协调的农业社会化服务组织体系,培育形成14 055个种养大户、1 903个家庭农场、4 829个农民合作社,核心区50%以上的农民至少参加一个合作经济组织。示范区良种覆盖率达到100%,专业化统防统治、测土配方施肥面积分别为499.3万亩和625.2万亩,分别占种植总面积的62%和98%。农业科技进步贡献率达到61%,高出全省平均水平2个百分点;旱涝保收标准农田面积达90%以上,主要农作物耕种收综合机械化率为87%,2013年粮食单产401.75千克,高于全省平均单产6.7个百分点。38个示范区核心区率先运用农业物联网技术,39个省级农业产业化示范区农产品加工产值达2 015亿元,同比增长12.5%,加工产值超过5亿元的产业化集群有132个。

2. 示范区模式创新

经过多年的改革探索,示范区创新机制日渐成熟,新的发展模式不断涌现,农业社会化、组织化优势突出,小麦、玉米、水稻、大豆、棉花、畜禽等"产、加、销"一体化产业体系初步形成,成为现代农业发展的"领路者"。

(1) 产、学、研结合的现代农业发展模式。铜陵新桥农业高科技园区,通过与中国医学科学院、中国科学院植物研究所、国家医学院检测中心、安徽农业大学等科研院所合作,建立了生物组培实验室、农业成果展示馆、农作物检测中心等,引进和培育了一批种养业农业科技企业,开展产业化、高效化的企业活动,示范带动周边万亩凤丹、白姜、蔬菜等六大示范区发展。

(2) 以创新为引擎的综合发展模式。芜湖东源新农村开发股份有限公司,以高新科技为引领,以优势产业为依托,以乡村旅游为拉动,形成多业综合高效发展态势,将园区建成"国家农业科技园区""国家现代农业示范区(核心区)"。公司投资14亿元,建设了水稻国家工程实验室、省龟类良种繁育工程技术研究中心、市优势农产品研发及检测中心、芜湖市食用菌研究所,设立组培中心、自动化育秧工厂等一批科研项目,同时建设了4 000亩高标准良田、3 000亩高效健康水产养殖区、150亩食用菌生产基地、2 100亩有机果蔬生产基地、300亩苗木花卉生产基地。将大浦新村农户安置区规划建设成为国家AAAA级旅游景区、全国休闲农业与乡村旅游示范点。

(3) 产城结合的科技新城发展模式。怀远县龙亢农场通过"科企联姻"、垦地共建等多方协作,建成皖北科技创新中心和蚌埠现代农业自主创新综合改革试验区,探索区域现代农业发展和城乡一体化路径,着力建设"三园一城一中心"和"四个基地",即建设现代农业科技园、食品产业园、科研大学园、生态宜居城镇、皖北农贸物流中心,成为现代农业科研基地、现代农业展示培训基地、现代农业种子繁育基地、现代农产品绿色生产加工基地。龙亢农场全部3万亩耕地已建成现代标准化高产农田,发展精准农业,以飞机防治小麦病虫害,实现农产品安全生产和供应。高科技示范园划出3 000亩科研基地,每年开展小麦、大豆、水稻、玉米四大作物育种实验组合量达到7 000多个,筛选新品系300多个,展示品种品系230多个,主要培育和展示黄淮海地区小麦、水稻、大豆、玉米新品种以及有机瓜果、蔬菜和观光农业等项目。目前已有7个农作物新品种进入国家、省区试点,5项成果获得了国家知识产权,1个农作物品种获植物新品种保护权,已选育出2种航天变异品系。建立"科研中心—分场技术组织—科技示范户"的科技推广体系,对作物品种布局、良种使用、土壤测试、配方施肥、病虫害防治指导、农业气象服务等工作实行制度化管理,推行统一作物布局、统一供种、统一技术要求、统一重大农业措施、统一产品销售的生产模式。举办各类培训班、观摩会,通过现场指导和农技教学,推广农机农艺结合技术,带动周边农民增收。

(4) 特色化、差异化发展模式。合肥市立足自身特色,优化区域布局,以农业园区化、园区设施化、集约化、集群化,带动和提升全市农业现代化水平提升。合肥市拥有国家现代农业示范区1个、省级以上现代农业示范园区7个、市级现代农业示范区13个、特色农业园区402个,形成以肥东白龙"生态循环"、庐江郭河"高端精品"、长丰龙门寺"设施园艺"、肥西花岗"精品农业"、巢湖环湖北岸"生态休闲"为特色的多样化园区发展模式。2014年,示范区农民人均可支配收入达10 507元,其中核心区达到11 454元,比全省平均水平高15.5%。

3. 示范区发展趋势

省级现代农业示范区是集聚土地、人才、资金、技术的重要载体,是农业转型升级的重要抓手,按照"现代农业样板区、农业科技示范区、农村改革先行区、生态农业试验区"的发展目标开展建设。① 推进园区高效化、可持续发展。以发展优质专用粮食为主攻方向,开展粮食绿色增产模式攻关示范;推进马铃薯主粮化试验示范和产业化开发;开展蔬菜、水果等园艺作物标准园区创建,扩大设施蔬菜种植面积;开展生态型复合种植。综合考虑环境消纳能力,积极发展草食畜禽,调整种养比例。加快发展水产健康养殖业,推广稻鱼共生、鱼菜共生等综合种养技术新模式。加快发展茶叶、食用菌、中药材、林特等特色农业,建成专业化、标准化、规模化的原料生产基地。同时开发农业多功能性,推进生态观光农业发展,提高农业整体效益。② 推进园区品牌化发展,加强园区公共品牌、企业"品牌"、知名产品品牌建设。③ 推进园区科技化发展。加强与农业科研院所合作,推进农业物联网技术、生命基因技术应用,把园区建设成为农业科研试验基地、研发推广基地和成果转化基地。

五、培育龙头企业

1. 龙头企业发展情况

2014 年,安徽拥有各类农业产业化经营组织 7 000 余家,占全国总数的 20%;规模以上产业化龙头企业 5 745 家,其中省级以上龙头企业 882 家,国家级龙头企业 49 家,占全国的 5.6%;60% 以上农户进入农业产业化体系,人均增收 1 500 元以上。

产业化龙头企业的主要作用体现在以下几个方面:

(1) 发展农产品加工业,搭建农业产业化发展框架。2014 年安徽规模以上农产品加工企业达 5 390 家,其中产值超亿元的 2 177 家,超 10 亿元的 84 家。农产品加工业产值达 8 372.1 亿元,其中 28% 的份额集中在 39 个省级农业产业化示范区。农产品加工业产值与农业总产值之比为 1.98∶1,与全国平均水平持平。已形成粮棉油、果蔬、水产、蜂产品、屠宰及肉类、苗木花卉、休闲食品等地方特色产业后续加工产业体系,有 132 个产业化集群,加工总产值超过 5 亿元。

(2) 提供社会化服务,催生农村规模经营主体。龙头企业促进了专业化分工、社会化服务水平的提升,通过土地流转、订单农业建立农产品原料基地,为农民提供农资供应、农事作业、技术培训、疫病防治、市场信息等社会化服务,提高了农民的种养技术,解决了农民的销售难题,催生了一批专业大户和家庭农场。

(3) 加大研发投入,成为新技术新工具运用主体。2014年全省龙头企业研发投入共28.9亿元,占销售收入的2.9%。研发投入占企业年销售收入比重超过3%的龙头企业有231家,建有专门研发机构的龙头企业有252家,61个龙头企业采用产、学、研合作模式,与高校科研院所联合成立省级工程技术研究中心。265家龙头企业、合作社率先应用了农业物联网技术,583家龙头企业、合作社开展农产品网上营销。合肥市有69家创新型龙头企业,建立国家、省、市三级工程技术研究中心56家,省级以上现代农业产业技术体系16个,国家级育繁推一体化企业4个,农业产业技术创新战略联盟5个,2014年农业专利授权量150多件,转化农业科技成果36项。

(4) 融合第二、第三产业,实现产业增殖利润合理分配。龙头企业通过农产品就近收购储藏和加工转化,发展物流配送、连锁经营、农超对接等,实现了农产品生产、加工、销售、流通的有机衔接,有效地延伸了农业产业链,在农村内部实现产业价值增值,从而改变了农、工、商三大部门的分割状态,实现部门间利益的合理分配。在政策引导下,一些龙头企业以保底价收购、加价收购、二次利润返还等形式,让农民分享第二、第三产业增值收入。宣城拥有市级以上产业化龙头企业405个,已形成家禽和林特两个大体量产业集群。全市养殖家禽共2.5亿只,占全省总量的24.3%,成为华东地区最大的苗禽供种中心和禽肉产品供应基地。地方山核桃、香榧、板栗等土特产品加工增值比例为3.2∶1,其中山核桃已成为全国原产地标识产品,农业产业化经营农户年均收入达到1.85万元。

2. 龙头企业发展存在的问题

(1) 缺乏行业规划引导。多数农业产业化行业的发展缺乏放眼未来的前瞻性,缺乏对地方资源潜力、市场需求、竞争空间的充分评估,存在先建设后规划或边建设边规划的问题,制约了行业长期发展的空间。比如农产品加工业的发展,缺乏加工专用原料基地建设和合理布局,缺乏精深加工,缺乏综合利用技术装备的购置和使用,农产品精深加工水平低,2014年安徽规模以上农产品加工企业主营业务收入利润率仅为5.8%,效益不高,发展后劲不足。

(2) 企业融资难。农业产业化龙头企业生产周期长,农作物收购季节性资金需求大,传统金融产品难以满足企业需要,并且多数企业规模小,缺少抵押物,信用等级低,贷款难度大。而资本市场对农业企业热情不高,企业即使有好的项目或机遇,也难以通过资本市场筹资融资,往往错失发展良机。

(3) 政策不配套、落实难。近年来虽然各级政府颁布了一些促进现代农业发展的政策措施,但是由于配套实施难,一些企业得到的仍然是空头支票。由于存在税收门槛,农业企业难以进入市、县开发园区,发展环境不理想。由于缺乏社会化服务体系支撑,造成企业用人用工、信息网络、检验检测、物流配送等方面存在障碍。

(4) 产业链条延伸不够。以龙头企业为主导的产业主体之间链接还不完善,各类主体之间要素流动不充分,利益联结机制不紧密,龙头企业"甲级队""排头兵"作用没有得到充分发挥,以点带面、以基地带板块的产业集群化、整体发展格局还没有形成。① 农业产业化环节延伸不足,农产品储藏、保鲜、烘干等综合机械和现代化措施覆盖不足,当前粮食、水果、蔬菜产后损失率分别高达 7%～11%、15%～20%、20%～25%,由于加工副产物和剩余物利用率不高,造成了污染浪费和效益损失。② 农作物综合处理和利用程度不够,比如农作物秸秆的利用率只有 30%。

3. 促进龙头企业发展的综合措施

(1) 财政金融支持农业产业主体自主建设。进一步整合国土资源土地整治、农业综合开发土地整理、"小农水"、增粮规划、扶贫开发、江淮分水岭综合治理等项目资金,实行先建后补、以奖代补的办法,支持龙头企业建立稳定的规模化、标准化原料基地,延伸农业产业链条,实现产加销一体化。2014 年安徽省农业产业化发展专项资金增加到 1.2 亿元,各级财政投入 20 多亿元,重点培育加工产值超 5 亿元以上的 100 个大企业,对省级以上农业高新技术企业予以奖补,推进融资性担保机构开展保单、订单、仓单等抵押贷款担保,担保金额多达 36 亿元。目前龙头企业已与 148 家金融机构落实贷款 1 000 多亿元,直接融资 45 亿元。

(2) 推进农业产业主体组织化程度提高。改变各新型经营主体之间的松散联合,推动"龙头企业+基地+合作社""龙头企业+基地+合作社+农户""龙头企业+示范园区+合作社+家庭农场"等模式升级,构建若干个龙头企业和专业大户、家庭农场、农民合作社之间的产业联合体。密切产业联合体内的要素联结,支持龙头企业为合作社、家庭农场和农户提供贷款担保、资助保险等服务;鼓励龙头企业与合作社、家庭农场和农户开展订单生产,复制标准化生产,推广先进适用技术,建立物化技术输入服务的模式。引导龙头企业加强对合作社、家庭农场和农户的培训和跟踪服务指导。

(3) 推进农业产业主体建立均衡的利益分配机制。引导龙头企业推进生产标准化、管理规范化、原料集中采购、产品统一销售,实现节本增效,使得订单农户获得较高的溢价收益。引导合作社、家庭农场、农户以土地承包经营权、资产、资金等作价入股,分享龙头企业加工、销售环节的利润,形成更为紧密的利益联合体。

(4) 实行标准化生产,创建农产品优势品牌。立足主导产业,抓好省、市、县三级农业标准化生产示范基地创建。按照国家标准和行业标准,加快制定优势和名特优新农产品生产技术规程,以及保鲜、储藏、加工、包装和有害物质残留监控等技术标准。建立农产品质量安全可追溯机制,地方政府应加强公共检测能力建设,强化食用农产品产地准出管理和批发市场准入管理;企业须加强自身产品检测能力建设,建立农产品生产可追溯体系,以市场准入和消费监督倒逼龙头企业,促使龙头企业倒逼原料基地,原料基地倒逼农户、家庭农场、合作社,管控违法使用农药、兽药和饲料添加剂等行为。推广"三品一标"认证和证后管理工作,即无公害农产品、绿色食品、有机食品、地理标志农产品。

培育一批产品竞争力强、市场占有率高、影响范围广的知名品牌。用足、用好各项扶持品牌建设的政策,鼓励龙头企业进行产品宣传推介。利用龙头企业、优势品牌,推进同行业或跨行业的兼并重组,实现资源向优势企业、优势品牌集中。通过龙头企业与合作社、家庭农场、企业品牌的共享共建,实现品牌价值延伸。

第九章 新形势下以和谐社会建设为基础的城乡一体化探索

第一节 安徽城乡社会保障一体化的实践与探索

党的十八大将统筹推进城乡社会保障体系建设作为加强社会建设的重要内容,提出了全面建成覆盖城乡居民的社会保障体系的战略目标。统筹城乡社会保障,建立健全社会保障制度,逐步实现城乡社会保障一体化,是完善社会主义市场经济的题中之意,是落实科学发展观、坚持以人为本的基本要求。科学、有效的社会保障不仅是社会的"稳定器",还是经济和社会发展的"加速器"。

安徽作为农业人口大省,农村社会保障的发展对推进城乡经济一体化的建设尤为重要。加速城乡社会保障一体化的进程,既是我省农村经济和社会发展的客观需要,又是广大农民群众的迫切要求,它对保障农村村民的基本生活生产权益、维护社会稳定、推动农村经济发展与社会全面进步、全面建设小康社会和构建和谐社会具有十分重要的意义。

一、安徽城乡居民养老保障一体化的实践与探索

1. 安徽城镇企业职工养老保障及其制度变迁

1951年,我国城镇企业职工基本养老保险建立。在计划经济体制下,由企业(单位)对退休人员直接管理和支付养老金。所需退休金费用筹集模式表现为单一

的企业现收现付制,不需要职工个人缴费。改革开放以来,安徽城镇职工养老保障制度经历了以下发展历程:

(1) 企业职工退休费用社会统筹制度试点阶段(1978~1991年)。随着经济体制改革的推行,为适应企业改革要求,国家劳动部门采取了养老金社会统筹试点的办法。从1985年10月开始安徽全民所有制企业职工退休费用进入社会统筹阶段,先后在蚌埠、舒城以市、县为单位进行统筹试点,1986年7月在全省铺开。退休费用实行社会统筹,缓解了不同企业之间养老负担不平衡的问题,标志着安徽企业职工的养老保险由"企业保险"逐步转变为"社会保险"。

(2) 建立"社会统筹与个人账户相结合"的新体制阶段(1992~2000年)。为缓解由于退休人员增加而承受巨大支付压力的互济性养老统筹局面,1992年,安徽省人民政府发布了《安徽省企业职工养老保险暂行规定》,企业补充养老保险和个人储蓄性养老保险开始实行。1995年,安徽制定《安徽省企业职工养老保险改革实施方案》,明确提出要建立"社会统筹与个人账户相结合"的新体制,将养老金的筹资模式从现收现付制转变为部分积累制。从1998年起,安徽企业职工基本养老制度实现了"三统一":① 统一企业及职工个人缴费比例;② 统一个人账户规模;③ 统一企业职工基本养老金计发办法,实现新、老办法的平稳过渡。提高统筹层次,实现企业职工基本养老金的省级统筹。省级统筹分两步实施:第一步,建立企业职工养老金省级调剂金制度;第二步,实现全省统一企业缴纳养老保险费比例,统一管理和调剂使用基本养老保险基金。安徽养老保险覆盖面由起步时的以国有企业职工为主,逐步扩大到国有企业、集体企业、"三资"企业、私营企业、个体工商户和灵活就业人员等城镇各类人群,严格了退休审批制度,规范了退休审批程序。

(3) 实施以缩小个人账户规模为主要内容的改革阶段(2001年至今)。2001年初,国务院决定将过去按职工工资11%筹资的标准下调为8%,且改为全部由个人缴费,做实个人账户,实现基金部分积累,以达到缩小个人账户规模的目的。2005年年底国务院下发了《关于完善企业职工基本养老保险制度的决定》(国发〔2005〕38号),把缴费年限、缴费基数以及退休年龄同养老金待遇紧密挂钩,促进职工积极参保,保障缴费和基金平衡,增强基金抗风险能力。2006年,安徽省政府出台了《关于完善企业职工基本养老保险制度的决定》,使得农垦企业和监狱企业职工可全部参加基本养老保险。"十五"时期,全省17个市全部实现了养老保险市级统筹。2011年7月1日安徽启动了城镇居民社会养老保险试点工作,实施范围与新型农村社会养老保险(以下简称"新农保")试点基本一致。由此,安徽在城乡居民养老保险制度上实现了全面覆盖。

2. 安徽农村社会养老保障及其制度变迁

农村社会养老保险制度是指中国乡镇企业职工、农村非城镇人员、农村村民在年轻时支付一定的劳动所得,待年老丧失劳动能力后从国家和社会取得帮助,享受养老金,以保障衣、食等基本生活需要的一种社会保险制度。相对于城镇职工养老保障而言,农村养老保险起步较晚。安徽省农村社会养老保险制度从20世纪80年代中后期开始探索,以1991年芜湖市繁昌县被列为全国农村社会养老保险试点县为标志。同年,民政部又先后批准怀宁县、滁州市的琅琊区和南谯区参加全国农村养老保险的试点工作。自此,安徽省农村社会养老保险大致经历了以下四个阶段。

(1) 试点探索,全面推广。随着农村养老保险试点工作在全国范围内开展,安徽省的试点工作也取得了长足的发展。1992年,安徽省根据民政部制定的《县级农村社会养老基本方案》下发了《关于加快发展农村社会养老保险事业的通知》(院政〔1992〕81号),同时,安徽省当涂、繁昌、怀宁等22个县(市、区)被确定为全国试点地区。1993年在怀宁县召开的全省农村社会养老保险工作交流会上,提出了安徽省农村社会养老保险发展的目标——力争在"八五"期末在全省建立起符合省情的农村社会养老保险制度,并总结了试点工作开展过程的相关经验。自此,安徽农村养老保险的发展进入了快车道,到1994年,农村社会养老保险基本覆盖全省县市和市辖农业区,建立了省、市、县、乡、村五级农保工作机构。1995年,随着试点、扩面、覆盖的步步推进,安徽省农村社会养老保险工作逐步推进。

(2) 受挫下滑,整顿停滞。1998年,国家政府机构改革,农村社会养老保险工作由民政部移交给劳动与社会保障部,实行全国社会保险的统一管理。安徽省的农村社会养老保险机构、职能也正式划归安徽省劳动和社会保障厅。但是由于市、县两级农村社会养老保险移交工作进展缓慢,出现了农保工作两个部门都不便管理的现象,从而大大影响了农村社会养老保险工作的进展。同时,随着试点的推进,制度设计缺陷凸显,农村基层组织出现了乱摊派、乱收费的现象,使得农民的经济负担不断加重,农民参保积极性不高,甚至出现了较大范围退保的现象。1999年国务院下发通知,要求停止接受新业务,进行全面整顿。安徽省作为欠发达地区,农保工作也进入了停滞期。截至2003年年底,全省"老农保"参保人数只有182.24万人,参保率不到5%,部分地区还为参保农民办理了退保。

(3) 恢复发展,亮点凸显。十六大以后,中央逐步加大了解决"三农"问题的力度。在这种大背景下,安徽省农村社会养老保险在制度上进行了大胆的创新,积累了宝贵的经验,如马鞍山模式和霍邱模式。马鞍山根据自身经济发展水平高、农保工作起步早的优势,在全省率先建立基础养老金与老龄津贴相结合的新型农村社会养老保险制度,实施成效显著,受到人力资源和社会保障部的充分肯定,为安徽省经济发达地区探索建立新型农村社会养老保险制度树立了榜样。霍邱县通过"粮食换保障"模式,为全国特别是以农业为基础产业的欠发达地区的农村社会养老保险提供了新的发展思路。

"马鞍山模式"。为了解决农村居民"老有所养",马鞍山市开始了建立新型农村社会养老保险的积极探索。2007年6月11日,马鞍山市人民政府第31次常务会议审议通过了《马鞍山市新型农村社会养老保险暂行办法》,并于7月1日正式实施。为了顺利推进新型农保工作,根据《马鞍山市新型农村社会养老保险暂行办法》,马鞍山市又对新农保的实施细则、业务规程、养老保险基金管理等方面出台了多个配套文件,配套政策的健全和完善,确保了新型农保工作的平稳实施。

① 坚持自愿和多方筹资的原则。新型农村社会养老保险制度坚持政府组织引导,农民自愿选档缴费与集体补助、政府补贴相结合的原则。

② 新农保与其他社会保险相衔接。马鞍山市规定,可同时享受新型农村社会养老保险和被征地农民养老保障待遇,并建立新型农村社会养老保险、被征地农民基本养老保障和城镇职工基本养老保险的衔接机制。

③ 参保缴费方式更灵活。马鞍山市新型农保规定农民的缴费方式可选择按年或半年缴费,只要在每年规定的时间内将资金存入缴费存折即可。同时,村集体补助可一次性发放也可分年度补助,允许以丰补歉。

④ 建立捆绑缴费制度。享受老年津贴的老年农民,要与其户口在同一村委会的子女参保缴费捆绑,被捆绑的子女按规定参保缴纳保险费,老年农民就可以按月享受老年津贴待遇。

⑤ 设立了待遇调整机制的接口。新型农村社会养老保险待遇标准随马鞍山市的经济社会发展和农保基金的积累状况进行适时调整。

马鞍山市新农保在制度设计上比较完善,在实施过程中建立了新型农保工作激励机制,将新型农保参保率和县(区)、乡(镇)对参保农民的补贴补助情况列入各级政府目标考核中,有力地推动了新型农保工作的开展,取得了阶段性成绩。

"霍邱模式"。2005年劳动和社会保障部在安徽省霍邱县曹庙镇、白莲乡选择了两个村开展"粮食换保障"试点工作,为新农保的推广工作总结经验。所谓粮食换保障,即在农民自愿的前提下,农民可以以粮食或者其他大宗商品代替现金缴纳保费。这样做的目的是引导农民理性消费,激励农民参保,并为参保缴费提供了资金来源。同时也整合和优化了各种支农资金,创新了补贴方式,稳定了农民收入,实现了国家粮食安全。

2004年,霍邱县出台了《关于进一步做好农村社会养老保险的通知》。霍邱县试点方案规定:粮食换保障的对象为年满16周岁获得国家补助的农民。在总结试点经验的基础上,2005年霍邱县出台了《霍邱县农村社会养老保险制度创新与管理规范试点工作实施方案》(霍政〔85〕号),进一步明确了各级各部门对农保试点工作的责任、目标及开展粮食换保障工作的目的、内容和方法,对试点的参保范围、对象、缴费办法、标准和今后待遇等方面做了具体规定,使农保工作更加制度化、规范化。在试点取得一定成效的基础上,2006年9月,霍邱县将粮食换保障工作扩展到城关、城西湖、新店、白莲、长集、曹庙、范桥、孟集、潘集、周集等多个乡镇。

霍邱县通过整合优化支农资金,形成了支持农村社会养老保险工作的稳定政策和资金来源,为以粮食等农产品生产为主、农民现金收入不足的中西部地区提供了新思路,初步探索出了一条与经济发展水平相适应的农村社会养老保险制度的现实之路。

(4) 探索发展,建立"新农保"。为了新农保工作科学发展,自2004年开始,党中央连续7年颁布中央一号文件探索建立农村社会养老保险制度。安徽省政府下发《安徽省人政府关于批转安徽省劳动和社会保障事业发展十一五规划纲要的通知》,提出"探索建立与安徽省农村经济发展水平相适应的农村社会养老保险制度。采取适合不同群体特点和需求的方式,推进被征地农民、小城镇农转非居民和农村务农人员的社会养老保险工作"。2009年8月,国家建立新型农村社会养老保险制度,并在全国11%的县(市、区、旗)开展首批试点工作,简称"新农保"。2009年,安徽省人民政府制定颁发了《关于开展新型农村社会养老保险试点工作的实施意见》,采取个人缴费与财政补贴相结合的办法,逐步建立起面向农村居民的养老保险体系(见表9.1、表9.2)。2009年12月,国务院新农保领导小组批准同意安徽省霍山、金寨、当涂、铜陵、肥东、凤台、和县、固镇、繁昌、广德、蒙城、界首等12个县(市)作为首批新农保试点县(市),这标志着新农保试点在全省启动;2010年11月,按照国务院开展第二批新农保试点工作的要求,安徽省肥西县、宿州市埇桥区、濉溪县、阜阳市颖东区、利辛县、凤阳县、芜湖县、南陵县、怀宁县、潜山县、休宁县、庐江县、池州市贵池区、绩溪县14个县(区)被纳入试点范围;2011年7月启动第三批新农保试点,我省新增41个新农保试点市(县、区)(长丰县、灵璧县、萧县、阜南县、颍泉区、颍州区、谯城区、涡阳县、怀远县、五河县、天长市、全椒县、定远县、南谯区、枞阳县、桐城市、太湖县、宿松县、岳西县、黄山区、歙县、屯溪区、徽州区、黟县、祁门县、裕安区、舒城县、霍邱县、金安区、寿县、含山县、无为县、巢湖市、青阳县、东至县、石台县、宣州区、郎溪县、泾县、宁国市、旌德县）。全省共有67个市（县、区）进入试点范围，全省覆盖面达到63.8%，超过全国平均水平3.8个百分点。

表9.1 2010年安徽省新农保缴费档次、政府补贴一览表

试点县	缴费档次（个）		基础养老金（元）			缴费补贴（元）		
	档次	具体档次（元）	补贴标准（元）	其中		补贴标准（元）	其中	
				中央（元）	县（元）		省	县
当涂县	8	100～800	80	25		50～180		100补10元；200以上补20%
肥东县	10	100～1 000	60	55	5	30～50	20	100元补10元；200～500元每提高一档，补贴标准另加5元；600元以上，另加20元；增加部分不超过20元
界首市	5	100～500	55			30～42		100元补10元，每提高一档，补贴增加3元

注：缴费15年以上，每超过1年加发1%，加发不超过10%（肥东县"其中·县"列）；重度残疾人等缴费困难群体，按最低缴费标准政府为其代缴全部养老保险费。

3. 安徽城乡居民养老保障一体化的主要做法

（1）将农民合同制工人纳入城镇职工社会养老保险。为逐步缩小城乡养老保险差距，早在20世纪90年代初期，安徽的部分县、市就将养老保险的范围扩大到了乡镇企业、农民合同制工人、临时工、城镇灵活就业人员等群体，扩大了城镇职工养老保险覆盖人口，逐步缩小了农村养老覆盖人口。

（2）将被征地农民纳入城镇职工社会养老保险和新型农村社会养老保险。为维护失地农民合法权益，保障农民被征地后的基本生活，安徽省政府于2005年起

表9.2　2011年安徽省新农保缴费档次、政府补贴一览表

试点县	缴费档次(个) 档次	缴费档次(个) 具体档次(元)	基础养老金(元) 补贴标准(元)	基础养老金(元) 其中 中央(元)	基础养老金(元) 其中 县(元)	缴费补贴(元) 补贴标准(元)	缴费补贴(元) 其中 省(元)	缴费补贴(元) 其中 县(元)	
当涂县	12	100～1 200	80	25		50～260		100补30元;200以上补20%	
肥东县	13	100～1 000元、1 200元、1 500元和2 000元	60	55	5	30～70	20	100元补10元;200～400元每提高一档,补贴标准另加5元;500元以上1 000元以下,补贴30元;1 200元及以上,补贴50元	重度残疾人等缴费困难群体,按最低缴费标准政府为其代缴全部养老保险费
界首市	5	100～500	55			30～42		100元补10元,每提高一档,补贴增加3元	

注:缴费15年以上,每超过1年加发1%,加发不超过10%（适用于肥东县基础养老金县部分）

先后出台了《关于做好被征地农民就业和社会保障工作的指导意见》《安徽省人民政府关于公布安徽省征地补偿标准的通知》(皖政〔2009〕132号)和《安徽省人民政府办公厅关于印发安徽省征地补偿准备金管理办法的通知》(皖政办〔2010〕22号)等文件,按照"土地换保障"的思路,在充分测算论证且财力许可的前提下,采取征地补偿账户换算、实行缴费补贴政策等措施,按不同年龄段分别将被征地农民纳入城镇企业职工基本养老保险和新型农村社会养老保险体系。对已转为非农业户口的被征地农民、符合参加企业职工基本养老保险条件的,要将他们纳入农村社会养老保险的保障范围,可选择享受城镇企业职工基本养老保险,其被征地农民养老保险个人缴费部分,一次性退给参保人;对仍保留农业户口的被征地农民、当地已建立农村社会养老保险的,要将他们纳入农村社会养老保险的保障范围;被征地时年满16周岁且未参加城镇基本养老保险的被征地农民可以自愿参加被征地农民养

老保险,被征地农民养老保险资金由当地政府、村(组)集体和个人共同出资筹集。政府出资部分从土地出让收入等国有土地有偿使用收入中列支,村(组)集体出资部分从土地补偿费、集体经济组织经营收入、村(组)集体其他收益中列支。政府出资和集体出资用于基础养老保险金的发放,其待遇标准原则上不低于每人每月80元;个人缴费部分用于补充养老保险金的发放。领取养老保险金的年龄原则上为男年满60周岁、女年满55周岁。失地农民从农村养老保险体系中的剥离,进一步减轻了社会保障并轨的压力。

(3) 稳步实现城乡居民养老保障的完全并轨。2009年,安徽省正式启动新型农村社会养老保险试点工作。2011年7月,在开展第三批新型农村社会养老保险试点时,安徽省同步启动城镇居民社会养老保险试点。同时,从2011年7月1日起,安徽省试点县新型农村社会养老保险和城镇居民社会养老保险合并为城乡居民社会养老保险,统一组织实施,统一管理经办。2012年7月,安徽省启动城乡居民社会养老保险制度全覆盖工作,全省105个县(市、区)全面实施城乡居民社会养老保险制度。2014年11月,安徽省人民政府印发《关于进一步完善城乡居民基本养老保险制度的实施意见》,在原有基础上,对缴费档次设定、参保激励机制、特殊群体代缴、丧葬费补助制度等方面进行了政策完善和创新。主要内容如下:

① 缴费标准增加至13档。城乡居民养老保险实行个人缴费、集体补助、政府补贴相结合的筹资方式。《实施意见》在原来新农保设定100～500元5档、城居保设定100～1 000元10档的基础上,合并设定为13个档次,增设了1 500元、2 000元和3 000元3个档次。

② 梯次补贴由缴费额定。政府补贴分为基础养老金补贴和缴费补贴两部分。此次我省《实施意见》对补贴标准进行细化,并明确最低缴费补贴标准:缴100元补30元、缴200元补35元、缴300元补40元、缴400元补50元、缴500元及以上的补60元。省级财政目前承担其中的20元费用,其余部分由市、县(市、区)财政承担,市、县(市、区)承担比例由各市自主确定。

③ 缴费困难群体优惠。对重度(二级以上)残疾人、独生子女死亡或伤残(三级以上)后未再生育夫妻(女方年满49周岁)、节育手术并发症人员(三级以上)等缴费困难群体,县人民政府应结合本地实际,在缴费档次范围内确定标准为其代缴养老保险费,并按代缴养老保险费档次给予补贴。领取独生子女父母光荣证的独生子女父母和落实绝育措施的农村双女父母参保缴费的,各地可适当提高补贴标准。

④ 加发标准可自行提高。目前中央确定的基础养老金标准为每人每月55

元。原政策规定,对长期缴费超过15年的,每超过1年,基础性养老金加发1%,最高不超过10%,加发的基础养老金由试点地区承担。而此次《实施意见》调整了加发标准:鼓励长缴多得,对长期缴费的,可适当加发基础养老金,加发部分的资金由市、县(市、区)政府负担。

⑤ 丧葬补助最低补8个月。城乡居民养老保险待遇领取人员死亡的,从次月起停止支付其养老金。参保人死亡的,一次性支付丧葬补助金,补助金最低标准为中央确定的基础养老金8个月的金额,所需资金由市、县(市、区)承担。有条件的地方可进一步提高补贴标准。

⑥ 个人账户余额全继承。个人账户养老金,延续原来城乡居民养老保险政策,即按个人账户全部储存额除以139计算每月领取标准。此次,调整了个人账户余额继承政策。按照以往规定,若参保人死亡,个人账户中的资金余额,除政府补贴外,由法定继承人或指定受益人一次性领取。而新规则规定了若参保人死亡,个人账户资金全部余额,可以依法继承,而不再像之前所规定的"剔除政府补贴"。同时,调整了个人账户计息政策,将新农保和城居保试点时规定的"每年参考中国人民银行公布的金融机构人民币一年期存款利率计息",改为"按国家规定计息"。

⑦ 迁移接续缴费年限累计。参加城乡养老保险的人员,在缴费期间户籍迁移、需要跨地区转移关系的,可在迁入地申请转移养老保险关系,一次性转移个人账户全部储存额,并按迁入地规定继续参保缴费,缴费年限累计计算。对已经按规定领取居民养老保险待遇的,无论户籍是否迁移,其养老保险关系不转移。

二、安徽城乡医疗保障一体化的实践与探索

1. 城镇职工基本医疗保险制度改革

安徽省的社会医疗保险制度,起步于1996年的城镇职工医疗保险制度试点。自20世纪80年代开始,安徽无为、霍山、繁昌等县进行职工劳保医疗制度改革,先后开展职工大病医疗费用社会统筹和离退休人员大病医疗费用社会统筹的试点工作。1996年5月,国务院在安徽铜陵、芜湖、淮北3市进行医疗保险改革试点,安徽省人民政府于1996年12月、1997年3月批准了三市的《职工医疗保障制度改革实施方案》。在职工医疗保险制度改革进程中,安徽省遵循"广覆盖、低层次、保基本"的指导思想,结合安徽试点经验,于1998年12月制定实施了《安徽省实施城镇职工基本医疗保险制度改革若干意见》,建立了具有安徽特色的以基本医疗保险为主

体,包括公务员医疗补助、大额医疗费用补助、企业补充医疗保险和社会医疗救助等多层次的职工医疗保障体系,顺利完成了从职工公费和劳保医疗等福利型保障向建立基本医疗保险制度的历史性转变。2006年,安徽省政府出台了《关于我省企业职工基本养老保险制度的决定》,明确农垦企业和监狱企业职工全部参加基本养老保险。2007年,全省各市、县按照"低费率、保大病、保当期"的原则,建立大病医疗保险统筹基金,开展农民工参加大病医疗保险的专项扩面行动。2009年安徽全面落实地方政策性关闭破产国企退休人员参加城镇职工基本医保政策。新制度已覆盖到城镇各类用人单位职工和退休人员、灵活就业人员、进城务工人员、关闭破产企业退休人员。

2. 建立新型农村合作医疗制度

2003年,安徽开展了新型农村合作医疗试点,进行住院补偿、产妇分娩补偿、慢性病补偿和农民健康体检工作,安徽的新农合制度框架及运行机制也已基本形成。一是建立了由政府领导、卫生部门主管、相关部门配合、经办机构运作、医疗机构服务、农民群众参与的管理运行机制;二是建立了以家庭为单位自愿参加,以县(市、区)为单位统筹,个人缴费、集体扶持和政府资助相结合的筹资机制;三是形成了符合各地实际的统筹补偿方案,建立了参合农民在本县(市、区)范围内自主选择定点医疗机构就医、现场结报医疗费用的结算报销办法;四是建立了有关方面和农民参与的以基金运行、审核报付为核心的监管制度;五是形成了医疗服务、药品供应等方面的规范,建立了与新农合制度相互衔接、互为补充的医疗救助制度。

3. 建立城镇居民医疗保障制度

2007年,安徽省政府下发了《安徽省城镇居民医疗保障制度实施意见》。合肥、芜湖、马鞍山三市进入2007年国务院首批试点城市名单。2008年,安徽省政府决定将全省城镇非从业居民纳入城镇居民医疗保障制度覆盖范围,主要对象为未纳入城镇职工基本医疗保险制度覆盖范围内的学生、少年儿童和其他非从业城镇居民,要求基本实现全覆盖。城镇居民自愿参保,每人每年缴费不低于30元,中央财政补贴每人每年40元,省级财政补助每人每年30元,市级不低于30元,县级不低于10元。具体筹资标准由统筹地区根据当地实际合理确定,以个人和家庭缴费为主,财政给予补助。按照以收定支、收支平衡、略有结余的原则,由各统筹地区确定城镇居民医疗保障的起付标准、最高支付限额和基金支付比例,基金主要用于支付符合规定的住院和门诊特大病医疗费用,部分市、县积极调整医保政策,进一步提高群众受益水平。

4. 城乡居民医疗保障一体化制度

安徽省从 2009 年起开始试点建立城乡一体化的居民医疗保险制度。从 2009 年 1 月 1 日起,马鞍山市在全省范围内率先建立城乡居民基本医疗保险,按照统一筹资标准、统一参保补助、统一待遇水平的要求,全市城乡基本医疗保险实现了市级统筹、城乡统筹、全域结算。安徽省于 2009 年开始选择长丰、石台、繁昌、宁国 4 个县(市)作为试点地区,探索建立城乡医疗保险制度。试点县(市)在工作中将城镇居民参保纳入到新农合管理,按新农合运作城乡居民医保。2013 年 5 月 7 日安徽铜陵县实施城镇居民保险与新农合制度并轨,将新农合管理职能调整到市人社部门,在住院待遇方面,起付标准和报销比例取两者中值,在门诊方面,统一按新农合政策实行单次门诊费 15 元以内按 60% 报销,制定统一城乡居民慢性病门诊补助办法,统一执行城镇居民医保药品目录、诊疗项目及医疗服务设施范围,农民报销药品目录增加,医疗服务选择范围扩大。

2015 年 2 月,安徽在全国率先启动省级深化医改综合试点。总体方案确定的 11 个方面 123 项改革试点内容,已基本完成 70 项、持续推进 48 项、积极探索 5 项,各项改革平稳有序推进,取得初步成效。① 实施"三同步"改革,全面破除公立医院以药补医机制。城市公立医院同步取消 15% 的药品加成,实现全省公立医疗机构取消药品加成全覆盖;同步调整医疗服务价格,初步理顺了省、市、县级医院诊察费价格;同步推进药品集中带量采购。② 组建城市医联体、城乡医联体、县乡村医疗卫生服务共同体等形式医联体,推进分级诊疗制度建设。③ 推动管办分开,改革基本医保管理体制。按照政府主导、市场运作、管办分开、适度竞争的原则,在已实现城镇居民医保和新农合两项制度并轨的 25 个统筹市、县,开展商业保险机构经办城乡居民医保试点,充分发挥商业保险机构在规范医疗行为、控制医药费用等方面的作用。同时,加快医保支付方式改革,对近 300 个常见病种实行按病种付费,县级医院全面推开"临床路径＋病种付费"。

目前,安徽省城乡居民医疗保障实施以新农合为主,将城镇居民(医疗保险)并入新农合进行管理的有肥东县、肥西县、长丰县、庐江县、巢湖市、繁昌县等 26 个县市。将新农合并入居民医保的有芜湖、铜陵、马鞍山、合肥等经济较为发达的四市,其余地区是新农合与居民医保并存。新农合覆盖了 89.9% 的乡村和 13.4% 的城市人口。

三、安徽城乡居民社会救助一体化的实践与探索

1. 安徽城乡居民最低生活保障一体化的实践

(1) 建立城镇最低生活保障制度。我国最低社会保障制度的前身表现为传统的社会救济。传统的城市社会救济的主要保障对象是无劳动能力、无生活来源、无法定赡养人和抚养人的城镇孤老、社会困难户、20世纪60年代精减退职职工以及国家规定的特殊救济人员。随着救济体制改革的深入,传统社会救济所固有的救济标准低、范围窄、随意性大等弊端日益显露出来,迫切需要改革。1995年初,安徽在合肥开展城市居民最低生活保障线试点工作,1999年安徽省政府颁布《安徽省城市居民最低保障实施办法》(省政府令第144号),全省已在所有的地级市、县级市和县城镇建立了城市居民最低生活保障制度。2002年起,安徽制定了《安徽省城市居民最低生活保障实施办法》,全省城镇已普遍建立起标准有别、操作规范、管理科学的最低生活保障制度。2012年,安徽城乡低保双轨并举。

(2) 建立农村居民最低生活保障制度。2005年,党的"十六大"报告提出了"有条件的地方,可以探索建立农村最低生活保障制度"。安徽积极响应,金寨县制定出台了《金寨县农村居民最低生活保障暂行办法》,在全省率先建立了农村居民最低生活保障制度。2007年,安徽省委、省政府进一步落实民生工程,将家庭年人均收入低于683元以下的农村困难群众全部纳入了保障范围,决定在全省全面建立农村居民最低生活保障制度,各地使用"一卡通"发放低保补助。

(3) 探索建立最低生活保障城乡一体化。2012年,《国务院关于进一步加强和改进最低生活保障工作的意见》(国发〔2012〕45号)颁布以来,安徽省城乡低保双轨并进,进入了快速发展的轨道。安徽省政府于2013年11月出台了《关于进一步加强和改进最低生活保障工作的实施意见》(皖政〔2013〕72号),将我省城市与农村的最低生活保障进程推向了深入,全面提升了我省最低生活保障管理服务水平和工作能力,让更多的城乡困难群众从中得到实惠,使城市低保对象的基本生活得到有效保障。2011年以来,铜陵市在社会救助领域率先打破城乡二元结构,探索实行城乡低保"1+6"模式,即"围绕实现城乡一体化总目标,对城乡社会救助实行救助标准、管理模式、听证制度、发放时间、体系平台和政策衔接'六个统一',实现城乡社会救助的无缝对接和并轨管理"。通过统一救助标准,明显缩小了城乡救助差距:自2011年10月起,城乡低保标准统一调整为每人每月310元,2013年4月,

进一步提高为每人每月395元。2015年4月1日起,铜陵市城乡低保标准统一由每人每月435元提高到479元。2015年,安徽进一步规范了城乡低保管理,在全省集中开展社会救助专项治理,共清退不符合条件的低保对象15.4万人,新纳入低保对象10.1万人,有力地保障了困难群众的基本生活。

目前,铜陵市、合肥市城区、芜湖市(除无为县)、马鞍山市(除和县、含山县),已率先实现了城乡低保一体化,为推进全省城乡社会救助一体化提供了实践基础。城乡低保工作在制度体系建设、资金筹措管理、审核审批程序、各项配套措施等方面已形成了一套较为规范的工作管理机制,为推进国企改革、维护社会稳定、实现社会公平公正发挥了重要作用。

2. 城乡医疗救助制度逐步完善

从2008年起,全省全面建立起农村医疗救助制度并开展了城市医疗救助制度试点工作。截至目前,已初步建立起以大病救助为主,基本医疗救助和资助城乡低保对象参加城镇医保及新型农村合作医疗为辅,各项优惠政策和便民措施为补充的医疗救助体系。同时,资助低保家庭成员、特困供养人员参合参保;取消了低保对象、特困供养人员医疗救助起付线,提高了封顶线;推进了医疗救助"一站式"即时结算服务,探索开展异地结算试点;全面开展了重特大疾病医疗救助。全省医疗救助工作惠及城乡困难群众389万次,支出救助资金11.9亿元。对重点救助对象政策范围内住院自付医疗费用救助比例提高到70%以上,有效地缓解了城乡贫困群众医疗难问题。

3. 农村敬老院建设和"五保"供养工作得到较快发展

安徽全部免征农业税后,农村各项事业出现重大变革,敬老院的性质、体制、资金筹集、管理形式等方面发生了显著变化。同时,为彻底改变计划经济时期敬老院基础设施陈旧、经费保障不足、整体布局不合理、管理不规范、供养水平偏低等落后局面,安徽省不断优化养老服务业发展环境,出台了一系列政策支持鼓励社会力量兴办养老机构,机构建设、运营、贷款贴息和政府购买服务等补贴扶持政策得到有效落实。到2015年年底,全省敬老院建设完成162个,建成2万张床位,总投资2.9亿元。全省新增社会办养老机构床位2.5万张。全省城市养老机构中,社会办养老机构床位数所占比重达50%以上。对农村五保供养对象实现应保尽保,供养标准大幅度提高。全省农村五保供养对象42.1万人,其中集中供养15.1万人、分散供养27.0万人,集中供养和分散供养水平分别达到月人均387元和217元,

"五保"人员的基本生活权益得到有效保障。

四、安徽城乡社会保障一体化的成效

"十二五"规划实施以来,安徽省城乡社会保障事业快速发展,目前已初步建成了以社会保险、社会救助、社会福利为基础,以基本养老、基本医疗、最低生活保障制度为重点的项目齐全、覆盖全面的社会保障体系框架。

1. 社会保障制度体系加快推进

安徽已基本建立起覆盖城乡各类人群的社会保障制度体系。机关事业单位养老保险制度改革稳步推进,新农保和城镇居民养老保险合并实施,城乡居民养老保险制度、城镇居民大病保险制度实现全覆盖。建立了基础养老金与个人账户相结合的城乡居民社会养老保险制度,构建起以企业职工基本养老保险、机关事业单位职工养老保险、城乡居民社会养老保险为核心,以被征地农民基本生活保障等制度为补充,覆盖城乡各类人群的基本养老保障制度体系。着力解决历史遗留问题,24万人通过补缴费方式获得城镇职工养老保险,基本解决未参保集体企业退休人员和家属工、临时工等养老保险问题。扎实推进被征地农民养老保险工作。全面落实企业职工养老保险关系转移规定,实现企业职工养老保险和城乡居民养老保险关系的跨制度转移衔接。包括城乡低保、农村五保、医疗救助、特殊困难残疾人救助、临时救助等制度在内的社会救助体系正在初步建立。

2. 社会保障覆盖面不断扩大

"十二五"以来,安徽省组织开展了"全民参保登记计划",以工业园区企业、中小企业以及农民工等为扩面重点,切实提高社会保险参保覆盖面;集中开展了以"巩固新成果、迎接全覆盖"为主题的城乡居民养老保险"百日行动",着力扩大城乡居民养老保险参保范围。到2015年年底,全省城镇职工基本养老、城镇基本医疗参保人数分别为857.78万人、1 734.89万人,分别比"十一五"期末增加188.28万人、205.5万人,全省城乡居民养老保险参保人数达到3 396.57万人。城乡最低生活保障实现了应保尽保。截止到2015年年底,全省参加新型农村合作医疗共5 190.8万人,参合率为101.7%,实现了应保尽保。

3. 社会保险待遇水平不断提高

全省企业退休人员基本养老金实现"十一连调",月人均养老金由"十一五"期末的1 263元提高到2 024元,比"十一五"期末增长761元。被征地农民社会保障待遇由"十一五"期末的平均100元提高到281元。城乡居民医保财政补助标准由"十一五"期末的120元提高到380元,城镇职工医疗保险全面建立了个人账户和医疗救助制度,住院政策范围内报销和实际报销比例分别提高到80%、74%以上。城镇居民医疗保险全部建立门诊统筹、兜底报销和大病保险制度,政策范围内和实际报销比例分别提高到70%、56%以上。

4. 社会救助"网底"更加坚实

"十二五"以来,城市居民最低生活保障月人均支出由176元提高到342元,年均增长14.2%;农村低保月人均支出由76元提高到162元,年均增长16.3%;农村五保供养标准从年人均不足1 000元提高到集中供养年人均4 644元、分散供养年人均2 604元。2015年,直接救助88.2万人次,资助299.2万人参加基本医疗保险,实现全面覆盖。同时,将救助资金列入财政预算,确保困难群众及时得到救助。

5. 社会保障服务水平不断提升

加强省级异地就医结算平台建设,全省异地就医双向结算实现全覆盖。不断完善社会保险基金监管制度,组织开展社保基金社会监督试点,实施城乡居民社会养老保险、城镇职工基本医疗保险基金支付管理检查,全面推进社保基金统一财务核算软件和第二批社保基金监管软件的联网应用。整合社会保险经办资源,规范和优化管理服务流程,加快社会保险规范化、信息化、专业化建设步伐。将2012年作为社会保险"基础管理提升年",积极开展社会保险精算工作,提升经办机构服务能力,扎实做好基本养老和基本医疗保险跨统筹地区转移接续工作。

五、安徽城乡社会保障一体化建设的经验和启示

安徽把建立农村"三大保障"体系,加快实现社会保障制度的城乡并轨,始终作为城乡一体化改革发展的一项重点工程,实现了率先突破。其最重要的经验就是始终坚持从安徽省情出发,科学把握时代发展趋势,严格遵循城乡发展一体化规律,不断强化改革创新驱动力,按照顶层设计与"摸着石头过河"相结合的方法,将发挥市场的决定性作用与政府的主导性作用有机结合起来,找准城乡社会保障一体化的关键环节和关键节点,采取有针对性的改革举措和政策措施,积极稳妥地推

进城乡社会保障一体化进程。

1. 以人为本是城乡社会保障事业建设的核心

以人为本是我们党执政理念的集中体现,也是推动经济社会发展的根本目的。我国农村社会保障事业的建设就是为了逐步提高农民的生活水平和生活质量,实现共同富裕。我国农村社会保障的最终目标是要将所有的农村人口均纳入被保障的范围,而不依社会地位和职业等划定被保障的范围,使更多的人从中获益。安徽在城乡社会保障一体化方面所取得的诸多进展均与政府的重视以及由此推出的顶层制度设计密切相关。安徽各级政府坚持把完善社会保障体制摆在全省工作的突出位置,坚持以人为本,每年均将城乡社会保障体系建设纳入经济社会发展规划和政府重大民生工程予以部署安排。

2. 社会保障制度设计要体现城乡居民在政策选择上的公平性

公平性是社会保障的本质属性。坚持社会保障的公平性,就是要保障所有公民公平、公正、平等地享有社会保障的基本权利。安徽的基本养老保险制度和基本医疗保险制度都设计了不同的缴费标准,但选择标准的依据不再是城乡居民的户籍或身份,而是其缴费能力。只要具备缴费能力,农村居民同样可以选择较高的缴费标准,享受较好的保障待遇,即城乡居民只要尽到同样的义务,就可享受同样的待遇。只有在公平的制度下,民生才有全面发展的可能,社会才能稳定。

3. 社会保障水平要与经济社会发展水平相适应

实现城乡社会保障一体化是需要地方政府费时、费力、费钱、费心的民生工程。实现城乡社会保障一体化,是在我国社会保障制度建设滞后、社会保障水平偏低、城乡二元社会保障严重制约经济社会发展的背景下提出的社会保障制度建设的新要求、新目标。安徽城乡居民养老保险制度和医疗保险制度坚持权利与义务对等、保障水平与经济发展水平相适应的原则。这一原则应有两个方面的考量:一是社会保障水平不能过于超越经济社会发展水平,否则会给经济社会发展带来过大的压力,损害经济发展的可持续性;二是社会保障水平不能严重滞后于经济社会发展水平,否则会影响社会稳定,制约经济社会发展。安徽各地区在教育、医疗、社会保障等方面的城乡差距较大,各地应根据本地的发展水平、地方财政状况、人口发展、劳动力转移和城镇化率等综合因素科学测定财政负担能力,先在有条件的地区开展试点工作,再分阶段、分步骤有序推进,这样可以有效降低改革成本,减少改革失误。

4. 社会保障一体化要遵循先易后难、循序渐进的原则

社会保障一体化是涉及城乡居民、企业、政府的系统性工程,在推进中会遇到各种各样的历史遗留问题和现实困难,必须按照先易后难、循序渐进的原则稳步推进,并以人性化和制度化的原则解决历史遗留人员的社会保障问题,以确保社会保障的全面覆盖。

六、安徽城乡社会保障一体化中存在的问题

1. 城乡社保碎片化、多轨制运行

"十二五"期末,安徽省开始着手统一城乡户口登记,全面实施居住证制度,并同步建立与统一城乡户口登记制度相适应的配套政策体系,逐步实现城乡居民社会福利一体化。从制度本身来看,统一城乡户口登记制度的实质是打破了城乡居民的身份界限,对城乡居民的社会保障问题进行了统筹安排,但实际运行中还存在诸多难题亟待解决。① 安徽省在统一城乡户口及相关制度建设中还有很长的道路要走;② 基于城乡户口登记制度的城乡社保统筹只是一种以户籍人口为考量的社会保障一体化政策,并未将非户籍的常住人口纳入制度体系;③ 安徽在城乡社保一体化过程中逐渐推进制度融合,但仍无力在短时间内消除当地乃至全国社会保障的"碎片化""多轨制"运行的弊端,因而距离全民普惠意义上的均等化尚有一定距离。

2. 城乡发展不平衡制约社保均等化水平提高

多年来,尤其是十八大以来,安徽全省各地区为促进城乡社会保障均等化付出了诸多努力,成绩有目共睹。省政府尽力为农村居民创建了机会均等的加入社会保障的平台,但能否有效利用这个平台,还取决于村民个人和村民集体经济组织的参保缴费能力。目前,安徽城乡之间、不同区域之间始终存在着经济发展不平衡的状况,这也制约着城乡社会保障均等化水平的提高。即便是在长三角经济带副中心的合肥市,经济总体发展水平、县域经济发展水平、农村经济发展水平虽全省领先,但也依然存在一些经济发展的"死角",因此在合肥某些欠发达乡村的社保运行中仍然会出现困境。

3. 城乡社会保障需求及保障方式存在较大差异

安徽农村地区幅员广阔，城市居民的生活方式与农村居民存在较大差异，由此导致城乡居民社会保障的需求及目前的保障方式大不相同，为城乡社保一体化推进带来巨大阻力。主要表现在：① 城乡保险方面。在保障项目上，城乡社保基金集中于保障居民的养老与医疗两方面，不同地区待遇、水平参差不齐；工伤保险、失业保险、生育保险等因与工作性质相关，在农村难以开展甚至无法开展。在保障方式上，目前城镇地区以制度化保障为主，农村地区则以政策性保障为主，基于地方发展情况的临时性保障多于制度性保障、突击式保障多于长期性保障等缺陷明显。② 社会救助方面。作为社会保障的重要组成部分，社会救助的实施在全省城乡之间、区域之间由于社保发展程度不同存在显著差异性，主要体现为地区项目上的不统一且救助标准各异，社会救助方式单一，大多城乡救助面狭窄，目前安徽农村主要以最低生活保障制度为基本救助方式，部分地区存在老百姓十分关切的大病救助申请难、救助层次低等问题。

4. 城乡社保资金将出现缺口

由于受到国际经济发展不景气、我国转变经济增长方式和经济结构调整的影响，安徽省经济发展进入新常态，从过去的高速增长转入中高速增长阶段。随着经济增速降低，中小微型企业可能出现生产经营困难，失业人数和中断缴费人数都将明显增加，财政社保补助力度受到制约。未来几年，随着安徽城乡社会保障一体化的不断发展，大量农村居民进入城市居民社会保障序列，不仅拉低了城镇职工平均工资水平，而且由于这部分群体缴费水平低、时间短、基金积累少，将给城市社保基金增加不小的负担。同时，我国人口老龄化和高龄化程度持续加深，未来享受社会保障的人口基数和待遇总量在不断扩大，社会保险基金必然出现收支不平衡的状况。

概而言之，影响安徽城乡社会保障均等化的因素主要包括制度体系构建和管理运行两大方面。目前安徽城乡社会保障制度的统筹发展明显滞后于城乡一体化进程，基层政府相应的职能定位尚不明晰，上级管理机构在对其资金、权责方面的统筹安排也存在部分未匹配到位的情况，影响社会保障城乡一体化服务水平的提升。随着城乡一体化的持续推进，传统的城乡分割的保障制度和相应的管理制度必然要实现并轨，而如何将所有适保人群无差别地纳入社会保障体系中，并提供完善的管理服务，则需要政府不断地摸索和改进，城乡社保制度改革势在必行。

七、推进安徽城乡社会保障一体化的对策建议

在安徽新型城镇化快速发展过程中,城乡社会保障制度不一致、衔接不上、管理体制分割的问题愈发突出。按照党的十八大提出的"全覆盖、保基本、多层次、可持续"方针,以增强公平性、适应流动性、保证可持续性为重点,安徽省迫切需要加快社会保障制度城乡统筹步伐,推进城乡社保制度、政策、管理服务的统一,适当提高统筹层次,建立更加公平可持续的城乡社会保障体系。

1. 普惠与特惠相结合,逐步缩小城乡社保待遇差距

构建统一的城乡社会保障制度,全面实施全民参保计划,实现人人享有全覆盖、应保尽保、减少断保。在实现普惠的同时,城乡社保改革开始向缩小筹资与待遇水平间的差距迈进。这是一个不断改进的动态过程,短时间内不可能完全消除,只能随着地方经济的发展、城乡居民收入的增长,逐步提高财政补贴和个人缴费水平,拉近城镇居民与农村居民的差距,为"一个制度、同等待遇"做准备。确保向城乡尤其是农村的困难群体及特殊群体实现政策倾斜,解决城乡一体化进程中广泛出现的农村失地农民及城市农民工群体的社会保障问题。目前,安徽社会保障制度基本实现了城乡全覆盖。安徽针对被征地农民、小城镇农转非居民、农村务农人员和进城农民工等农村特殊群体出台多项政策,在原则性政策基础上,保护特殊群体的权益。"十三五"时期,安徽将针对农民工家庭流动性大的这一特点,为农民工建立畅通无阻的城乡社保转移机制。

2. 划分需求,增强城乡社会保障方式的灵活多样性

对农村参保能力较低的群体,从根源上改变现状的方式是提高农民的最低收入,而对于无力缴纳社会保险的人群,则需要政府启动相适应的救助程序,提供医疗救助、教育救助、培训救助等。此外,城乡社会保障一体化的推进要因地制宜、有针对性,各级政府在制度设计上要根据区域内农民的不同层次,设立不同险种构成的保障体系,使参保者有更多的选择,确保人人享受到社会发展的成果。以农民工为例,安徽已经从招收农民工的单位入手,要求单位依法为农民工办理城镇职工基本养老保险参保手续,履行缴费义务,使其享受城镇企业职工同等待遇。同时,为了坚持以人为本,充分尊重农民工的自身意愿,还保留了农民工参保原籍的农村社会养老保险的权利。下一步,政府将促使未签订劳动合同、收入不稳定的农民工参

加大病统筹等险种,促使在镇以下地区企业从事临时性工作或季节工的农民工参加新型农村合作医疗保险,进一步细化并实现不同农民工的社会保障需求。

3. 大力发展"云社保",推动城乡社保服务信息化建设

开创"互联网+"投入城乡社会保障服务一体化的新局面,利用先进的网络技术和云计算实现城乡社会保障服务自动化到智能化的转变。区别于现有的社保网络平台仍然由人工提供服务的本质,以"互联网+"为媒介,探索运用"云计算"处理城乡社保信息。不断提高经济社会发展欠发达地区人们对信息化建设重要性和必要性的认识,制定符合地区实际情况的社会保障管理信息化发展的长期目标。加快城乡社保信息在互联网中的覆盖与完善,提高农村互联网社保服务水平,通过若干年的持续发展,达到与城市一样的运行程度。建立统一的互联网社保服务信息平台,确保各项业务服务协调一致,各个平台系统衔接无缝,使服务规范化、一体化。加强城乡社保信息化安全建设,注重对社保信息的保护,提高计算机系统对病毒的查杀及防御能力,保障后台系统的正常稳定运行。提升系统信息化处理能力,为用户打造科学、先进的个人网上服务系统。

4. 优化城乡社保基金来源和管理模式,确保基金充沛并保值增值

当前"新农保"制度和"城镇居保"制度正在从制度全覆盖向群体全覆盖迈进。目前,群体全覆盖面临的最大问题在于居民参保积极性不高,或者即便参加也存在大量集中于最低缴费档次参保的现象,亟须改善。强化制度激励机制,合理引导农民预期,落实多缴多得、长缴多得的养老保险激励机制,激发城乡居民参加"新农保"和"城镇居保"的热情,加大个人账户的"蓄水量"。通过减免保险金的方式积极鼓励个人或社会组织参保,通过减免税收、制定事故问责及成绩奖励等措施,推动企业进行捐赠和参保。尤其是农村社会救助方面,需要开拓多渠道的资金机制,大力发展慈善事业,宣传慈善知识、传播慈善文化、弘扬慈善精神、普及慈善教育,努力建立完善覆盖省、市、县、乡四级慈善组织网络,减轻政府财政压力。

加大财政投入力度,合理选择筹资方式和筹资途径,为城乡社会保障统筹制度的顺利发展和建设提供稳定的资金来源和支持。建立城乡社会保障资金同政府财政支出正常同步增长的机制,切实做到城乡社会保障支出的增长速度不弱于财政支出的增长速度;切实从城乡社会保障体系的构成、标准、对象等多方面因素考虑,科学确定城乡社会保障资金支出规模,并根据城乡差异、地域差异、经济发展差异等因素进行适量的调节和整合,全面有效地提高政府财政投入的使用效率。

基于目前社保资金紧缺的情况，实现社保基金的增值保值极为关键。在城乡社保服务信息化建设基础上，建立完善的社会保障基金管理监督和运行机制，坚持以互相制约、互相监督、责任分明为原则，实现社会保障基金的透明、安全、规范管理。不断完善稽查制度、内部控制制度及财务会计制度，促进基金统计和支出的透明化，解决审计、检查、财政等部门在社会保险基金管理中存在的监督不善的问题，以保护社保对象的切身利益，实现城乡社会保障服务的规范化、制度化的有效合理运行。加强城乡社保基金管理队伍建设，提高管理人员对社保基金的管理、投资、运作能力，确保社保基金供需形成良性的期限匹配，缓解现在社保资金紧缺的局面。

5. 统筹管理，加强基层政府服务职能

坚持"政府主导、制度统一、管理统一、经办统一"的原则，推进城乡社会保障部门的管理职能整合，从分散分割走向并轨统一，实现城乡社会保障统筹管理，提高服务能力和服务水平，政府在城乡社会保障管理中要突出政策制定、基金筹集与支付管理等方面的工作。建议成立全省统一的社会保障管理中心，提供城乡社会保障管理平台，提高管理效率。针对城乡医疗保障一体化，优化配置城乡医疗管理部门的资源是关键，通过成立省、市、县三级过渡性质的医疗管理委员会，抽调卫生部门与人社部门中专门管理医疗保险的人员按区域设立工作组，可以实现城乡医疗资源的全面对接。

目前，村一级的管理职能已经逐渐消逝，乡镇政府作为与群众联系最为紧密的一级机构，在城乡社保一体化中承担了更多的工作和责任。乡镇政府在社会保障的统筹管理中获得和把握农民对公共产品和服务的需求信息相对容易，由乡镇政府分析利用这些信息，可以避免信息在政府间传递过程中可能发生的信息缺失或信息失真，从而可以使公共支出的安排更有效。

第二节　安徽精准扶贫的实践与探索

党中央、国务院历来高度重视扶贫开发工作，将扶贫开发作为关乎政治方向、根本制度和发展道路的大事来抓。实施精准扶贫战略是缓解贫困、实现共同富裕的内在要求，是打赢全面建成小康社会扶贫攻坚战的重要保障。党的十八届五中、六中全会明确指出,到 2020 年,我国现行标准下农村贫困人口实现脱贫,贫困县全部摘帽,解决区域性整体贫困。2015 年 11 月,中央召开扶贫工作会议,吹响了脱贫攻坚的冲锋号,全党、全国人民下定决心,坚决打赢脱贫攻坚战,为的是全面建成小康社会,为的是不让一个人在"小康"路上掉队,全面实现小康"一个不能少"。

安徽以党的十八大以及十八届三中、四中、五中、六中全会为指导,立足省情实际,把扶贫开发工作纳入"四个全面"战略布局,以大别山片区和皖北地区为主战场,以规划为引领,以载体为支持,以项目为抓手,以"抓金寨促全省"为推动,制定了一系列政策措施,大力实施精准扶贫,确保 2020 年与全国同步建成小康。

一、精准扶贫开启了安徽扶贫事业新阶段

1. 改革开放以来安徽扶贫开发的历程

改革开放 30 多年来,安徽的扶贫工作大致经历了 6 个阶段:

(1) 救济式扶贫阶段(1949~1977 年)。由于当时农村生产力落后,农业生产效率低下,加之安徽处于复杂的地理和特殊气候地带,基础设施薄弱,自然灾害频发,经常因灾发生大面积贫困现象。据统计,1949~1978 年,安徽省基本上每年都会遇到不同程度的水旱灾害,其中发生重大自然灾害 12 次,30 年中总受灾面积达 5750.8 万平方千米,成灾面积达 4 292.3 万平方千米,平均年成灾面积达 142.8 万平方千米。在此期间,政府采取的扶贫行动主要是有针对性的灾后救济。但限于当时政府财力有限,且受灾人口较多,因此救济扶贫常常是杯水车薪。

(2) 体制改革主导的救济式扶贫阶段(1978~1985 年)。1978 年,安徽省凤阳县小岗村率先发起农村家庭联产承包责任制,并迅速在全省、全国推广。十一届三中全会后,以家庭联产承包责任制为主、统分结合的双层经营体制逐步取代人民公社的集体经营制度,从生存救助为主的无偿救济开始转向生产帮助兼有的部分有偿救济。体制变革彻底打破了平均分配主义,农村生产力得到极大解放,农民生产积极性得到极大发挥,农村贫困状况迅速缓解。这一期间,安徽省农业和农村经济出现了强劲的发展势头,人均农业总产值、人均粮食产量、农民人均纯收入分别由 1978 年的 152 元、317 千克、113 元,增加到 1985 年的 386 元、423 千克、369 元,年递增为 14.2%、4.7%、18.4%。农民收入大幅度增加,农村贫困人口急剧减少,贫困人口由全省范围的大面积分布演变为相对集中在深山区、库区、沿淮行蓄洪区、沿江洲圩区、江淮分水岭地区等地,贫困人口由 1980 年的 1 200 万人,下降为 1985

年的 665 万人,大部分农民脱离绝对贫困状况。这一阶段安徽省的反贫困行动主要是通过土地制度改革,促进农业生产力的发展,使大部分农民脱离了贫困。

(3) 有计划和瞄准对象的开发式扶贫阶段(1986~1993 年)。1986 年国家正式启动有组织、有计划、有重点、直接针对贫困区域的以救济式扶贫为主的扶贫政策及工作机制。国务院成立了贫困地区经济开发领导小组,决定以县作为扶贫开发的基本单元,并划定了 331 个国家级贫困县,通过国家财政扶贫资金、以工代赈和贴息贷款三种资源传导方式,以组织劳务输出、改善贫困地区基础设施、定点对口扶持等手段集中全社会力量缓解特定地区贫困。安徽省和各贫困地区相继成立了专门的扶贫开发机构,负责对本地区扶贫开发工作的组织、协调及领导,并把工作重点定位于农业产业化发展,以农业发展带动农村贫困居民的收入增加。这种以"县"为区域的开发式扶贫,是对过去救济式扶贫模式的彻底改革,实现了从传统分散向区域经济型扶贫的转变。通过改革和扶贫开发,安徽农村经济出现显著增长,极度贫困状态有所缓解。这一阶段全省贫困人口下降到 360 万人。

(4) "八七"扶贫攻坚阶段(1994~2000 年)。从 1991 年起,农村贫困人口减少的速度明显减缓,贫困人口主要集中在地域偏远、农业资源匮乏、生态失调、文化教育落后、生产生活条件极为恶劣的地区。针对这种情况,中央召开第一次全国扶贫开发工作会议,并颁布了我国历史上第一个扶贫开发行动纲领——《国家八七扶贫攻坚计划(1994~2000 年)》,提出力争用七年时间基本解决农村贫困人口的温饱问题。我国扶贫工作进入调整、巩固、提高阶段,标志着全国、全省扶贫开发进入了攻坚克难的决战阶段。

在这一阶段,安徽省也出台了相应的扶贫开发计划,金寨、岳西等 17 个县被确定为国家级贫困县,歙县、绩溪等 5 个县被确定为省级贫困县。"八七"扶贫攻坚采取的主要措施有如下七项:一是适度增加财政扶贫资金(包括以工代赈资金和财政发展资金等)和信贷扶贫资金的投入;二是加强和改善贫困地区基础设施建设与扶持贫困户发展生产相结合;三是扶贫开发重心下沉,项目和资金安排进乡到村,效益覆盖到户;四是从实际出发,集中力量打攻坚战,主攻深山区、库区;五是组织和动员全社会力量参与扶贫;六是引进和利用外资加强扶贫开发;七是坚持社会经济发展与扶贫开发相结合。

"八七"扶贫攻坚计划的实施取得了显著成效,基本完成了农村从普遍的绝对贫困向巩固扶贫成果与全面消除贫困的历史性转变。

① 扶贫资金投入大幅度增加。据统计,"八七"期间,国家累计在安徽省投入扶贫资金 55.36 亿元(其中财政发展资金 9.14 亿元,以工代赈资金 18.96 亿元,信

贷扶贫资金27.26亿元,以下称三类扶贫资金),省级财政配套3.75亿元,银行及省直有关部门配套20.1亿元,市、县配套1.8亿元,7年累计投入扶贫资金87.52亿元。此外,皖西南农业综合开发和霍山中荷合作外资扶贫项目共利用外资约3.2亿元。7年中,安徽省17个国家级贫困县共获得三类扶贫资金43.73亿元,占全部扶贫资金的79%。

② 贫困人口逐年减少。全省农村没有解决温饱的绝对贫困人口由1993年的360万人减少到2000年的126万人,农村贫困发生率由8.5%降至2.6%。其中,17个国家级贫困县国内生产总值增长3.6倍,财政收入增长5.4倍,贫困人口由300万人下降到不足100万人;[①]长丰县贫困人口下降幅度最大,7年减少贫困人口38.6万人,年均减少5.5万人。

③ 贫困县农民收入显著提高。安徽22个贫困县农民人均纯收入由1993年的532元增加到2000年的1 643元,年均增长17.5%,高于全省同期15.1%的增长幅度;贫困县农民人均纯收入由1993年相当于全省农民人均纯收入的73.4%上升到2000年的84.7%。

(5) 综合扶贫开发阶段(2001～2010年)。在"八七扶贫攻坚计划"完成之后,我国农村剩余的贫困人口分布已经相当分散,并且大多分布在生存环境与生产条件十分恶劣的高寒山区、大石山区、缺水干旱区以及边疆少数民族聚居区,有的贫困者还是丧失劳动力或没有劳动能力的残疾人员、孤老、孤儿等,依靠开发式扶贫已经很难使这些贫困群体脱贫。2001年6月,国务院出台了《2001～2010年的中国农村扶贫开发纲要》。《纲要》指出这一阶段的奋斗目标是:尽快解决少数贫困人口的温饱问题,进一步改善贫困地区的基本生产生活条件,巩固扶贫成果,提高贫困人口的生活质量和综合素质,加强乡村的基础设施建设,改善生态环境,逐步改变贫困地区经济、社会、文化的落后状态,为达到小康水平创造条件。

安徽省认真贯彻落实《中国农村扶贫开发纲要(2001～2010年)》,主要做法是:一是扶贫瞄准机制由县级向村级转变;二是根据国家颁发的《财政扶贫资金管理办法》和《财政扶贫项目管理办法》,规范扶贫资金的使用管理,建立财政扶贫资金报账制度,扶贫资金覆盖到非重点县的贫困村;三是开展以工代赈、整村推进、"雨露计划"、产业扶贫、劳动力培训转移、易地扶贫搬迁工作;四是广泛组织动员社会力量扶贫;五是完善扶贫瞄准机制,明确扶贫开发对象要瞄准到贫困人口。这一时期,全省围绕稳定解决农村贫困人口的温饱这个中心,突出改变农业生产条件和

---

① 安徽日报.纵览安徽省"八七"扶贫攻坚[N].安徽日报,2002-03-28.

增加农民收入两个重点,坚持开放开发的扶贫方针,扶贫事业取得巨大成就。

① 低收入人口数量大幅下降。由2005年年底的384万人,降至2010年年底的209.33万人,5年减少贫困人口174.67万人。

② 贫困地区生产生活条件明显改善。新建和改扩建乡村道路1.32万千米,实施农田改造62.15万亩,新增和改善灌溉面积208.82万亩,造林绿化42.92万亩,解决和改善了142.81万人和95.46万头大牲畜的饮水困难。新建和改建中小学校舍15.11万平方米,改扩建乡(村)卫生院(室)和村计生室16.98万平方米,新建和改建村活动室11.96万平方米。

③ 贫困地区农民生活水平稳步提高。农村居民生存和温饱问题已基本解决。19个国家扶贫开发工作重点县(区)(以下简称重点县)农民人均纯收入由2005年的2044元增长到2010年的4269元,年均增长15.9%,高于全省增幅1个百分点。

④ 县域经济综合实力显著增强。19个重点县生产总值由2005年的775.5亿元增加到2010年的1876.5亿元,增长142%;财政收入由2005年的23.9亿元增加到2010年的83.6亿元,增长250%。①

在开发式扶贫中,最大的创新就是针对农村贫困人口分布的区域性集中倾向,国家从1986年起建立了区域瞄准机制,划定18个集中连片贫困区,并逐步确定592个国家级重点扶持贫困县,形成以贫困区为主线、贫困县为重点,推动区域开发来带动扶贫,以县域整体发展水平的提升来抑制和缓解贫困的蔓延。经过十多年的努力,到20世纪末我国农村绝对贫困人口累计减少近1亿人,贫困人口分布也完成了从区域性片状向边缘性点状的演变。

(6) 以全面建设小康社会为目标的扶贫阶段(2011~2020年)。2010年,随着综合扶贫开发模式下扶贫任务的圆满完成,我国农村地区的温饱问题已得到基本解决。以国家颁布《中国农村扶贫开发纲要(2011~2020年)》和召开中央扶贫开发工作会议为标志,扶贫开发工作从以解决温饱为主要任务的阶段转入巩固温饱成果、加快脱贫致富、改善生态环境、提高发展能力、缩小发展差距的新阶段。未来十年,安徽推进扶贫开发的总体目标是:"到2020年,稳定实现扶贫对象不愁吃、不愁穿,保障其义务教育、基本医疗和住房。贫困地区农民人均纯收入增长幅度高于全国平均水平,基本公共服务主要领域指标接近全国平均水平,扭转发展差距扩大趋势。"在扶贫主体上,强调调动全社会力量,构建大扶贫格局;在扶贫方式上,改变

---

① 安徽省人民政府办公厅关于印发安徽省"十二五"农村扶贫开发规划纲要的通知(皖政办〔2012〕16号)。

了以生活救济为主的"输血式"扶贫,强调生活救助和能力扶贫的"两轮驱动",并把社会保障作为解决温饱问题的基本手段;在扶贫资源的传导上,除继续加大财税和信贷支持力度外,更加注重以金融服务体制的完善、金融产品和服务方式的创新、民间借贷的规范发展、征信体系的建设等为重点的金融服务环境的打造。按照国家新十年扶贫开发的总体要求,集中力量打好新一轮扶贫开发攻坚战。

2. 顺应时代发展需要的精准扶贫

长期以来,扶贫工作中存在的贫困人口底数不清、具体情况不明、措施针对性不强、扶贫资金和项目指向不准,对相关政策落实错位变形、打折扣等方面的问题较为突出,方式粗放,方法不合理。也就是说,扶贫方法上的创新是解决扶贫成效不高的重要出路。面对扶贫工作的繁重任务与明确的目标要求,拥有长期在地方工作经历的习近平总书记对于扶贫工作如何进一步创新的问题格外重视。2013年11月初,习总书记到湖南湘西考察时,首次明确提出了"精准扶贫"的概念。精准扶贫就是针对扶贫工作中存在针对性不强和效率不高这一现象,对扶贫对象实施精确识别、精确帮扶、精确管理的治贫方式。习总书记同时要求做好与精准扶贫至为相关的产业发展、公共服务和教育等三大方面的工作。2013年年底,国家扶贫办制定了《关于创新机制扎实推进农村扶贫开发工作的意见》,明确提出要建立精准扶贫工作机制。2015年6月,在贵州召开的部分省区主要领导会议上,对精准扶贫的认识进一步深化,明确提出了六个精准,即"对象要精准、项目安排要精准、资金使用要精准、措施到位要精准、因村派人要精准、脱贫成效要精准",并就加大力度推进扶贫开发工作提出"四个切实"的具体要求,而且明确要求将精准扶贫和全面脱贫作为"十三五"规划的重要内容和目标。这样,就形成了一个非常完整的精准扶贫工作体系。

安徽与全国其他省份一道已进入全面建成小康社会的关键时期,扶贫攻坚任重道远。2015年12月,安徽省委、省政府发布《关于坚决打赢脱贫攻坚战的决定》,明确提出精准扶贫、精准脱贫的目标:按照"确保农村贫困人口实现脱贫、确保贫困村全部摘帽,解决区域性整体贫困"的总要求,实行"三年集中攻坚、两年巩固提升";到2018年,全省总体上达到脱贫标准;到2020年,现行标准下农村人口全部脱贫,稳定实现不愁吃、不愁穿,义务教育、基本医疗和住房安全得到保障,实现贫困地区农民人均可支配收入增长幅度高于全省平均水平,基本公共服务主要领域指标接近全省平均水平;贫困村年集体经济收入力争达到5万元以上;贫困县全部摘帽,解决区域性整体贫困。

二、安徽精准扶贫的实践与探索

1. 安徽省贫困地区分布

安徽是我国扶贫开发任务较重的省份,贫困人口数量居中部省份第 3 位、全国第 8 位。安徽省地形地貌复杂多样,集革命老区、军事禁区、环境脆弱地区、粮食主产区、生态保护地区于一体。长期以来,受自然地理和社会历史等诸多因素影响,经济发展水平较低,基础设施薄弱,贫困现象较为突出。全省扶贫开发区域涉及15 个省辖市、70 个县(市、区),其中国家级扶贫重点县 20 个、省级扶贫重点县 11 个、非重点县 39 个(见表 9.3)。截至 2014 年年底,全省共有农村贫困家庭 157 万户、贫困人口(含五保户)401 万人,建档立卡贫困村 3 000 个。

表 9.3 安徽省国家及省扶贫开发重点县分布情况

类别	区域分布	2012 年以前	2012 年新调整
国家扶贫开发重点县	大别山区	潜山、太湖、宿松、岳西、舒城、金寨、裕安区、枞阳、霍山、金安区	潜山、太湖、宿松、岳西、舒城、金寨、望江、裕安区
	沿淮淮北地区	临泉、阜南、颖上、利辛、寿县、霍邱、长丰	临泉、阜南、颖上、利辛、寿县、霍邱、灵璧、泗县、砀山、萧县、颍东区
	皖南深山区	石台、泾县	石台
	其他	无为	
省扶贫开发重点县	大别山区		金安区
	沿淮淮北地区	埇桥区、灵璧、泗县、凤台、潘集区	灵璧、定远、蒙城、涡阳、怀远、谯城区、颍州区、颍泉区、界首、太和
	皖南深山区	郎溪、绩溪、休宁、歙县、祁门	

注:金安区由原先的国家扶贫开发重点县变为省扶贫开发重点县,而灵璧和泗县由原先的省扶贫开发重点县变为国家扶贫开发重点县。

2. 安徽实施精准扶贫的基本做法及成效

（1）突出责任精准，层层传导压力。坚持把落实扶贫责任作为推进精准扶贫、精准脱贫工作的关键所在。2015年11月底，安徽省委、省政府与中央签订《脱贫攻坚责任书》；同年12月，省委、省政府与15个有扶贫开发任务的市党政主要负责人签署了脱贫攻坚责任书，随后，15个市又逐级签订责任状，强化各级各部门的责任担当，层层签订脱贫攻坚责任书和包村帮扶责任书，落实工作责任制。全省上下形成了五级书记亲自抓、分管领导具体抓、一级抓一级、层层抓落实的工作格局。县一级作为脱贫攻坚的主战场，在落实扶贫责任的工作中进行了有益探索。

舒城县为打赢脱贫攻坚战，按照"五个一批""六个精准"的精准扶贫要求，根据各级各部门承担的相应职责，明确各级各部门的工作要求，切实做到方法明确、措施到位、帮扶有效。

① 县联系乡镇（开发区）领导必须做到"一到、一访、六查"：每年对所联系的乡镇、开发区内的贫困村要做到村村到，了解贫困村村情、扶贫工作开展情况、扶贫措施落实情况，指导贫困村脱贫工作；每村至少走访两户以上，了解他们的家庭情况、致贫原因，有针对性地指导他们制定精准脱贫措施；检查贫困村扶贫资料是否完整齐全、贫困户《扶贫手册》是否发放、村户脱贫措施是否落实、驻村扶贫工作队是否在岗在位、"单位包村、干部包户"是否落实、乡镇（开发区）精准扶贫措施和责任是否落实等。

② 乡镇、开发区必须做到"两准、四落实"：核准扶贫对象，定准脱贫时间，使贫困人口不错不漏、脱贫时间准确无误；脱贫任务、脱贫责任、脱贫措施和政策、资金、项目落实到村到户到人。

③ 包村单位必须做到"一帮、一扶、一结对"：在与贫困村干部共同研究的基础上，帮助贫困村科学制定一个能够实现脱贫标准的切实可行的扶贫开发规划和年度实施计划；扶持贫困村发展1~2项稳定增收的主导产业和村级集体经济项目，确保其每年稳定增收5万元以上；"一结对"：即单位每位干部职工都与贫困户进行结对，并且每季度至少组织开展1次结对帮扶活动。

④ 包户干部必须做到"五看、四访、一举措"：即到结对帮扶贫困户家中一看房、二看粮、三看有没有读书郎、四看有无病人卧在床、五看劳动力强不强；每年至少到所结对帮扶贫困户家中走访四次，了解情况，指导帮扶；在"五看"的基础上，针对其家庭实际情况，对照"五个一批"和"十大脱贫工程"，确定并落实其帮扶措施（如种养业、光伏、旅游、介绍就业、小额信贷、易地扶贫搬迁、"雨露计划"、教育、社

保、医疗保险和医疗救助、生态保护等扶贫措施)。

⑤ 村两委必须做到"七个一":即每户贫困户发放一本《扶贫手册》、每户贫困户制订一个脱贫计划、每户贫困户享受一项以上能够脱贫的扶贫政策、每户贫困户有一个增加收入的项目、贫困村制订一个"扶贫开发三年规划和年度实施计划"、贫困村有一项以上特色产业、贫困村有一个年均5万元以上的稳定收入来源。

(2) 突出识别精准,实行动态管理。

① 精准建档立卡。建档立卡是实施精准扶贫的基础工程。从2014年开始为推进建档立卡工作,安徽省扶贫办制定了相关实施意见和方案,明确在70个有扶贫任务的县全面开展建档立卡工作。按照国家规定的2013年农民人均纯收入2 736元的贫困户识别标准和"一高一低一无"的贫困村识别标准,对全省贫困户和贫困村进行调整、精准确认。按照以乡镇为单位、规模控制、分级负责、精准识别、动态管理的原则,通过贫困监测和贫困户建档立卡,切实摸清贫困人口底数、贫困原因、贫困程度,逐户建档立卡。村里通过实物工作法和民主评议等方式,按照一定程序进行:户主申请、村民小组提名、村民代表评议和票决、村委会审查、乡镇政府审核、县扶贫办复核、县政府审批,由群众全程参与和监督识别工作。对同意申报的贫困户家庭通过"一问二看三算账"的办法(一问收入状况,二看家庭情况,三是算账分析符不符合贫困户标准),确定贫困户初选名单;抓住民主评议和公示公告两个关键环节,根据各村实际,成立由乡村干部、村民代表、老党员、宗教界人士等人员组成的民主评议小组,分别召开以村或以社为单位的村民评议大会,对贫困户、脱贫户初选名单进行民主评选,并在村委会门口及人流量较大的醒目位置进行公示,公示期满后由乡(镇)政府进行审核并对结果进行二次公示,广泛接受群众监督,公示期满无异议后,由县扶贫办复审并统一在政府网站进行公告。按照此办法全省共识别出3 000个贫困村、188万个贫困户和484万贫困人口。贫困户评定采取阳光操作,通过公开认定、入户调查、抽样调查等方式,把真正的困难户评出来,有针对性地予以扶持,真正做到精准化识别、针对性扶持、动态化管理。

② 建立贫困户信息网络系统。将贫困对象的基本资料、动态情况录入系统进行管理,实现扶贫对象有进有出,做到地市清楚、扶持精准,扶贫信息真实可靠,做到户有卡、村有册、乡镇有电子档案和纸质档案、县有电子档案和全部名册。2015年将省内扶贫信息网成功对接到全国扶贫信息网络系统,对贫困户进行及时的跟踪和回访,为精准脱贫奠定了坚实的工作基础。

③ 认真开展"回头看"工作。2015年,安徽实施建档立卡"回头看",组织和动员人大代表、包村干部等各方面力量对评选程序、档案资料认真开展"回头看",主

要是看帮扶对象准不准、帮扶机制实不实、资金使用准不准、脱贫成效真不真等问题,确保贫困户、贫困村的识别公平、公正、公开。坚持"六必看、六必问":看房,看粮,看劳动力强不强,看有没有读书郎,看有没有病人睡在床,看有没有恶习沾染上;问土地,问收支,问子女,问务工,问意愿,问党员干部、左邻右舍和能人大户等,努力做到信息客观、真实。严格按照"监测定规模,评议定对象"和标准条件、规定程序,把不符合条件的全部清除,把符合条件的真正纳入,确保真贫困户一户不漏、假贫困户一户不进。

(3) 突出模式精准,强化扶贫措施。

① 产业脱贫工程:

a. 光伏扶贫走在全国前列。光伏扶贫由安徽省合肥市率先开始探索,并被国务院扶贫办列为精准扶贫十大工程之一,正在全国推广实施。目前,全省光伏扶贫工程主要在全省31个大别山片区县、国家和省扶贫开发工作重点县(以下简称重点县)实施。实施光伏扶贫的主要对象有两种:一是无集体经济收入或集体经济薄弱、资源缺乏的贫困村;二是无劳动力、无资源、无稳定收入来源的贫困户。安装分布式光伏发电站后,可实现一次性投入、多年受益、稳定增收的扶贫效果。受益贫困户家庭年均增收3 000元左右,受益贫困村集体年均增收6万多元。金寨、岳西、利辛、阜南、泗县5个县作为光伏扶贫试点县,共选择2.5万户贫困户、150个贫困村实施光伏扶贫,发电规模共8.4万千瓦。截至2015年11月,全省已建成户用光伏发电站21 933户,建成村级光伏发电站340个。

b. 特色种养业寻找新出路。按照突出产业扶贫、体现地方特色、选准产业项目、延伸产业链条、形成产业优势、实现扶贫转型升级的要求,支持具有资源生态优势和传统产业优势的贫困村发展"一村一品"。目前,安徽已经建立高山蔬菜、油茶、竹木、水产等各类特色产业生产基地600个、扶贫龙头企业79家,利辛的畜牧养殖、阜南的柳编工艺、岳西的高山蔬菜等特、优产业百花齐放。安徽在实践中总结出四种最受贫困户欢迎的产业开发模式:示范园带动模式、企业订单模式、融资合作模式和股份合作模式。灵璧县虞姬乡黄冈村建设了占地260亩200个钢构大棚的产业扶贫示范园。产业扶贫示范园建设规划始终坚持瞄准贫困、富裕农民的原则,实行"三优先一扶持",即示范园所在地的行政村建档立卡贫困户优先流转自家土地,优先参与承包生产管理,优先进园务工,扶持贫困农户发展生产,推动贫困户轮转收益,周期为3年,轮流受益。虞姬乡黄岗产业扶贫示范园首批获得大棚承包经营权的贫困农户就多达96户。

c. 电子商务开辟新渠道。全力实施"一县一业、一村一品"工程,加快探索电商助推扶贫的途径和办法,帮助贫困群众树立电商思维,掌握网络交易技能,让电子商务成为加快脱贫致富的新途径。休宁县按照"三步走"战略全面推进33个贫困村电商扶贫工作。第一步是在白际乡白际村的电子商务发展已初具规模的基础上,继续由扶贫龙头企业黄山市怡兴农产品开发有限公司开展电商扶贫工作。第二步是联合淘米商城信息科技有限公司,对璜尖乡三个村、源芳乡梓源村以及汪村镇田里村进行政策宣传,对有意愿开展电商扶贫工作的农户免费进行门面装饰,进行集中业务培训,免费为其产品提供上线、授信、QS认证等工作,帮助解决销售物流问题。第三步是通过招商引资实现电商扶贫全覆盖。通过"走出去"与"引进来",组织扶贫龙头企业参加网博会,全国知名电商企业京东到休宁县设立运营中心并上线运行。2015年,全县电商扶贫工作已取得了积极成效,与网易、天猫、淘宝、阿里巴巴等合作,将特色农产品通过C2C、B2B、B2C等电子商务模式集中销售,有机茶、香榧等农产品已成功打入北京、上海、广东及东欧、北非等国内外市场,全县农产品电子商务成交额达1亿元。

d. 乡村旅游扶贫成为新引擎。贫困山区旅游资源丰富,利用地理自然优势,依托景区发展旅游产业是精准扶贫项目的重要内容之一。近年来,安徽省成立促进旅游业发展改革领导小组,建立省级旅游发展资金,先后出台了加快乡村旅游发展、推进美好乡村建设等一系列政策措施,制定省级旅游强县、旅游乡镇、旅游村、农家乐标准,实现省、市、县三级美好乡村规划,乡村旅游发展规划编制全覆盖。划定全省四大乡村旅游板块,皖南以提档升级为主,实施全域旅游、全景旅游,打造国际化、品牌化、高档化旅游产品;皖中以城郊休闲为主,依托省会城市和环巢湖城市群,打造城市居民"第三地"空间;皖西重在扶贫开发,对大别山区实行旅游连片开发,实现全民创业、整体推进,"十二五"期间,大别山通过旅游减少贫困人口44.6万人,约占全省脱贫人口的60%;皖北重在结构调整,发展观光农业延伸产业链条,改善区域产业结构,带动就业、增加收入。大力发展"互联网+乡村旅游",加快建设全省乡村旅游智慧综合服务平台,推广政府(集体)组织牵动、龙头企业推动、乡村产业协会品牌引领、"旅行社+景区景点+农户"合作、地方能人带动等乡村旅游发展模式,制定乡村客栈、休闲农庄、民俗文化、生态养生、采摘篱园等各类业态服务标准,开发摄影、乡村客栈、晒秋、户外写生等旅游特色产品以及多层次、多样化的老年人休闲养生度假产品,促进乡村旅游多元化、特色化、分众化、休闲化。2015年,全省乡村旅游游客接待量和旅游收入,分别占全省旅游总量的65%和52%,直接和间接就业人数达269.1万人。"十二五"以来,安徽省通过发展旅游减少贫困人口44.6万人,约占全省脱贫人口的14%。

② 就业脱贫工程。加大劳动力转移力度,扶贫方式从"输血"向"造血"转化。安徽大力实施就业脱贫工程,采取技能培训、就业促进、创业带动、就业服务等多种手段,提升贫困户的自身脱贫能力,真正实现"授人以渔",推行订单式、就业式、校企联合等培训方式,确保贫困农村劳动者通过就业创业实现脱贫。整合"雨露计划"、阳光工程、农村劳动力转移就业培训等多方面培训资金、培训力量,加大对贫困家庭初、高中毕业未能继续升学的富余劳动力即"两后生"的学历培训、青壮年劳动力的技能培训力度,提高技能培训补助标准,延长培训时间,真正实现了"培训一人,就业一人,脱贫一家,带动一片"的目标。

③ 易地脱贫搬迁工程。安徽省实行"党委统一领导、政府全面负责、部门业务归口、基层具体落实"的责任制,建立分级负责、层层分解、上下联动、共同推进的扶贫搬迁工作机制,采取以村民组为单元的村内搬迁、以行政村为单元的部分搬迁,建好安置点,集中安置搬迁对象。制定对全区移民搬迁进行专项规划,结合新型城镇化、城镇保障性安居工程和"美丽安徽"建设,整合各类政策,深入打造整体搬迁、梯度安置、差别化扶持、组合式帮扶、综合配套的有效模式,不断提升扶贫移民搬迁实施水平。提高易地搬迁补助标准,给予搬迁建房贷款贴息。加大资金投入,优先安排实施易地搬迁集中安置区的用地需求和基础设施、公共服务。仅 2014 年,安徽就投入资金 7 856 万元,其中财政扶持资金 2 800 万元,搬迁并安置群众 1 956 户、6 848 人。搬迁群众的生产条件得到改善,人居环境明显改观。

④ 金融扶贫工程。安徽出台并实施《安徽省扶贫小额信贷工作实施方案》,授信贫困户将能申请到 5 万元以下、期限 3 年的免担保、免抵押信用贴息贷款。目前,安徽省已完成对所有贫困户的评级授信,2015 年发放扶贫小额贷款 30 亿元,重点支持贫困户发展产业。金寨县在扶贫资金分配上按照"资金跟着穷人走,穷人跟着能人走,穷人能人都跟着产业走,产业项目跟着市场走"的原则,对扶贫资金该如何用的问题,金寨重点探索了点面结合、特惠与普惠相结合的资金分配方式。在贫困村制定了三个层面的产业扶持方案:产业扶持资金的 70% 实行特惠制,扶持特贫困户,余下的 30% 实行普惠制,奖励从事既定主导产业的所有农户,或用于发展村集体经济;联村单位、企业的扶持资金及县域重点产业建设资金安排一部分用于奖励大户。阜阳市颍东区实行"多个渠道进水、一个池子蓄水、一个龙头放水"的项目资金整合机制,扶贫资金瞄准贫困村和贫困户,安排 140 万元资金开展扶贫资金参股扶贫试点,专项用于入股农业产业化企业和对投资入股的建档立卡贫困户分档给予配股,支持贫困户以现金直接入股后享受配股、以土地流转金额折算后享受配股。

⑤ 智力扶贫工程。实施贫困学生教育资助行动,在确保贫困户子女完成9年义务教育的基础上,按照"雨露计划"实施方式改革的要求,对贫困户子女在中、高等职业技术学院就读的实施资金补助全覆盖(补助标准每学年不低于1500元);对贫困户子女在大、中专院校就读的,原则上每年补助1500元以上(具体补助标准由县级扶贫开发领导小组制定,补助资金可以从财政专项扶贫资金中拨付),使贫困学生顺利完成学业。进一步营造社会各界和爱心人士帮助贫困户子女完成学业的良好氛围,打开贫困户子女在学习成长后实行多渠道就业改变命运的社会通道,有力地遏制贫困的代际传递。

⑥ 社会扶贫工程。安徽省人民政府办公厅制定出台了《关于进一步动员社会各方面力量参与扶贫开发的实施意见》,坚持"政府引导、多元主体、群众参与、精准扶贫"的基本原则,主动搭建社会参与平台,充分调动社会力量参与扶贫的积极性,广泛组织动员企业、商会、社会组织和社会各阶层、各领域人士参与扶贫开发工作,建立和完善广泛动员社会各方面力量参与扶贫开发的制度。支持社会团体、基金会、民办非企业单位等各类社会组织积极从事扶贫开发,鼓励其创建各类形式的扶贫公益项目,打造优秀扶贫公益品牌。引导广大社会成员通过爱心捐赠、志愿服务、结对帮扶等多种形式参与扶贫。鼓励企业通过资源开发、产业培育、市场开拓、村企共建等多种形式到贫困地区投资兴业、开展技能培训、吸纳就业、捐资助贫,参与扶贫开发。全面落实"单位包村、干部包户"定点帮扶制度,切实发挥定点扶贫引领作用。安徽省出台《建立"单位包村、干部包户"定点帮扶制度的实施意见》等文件,对帮扶单位和帮扶个人提出了明确的要求。其中,逐村逐户制定帮扶政策成为"双包"的重要内容。目前,全省省级领导分别联系5个市、31个重点县、248家省直单位、省属企业、大专院校、中央驻皖单位,定点帮扶31个重点县并包扶一个村。同时,3 000个贫困村由省、市、县三级4 913个单位包村帮扶;全省共组建3 000多个驻村扶贫工作队,工作队员达10 729人,188万个贫困户每户都安排有省、市、县、乡、村干部作为帮扶责任人。2014年10月17日,全省首次举办了公募现场捐赠仪式,省政府机关、国有企业及民营企业代表累计认定扶贫项目和捐款筹集资金3.2亿元,其中认领项目3.1亿元、捐款1 053.76万元,资金项目直接投向贫困村、贫困户。

(4) 突出考评精准,健全扶贫机制。随着工业化、城镇化的加快推进,农村空心化、老龄化趋势加重,传统扶贫开发方式受到挑战,健全扶贫机制显得愈发重要。在改进扶贫考核机制方面,安徽省走在全国前列。

① 严格落实精准评估机制。2014年,安徽省首次取消对限制开发区域的贫困

县的 GDP 考核,并将扶贫开发成效纳入市、县党政领导班子和领导干部政绩评价体系,完善扶贫工作考核评价体系,明确贫困户脱贫验收标准、贫困村减贫标准,实行市、县、乡镇、村脱贫成效评估机制,对完不成扶贫攻坚任务的实行"一票否决",对其党政主要负责同志进行约谈,其党政主要负责同志不予评先评优,3 年内不得提拔、重用或调离。

② 严格落实正向激励机制。完善减贫"摘帽"激励政策,建立以扶贫成果为导向的扶贫工作考核机制,将考核结果与干部选拔任用相结合,引导贫困地区干部把工作重点放在扶贫开发上。对在精准扶贫中发挥作用充分、成绩突出的各级干部优先提拔使用。安徽规定,脱贫攻坚期内,对表现优秀、符合条件的贫困县县级领导可以就地提级并有计划地选派厅局级后备干部到贫困县挂职任职等。岳西县每年对村书记、村主任进行"双十佳"评选,凡是任职 3 年以上,并连续 3 年被评为全县十大优秀村支部书记或主任,就给予事业编制,实现从农民身份向事业单位工作人员的转变。毛尖山乡板舍村村支书胡志东因为带领村民脱贫成效明显,便获得了事业编制。此举有效地推进了扶贫攻坚克难。

③ 严格落实惩戒约束机制。对在扶贫攻坚中认识不到位、精力不集中、措施不聚焦、作风不扎实、效果不明显的领导干部进行组织调整或问责,对完不成阶段性扶贫任务、在扶贫工作中弄虚作假的领导干部给予严肃处理,对挂职锻炼考核不合格的干部不予重用并进行批评教育。

(5) 突出保障精准,夯实脱贫基础。

① 加强组织领导。2014 年,在安徽 16 个市中,除铜陵市外,其余 15 个市均调整充实了扶贫开发领导小组,其中合肥、亳州、淮北、安庆、宿州、蚌埠、淮南、滁州、六安、宣城、池州、黄山、马鞍山 13 个市由市委书记、市长共同担任扶贫开发领导小组双组长,阜阳市由市委书记任组长,芜湖市由市长任组长。31 个重点县中,除涡阳县由县委书记担任组长外,其余 30 个县均由县委书记、县长共同担任扶贫开发领导小组双组长;39 个非重点县中,除巢湖市、怀宁县、安庆市宜秀区由党委或政府副职担任扶贫领导小组组长外,其余 36 个县均调整充实了扶贫开发领导小组名单,由党委、政府主要负责同志担任组长,其中有 33 个县由县委书记、县长共同担任扶贫领导小组双组长。安庆市及所辖的岳西、太湖、潜山、宿松、望江 5 个重点县以及萧县均成立了由党委、政府主要负责同志任指挥长的高规格脱贫攻坚指挥部。①

---

① 安徽扶贫开发领导小组.扶贫开发简报[J].2016(14).

② 强化扶贫机构队伍。扶贫部门责任大、任务重,而长期以来各地扶贫机构普遍较弱,立即强化与脱贫攻坚战相适应的扶贫工作机构成为许多市、县的共识。全省 16 个市中,安庆、宿州、阜阳、六安、宣城、黄山 6 市单独设置扶贫机构,31 个重点县中有 22 个县单列扶贫机构,39 个非重点县中有 15 个县单列扶贫机构。安庆市将扶贫办列入政府工作部门,增加 1 个科室,行政编制由原来的 7 人增加到 10 人;金寨县将县扶贫办和县扶贫移民局合并为县扶贫和移民开发局,局机关人员达到 27 人,加上原移民工作站人员,直接从事扶贫和移民开发工作的人数近 80 人。每个乡镇都已成立或正在成立 3 人以上的扶贫办。灵璧县为县扶贫办增加 5 名事业编制工作人员,并从乡镇和县直单位借调 5 名工作人员,目前共有 15 人。潜山县在扶贫办设立扶贫信息中心,增加事业编制 3 人,从县直和乡镇抽调 10 名后备干部集中办公。定远县扶贫办人员编制从 7 名增加到 15 名,内设机构由 2 个增加到 4 个,并同步设立党组,派驻纪检组。宿州市埇桥区在现有 5 人的基础上,为扶贫办调整增加 6 名编制,并借调 1 人办公。亳州市谯城区将扶贫办由原副科级单位升级至正科级全额拨款事业单位,设编制 5 名。利辛县从县直单位选派 23 名后备干部到乡镇挂职任扶贫副书记或副镇长,乡镇成立扶贫办,明确 1～2 名专职人员,村明确 1 名扶贫专干。六安市裕安区政府常委会议已经决定将独立设置扶贫办,并增加 5 名工作人员。

③ 加强基层组织。以建设服务型基层党组织为核心,按照思想政治素质好、贯彻执行政策能力强、推动科学发展能力强、处理复杂问题能力强、联系服务群众能力强的"一好四强"的标准要求,严格把关、好中选优,进一步加大了基层党组织带头人的培养选拔力度。

④ 转变工作作风。扎实开展"三严三实"专题教育,进一步巩固和拓展群众路线教育实践活动成果,深入开展"工作落实年"活动,积极引导各级干部转变思想观念、提升能力素质,牢固树立韧性奋斗导向,脚踏实地、久久为功,以良好的工作作风、"钉钉子"的精神全力推进精准扶贫各项工作。

自 2011 年到 2014 年,安徽贫困户数由 253.8 万户下降到 157 万户,减少了 96.8 万户,下降 38.1%;贫困人口由 790.2 万人下降到 401 万人,减少了 389.2 万人,下降 49.3%;贫困发生率由 14.7%下降到 7.5%。2015 年超过 75 万人脱贫,20 个国家重点县农民年人均可支配收入超过 8 062 元,比 2011 年增长 55.2%;水、电、路等基础设施更加完善,教育、医疗、文化等社会公共事业明显进步。2015 年养老保险参保人数达到 857.8 万人,新型农村合作医疗参合率由 96%提高到 101.7%。"十二五"时期,全省建设农村公路超 1.6 万千米,农村公路总里程达 16

万千米,基本形成了以县道为骨架、乡道为支线、村道为脉络的农村公路网络体系。建设农村户用沼气超16万户、养殖小区和联户沼气近千个。实施了新一轮农村电网改造升级工程,覆盖了全部乡镇、行政村。农业基础建设的加强,农业生产条件的改善,为农业生产和农村经济快速发展提供了有效支撑。精准扶贫为全省经济发展、政治稳定、社会和谐发挥了重要的保障和促进作用,为全面实现小康目标奠定了坚实的基础。

三、安徽精准扶贫的基本经验与启示

精准扶贫是党中央和国务院对扶贫开发工作的新要求,是全面建成小康社会的重要保障。改革开放以来特别是十八大以来,安徽各地各有关部门对精准扶贫、精准脱贫进行了积极的探索和实践,创新工作举措,坚持党政主导与社会参与相结合、建档立卡与精准扶贫相结合、投入保障与强化监管相结合、重点片区整体帮扶与到村到户帮扶相结合、改革创新与激活内生发展动力相结合,为打赢脱贫攻坚战积累了宝贵经验。

1. 校准脱贫攻坚视角思路是坚决打赢脱贫攻坚战的重要前提

思路是决定行动的向导,目标明、方向清、路径准、重点对、责任实是坚决打赢脱贫攻坚战的重要前提。

(1)目标任务精准。注重把脱贫攻坚与全面建成小康社会有机结合起来,确保同向同步达标。安徽各地在制订扶贫攻坚计划、研究政策措施、布置工作布局上,主动对接全面建成小康社会要求,紧紧围绕确保脱贫致富与全面小康同向同步达标这个目标任务,着力在打基础、谋长远、见成效上下功夫,努力让贫困居民得到更多实惠。

(2)总体方向精准。注重把加快发展与脱贫攻坚有机结合起来,相互促进联动双赢。发展是甩掉贫困帽子的根本办法,安徽始终坚持以发展为第一要务,强化精准扶贫理念,发挥比较优势,走出符合地方实际的发展致富之路。

(3)实现路径精准。注重把精准扶贫与区域开发有机结合起来,走出双轮驱动的路子。精准扶贫,强调到村到户到人,通过"点对点"的精准"滴灌",解决贫困居民的具体问题;区域开发,主要是解决贫困区域带有共性的难题,从"面上"整体改变贫困面貌。

(4)着力重点精准。注重把夯实基础与能力提升有机结合起来,从根本上改变贫困面貌。扶贫开发,既要摘"穷帽"更要拔"穷根",做到"输血"与"造血"相结合。贫困地区既要突出基础先行,优先解决路、水、电、通信等制约发展的瓶颈问题,不断改善发展的硬件条件;也要抓住"人"这个关键因素,搞好教育培训、公共服务等,增强贫困居民的创业能力和致富本领。

(5)推进方式精准。注重把政府主导与社会动员有机结合起来,切实增强整体合力。贫困地区党委、政府既要切实把脱贫攻坚的责任担起来,发挥好在脱贫攻坚中的主导作用;又要切实动员社会力量,调动起贫困居民脱贫致富的积极性、主动性,上下联动、横向联合,打好"组合拳"。

(6)落实责任精准。贫困人口如期脱贫,是我们党向全国人民做出的郑重承诺。安徽按照中央要求,在脱贫攻坚中着力落实好四个责任和四项清单。第一,落实好四个责任。把党政一把手负总责的扶贫开发工作责任制真正落到实处,落实各级党委政府的领导责任;用好贫困县党政领导班子和领导干部考核办法这根"指挥棒",落实贫困县的主体责任;制定行业部门扶贫考核办法,落实各部门、各行业的行业责任;层层建立目标考核责任制,落实扶贫系统的工作责任。第二,实施好四项清单。逐村、逐户制定实施方案,对工作任务逐项列表,建立横向到边的"任务清单";坚持省、市、县、乡、村五级联动,明确驻村领导、牵头单位,形成纵向到底的"责任清单";对重点任务及责任分工进行公示,定期通报,形成可核可查的"进展清单";对精准扶贫工作推进过程中出现的各类问题,实行"跟踪销号管理",逐项明确履责领导、整改措施和时限要求,形成直观明确的"问题清单"。

2. 实施脱贫攻坚十大工程是坚决打赢脱贫攻坚战的根本出路

习近平总书记指出,扶贫开发贵在精准,重在精准,成败之举在于精准。安徽围绕2020年全面建成小康社会的总目标,突出解决好"怎么扶"的难点,实施脱贫攻坚十大工程:产业脱贫工程、就业脱贫工程、易地扶贫搬迁工程、生态保护工程、智力扶贫工程、社保兜底工程、健康脱贫工程、基础设施建设工程、金融扶贫工程、社会扶贫工程。对有劳动能力的,通过产业帮扶、转移就业、易地搬迁、教育支持、医疗救助等措施实现288万贫困人口脱贫;对失去造血能力的贫困人口,通过社保兜底实现113万完全或部分丧失劳动力贫困人口脱贫。从脱贫任务上看,2015年全省还有320多万贫困人口,5年内平均每年要减贫65万人左右;从脱贫难度看,剩下的贫困人口多集中在基础设施差、生态脆弱的地区,因病因残致贫比例超过60%,脱贫成本高、难度大。因此,脱贫的重点是要继续推进"六个精准"和"五个一批"。"六个精准"从纵向上分层精准,"五个一批"从横向上分类精准。"6+5"分层分类、纵横交织,设计了精准框架、编织了精准网络。"六个精准",即扶持对象精准、项目安排精准、资金使用精准、措施到户精准、因人派村精准、脱贫成效精准。"五个一批",即产业扶持生产和就业发展一批、易地搬迁安置一批、生态保护脱贫一批、教育扶贫脱贫一批、低保政策兜底一批。坚决打赢脱贫攻坚战,必须集中力量解决突出问题。全力补好补齐贫困地区发展滞后和贫困居民生产生活条件落后这两块短板。从安徽贫困地区的实际看,重点要优先改善贫困户住房条件、加强贫困地区交通建设、加快建立供水保障体系、推进农户用电全覆盖、实现信息网络全覆盖、全面提升贫困地区教育发展水平、加快贫困地区医疗卫生事业发展、实施文化惠民扶贫行动、建立完善科技服务体系、持续推进生态扶贫工程等问题,这些都是贫困地区、贫困居民的强烈诉求,是最急需解决的现实问题。促进贫困对象与市场主体形成利益联结机制,推行五种"＋贫困农户"基本模式,即"龙头企业＋贫困农户"模式、"专业大户＋贫困农户"模式、"农民专业合作社＋贫困农户"模式、"家庭农场＋贫困农户"模式、"农村电商平台＋贫困农户"模式,走出一条"资金跟着穷人走,穷人跟着能人走,能人穷人跟着产业项目走,产业项目跟着市场走"的产业精准扶贫新路子。实行低保政策和扶贫政策相衔接,对贫困人口实现应保尽保。

3. 创新脱贫攻坚体制机制是坚决打赢脱贫攻坚战的关键举措

创新是引领精准脱贫的第一动力。按照精准扶贫、精准脱贫的要求,安徽深化包括财政专项扶贫资金管理、金融服务、贫困县考核、干部驻村帮扶、贫困退出等方面的精准扶贫体制机制改革创新,创新体制机制成为坚决打赢脱贫攻坚战的关键举措。

(1) 创新金融扶贫机制。立足突破贫困乡村群众发展资金短缺的瓶颈,进一步加大金融支农力度,积极发展村镇银行、小额担保贷款公司、扶贫资金互助社等融资服务机构;建立统筹整合资金用于扶贫开发的机制,鼓励各类金融机构到贫困乡村设立服务网点,积极探索农村承包经营权、林权、宅基地使用权、集体收益分配权等符合贫困群众实际的抵押担保贷款办法,建立贫困户小额贷款担保基金和保险机制,不断扩大信贷规模和覆盖面。

(2) 完善资金投入机制。省、市、县各级政府建立了与地区经济发展水平和精准扶贫要求相适应的财政扶贫投入增长机制;按照以财政专项扶贫资金为牵引、兴业投入为主体、社会帮扶为补充的资金整合原则,有效整合各项扶贫资金,重点向偏远村、高山村、生态保护区等贫困人口集中的区域倾斜。

(3) 深化驻村帮扶机制。完善干部驻村帮扶制度,选派省、市、县各级干部到村党组织任第一书记,选优配强扶贫工作队,充分发挥好扶贫工作队的作用。组织部门与扶贫工作队、第一书记签订责任状,要求下派党员干部做到"不脱贫不脱钩"。

(4)健全考核评价机制。强化结果导向,把提高贫困人口生活水平和减少贫困人口数量,以及改善基础设施和公共服务等作为主要考核指标。把考核结果作为评价领导班子和选拔任用领导干部、分配扶贫资金的重要依据,引导重点贫困县、市、区党政领导班子和领导干部把工作重点放在扶贫开发上。

4. 加强基层民主政治建设是坚决打赢脱贫攻坚战的坚强保障

习近平总书记指出,做好扶贫开发工作,基层是基础。精准扶贫的各项措施最终要靠基层干部直接带领广大群众去落实。建立健全精准扶贫与基层党组织建设"双推进"机制,用党建带扶贫,扶贫促党建。一个引领能力强、执行能力强的基层党组织和带头人,是做好基层工作的关键。安徽在扶贫攻坚中始终把农村基层组织建设牢牢抓在手上,始终把落实政策的能力、创新创造的能力、争取外援的能力,作为打造基层党组织和党员干部的具体要求。通过择优内选、机关下派、能人回请、大学生村官任职等方式,重点选拔一批优秀人才担任村支书,对不能胜任现职的党支部成员进行及时调整,加强乡(镇)村组三级干部的扶贫开发、基层民主政治建设能力与社会治理现代化的培训力度,加强农村致富能人、技术能手、农村经纪人、农村信息员的培训力度,努力造就一支致力于农村精准脱贫的骨干力量,使广大党员干部真正做到深入贫困群众"实打实",联系贫困群众"面对面",服务贫困群众"心贴心"。

四、安徽打赢脱贫攻坚战的对策

安徽省扶贫开发已从以解决温饱为主要任务的阶段转入巩固温饱成果、加快脱贫致富、改善生态环境、提高发展水平、缩小发展差距的精准扶贫新阶段。但全省贫困面广、贫困程度深、脱贫难度大仍然是此阶段的基本特征。当前,在开展精准扶贫工作中仍存在着认识不到位、贫困户发展意识不强、产业扶贫效果不够理想、资金投入分散、社会参与程度不高等困难和问题。因此,安徽需要加大挖掘、整合各方面资源和力量的力度,有的放矢地打一场精准脱贫的攻坚战,根据贫困地区和贫困人口的实际情况,精准施策,切实做到扶真贫、真扶贫,到 2020 年全面建成小康社会。

1. 转变思维观念视角,激活脱贫攻坚原动力

打赢脱贫攻坚战,必须解放思想,更新观念,冲破一切"碎片化"的发展思维惯性和路径依赖,汇集起强大的正能量。

(1)强化集成思维。贫困农村地区的经济发展,应该被看作是一个发展主体,如果我们只是对个别的贫困户开展工作,反而有可能分化乡村,导致贫困人群的社会支持网络瓦解、社会资本丧失,有可能反而影响扶贫成效的可持续性,带来不好的后果。所以精准扶贫,不是按照某个标准把穷人找出来再有针对性地去做扶贫,而是要策略精准、措施精准、资源投向渠道精准、方法精准。只有解决这个问题,精准扶贫才能产生大的成效。

(2)强化"精神扶贫"。一些贫困县争戴"贫困帽",等待国家援助资金,靠上级财政拨款的行为,尤其是部分村干部和贫困户的"等、靠、要"思想,严重侵蚀着人们的发展观念。因此,要摘穷帽拔穷根,必须要扶正思想观念,强化"精神扶贫"。地方领导要从保"贫困帽"向摘"贫困帽"转变;驻村干部要从粗放扶贫向精准扶贫转变;并通过这支沉得下去、真抓实干的扶贫干部队伍,引导贫困地区人们转变思想观念,发扬自力更生的精神,激发扶贫的内生动力。

2. 重塑自身发展能力,提升脱贫攻坚精准力

消除贫富差距,实现共同富裕是精准扶贫的根本目标。提高贫困对象的发展能力,充分利用贫困对象的内生动力,实施"造血式"扶贫措施能有效地帮助贫困对象彻底摆脱贫困,这是精准扶贫、精准脱贫的核心和关键。

(1)深化土地制度的改革为贫困户的发展增加底气。结合实际引进龙头企业租赁生产模式、委托生产模式、合作社自我发展模式、大户引领模式等不同模式,提升产业扶贫的组织化、规模化、标准化、集约化、市场化程度,特别是积极推广股份合作模式,将分散到户的财政扶贫资金折股投入企业、合作社或能人大户,贫困户按股分红,从而实现资本权益到户。如果在贫困地区培养出更多的家庭农场、种植大户、养殖大户、造林大户,不仅对于稳定农民生产是必要的,而且对于贫困地区农民的发展也具有重大意义。应更多地考虑如何赋予农民在土地上更多的财产权利,而不是将其作为一种恩赐。

(2)加强农村基础设施建设为贫困地区的发展夯实基础。扶贫开发和救济制度最大的不同就是贫困人员要有自我发展的本领。在农村基础设施中,应当坚持不懈地抓好"水、电、路、气、信、广、市"七个字的基础设施建设,尤其是农产品的专业市场和批发市场的建设。要全面完善"村村通"工程,使贫困乡村能够走出去。要加大农田水利建设,优先安排贫困地区农村饮水安全工程建设,加大对小水库、小站等小型水利工程改造、提升力度,使贫困地区的群众能够喝上"放心水"。要加快农村电网和危房改造,确保人民群众生命安全。如果这些基础设施都能够在精准扶贫过程中真正落实到农村,那么扶贫开发就将迈上一个新的台阶。

(3) 推动扶贫开发与社会保障相结合,为贫困户的发展增加胆量。安徽全省贫困户中因病致贫的达57%,因残致贫的占7.3%,失去"造血"能力的贫困人口需要通过社会保障进行兜底。① 把扶贫工作与农村低保托底和养老保障相结合,让符合条件的贫困农户享受低收入保障和养老保障;② 与农村合作医疗相结合,合理有效设置医疗资源,加大对基层医疗卫生建设的资金投入,改善农村医卫人员工作及患者就医的硬环境,加强农村卫生网络体系建设,科学布局农村医疗卫生服务网点;加强农村卫生医疗队伍建设,多渠道提高农村医卫人员收入水平,改善其生存发展的环境。通过治小病降低大病的发生概率,降低医保支付成本,着力实现"小病在社区,大病进医院、康复回社区"的就医格局,努力缓解群众"看病难、看病贵"问题。③ 与失地农民养老保险相结合,做到失地不减收。④ 与职业教育培训相结合,鼓励贫困人员参加政策优惠性的职业技能培训,为技能合格者推荐对口的工作岗位;在贫困地区做到九年义务教育全覆盖,提高高中、职业技术学校的教学质量,对贫困家庭子女入学给予更多的费用减免和助学贷款。⑤ 与扶贫生态移民相结合,组织贫困人口向城镇集中搬迁,实现搬得出、稳得住、能致富。

3. 完善资金整合机制,增强脱贫攻坚支撑力

扶贫开发金融制度如何与扶贫开发相结合、让农民的腰包鼓起来是精准扶贫时期最需关注的问题。

(1) "打捆"统筹使用扶贫资金。扶贫资金的使用,要消除碎片化现象,尽可能"打捆"统筹使用。通过整合现有强农、惠农、富农政策,捆绑财政涉农资金,发挥财政资金的杠杆效应、规模效应和集成效应。在精准识别的基础上,整合农村基础设施建设资金、农业生产发展资金、林业专项资金、对农业和农民的直接补贴资金、支持农业产业化和社会化服务建设资金、农村社会事业发展资金、农业综合开发资金、财政扶贫开发资金、库区移民资金等集中投入,既不改变专项资金的性质、用途和渠道,又可形成"各炒一盘菜,同为一桌席"的格局,做到对症下药、靶向治疗,以达到资金整合、政策叠加、事半功倍的效果。

(2) 进一步完善金融服务机制。充分发挥政策性金融的导向作用,支持贫困

地区基础设施建设和主导产业发展。加大对贫困地区家庭农场、种养大户、农民合作社、扶贫龙头企业等新型农村生产经营主体的金融服务力度,不断扩大信贷服务覆盖面。增加财政贴息资金投入,扩大扶贫贴息贷款规模,提高贴息标准,适当放宽贴息额度,引导金融机构向扶贫对象发放扶贫贴息贷款。发展农业保险,扩大贫困地区农业保险覆盖面。借鉴成功地区的做法,试行农民住房财产权、土地承包经营权等抵押融资,组建贫困村资金互助组织,探索建立"自动瞄准机制"锁定贫困人群的机制,推动农村合作金融事业的发展。

(3) 建立常态化、多元化的监督检查机制。规范扶贫资金的使用,强化"阳光化"管理手段,按照资金"谁安排谁负责、谁审批谁负责、谁拨款谁负责、谁发放谁负责"的原则,明确落实监管责任,提高扶贫资金的精准度,以避免扶贫资金在层级分割的行政部门不断下移过程中被挪用,铲除滋生腐败的土壤,最大限度地增强资金使用的针对性和实效性,让受扶持的贫困对象成为维护自己权益、监督资金使用和项目建设的主体力量。

4. 统筹社会各方力量,汇集脱贫攻坚向心力

习近平总书记指出,扶贫开发是全党全社会的共同责任,要动员和凝聚全社会力量广泛参与。精准扶贫是一项复杂的社会工程,必须统筹社会力量共同努力为之。

(1) 创新扶贫开发工作机制,解决好"怎么扶"的问题。加强各级党委、政府组织领导,在规划设计、安排部署、统筹协调、重点投入、考核验收等方面发挥主导作用,提高各级党委、政府对扶贫资源的统筹整合能力。

(2) 引导社会力量有序参与,解决好"都来扶"的问题。安徽已出台《关于进一步动员社会各方面力量参与扶贫开发的意见》,积极培育多元社会扶贫主体,建立特困人口社会帮扶信息平台,及时通过网络、媒体发布特困对象扶贫需求和社会帮扶动态,提高社会力量参与扶贫的精准性、有效性。鼓励企业、社会组织及爱心人士参与扶贫,促进社会资源向贫困地区和贫困群体聚集。充分利用国家设立"扶贫日"的契机,组织开展系列活动,营造全社会关心扶贫、合力攻坚的浓厚氛围。

(3) 坚持激励导向提高群众参与度,解决好"自己扶"的问题。运用市场手段推进扶贫开发,鼓励群众自力更生发展产业,引导农村致富带头人以"传帮带"的方式帮助贫困户脱贫致富,促进贫困户在产业链上持续稳定增收,加快实现精准脱贫。

5. 创新考评体制机制，健全脱贫攻坚保障力

建立精准识别和精准帮扶的过失追究制，让贫困村村民代表和贫困户直接参与精准识别和精准帮扶决策过程，并与第三方社会监督服务结合，建立公众监督举报制度，确保精准识别和精准帮扶的公开、透明和公正。

第三节 安徽城乡一体化发展的探索与经验

党的十八大提出"解决好农业农村农民问题是全国工作重中之重，城乡发展一体化是解决'三农'问题的根本途径"的重要论断，要求"要加大统筹城乡发展力度，增强农村发展活力，逐步缩小城乡差距，促进城乡共同繁荣"，这为新形势下加快推进城乡经济社会发展一体化指明了方向。安徽早在20世纪末就提出了实行城乡一体化的发展战略，21世纪初以来，安徽先后出台了《关于加快推进城乡一体化试点工作的指导意见》等一系列文件，把推进城乡一体化建设摆在了重要位置。自2008年4月起，安徽省政府先后批准芜湖、马鞍山、铜陵、淮北、合肥、淮南等六市和郎溪县作为城乡一体化综合配套改革试验区，探索出一条符合安徽实际的城乡一体化发展道路，城乡一体化综合配套改革取得明显成效。安徽省第九次党代会提出，要"更加突出统筹发展，走出农业大省城乡一体、区域联动的新路子"，将推进城乡一体化工作提升到了一个新高度。近年来，安徽坚持"工业强县富民"和"以城带乡，以城融乡"，大大优化了城乡产业一体化布局，开创了城乡统筹发展的新局面。

一、安徽城乡一体化发展的探索

1. 科学谋划城乡规划布局

为了有效推进和规范城乡一体化建设，安徽高度重视规划的引领作用，按照组团式空间布局要求，编制覆盖市、县、乡、村四级城乡一体化发展规划、城乡一体化发展的实施方案、年度工作计划等。如淮南市将城乡一体化规划与市"十二五"规划、矿区"十二五"规划和城市土地利用总体规划进行有效衔接，初步形成了"规划一张图、建设一盘棋、管理一张网"的良好局面。2014年8月,安徽省寿县成为首批国家级"多规合一"试点地区之一。此后,寿县以原《寿县县城总体规划(2013~2030)》为基础,启动编制《寿县总体规划(2013~2030)》,按照形成主体功能区的要求,破除部门行业各自为政、相互缺乏衔接的现行规划体制,优化开发格局,形成域内统一规划布局重大基础设施、重大产业和社会发展项目的城乡建设新格局,整合国民经济、土地利用、环境保护、水利、交通、农业、林业、文物等规划,形成城镇建设用地界线、生态保护控制线、产业区块控制线等"多规合一"控制线管控图。同时改革城乡分割的规划管理体制,把城市和农村作为一个整体来设计,实现城乡一体规划的全覆盖。截至2015年8月,寿县"多规合一"试点工作初显成果,研究城乡规划建设项目40个,完成控规报批15项、修规方案5个,出具规划设计条件18个。

2. 坚持城乡基础设施建设一体化

(1) 实施两大基本工程。一是"千村百镇示范工程"。从试点村镇出发,利用示范典型带动全省新农村发展。安徽省在2006年颁发的《关于新农村建设"千村百镇示范工程"实施意见》中着重提出,村镇路网、水利、供电、通信、邮政、广播电视等服务设施、社区服务中心、环境卫生的"三清""四改"综合治理,以及农村教育和医疗基础设施是建设重点,要加大支持力度,按照"三个高于"的要求,增加对新农村建设的投入。二是"美好乡村"建设工程。由于安徽不同地区发展的特征差异明显,在"千村百镇示范工程"实施基础上,"十二五"期间,安徽省将全省分为五大区域,实施"美好乡村"建设工程,明确中心村、自然村必须分别配置"11+4"和"2+1"的基本公共服务及基础设施,详细规定不同类型的村庄中道路交通工程、给排水工程、环卫工程、电气通信工程、防灾减灾工程等的建设要求。

(2) 扩大资金要素投入,推进三大类子系统建设。① 城乡交通设施建设方面。如马鞍山市通过构建"四纵五横"的快速公路交通网络,实现每个乡镇离高速公路不超过30分钟车程,其中卫星城和中心镇则不超过15分钟车程;桐城市初步形成了以国、省道为主线,以县道为支线,以乡村道路为连接线的布局合理、四通八达的交通网络,并基本建成一个以市区为中心、二级公路通达各镇的"半小时通勤圈"。② 城乡基础设施建设方面。铜陵市推出城乡气象公共服务体系、生态环境和水利设施的建设方案,其中,城乡气象公共服务体系建设涉及气象灾害监测系统、新一代气象雷达、防灾监测中心及公共气象服务系统、气象信息站、气象灾害预警信息综合接收平台5项设施,全面覆盖全市农村灾害天气信息的监测、预报、预警、发布、接收和防御的整个过程,保障农村群众的各项生产生活正常化。③ 农村社会事业设施的建设方面。铜陵在全省率先实施了村级组织活动场所标准化建设,完成了40所农村中小学、12个乡镇卫生院、70个村卫生室和9所农村计划生育服务机构标准化建设;截至2012年年底,铜陵城乡文化惠民工程实现文化资源工程设备配置率达100%,文化传播载体愈发多元化,乡镇综合文化站、农家书屋、社区文化家园惠及所有群众。

(3)创新农村基础设施建设的"四自"运作模式。为了提高财政投入的利用效率,创新农村基础设施和公共服务设施决策、投入、建设和运行管护机制,建立自下而上的民主决策机制,通过村民自选、自建、自管、自用等方式,更好地发挥农民主体作用。"四自"模式还可以积极引导社会资本参与农村公益性基础设施建设、管护和运营。

3. 坚持推进城乡基本公共服务均等化

(1)坚持推动教育、医疗、文化资源配置均等化。安徽省把握统筹的大方向,在建立城乡统筹的公共文化服务体系建设协调机制上出"绝招":① 推广实施以县级公共图书馆为总馆、乡镇综合文化站(服务中心)为分馆,实现城乡公共图书服务资源整合和互联互通。② 通过启动六安、合肥、淮北、马鞍山、宣城、黄山6市20个美好乡村中心村的农民文化乐园建设试点工作,实现设施标准化、服务内容多样化、文化活动常态化、保障措施制度化。③ 安徽省加快把农民工文化建设纳入常住地公共文化服务体系,以公共文化机构、社区和用工企业为实施主体,满足农民工群体尤其是新生代农民工的基本文化需求。铜陵市注重推动义务教育资源向农村延伸,完善县域城乡义务教育资源均衡配置的体制机制,在全省率先实施了城乡义务教育阶段的"两免一补"政策,将全市义务教育阶段小学、初中的入学率和巩固率分别提高到100%、99.3%和100%、99.8%。

(2)持续加强农村留守儿童、妇女、老人关爱服务体系建设。① 推行民生项目,增强留守老、妇、幼服务空间保障。遵循"系统化、网络化、全覆盖、全关爱"原则,安徽省每年投入约3 000万省级财政专项资金,用于加强诸如留守儿童之家等农村留守儿童课外场所建设方面。② 各地创新多种方式丰富留守老、妇、幼生活,多角度健全关爱服务体系。安徽滁州市来安县积极创新多种方式完善留守老、妇、幼服务体系建设,并走在全省前列,如建设留守儿童之家、乡镇少年宫等课外场所,为留守儿童设立绘画、民间艺术、书法等20多个特色项目供孩子们选择学习;为留守老、妇、幼健全个人档案信息,提供免费体检;在乡政府、各村和中小学校安装亲情电话,在乡村留守儿童活动室、学校及有条件的村安装视频聊天系统,增强留守老、妇、幼与在外打工亲人的感情联系,促进社会稳定。安徽省其他县、乡也根据当地发展条件,主动创新各种方式保证留守老、妇、幼的服务工作顺利开展,如含山县设立留守妇女互助组,由妇女干部牵头组织,使得留守妇女在生产上相互帮助、生活上相互扶持、情感上相互依靠、安全上相互关照,破解留守妇女群体面临的留守困局;亳州市中心汽车站开展"邮寄儿童"业务,通过仅购买一张到达目的地全票的方式把一些留守儿童送到在外地打工的父母身边;灵璧县以"寄宿制爱心托管学校""校内留守儿童关爱之家"为依托,探索家庭教育、学校教育、社会教育"三位一体"的留守儿童托管模式,确保留守儿童关爱工作的实行。

4. 积极促进要素资源的合理配置

安徽在加快城乡一体化中十分注重要素市场建设,逐步推进城乡融合。

(1)加快城乡户籍制度改革。合肥市重点关注进城务工人员随迁子女就学的权利保障问题,到2020年逐步取消进城务工人员随迁子女定点学校,坚持以流入地公办学校为主,保证随迁子女和本市学生享有同等的教育权利。铜陵市从三方面着手,注重做好农村户改人员各项保障政策的衔接落实工作:① 户籍改革方案由一个整体方案和多项配套实施方案构成,被称为"1+12"方案,推动拥有居住证的流动人口与原有的城镇居民享有统一的保障和社会福利。② 全面开展农村集体经济组织成员身份认定工作,明确农村八类特殊身份群众的组织成员认定标准,实施全方位动态管理,切实保障农村集体经济组织成员的合法权益,维护进城落户农民的土地承包权、宅基地使用权和集体收益分配权。③ 加强保障性住房建设,将农村居民纳入城镇住房保障范围,为农民市民化打下坚实基础。

(2)加快建立农村建设用地市场。切实加强城乡一体的农村建设用地平台建设,形成规范、有序、便捷的土地市场。在充分尊重农民意愿的基础上,按照"同地、同价、同权"和"两种产权,一个市场"的原则,建立城乡统一的建设用地市场,大力开展土地整治和"双挂钩"试点工作。

二、安徽城乡一体化发展的成效

1. 城乡基础设施建设不断改善

"十二五"时期,全省建设农村公路超1.6万千米,农村公路总里程达16万千米,基本形成了以县道为骨架、乡道为支线、村道为脉络的农村公路网络体系。建设农村户用沼气超 16 万户、养殖小区和联户沼气近千个。实施了新一轮农村电网改造升级工程,覆盖了全部乡镇、行政村。农业基础建设的加强,农业生产条件的改善,为农业生产和农村经济快速发展提供了有效支撑。

2. 城乡居民收入差距不断缩小

"十二五"以来,安徽省不断加大劳动力转移力度,努力拓宽增收渠道,居民收入稳定增加。城镇常住居民人均可支配收入由 15 788 元增加到 26 936 元,年均增长 11.6%;农村常住居民人均可支配收入由 5 285 元增加到 10 821 元,年均增长 13.4%;城、乡居民收入之比由 2.99∶1 变化为 2.49∶1,收入相对差距呈缩小之势。强化脱贫脱困,全省农村贫困人口由 2011 年的 790 万人减少到 2014 年的 399 万人,贫困发生率由 14.7% 下降到 7.5%。伴随着收入的稳步增长,农村居民消费水平和生活质量不断提升,人均生活消费支出由 2010 年的 4 013 元增加到 2015 年的 8 975 元,年均增长 17.5%。农村居民家庭恩格尔系数由 2010 年的 40.7% 下降到 2015 年的 35.8%。2015 年,农村居民家庭平均每百户洗衣机、电冰箱、彩电拥有量分别为 73.58 台、90.55 台、121.33 台,比 2010 年增长 30.2%、43.1%、8.2%;每百户家用汽车、电脑、手机拥有量分别为 8.48 辆、19.37 台、205.34 部,比 2010 年增长 1 362.1%、144%、50%。

3. 新型农业经营体系逐步形成

自 2011 年实施"671"转型倍增计划以来,安徽省以构建新型农业经营体系为重要抓手,不断推进农业现代化建设,农业产业化加快发展,初步形成了以家庭承包经营为基础、专业大户和家庭农场为骨干、龙头企业为核心、农民合作社为纽带、农业社会化服务组织为支撑的新型农业经营体系。2015 年,全省农民合作社达到 6.3 万个,家庭农场共 3.2 万家,农机和植保社会化服务组织超过 1.8 万个。稳妥地推进土地适度规模经营,全省土地流转面积由 2010 年的 637.8 万亩增加到 2015 年的 2 921.9 万亩,耕地流转率达 46.8%。2015 年,全省规模以上农产品加工企业达 5 922 家,比 2011 年净增 2 400 家,实现总产值 9 151 亿元,比 2011 年增加 4 090 亿元,年均增长 16%。农产品加工业产值与农林牧渔业总产值之比达到 2.08∶1,比 2011 年上升 0.62。农产品加工企业总产值超亿元的达 2 362 家,实现产值 7 425 亿元,占全省总量的 81.1%,超 20 亿元的 28 家,超 50 亿元的 2 家。龙头企业的壮大、实力的增强,加快了农业产业化进程。

4. 城乡消费市场协调发展

随着城镇化进程加快和农村地区消费环境不断完善,全省城乡消费市场协调发展。城镇消费品零售额由3 866.1亿元扩大到7 856.4亿元,年均增长15.2%,占社会消费品零售总额的88.2%,比2010年提高4.4个百分点;乡村消费品零售额由434.4亿元扩大到1 051.6亿元,年均增长19.3%。截至2015年年底,全省新增建筑面积5 000平方米以上大型商业网点137个,农村新增配送中心70个、乡镇商贸中心163个、农家店3 765个,大中型农产品批发市场和县、乡农贸市场超过260个,城乡流通市场互融互通新格局正在形成。与此同时,商品安全度、经营者诚信度稳步提高,侵权、制假售假、商业欺诈等不法行为受到严厉打击,消费环境趋于和谐,消费需求健康发展。

5. 城乡社会保障明显加强

2015年,全省养老、失业、医疗、工伤、生育五项保险参保人数分别达857.8万人、436.6万人、1 734.9万人、528.9万人和499.3万人;新型农村合作医疗参合率由96%提高到101.7%。

6. **生态体系日趋完备**

"十二五"期间,全省共完成人工造林949.2万亩,创下单个五年规划期造林的最高纪录,全省共创建省级森林城市33个、省级森林城镇367个、省级森林村庄2 628个、森林长廊示范段5 445千米。2015年全省森林面积达到5 937.8万亩,森林覆盖率28.65%,比2010年提高个1.12个百分点。

三、安徽城乡一体化发展的经验

城乡一体化是我国现代化建设的必然要求。回顾近年来,特别是十八大以来,安徽省城乡一体化的实践过程,我们深深感到每一步前进的来之不易。安徽省城乡一体化改革发展在这些年中取得了新成效,城乡一体化水平得到了新提升,形成了城乡一体化改革发展的新经验。

1. 以推进人的城乡一体化为核心,以实现城乡共同繁荣为目标

以人为本,不断推动城乡发展一体化,本质上是要从满足农民实际需求出发,

为了人、依靠人、富裕人、发展人,走新型城镇化指引下四化同步的新道路,持续缩小城乡差距,形成城乡融合和均衡发展的新格局。安徽省统筹城乡协调发展,实施城乡一体化发展战略,始终以打破城乡二元结构、解决"三农"问题、实现城乡共同繁荣为目标。为此,不论是战略制定,还是规划设计,不论是体制改革,还是制度创新,始终都围绕着这一方向进行。在推进城乡一体化的过程中,坚定地尊重农村群众的利益,尊重农村群众的权利,尊重农村群众的意愿和选择。道路既定、方向明确,就能排除一切干扰和阻力,坚定不移地完成由城乡二元结构向一元结构的彻底转变。

2. 做好顶层设计,系统制定城乡一体化改革发展路线图

规划是顶层设计的纲领和旗帜,规划的水平决定发展的层次,规划的落实体现着政府的执行力和实践成效。吸取以往一些地区城乡发展总体无设计、"摸一块石头走一程"、中途停顿甚至出现倒退的教训,安徽城乡一体化发展一开始就强调全方位、周密地制定系统化的顶层制度,增强"系统工程"意识,无论是城乡空间布局规划、土地利用规划、新农村建设,还是基础设施、公共服务、户籍改革等专项规划都多方面协调推进,相互衔接、相互支撑、紧密配套、融为一体,既体现了科学性、超前性,更突出了系统性、整体性。

3. 牢固树立发展创新理念,实现体制机制的重大突破

城乡发展一体化是一场深刻的社会变革,出路在于创新。思想决定方略,思维决定作为,要在发展中创新,就要解放思想,更新观念。安徽省因地制宜,始终把创新的精神贯穿于推动城乡一体化的全过程,遇河架桥、逢山开路,开动脑筋,创造发展模式,破解前进中的各种矛盾和难题。部分试点地区思维超前、观念超前,善于从省内外的大层面来谋划工作,理念新、定位准、目标大,只要政策允许或者法律、法规没有明确禁止,根据当地实际情况,都可以大胆地干、大胆地试。安徽在涉及城乡一体化的经济建设、社会发展、生态文明、管理创新、责任考核等方面,真正做到了用改革探路,用政策支撑,实现了体制机制的重大突破。

4. 健全市场主导与政府引导相结合的实现机制

城乡发展一体化是一个复杂的系统工程,推进城乡一体化既需要立足于市场机制对资源要素流向进行合理配置,也需要政府的政策引导。从健全市场主导机制来看,安徽充分尊重并有效发挥市场在资源配置中的决定性作用,通过市场力量

与运行规律自发引导各类资源要素在社会再生产活动各环节的聚集与分散,坚持市场机制导向下的资源要素城乡一体化式流通;从完善政府调控机制来看,重点在于各级政府能因时适度地转变政府职能,突出构建法制化、程序化与规范化的政府行政机制,从制度与机制层面保障综合性社会生产要素的流动方式与配置。

第十章 以绿色发展为核心的安徽农村生态文明建设

自改革开放以来,我国经济社会得到了快速的发展。进入20世纪90年代,我国开始出现资源约束趋紧、环境污染严重、生态系统退化等现象,人们开始认识到社会的发展要跟生态环境建设相协调,必须树立尊重自然、顺应自然、保护自然的生态文明理念,走绿色可持续发展道路。建设生态文明,是关系人民福祉、关乎民族未来的长远大计。2012年11月,党的十八大从新的历史起点出发,做出"大力推进生态文明建设"的战略决策,把经济社会的可持续发展提升到绿色发展的高度,并把生态文明建设作为中国特色社会主义事业的重要内容。因此,农村生态文明建设成为了实现农村经济社会可持续发展的重要保证。安徽的农村生态文明建设也是在这样一个大的发展过程中提出并推进的。安徽直面环境与发展的矛盾,率先在全国提出了建设"生态省"的理念,从战略的高度统筹规划了全省的生态文明建设,又通过"新农村建设"提出了农村经济社会发展的总体要求,确定了农村生态文明建设的方向,有效地推进了农村生态环境的建设与整治,随后又通过"美好乡村建设""三线三边整治""美丽乡村建设",以及生态农业产业化、休闲农业与乡村旅游等发展,分别从"总—点—线—面"的路径,不断加快安徽全省的农村生态文明建设。

第一节 安徽农村生态文明建设背景

农村生态环境是农村居民赖以生存和发展的基本物质基础,农村生态、经济、社会是农村问题的三个基本方面,也组成了一个不可分割的有机整体,农村的可持续发展应该是生态、经济、社会的全面协同发展。改革开放以来,安徽农村经济社会发展取得了长足的进步,但安徽大多数农村的快速发展走的却是一条资源高消耗的粗放型发展道路,具体表现为农村经济社会的快速发展在很大程度上依赖于对土地资源的高消耗、化肥农药的过度使用,导致全省农村经济社会发展问题呈现出资源约束矛盾日益突出、环境污染更加严重、生态破坏进一步加剧的局面,从而形成了制约我省农村经济社会可持续发展的重要瓶颈因素。从改革开放到21世纪初,安徽农村经济社会发展以及安徽农村生态环境状况呈现出令人担忧的发展态势,具体表现在以下方面。

一、农村水资源的污染

随着安徽全省经济总量的不断提升、社会发展水平不断提高,全省工业和城镇生活废水排放总量也快速攀升,而到2005年安徽全省城市污水处理厂集中处理率才达到26.31%,污染物的排放严重加重了水体污染负荷,受害最大的就是农村。其中淮河干流安徽段水质为中度污染,主要支流总体水质状况为重度污染,在9条入境支流的29个监测断面中,劣Ⅴ类的水体占75.9%。巢湖湖区总磷、总氮年均浓度偏高,呈中度富营养状态。长江干流安徽段水质状况虽保持优质,但在15条主要支流中,水质为重度污染的河流连年增加,其他河流水质无明显改善。并且地下水开始受到严重污染,地下水主要超标指标为氟化物、氨氮和总大肠菌群。2006年在合肥、淮北、阜阳、铜陵、滁州5个市开展的地下水监测报告显示,以监测的总井数统计,地下水水质为优良、良好、较差、极差的井数依次占总井数15.0%、40.0%、40.0%和5.0%。另外,在乡村人口集中地区将生活垃圾倒入水中等现象十分普遍,农村个体经营户如个体豆腐作坊、畜禽养殖场等在加工经营过程中任污水随意流淌造成河流水质严重恶化,继而影响农村的地下水的质量。农村的池塘、沟渠常年没有清理,被水藻(草)等严重污染,水质变黑、变臭,农村水污染现象十分严重。水环境问题对农村发展的影响表现在:① 水的使用价值降低或丧失,加剧了农用水资源的紧缺程度,特别是江淮分水岭及其以北和淮北地区;② 水污染使水产养殖和农灌用水质量降低,农产品质量安全没有保障,一些重金属污染物如镉、汞、铜、锌会富集在农产品中,导致农产品市场竞争力下降;③ 农村饮水安全受到威胁,导致某些恶性疾病在农村流行,妨碍农村人群健康,严重影响农村社会文明与进步;④ 导致农村环境安全事故时有发生,造成人身伤害、生产损失和生物多样性减少。铜陵的一次调查显示:当地农田中重金属含量远远超标,使得当地居民癌症发病率远高于其他地区。

二、农村大气环境的污染

随着汽车拥有量的增多以及工业化的不断发展,全省工业和城镇生活废气(烟尘、生活废气中的二氧化硫、工业废气、粉尘)排放量逐年增加。此外,安徽每年农作物秸秆产生量为2 500万吨,其中约一半以上未被有效利用。大量未利用的秸秆在田间被燃烧,焚烧高峰时,燃烧的火点遍布8个地区29个县,包括阜阳、六安、滁州、淮南、淮北、蚌埠、宿州、亳州,尤以沿淮、淮北地区焚烧现象最为严重,成为农村环境污染的主要承接面。有数据表明,焚烧秸秆时,大气中二氧化硫、二氧化氮、可吸入颗粒物三项污染指数达到高峰值,其中二氧化硫的浓度比平时高出1倍,二氧化氮、可吸入颗粒物的浓度比平时高出3倍,相当于日均浓度的5级水平,是造成农村环境严重污染的主要原因。大气污染对农村有如下影响:① 二氧化硫、二氧化氮致使酸雨覆盖面积扩大、频次增加,除了对林草和农作物造成直接伤害外,还加剧了土壤淋溶,导致土壤资源退化;② 二氧化硫、二氧化氮等直接危害农作物叶片,且粉尘附着在叶面上,阻碍了植物进行光合作用,导致农业产量降低;③ 造成大气环境质量下降,严重影响农村人群健康,尤其是致使呼吸系统病患病情加重。据相关部门调查,农村大气环境污染加重,造成了安徽支气管哮喘在农村中的发病率不断上升。另外,秸秆焚烧破坏土壤结构,造成耕地质量下降。焚烧秸秆使地面温度急剧升高,能直接烧死、烫死土壤中的有益微生物,影响作物对土壤养分的充分吸收,直接影响农田作物的产量和质量,影响农民收益,从而陷入一个恶性循环之中。焚烧秸秆形成的烟雾,造成空气能见度下降、可见范围降低,容易引发交通事故,影响道路交通和航空安全。

三、农村固体废弃物的污染

首先是工业废渣和城市生活垃圾对农村环境造成污染。矿业开采而产生的工矿废渣、煤矸石、粉煤灰,以及其他工业固体废弃物排放量逐年增加,工业固废综合利用率提高缓慢,城市生态垃圾产生量快速提升,而垃圾无害处理能力有限。虽然在21世纪初,安徽省有城市生活处理场项目20个,日处理垃圾近万吨,但仍有约80%以上的生活垃圾在郊外农村被随意填埋或堆放。其次是农村固体废弃物和农村生活垃圾对农村环境造成污染。随着改革开放与农村经济的放开搞活,农民收入快速增长,农民收入不断增加的同时,农民提出了改善自身居住条件的要求。自20世纪90年代末开始,我省农村开始了大规模的农民自主建房,钢筋、水泥、石子形成的混凝土建材也开始走进了农村,在促进农民住房情况改善的同时也形成了大量的不可再利用的固体废弃物,这种固体废弃物在农村被四处随意堆放。再加上农民生活水平的提高,以塑料、人畜粪便为主的难以降解的生活垃圾、固体废弃物数也大量增加,并随意倾倒在河流水体之中。这些随意堆放的建筑固体垃圾和随意倾倒的农村生活垃圾对农村的生态环境造成了很大的污染。固体废弃物对农村环境的影响主要表现在以下方面:一是由于矿业开采而产生的工矿废渣、煤矸石、粉煤灰等堆积占用了大量农用地,使农田荒芜,如两淮煤矿的塌陷坑以及铜陵、马鞍山矿区的尾矿废弃地;二是城市和小城镇的生产和生活垃圾在郊区土地堆积,受风力等影响向农村转移;三是农村生产、生活所产生的固体废弃物成为自身污染负荷,如人畜粪便、废弃塑膜等,这些污染物污染了周围的水体、土壤和大气,严重影响农村居民的生活质量。

四、农业生产加工对生态环境的污染

在农业生态方面,化肥、农药等农用物资的不科学使用对生态环境造成极大污染与破坏。据统计数据显示,到21世纪初,安徽农用化肥施用量和农药使用量、农用塑料薄膜使用量几乎是连年增加。化肥、农药大量流入河流、湖泊,对农村地表水、地下水、农产品品质造成了明显的危害,直接影响人类健康;长期大量使用化肥不仅使土壤所含化学元素比例失调,打破了原有平衡,更使土壤理化性能恶化,生态环境受到污染、破坏,而且流失到水环境中的氮、磷又造成水体富营养化。同时,过量施肥造成硝酸盐在农产品中积累,进而进入人体,使人罹患疾病。农药当中约有80%直接进入环境,导致水环境恶化,农产品和水体内残留的农药也会危及人体健康。农用化学物质用量不断增加,而实际利用率又很低,残留部分成为了环境污染物;农膜及各种塑料废弃物,由于极难降解,且降解过程中还会渗出有毒物质,对土壤及农作物危害也很大。同时,随着规模化畜禽养殖场的迅速发展,全省畜禽粪便排放量已远超出了地方环境的自动吸收能力,畜禽粪便污染占到农村环境污染的35%以上。由于缺少资金,加上养殖场的环境管理不完善,大多养殖场区畜禽粪便很难做到资源化利用,有的甚至将畜禽粪便直接排进水体,致使水环境恶化,降低了水资源价值。此外,畜禽粪便含有大量源自动物肠道中的病源微生物和寄生虫卵,容易在农村人畜中引发疫情。另外,农村乡镇企业的发展也对农村社会生态环境造成了较重的污染,乡镇企业发展造成的水污染、空气污染、噪音污染、滥用土地等问题也随之而来。乡镇企业污染严重,现有的乡镇企业废水、废气、废渣等污染物排放总量大于环境承载能力,污染治理一直没有到位,导致农村生态环境的进一步恶化。

五、农村生态文明发展的软环境不佳

在安徽农村生态文明建设前期,安徽农村生态文明发展的软环境不佳具体表现为三个方面:① 农村居民环保意识淡薄,地方管理部门对环境保护重视不够。我省农村受到经济发展水平的限制,教育水平偏低,环保意识相对落后。改革开放以来,地方政府的主要精力都放在发展工业和招商引资上,在一定程度上忽视了环境宣传教育,致使农民环保意识淡薄、缺乏科学发展观的正确指导,部分地方领导政绩观错误,片面追求经济效益和政绩,在招商引资过程中没有优先考虑环境和生态,没有将科学发展观真正落实到具体工作中。② 环保机构不健全,管理体系不完善。目前,我国最基层的环保系统是县一级环境机构,少数乡镇设置有环保办公室,环保员多为兼职,县级环保部门包括部分乡镇的专职环保人员总数很少。一直以来,我国的环境管理体系是建立在城市和重要点源污染防治基础上的,对农村污染及其特点重视不够,尚未建立起农村环境管理的体制和机制。同时,环境保护相关法律法规不健全,虽然国家和省政府已经下发了有关农村社会生态环境保护工作的指导意见,但这一内容仍然比较宽泛,在具体实施操作过程中,相关实施细则和指导政策还有待逐步完善。③ 环保投入严重不足,基础设施建设滞后。国际经验证明,解决环境污染问题,需要巨额的资金投入。环保投入占国内生产总值(GDP)的比例达到 $1.0\%\sim1.5\%$ 可以基本控制污染,达到 $2\%\sim3\%$ 可以逐步改善环境。我省环保总投入长期不足,农村环保工作投入更是缺乏,绝大多数市(县)农村环保投入为空白。全省大部分乡镇未建污水处理厂,生活污水直接外排,脏乱差现象非常突出。

第二节　安徽农村生态文明建设历程

改革开放以来,安徽省委、省政府高度重视环境保护工作,但安徽农村社会经济发展还是面临着环境的多方制约。为实现我省农村经济社会的可持续发展,在科学发展观和国家相关文件与政策的指引下,2003年安徽省委、省政府在全国率先作出了"建设生态安徽"的战略决策,并成为全国生态省建设试点省份之一,从区域重大发展的战略高度全面部署了全省的生态文明建设;2006年又通过在全面推进"新农村建设"过程中以"乡风文明、村容整洁"为着力点,不断加强农村生态环境保护,不断推进农村生态文明建设;为进一步落实农村生态文明建设,又于2012年全面启动了"美好乡村建设",以村庄建设、环境整治和农田整理为突破口,按照"培育中心村、整治自然村、提升特色村"的要求,建设资源节约型、环境友好型乡村;接着又通过"三线三边"整治(2013年)、"美丽乡村"建设(2016年)、生态农业推广以及发展乡村旅游等改善农村生态环境。安徽农村生态文明建设的具体历程如下。

一、安徽"生态省"建设的提出与推进

从20世纪80年代开始,安徽结合国家政策积极采取了一系列保护和改善生态环境的重大举措,如植树造林、水土保持和国土整治等重点生态工程,长江、淮河治理与水土保持,以及天然林资源保护和退耕还林还草工程,建立了一批不同类型的自然保护区、风景名胜区和森林公园,生态农业试点示范、生态示范区建设等生态环境建设,使省内一些地区的生态环境得到了有效保护和改善。但是上述重大措施的实施并没有有效地遏制全省因经济社会的快速发展带来农村一些地区生态环境恶化的趋势,生态环境破坏的范围在扩大、程度在加剧、危害在加重。为此,在2003年,安徽省委、省政府作出了"建设生态安徽"的战略决策,并成为全国"生态省"建设试点省份之一,并于2004年省人大常委会第七次会议审议通过了《安徽生态省建设总体规划纲要》,从安徽实际情况出发,运用可持续发展理论和生态学、生态经济学原理,以及循环经济理念、系统工程方法,重点提出了生态省建设的指导思想、基本原则、目标任务、保障措施和近5年的实施计划,决定坚持用近20年的时间建成基本符合可持续发展要求的生态省区。"生态省"建设是安徽在新世纪初

作出的重大战略决策,是加快发展、富民强省、全面建设小康社会的重要内容,是功在当代、惠及子孙的宏伟工程。随着生态省建设的不断推进,生态省建设已经成为促进地区经济结构战略性调整与经济增长方式转变和环境质量改善的重要手段,从而以充分发挥区域生态与资源的优势,统筹规划和实施环境保护、社会发展与经济建设,推动全省经济社会与人口、资源和环境的协调发展。

二、"新农村建设"中的乡村生态环境整治与保护

"生态省"建设吹响了安徽全面建设生态文明的号角,为安徽生态文明建设奠定了基础。同时,为贯彻落实中央关于新农村建设的部署,安徽省委、省政府决定,从2006年开始,在全省开展以农村为重点的新农村建设。安徽省紧紧围绕"生产发展、生活宽裕、乡风文明、村容整洁、管理民主"的总体要求,坚持从农民积极、干部主动、条件比较成熟的村镇抓起,通过加大财政投入力度,发展现代农业,完善基础设施,整治乡村环境,健全社会保障,加强综合改革,在全省开展实施新农村建设"千村百镇"示范工程,推进部门帮扶工作和"千企联千村"活动。重点在全省选择1 000个左右的村和100个左右的镇开展试点示范。原则上每个县(市、区)选择1个示范镇、10个不同类型的示范村。力争利用3~5年的时间,使之达到"产业发展形成新格局、农民生活实现新提高、乡风民俗倡导新风尚、乡村面貌呈现新变化、乡村治理健全新机制"的目标,通过创造鲜活典型,带动和推进全省新农村建设扎实稳步健康发展。在试点的"千村百镇"示范点,有效地推进了区域乡村生态环境的治理与提升。为不断加强农村环境保护工作,积极推进"生态安徽"和社会主义新农村建设,提高农民生活质量和健康水平,2009年7月,安徽省人民政府办公厅转发省环保厅等部门出台的《关于加强农村环境保护工作的意见》,该《意见》指出加强农村环境保护,是落实科学发展观,构建社会主义和谐社会的必然要求;是促进农村经济社会可持续发展,建设社会主义新农村的重大任务;是推进生态文明建设,构建资源节约型、环境友好型社会的重要内容;是建设生态安徽,切实改善民生的客观需要。安徽省委、省政府要求全省各地、各有关部门要从战略和全局的高度,充分认识加强农村环境保护的重要性和迫切性,切实把农村环境保护工作摆在更加重要和突出的位置,下决心改变农村环境保护意识薄弱的状况,努力改善农村生态环境质量,促进城乡全面协调可持续发展。

三、"美好乡村"建设推进农村生态乡风文明建设

随着安徽新农村建设尤其是"千村百镇"示范工程的推进,安徽新农村建设较好地达到了第一阶段建设目标的要求。为进一步落实安徽"生态省"建设的战略部署以及新农村建设的推进,2012年5月安徽省委、省政府下发了《安徽省"十二五"时期社会主义新农村建设规划纲要》,全面部署了全省的"美好乡村"建设工作,要求美好乡村建设全面展开。具体要求是乡村环境明显改善,示范乡村率先建成宜居宜业的美好乡村;村庄整治和农村环境综合整治成效突出,农村环境卫生管理长效机制明显健全。同时要求"美好乡村"建设要改造农村危房54万户,乡村公路通行条件和服务水平进一步提高,解决2 043万农村人口饮水安全问题,乡村卫生户厕普及率达到65%,农村户用沼气达到103万户,基本建成新型农村供电体系,乡村通宽带比例达到100%。同年9月,安徽省委、省政府作出了《关于全面推进美好乡村建设的决定》,同时在安徽省政府下发的《安徽省美好乡村建设规划(2012~2020年)》(皖政〔2012〕97号)中,把美好乡村建设的目标制定为"生态宜居村庄美、兴业富民生活美、文明和谐乡风美"。美好乡村建设,是加快建设经济繁荣、生态良好、人民幸福、社会和谐美好安徽的基础性工作,是打造生态强省的具体行动。美好乡村建设把"生态宜居村庄美"放在第一位,要求以增加农民收入、提升农民生活品质为核心,以村庄建设、环境整治和农田整理为突破口,同步推进产业发展和社会管理,加快建设资源节约型、环境友好型乡村,努力打造宜居宜业宜游的农民幸福生活美好家园,从而实现保护乡村山水生态资源的完整性和连续性,构建绿色乡村体系,打造生态强省的新亮点。面对资源约束趋紧、环境污染严重、生态系统退化的严峻形势,党的十八大从新的历史起点出发,作出"大力推进生态文明建设"的战略决策。同年11月,中共十八召开并提出了"大力推进生态文明建设"的总方针,要求必须树立尊重自然、顺应自然、保护自然的生态文明理念,把生态文明建设融入经济建设、政治建设、文化建设、社会建设各方面和全过程,坚持节约优先、保护优先、自然恢复为主的方针,着力推进绿色发展、循环发展、低碳发展,形成节约资源和保护环境的空间格局、产业结构、生产方式及生活方式,从源头上扭转生态环境恶化的趋势,为人民创造良好生产生活环境,这些标志着一个全新的"社会主义生态文明新时代"的到来。

四、"三线三边"的沿边沿线环境治理

在进行"美好乡村"建设的同时,为了进一步扩大乡村环境治理的成果,安徽省委、省政府召开了全省"美好乡村"建设推进会,会议对"三线三边"与"四治理一提升"行动(简称"三线三边"整治)做了动员部署和周密安排,推进城乡环境综合治理的重大决策,聚焦城乡环境突出问题,下大决心、花大功夫推进乡村环境治理工作,着力改善城乡人居和发展环境,从整体上有序、持续改善城乡人居环境和发展环境。在2013年11月1日的新农村建设推进会上,安徽省委、省政府结合本省实际,在充分调研的基础上,作出了以铁路沿线、公路沿线、江河沿线以及城市周边、省际周边、景区周边等"三线三边"为突破口,大力开展"四治理一提升"行动(垃圾污水治理、建筑治理、广告标牌治理、矿山治理和绿化提升行动)的决定,把城乡环境整治工作作为美好安徽建设的重要任务,并摆到了突出位置。在全省开展的以"三线三边"为突破口的城乡环境治理行动,是大力推进美好安徽建设的重要部署;是从统筹城乡发展和建设美丽中国的战略高度,对改善城乡人居环境作出的重要部署;是加强生态文明建设的重要内容;是建设美好安徽的内在要求,代表着广大人民群众的迫切愿望;是推进全省城乡生态环境治理线性延伸的有效途径。

五、"美丽乡村"建设与绿色发展中的生态文明建设

十八届五中全会着眼全面建成小康社会的奋斗目标,明确提出要提高新农村建设水平。安徽3年多的美好乡村建设和2年多的"三线三边"整治行动,既为全面推开做出了很好示范,也为深入推进提供了有益启示。因此,为进一步巩固扩大美好乡村建设和"三线三边"整治成果,2016年1月10日在合肥召开的全省美好乡村建设推进会上,省委、省政府作出了在全省进行美丽乡村建设的重大决策,因而实现了"从'美好'到'美丽'打造乡村建设'升级版'"的转换。美丽乡村建设要求围绕"生态宜居村庄美、兴业富民生活美、文明和谐乡风美"的建设目标,在开展农村人居环境整治行动基础上,通过注重乡土味道和民俗风情,发扬农村发展的长处,全面推进美丽乡镇建设、中心村建设和自然村环境整治,实现乡村建设由"以点为主"向"由点到面"的战略转换,以改善农村人居环境为重点,统筹推进产业发展、社会管理和精神文明建设,努力打造农民幸福生活美好家园。同时美丽乡村建设要求着力提升美丽乡村产业发展水平,把推进环境整治与发展产业、促进创业有机结

合起来,加快发展农村以特色生态农业为基础的优势产业发展,促进以乡村旅游发展为核心的产业融合,激活农村创新创业活力,大力发展农村集体经济,持续增强美丽乡村建设的"造血功能"。美丽乡村建设,是在总结前一段工作实践、把握未来发展大势、拓展美丽乡村建设新境界的基础上,作出的"由点到面"战略转换的重要决策,是围绕"战略转换"来拓展美丽乡村建设的新境界,是把准方向、全面贯彻"五个发展"的理念和充分体现"城乡统筹"的新思路,通过把准美丽乡村建设的丰富内涵、全面落实"五位一体"的要求,来全面推进全省农村生态文明发展再上新台阶。

第三节 安徽农村生态文明建设的做法与成效

进入21世纪以来,安徽通过"总—点—线—面"的路径,全面推进安徽农村发展与建设,分别从不同的层面有效地推进了全省农村生态文明建设。其具体的做法与成效分别表现在以下不同的层面。

一、安徽"生态省"建设的做法及对农村生态文明的提升

1. 安徽"生态省"建设的做法

(1) 科学确定"生态省"建设的方向。要求坚持全面、协调、可持续的科学发展观,把推动整个社会走上生产发展、生活富裕、生态良好的文明发展道路作为根本出发点,以科技创新、体制创新和管理创新为动力,积极推进新型工业化、城镇化和农业现代化,发展循环经济、推行清洁生产,保护生态环境、培育生态文化,促进人与自然的和谐相处,促进经济社会与人口、资源、环境的协调发展。

(2) 合理制定"生态省"建设的步骤。安徽"生态省"建设按三个阶段来建设推进,大约需要近20年的时间才能完成。其中,第一阶段是起步阶段(2003~2007年),即生态省建设的全面启动阶段;第二阶段是全面建设阶段(2008~2015年),即生态省建设走上健康轨道阶段;第三阶段是提高完善阶段(2016~2020年),即达到生态文明发展与全面建成小康社会相适应的阶段。

(3) 有效划定了生态省建设的区域布局与功能分区。划定了淮北沿淮平原、江淮丘陵岗地、皖西山区、沿江平原、皖南山区等五大生态功能区。

(4) 全面构建生态省发展的五大体系。分别是构建协调发展的经济体系(具体包括以生态经济发展为核心的经济结构调整、以循环经济发展为核心的生态产业培育、以清洁生产为核心的生产环境提升等),构建可持续利用的资源体系(具体包括森林资源的培育与保护,水、土地、矿产、气候等资源保护与利用等),构建舒适优美的人居环境体系(具体包括减少资源与环境的压力、综合治理各种污染全面改善生态环境、创建生态城镇与改善农村居住环境等),构建保障支持体系(具体包括生态安全保障与科技支撑、管理支持等),生态文化体系的构建(具体包括培育生态文明观、倡导绿色生态观、弘扬绿色消费观等)。

(5) 实施十大工程。分别是生态工业工程、生态农业工程、生态林业工程、生态旅游工程、生态水系工程、清洁能源工程、环境治理工程、生态家园工程、生态文化工程、能力保障工程。

2. 安徽"生态省"建设对农村生态文明的提升

安徽生态省建设取得了重要进展,已完成了生态省建设的第二阶段发展目标,正全力向第三阶段目标迈进。在过去的十几年中,安徽大力加强生态环境保护,全省生态保护扎实推进、绿色发展水平大幅提升。实施的大气污染防治等行动计划,使工业废气、城市扬尘、燃煤小锅炉、秸秆焚烧、机动车尾气等得到有效治理,仅"十二五"期间,就超额完成了国家下达的节能减排任务,单位生产总值能耗累计下降21.4%,化学需氧量及二氧化硫、氨氮、氮氧化物排放量分别累计下降10.5%、10.8%、13.6%、20.7%。推进大江大河的治理,如新安江流域生态环境综合治理,加强重点流域、重污染河流综合整治,使淮河、巢湖水质稳定向好,新安江继续保持为全国水质最好的河流之一。淘汰燃煤小锅炉5 803台、黄标车和老旧车52万辆,火电机组和水泥生产线脱硫脱硝实现全覆盖。严守耕地保护红线,新增耕地110.9万亩,连续17年实现耕地占补平衡。推进千万亩森林增长工程,新增造林949.2万亩,池州、合肥、安庆、黄山、宣城进入国家森林城市行列。启动大别山区水环境生态补偿试点,确立水资源开发利用红线。仅2015年,全省就投入了11.5亿元奖补资金用于秸秆禁烧和综合利用。巢湖流域、黄山市被列为国家第一批生态文明先行示范区。安徽"生态省"建设促进了农村生态文明的提升,表现为加强了农村环境保护,改善了农村环境质量,努力打造生态宜居村庄美的良好环境,具体表现在以下方面:

(1) 有效保护农村饮用水水源地。生态省建设把保障农村集中式饮用水水源地环境质量作为农村环境保护的首要任务,通过开展农村集中式饮用水水源保护区划定工作,在水源保护区边界设立了明确的地理界标和明显的警示标志,依法取缔了水源保护区内的违法建设项目和排污口,加强水源保护区的生态建设,定期开展集中式饮用水水源地环境质量状况监测,切实保障了农村饮水的安全。

(2)推进土壤环境保护和综合治理。通过组织实施土壤污染状况调查或重点地区土壤污染加密调查,全面摸清全省土壤环境状况。通过排查影响土壤环境质量的重点污染源,实施土壤污染治理与修复试点示范项目,有效地促进土壤污染治理与修复。

(3)严格执行环境管理制度。认真执行国家产业政策和环保政策,加大了农村地区建设项目环评和"三同时"的执行力度,有效防止污染严重、淘汰、落后的生产项目、工艺及设备向农村地区转移。有效引导农村地区工业向园区集中,集聚发展,集中治理污染。

(4)严格控制农村地区工矿企业污染。加强对农村地区工矿企业的环境监管,严格执行企业污染物达标排放和污染物排放总量控制制度,对不合格企业予以停产整治或取缔、关停。

(5)加强农村畜禽养殖和秸秆焚烧污染控制。加大了对畜禽养殖户的宣传力度,推进传统养殖观念、养殖模式与秸秆使用方式的转变,有效推进有机肥利用与农作物秸秆禁烧工作。

(6)有效开展农村生态创建工作。生态创建是统筹区域经济社会和环境协调发展的重要载体。生态乡镇和生态村的创建,有效地加强了环境基础设施建设,保障了农村饮水安全,建设了生活垃圾和生活污水处理设施,加强了村镇绿化,打造了优美的生态环境。其中生态村建设增强了村庄环境综合整治的效果,改变了部分村庄的脏、乱、差局面,真正建设成了舒适的生态家园。

二、"新农村建设"中乡村生态环境保护与整治的做法与成效

1. "新农村建设"过程中乡村生态环境保护的做法

为全面贯彻落实中央关于新农村建设的部署,安徽省委、省政府决定,从2006年开始,在全省开展实施新农村建设"千村百镇示范工程"。根据省委办公厅、省政府办公厅《关于新农村建设"千村百镇示范工程"实施意见》(皖办发〔2006〕8号)的精神,各地按照"农民积极、干部主动、条件比较成熟"的要求,每个县(市、区)原则上选择1个示范镇、10个示范村,采取自下而上的方式,按照县确定、市审批、省备

案的程序,择优确定了示范镇 125 个、示范村 1 133 个,通过创造鲜活典型,带动和推进全省新农村建设扎实稳步健康发展。并在《关于新农村建设"千村百镇示范工程"实施意见》中提出推进人居环境建设,改变村容镇貌。

(1) 要求按照"符合规划、量力而行、尊重民意、突出特色"的原则,搞好民居建设,重点推广生态型、节能型和风俗型住宅,皖南山区要注重保持徽派建筑特色。

(2) 加强环境卫生综合治理,开展"三清"(清垃圾、清污泥、清路障),拆除违章建筑,完善生活垃圾、污水收集和处理设施,保持庭院清洁卫生,街巷整洁干净。

(3) 建设环状林带,开展四旁绿化,发展"三小"(小花园、小果园、小竹园),加快村镇绿化。

(4) 普及户用沼气,推广清洁能源,带动农村"四改"(改厕、改圈、改灶、改院)。

(5) 推广科学养殖模式,实行住宅与圈舍分离。有条件的镇,可利用水面、山坡、荒地,建设公共休闲娱乐场所。

2009 年 4 月,为贯彻落实《国务院办公厅转发环境保护部等部门关于实行"以奖促治"加快解决突出的农村环境问题实施方案的通知》(国办发〔2009〕11 号)、《中共安徽省委关于贯彻〈中共中央关于推进农村改革发展若干重大问题的决定〉的实施意见》(皖发〔2008〕22 号)精神,提高农民生活质量和健康水平,促进社会主义新农村建设,安徽省人民政府办公厅转发省环保局等部门《关于加强农村环境保护工作意见》,该《意见》提出了以下几项加强农村环境保护的重点工作。

(1) 切实加强农村饮用水水源地环境保护。开展农村集中式饮用水水源保护区划定工作,依法取缔保护区内的排污口,制定饮用水水源保护区应急预案,加强地下水资源保护与管理。

(2) 大力实施农村清洁工程。统筹治理农村垃圾、污水、粪便等生活污染。

(3) 严格控制农村地区工业污染。加大农村地区建设项目环评和"三同时"制度执行力度,防止污染严重的企业和淘汰落后的生产项目、工艺和设备向农村地区转移,加强农村工业企业的环境监管。

(4) 加强畜禽、水产养殖污染防治。科学划定畜禽禁养区、限养区和养殖区,引导养殖业适度规模、集中发展、种养结合,大力推广生态化养殖模式。

(5) 积极开展农业面源污染防治。大力推广测土配方施肥技术,以政策引导、指导、鼓励农民使用有机肥、生物农药或高效、低毒、低残留农药,推广病虫草害综合防治、生物防治、精准施肥和缓释、控释化肥等技术,积极发展生态农业、循环农业、观光农业,推进无公害、绿色和有机农产品生产,推广废弃物资源利用、清洁能源、清洁生产等技术,禁止在禁烧区内露天焚烧秸秆。

(6)稳步推进土壤污染防治工作。加强土壤污染监测,强化对影响土壤环境的重点污染源的监管。

(7)加强农村自然生态保护。坚持农村生态保护与治理并重,加强对矿产、交通、旅游、水利、林业等资源开发项目的环境管理,加强村庄、庭院、道路绿化和农田林网建设,建立完善的森林生态网络体系。

(8)扎实开展农村环境保护试点工作。结合新农村建设"千村百镇"示范工程、土地整理复垦开发工程、农村清洁工程、百镇千村万户生态示范工程以及文明村镇、卫生村镇创建等试点、示范工作,开展农村环境保护工作试点。《意见》把农村环境保护与改善农村人居环境、促进农业可持续发展、提高农民生活质量和健康水平、保障农产品质量安全结合起来,从源头控制、过程管理、废弃物资源化利用等方面出发,着力推进环境友好型的农村生产生活方式,促进社会主义新农村建设,为构建社会主义和谐社会提供环境安全保障。

2. "新农村建设"过程中乡村生态环境整治成效

安徽新农村建设取得了明显成效。从2006年年底开始到2012年的5年多时间里,安徽新农村建设促进农业生产迈上新台阶,粮食总产连创历史新高,农民生活水平显著提升,乡村基础设施条件得到进一步改善,乡村规划和环境整治取得初步成效,乡村社会事业加快发展,乡村治理得到加强,"千村百镇示范工程"取得积极进展,涌现出一大批乡村建设先进典型,谱写了全省新农村建设的新篇章。经过5年多的努力,积极推进城乡统筹,大力夯实农业基础,不断加大"三农"投入,认真落实强农惠农富农政策,深入推进农村民生工程,进一步加强农村基层组织建设,全省社会主义新农村建设扎实推进,仅全省财政每年投入就达2.65亿元。截至2012年年底,全省共有14 952个行政村,自然村22.42万个,总户数达1 352.1万。在全省自然村中,99.8%通了电,98.8%通了电话,87.7%通了公路,50.5%安装了有线电视,46.8%通了自来水,22.7%实现了垃圾集中处理。新型农村合作医疗参保人数4 613.9万人,占90.3%;新型农村社会养老保险参保人数2 727.4万人,占53.3%;享受最低生活保障人数241.8万人,占4.73%。就农村生态文明发展而言,取得了明显成效。2 581个村庄实现了饮用水集中净化处理,1 133个村庄实现了垃圾集中处理,1 084个村庄做到了养殖禽兽粪便的集中处理,其中有大部分的村庄能做到畜禽粪便的无害化处理。另外,有村庄沼气的有5 262户,完成改厕的自然村有27 304户。新农村建设使农村的卫生环境从根本上得以改善,既美化了村容村貌,又为农民的健康生产、生活提供了保证。总结起来安徽新农村建设的成效表现为以下方面。

(1) 推进人居环境建设,改变村容镇貌。通过规划引领村镇布局、村庄合并、旧村改造和集中居住区建设,逐渐形成了对全省农村环境的综合整治,总结并推广了"三清四改"、村容整治等环境治理的成功经验,掀起农村环境综合整治行动的一次又一次高潮。

(2) 以农村社区化推动新农村建设,稳妥推进土地整治,完善农村水、电、路、气等基础设施,加强农村绿化、美化工程建设,统筹教育、医疗、商业、文化娱乐等配套服务,打造农民安居乐业的新型农村社区。

(3) 深入推进"千村百镇示范工程",加快村镇经济发展、环境综合治理和基础设施建设,全面提升示范村镇示范带动作用。

(4) 探索了农村经济社会连片发展、村镇建设连片推进、村庄环境连片整治、精神文明连片创建,为加快串点成线、连线成片,逐步实现富裕和谐美丽乡村全覆盖提供了经验。

三、"美好乡村"建设中乡村生态文明发展的做法与成效

1. "美好乡村"建设中乡村生态文明发展的做法

为不断提升社会主义新农村建设水平,进一步加快全面小康社会建设进程,2012年9月安徽省委、省政府颁布了《关于全面推进美好乡村建设的决定》。《决定》提出:"以统筹城乡经济社会发展为方略,以增加农民收入、提升农民生活品质为核心,以村庄建设、环境整治和农田整理为突破口,协调推进产业发展和社会管理,加快建设资源节约型、环境友好型乡村,努力打造宜居宜业宜游的农民幸福生活美好家园。"主要做法是:在做好县域城镇体系规划和村庄布点规划修编的基础上,按照"培育中心村、整治自然村、提升特色村"的要求,以"生态宜居村庄美、兴业富民生活美、文明和谐乡风美"为方向,全面推进美好乡村建设。要求从2013年开始,利用2年的时间,每年重点培育建设中心村1 500个左右,全面推进环境整治、基础设施建设和公共服务配套。同时,以村庄环境综合整治为重点,每年治理改造自然村10 000个左右。目标是到2016年,力争全省40%以上的中心村达到美好乡村建设要求;到2020年,力争全省80%以上的中心村达到美好乡村建设要求。在农村生态文明发展方面,主要是实施环境整治工程。

(1) 整治农村生活环境。加快实施农村清洁工程,逐步建立"户分类、村收集、镇运转、县处理"等多种垃圾处理模式。采用纳管处理、集中处理、分散处理等多种农村污水处理方式,优先推进水源涵养区、饮用水源地等环境敏感地区,肠道病、血吸虫病等疾病流行地区,以及重点景区周边村庄开展污水处理。积极推进农村卫生改厕,改厕重点向整治村倾斜。结合实施农村危房改造和村庄整治工程,全面清理村庄内乱堆乱放、乱搭乱建。实行环卫设备购置补贴制度,支持经济适用的环境卫生设备的研发、推广、配备。探索建立政府补助、以村集体和群众为主的筹资方式,确保垃圾污水处理设施正常运行。

(2) 改善农村生产环境。结合农业综合开发、农田水利建设、土地整治、水土流失综合治理等项目,推进田、水、路、渠综合配套建设,改善农业生产条件。加大河道沟塘整治疏浚力度,2016年全省农村河道沟塘基本疏浚一遍,努力打造"水清、流畅、岸绿"的村庄水环境。加强农业面源污染治理,实施畜禽及水产养殖污染治理、精准使用化肥农药、综合利用秸秆等农林废弃物等项目,加强以农村沼气为重点的清洁能源建设,加快发展有机农业、循环农业、生态农业。

(3) 提升农村生态环境。以生态乡镇和生态村建设为载体,大力实施"村村绿"和绿色家园示范建设活动,推进村庄园林化、庭院花园化、道路林荫化建设,2016年开展整治的村庄绿化覆盖率达到50%以上。结合国家农村环境连片整治等项目的实施,整体推进沿路、沿河、沿景区的环境综合整治和景观带打造,推进湿地修复保护、地质灾害防治、清洁小流域建设、矿山环境恢复治理等工作,全面提高农村生态涵养功能。

2. "美好乡村"建设中的乡村生态文明发展的成效

自2012年以来,省、市、县共投入超百亿元资金,带动社会资金投入超过200亿元,美好乡村建设取得重要阶段性成效,农村环境面貌显著变化。截至2015年年底,安徽全省5万多个自然村的环境得到有效整治,已建和在建美好乡村的省级中心村1 948个,市县自己建设的1 114个,27个县区257个行政村开展了国家美丽乡村建设试点,一批因地制宜、各具特色的农村人居环境改善典型案例在江淮大地不断涌现,如休宁县临溪村吴景清宅等5个作品入选全国首批80个田园建筑优秀作品,潜山县官庄村美好乡村规划项目荣获"中国人居环境范例奖"。美好乡村建设的成效还体现在农村危房改造、垃圾治理和绿色村庄建设方面。截至2015年年底,安徽全省共完成农村危房改造17.92万户,渔民上岸安居工程基本完成。全省完成了55个县(市、区)的农村生活垃圾省级验收,占全省县总数的52.4%。其中,宣城、合肥、铜陵市已实现市域农村生活垃圾治理全覆盖。全省46个村被列为第三批"中国传统村落名录",全省列入总数达到111个。全省共有18个镇、2个村被列入全国特色景观旅游名镇名村名录。"美好乡村建设"对乡村生态文明发展的促进作用主要表现在以下几个方面:

(1) 加快了农村环境整治。加快推进农村清洁工程建设,建立以"户分类、村收集、乡(镇)转运、县处理"为主的农村生活垃圾处理模式,建立健全农村环境卫生管理长效机制。以示范村镇及农村危房改造集中点、农村环境连片整治示范村、整体推进农村土地整治示范点、重点景区所在村、历史文化名村等为重点,实施农村环境重点整治工程,加快改善乡村人居环境。加强村庄、庭院、道路绿化和农田林网建设,开展绿色家园示范工程建设和"村村绿"活动,村庄绿化覆盖率显著提高并达到了50%以上。

(2) 推进了村庄环境卫生设施建设。① 整体推进中心村的水、电、路、气、房、信等基础设施建设。配置"11+4"基本公共服务和基础设施:11项公共服务包括小学、幼儿园、卫生所、文化站、图书室、金融网点、邮政所、农资店、便民超市、农贸市场、服务中心;4项基础设施即公交站、垃圾收集点、污水处理设施、公厕。② 环境整治工程。建立起"户分类、村收集、乡(镇)转运、县处理"为主的农村垃圾处理模式和卫生保洁制度,积极推进农村改水改厕,推进无害化卫生厕所建造,创建卫生镇村。

(3) 加强了村庄自然生态和林木资源保护。加快江淮分水岭的综合治理开发,着力改善分水岭生态环境脆弱地区乡村生产生活条件。加强皖北采煤塌陷区的综合治理和村庄搬迁安置工作。加强畜禽和水产养殖污染防治,实现养殖废弃物资源化利用。控制农业面源污染,减少化肥、农药施用量,推进农村节能减排。积极发展农村沼气,搞好秸秆综合利用,改善农村能源结构。加强乡村林木资源的挂牌保护。

四、"三线三边"治理中乡村生态文明建设的做法与成效

1. "三线三边"治理中乡村生态文明建设的做法

在全国改善农村人居环境工作会议、中央城镇化工作会议和中央农村工作会议上,中央从统筹城乡发展和建设美丽中国的战略高度,对改善城乡人居环境作出重要部署。2013年年11月,省委、省政府结合省情实际,在充分调研基础上,作出

以铁路沿线、公路沿线、江河沿线以及城市周边、省际周边、景区周边等"三线三边"为突破口,大力开展"四治理一提升"行动(垃圾污水治理、建筑治理、广告标牌治理、矿山治理和绿化提升行动)的决定,简称"三线三边"治理行动,用1年的时间,基本消除"三线三边"垃圾污染;用3年左右的时间,基本实现省域范围内城乡环境治理全覆盖,全面提升城市发展环境和人居环境。具体做法是:

(1) 建立"三长制"领导机制。省交通厅、省铁路办、省水利厅、省住建厅、省旅游局、省文明办作为公路、铁路、水路、城边、景边、省边的"线长""边长"和"重点长",承担整治牵头任务,提供资料、把准问题,制定协调协同行动方案,推动项目安排、资金投入、力量配置向"三线三边"倾斜;各市县主要领导亲自挂帅、靠前指挥,把"三长制"落到基层,进一步压实责任、压茬推进。

(2) 实行"五账法"工作方法。治理摸底初期"建账",起步阶段"对账",治理中期"查账",完成阶段"评账",验收阶段"销账",确保工作出实招、见实效。

(3) 进行"五纳入"考核评估。为了改进工作作风、提高工作效能,在"三线三边"治理中,除了将治理成效纳入党政领导干部政绩考核和效能建设考核外,同时将其纳入"文明城市""文明县城""文明城区""文明村镇""文明单位"的考核体系,奖惩并举,充分调动各地、各部门的积极性、主动性和创造性。

(4) 推行"三结合"舆论宣传。将传统媒体和新型媒体相结合、新闻宣传和社会宣传相结合、正面引导和舆论监督相结合,营造全民共治的良好氛围。

2. "三线三边"治理中乡村生态文明建设的成效

自安徽省委、省政府部署这一行动以来,全省各地各部门高度重视、科学谋划、真抓实干,各项工作落实有力、有序推进,治理成效十分明显。中宣部、中央文明办已选取安徽"三线三边"治理工作中的典型做法,并在2014年8月22日举行的全国农村精神文明建设经验交流大会上向全国进行推介。截至2014年9月,在安徽"三线三边"治理行动中,全省共关停非煤矿山1 109座(其中641座开展复绿治理),拆除有碍观瞻的大型立柱广告牌1 209座,有效治理3 275千米铁路、16 537千米高速及国省道路、6 525千米内河航道,"三线三边"绿化面积达111.7万亩。"三线三边"治理行动的成效具体表现在以下三个方面:

(1) 直接提升了乡村生态环境。沿线沿边环境面貌发生了较为明显的变化,路边干净了、水面清洁了、景观变美了,进一步提高了人民群众的幸福感和满意度,带动了区域生态建设和发展环境的整体提升。"三线三边"的各类垃圾、露天旱厕被清理了;长江、淮河、新安江、巢湖等重点水域,逐渐实现了水面和水体清洁;建筑严控增量、治理存量;建立铁路、高速公路、国省道沿线户外广告设置管理联合审批制度,划定矿山禁采区、限采区和可采区。在治理的同时,加强了公路沿线、铁路两侧、河道两岸的绿化改造。

(2) 有效推进了"三个强省"和美好安徽建设。"三线三边"城乡环境综合治理为打造"三个强省"、建设美好安徽提供了重要支撑。广阔农村地区和城乡结合部的脏、乱、差问题得到有效解决后,群众生产生活环境质量得到显著提高,如宁国市主动回应群众关切,结合省际周边环境治理,投入7000多万元对104省道进行了全面大修,有效解决了群众出行难问题,老百姓对此非常满意。

(3) 极大提升了区域发展环境和综合竞争实力。"三线三边"治理行动,不仅改善了人居环境,让老百姓更多地享受了美好安徽的建设成果,还提升了区域发展环境和综合竞争实力,塑造了美好安徽的新形象,增强了广大人民群众对家乡的认同感和自豪感。比如,亳州市结合自身工作实际,提出了城乡环境整治"四凡"目标,即凡水必清、凡地必净、凡土必绿、凡村必洁。广德县紧盯苏浙、追赶超越,318国道主体路面已经完成改造,部分路段绿化美化工程已经竣工。黄山市结合近年开展的新安江流域生态补偿机制等一系列活动,着力提升主要交通干线、旅游干道、重点景区景点周边村庄环境方面的档次和品质。合肥市瑶海区对铁路沿线脏、乱、差及大兴镇铁路口乱设标牌等突出问题,重拳出击,区城管局会同各街镇、开发区清理辖区铁路沿线垃圾20多车、清除乱堆放和脏破建筑物18处、清运铁路沿线和裕溪路高架下死树枯枝11车,同时进行绿化补植。宿州市通过"三线三边"治理,不仅大大改善了城乡面貌,增强了城市的吸引力,而且大幅提升招商引资成效,2014年全市招商引资到位资金达801.3亿元,同比增长32.95%,返乡创业的农民增加了2000多人。

五、"美丽乡村"建设与绿色发展背景下乡村生态文明发展的做法与目标

1. "美丽乡村"建设与绿色发展背景下乡村生态文明发展的做法

到2015年年末,安徽美好乡村建设取得新成效,"三线三边"环境综合整治深入推进,全省完成11.5万户农村危房改造和245个乡镇农村清洁工程,新改建农村公路4840千米,新解决500万农村居民饮水安全问题。为了进一步强化"美好乡村"建设与"三线三边"治理成果,按照习近平总书记关于建设美丽乡村的重要指

示和中央的部署要求,在2016年初,安徽省提出了在3年多来美好乡村建设试点示范的基础上,持续深入推进,全面加快"美丽乡村"建设。"十三五"时期,我省推进"美丽乡村"建设总的思路是全面贯彻党的十八大和十八届三中、四中、五中、六中全会精神,深入学习贯彻习近平总书记系列重要讲话精神,按照全面建成小康社会和建设社会主义新农村的总体要求,牢固树立和贯彻落实创新、协调、绿色、开放、共享的发展的理念,推动"以点为主"向"由点到面"的战略转换,全面推进美丽乡镇建设、中心村建设和自然村环境整治,协调推进产业发展、社会管理和精神文明建设,努力打造农民幸福生活的美好家园。着力推进"十三五"时期安徽美丽乡村建设,将从以下几个方面入手:

(1) 科学编制美丽乡村建设规划。根据省委"十三五"规划建议和省"十三五"经济社会发展规划纲要,编制未来5年美丽乡村建设专项规划,进一步优化中心村布点规划,认真修编乡镇建设规划,编制中心村建设规划。

(2) 加快开展乡镇政府驻地整治建设。把乡镇政府驻地整治建设摆在首要的位置,作为当前工作的重点,突出抓好治脏、治乱,加强基础设施建设和公共服务配套。优先选择文化积淀深厚、生态环境优良、产业基础较好的乡镇,重点加以扶持培育,建设一批独具特色、产城融合、惠及群众、具有徽风皖韵的特色小镇。

(3) 持续推进中心村建设及自然村环境整治。从实际出发,把握序时进度,分层分类打造美丽乡村"基本版""标准版"和"升级版"三种版本,并全面推进自然村环境整治,加大工作力度,加快覆盖进度,健全长效管护机制,确保长治久美。

(4) 大力提高农村产业发展水平。加快发展特色产业,推动第一、第二、第三产业融合发展,培育壮大村级集体经济,努力走出一条既有投入又有产出的美丽乡村建设可持续发展之路。

(5) 切实加强农村精神文明建设。注重培育乡村文明新风,积极弘扬优秀传统文化,扎实推进基层民主管理,加快由"物的新农村"向"人的新农村"转变。

2. "美丽乡村"建设与绿色发展背景下乡村生态文明发展的目标

根据省委"十三五"规划建议和省"十三五"经济社会发展规划纲要等文件精神,安徽生态环境改善目标是:生产生活方式更加环保、低碳水平不断提高,大气、水、土壤等污染得到有效整治。能源资源开发利用效率大幅提高,能源和水资源消耗、建设用地、碳排放总量和强度得到有效控制,主要污染物排放总量持续下降。主体功能区布局和生态安全屏障基本形成。在这个目标的引导下,安徽"美丽乡村"建设的主要目标是:全面推进美丽乡镇建设,力争用两年左右的时间完成所有乡镇政府驻地建成区整治建设任务；加快推进中心村建设，到2020年力争有80%的中心村达到美丽乡村建设要求；广泛开展自然村环境整治，到2020年力争90%以上的村庄的脏、乱、差问题得到有效治理；积极探索整县推进美丽乡村建设。在绿色发展、塑造生态文明新优势的要求下，坚持绿色富民、绿色惠民，推动形成绿色发展方式和生活方式，促进人与自然和谐共生。最终，"十三五"期间，安徽乡村生态文明发展实现以下目标：

（1）空间结构调整优化。落实主体功能区规划，构建科学合理的城镇化格局、农业发展格局、生态安全格局、自然岸线格局。推动重点开发区域提高产业和人口集聚度，重点生态功能区实行产业准入制度，加大对农产品主产区和重点生态功能区的转移支付力度。加快巢湖流域、黄山市、宣城市、蚌埠市国家生态文明先行示范区建设。

（2）生态低碳循环发展。落实能源消耗、水资源消耗、建设用地总量和强度双控任务。积极发展非化石能源，加强储能和智能电网建设，构建清洁低碳、安全高效的现代能源体系。大力发展生态农业与绿色环保产业和循环经济，工业固体废物和农作物秸秆综合利用率均达90%。

（3）环境有效治理与保护。深入实施大气、水、土壤污染防治行动计划，基本消除重污染天气，长江、淮河流域水质优良断面比例达83.3%和57.5%，分别提高6.6和15个百分点，耕地土壤环境质量达标率达到国家要求。全面推进工业污染源和农业面源污染治理，城市生活污水处理率达95%以上，生活垃圾基本实现无害化处理。提升大别山区、皖南山区、江淮丘陵区森林生态安全屏障功能，推进长江、淮河流域生态系统修复，构建绿色生态廊道，加强山水林田湖生态保护和修复，森林覆盖率达30%以上。

第四节　安徽农村生态文明建设的经验与启示

防治农业生产和农村生活污染，综合整治乡镇环境，促进自然资源的合理开发利用，维护农村重要自然生态系统的良性循环，推进农村生态文明建设，是提高城乡居民的生活环境质量，确保农村经济社会健康、全面、持续发展的重要举措。安徽推进农村生态文明建设，是事关全省经济社会发展大局和广大农民福祉的一件大事，经过多年建设发展，得出以下方面的成功经验与启示。

一、安徽推进农村生态文明发展的主要经验

1. 坚持政府主导与农民主体相统一

农村生态文明建设是农村发展的方向,仅依靠个体是无法做到的,必须由政府进行主导。同时,农村生态文明建设又涉及广大农民的切身利益,必须调动农民的积极性、主动性和创造性,充分体现村民的主体地位。因此,必须坚持政府引导与农民主体相统一。政府主导主要体现在抓生态省建设、美好乡村等规划和建设资金整合上,体现在抓宣传、培训和监管上,尊重群众意愿、顺应群众期待,把群众认同、群众参与、群众满意作为根本要求,真心为群众办实事、做好事,做到政府主导但不包办。从实施《安徽生态省建设总体规划纲要》与《生态强省建设实施纲要》到出台《安徽省主体功能区规划》,从打响呼吸"保卫战"到江河湖泊治理,从新农村建设到"美好乡村"建设、"三线三边"治理与"美丽乡村"建设,以及开展新安江畔生态补偿机制改革,全面推进了农村生态环境的由点到线再及面的建设,从而让绿色发展成为江淮大地上的生动实践。农民主体是指,农民是推动社会主义新农村建设进程的根本力量,主要体现在充分尊重农民民主权利,投入、建设、管理的主体是农民,使农民群众成为农村生态文明建设的主力军。安徽生态文明建设之所以能顺利开展并取得实际效果,得益于广大群众的参与、支持,在于激发广大农民的内在动力和活力、尊重了农民的首创精神,调动了他们的建设热情和创造潜能。牢牢坚持发展为了广大农民、发展依靠广大农民、发展成果惠及广大农民,切实保障广大农民的合法权益,才能不断提高农民素质,实现农民的全面发展。

2. 坚持规划建设与建后管理相并重

农村生态文明的建设在各级政府主导下,实现了因地制宜、循序渐进、量力而行的规划、建设与推进,通过20多年的努力,不仅有序推进了安徽的大江大河的治理,还打造了一批精品示范点、示范线、示范区。安徽农村生态文明的建设按照自然生态环境条件和经济社会发展水平稳步推进,并采取相应的农村环境保护对策和措施,具体是从大江大河的治理,再到美好乡村建设与"三线三边"整治而全面展开的,在全省形成了一批农村示范生态文明建设点(区)。然而要巩固好、保持好建设成果,坚持常态化、规范化管理尤为重要。全省部分示范点(区)积极探索建管维护机制。如省内部分地区建立了"议事—保洁—管护"三机制:① 民主议事机制。

由理事会承担起村庄整治的决策、建设、管理事务,做到是否参与让农民做主、怎么建设让农民做主、如何管理让农民做主,让农民真正成为村庄建管的主人;② 卫生保洁机制。配套环卫基础设施,引进市场化作业主体,加强农村环卫保洁督查检查,健全、完善农村环境卫生保洁长效机制;③ 日常管护机制。制定一系列村规民约,改变村民生活习惯,解决农村脏、乱、差问题,改善农村生产生活环境。这三个机制较好地推进了美好乡村的建设与管护。

3. 坚持点上整治与全面建设相联动

推进农村生态文明建设,点上整治是基础,全面建设是方向。以"生态省"建设为统领,以"美好乡村"建设为抓手,优先对基础条件较好的中心村进行整治,以点带面,做到点、线、面相结合,串点成线、多点连片、以片促面,做到点上示范、线上延伸、面上拓展,加快"美丽乡村"建设由以点为主向点线面整体推进转变。据统计,安徽省共有1.5万多个行政村,22万多个自然村。截至2015年年底,已建和在建省级中心村1 948个,市县自主建设中心村1 114个,5万多个自然村开展了环境整治。美丽乡村建设作为惠及千万农民的最大民生工程,正在加快改变安徽农村的整体面貌。从2016年开始,安徽省在全国率先全面实施美丽乡镇建设,着力补齐乡镇建设管理这块"短板",同时引领中心村建设和自然村环境整治,推动美丽乡村建设由"以点为主"向"由点到面"战略转换。其中乡镇是新型城镇化和城乡一体化的重要节点,也是美丽乡村建设的重要组成部分。安徽省着力开展乡镇政府驻地建成区整治建设,同步推进乡镇政府驻地所在行政村中心村建设,在此基础上,不断创造条件,完善服务功能,提升建设管理水平,打造一批环境优美、人口集聚、功能完善、特色鲜明、管理有序、文明和谐的特色小镇、特色村庄。通过加快省级中心村和市县级中心村建设进度,力争到2020年使80%布点中心村达到美丽乡村建设要求;广泛开展自然村环境整治,力争到2020年使90%以上村庄得到有效治理,从而实现面上的全面推进。

4. 坚持改善环境与产业发展相促进

改善人居环境是农村生态文明建设的重要内容。安徽相继出台的"美好乡村"建设、"三线三边"整治等实施方案、考核办法、资金整合管理办法和集镇环境综合整治、风情小镇创建实施方案,明确建设、考核、奖补标准,明确资金整合范围、措施及管理办法,建立了较为完善的制度体系。重点通过实施"一改二保三清四拆五化"工程,改造农村危房,保护古民居、保护古树名木,清垃圾、清污泥、清杂物,拆除危旧房屋、破旧猪圈、旱厕、院墙,实现道路硬化、村庄绿化、路灯亮化、环境美化和公共设施配套化等,建设出了一个舒适、整洁、生态的美好乡村。虽然村庄美了、环境好了,但没有经济基础的村庄、没有产业发展的村庄,仍难以持久维持美好的形象。因此,安徽在美好乡村建设过程中,把美好乡村建设与农业特色产业发展、乡村旅游发展和促进农民创业就业紧密结合起来,用心经营乡村,既实现村村优美,又推动户户创业。部分地区立足特色抓产业,突出经营村庄,始终把产业发展作为核心来抓,围绕产业特色,打造支柱产业,实现村美民富。部分地区实现了"三结合":① 生态环境改善与农业发展相结合。依托农业特色产业,安排特色产业发展资金,推进土地流转和规模经营,扶持生态特色农业的产业化发展。② 生态环境改善与工业发展相结合。支持有条件的村镇建设工业集聚区和工业特色村,使乡镇集镇和工业区成为农民务工、经商、就业、创业的平台。③ 生态环境改善与旅游发展相结合。依托示范区内的旅游资源和农村优美的自然环境,以打造精品示范村为重点,形成优美乡村旅游度假区,做活村庄经营的大文章。

5. 坚持建设提升与文明提升相结合

农村生态文明建设,绿色发展是基本要求,必须处理好农业经济增长与资源利用、生态环境保护的关系,这样才能确保农业资源的持续有效利用和生态安全,实现农业的可持续发展。安徽在坚持农村生态文明建设提升的同时,进一步树立节约资源、保护环境的意识,以节地、节水、节肥、节药、节种和节能为突破口,大力加强节约型农业建设。积极利用土地空间,努力提高土地生态系统的综合效益,充分利用降水和可利用的水资源,采取各种有效措施提高水的利用率。通过多种途径维护农业生态环境的相对稳定,以实现农业系统总体上的高产、稳产、优质、节能和降低生产成本的综合效益。坚决落实最严格的耕地保护制度,大力巩固退耕还林、还草、还湖的成果,加强对林地、草地荒地、滩涂、湿地的依法保护。在美好乡村建设中,既强调要实现"生态宜居的村庄之美、兴业富民的生活之美",还要实现"文明和谐的乡风之美"。在美好乡村建设过程中,特别注重对古村落、古民居的保护,弘扬传承特色的农耕文化、山水文化和民俗文化。通过开展文明家庭、文明户等多形式的评选表彰活动,引导农民破除陈规陋习,培育科学、健康、文明的生活方式,提高农民素质,促进农村全面发展。

二、推进农村生态文明发展的启示

农村生态文明建设是实现农村经济社会可持续发展的需要。推进以绿色发展为核心的农村生态文明建设,可以有效地解决经济社会活动的需求与自然生态环境系统供给之间的矛盾,并从过去片面地单一地追求经济效益的发展观,转变为实现环境—经济—社会的协调发展,实现人口增长与资源利用、生态环境有效保护,推动农业走上生产发展、生活富裕、生态良好的文明发展道路。实践证明,只有农村生态文明建设好了,才能既为农业经济建设提供环境保证,又可以带动促进其他文明的发展和社会的全面进步。安徽生态文明建设以最小的资源环境代价,来支撑更长时期、更高质量的发展,为实现美好安徽的山青水秀、天朗气清打下了坚实的基础。为进一步推进安徽生态文明建设,还需从以下方面加以有效推进:

1. 推进农村产业结构的升级

推进农村以生态文明为核心的生态产业与文化产业的发展。① 大力发展生态农业。改革传统农业生产方式,减少农业生产的面源污染,发展生态农业,推进生态农业的产业化是重要方向,以"美丽乡村"建设为契机,发展低碳、循环、有机农业,推进农村绿色、生态、有机农产品的生产,降低农业资源的消耗,实行科学生态的施肥等技术,减少农业生产的污染源。② 积极发展乡村旅游业。在乡村环境美丽的地区,积极发展乡村旅游业,降低旅游业对农村环境影响,推进乡村生态文化的产业化发展。③ 强化乡镇企业环境管理,控制工业污染。乡镇工业要适当集中建设,形成工业小区,实行集中管理、集中处理污染。对产业结构不合理、污染排放严重、不能实现集中处理污染或污染物不能达标排放的企业要关停,逐步在乡镇工业企业中推行清洁生产。

2. 彻底改变农村居民不合理的生活方式

按照全面建成小康社会的目标要求,推进农村面貌配套改造、整体提升。在对农村环境进行综合整治的基础上,实现布局优化、民居美化、道路硬化、村庄绿化、饮水净化、卫生洁化、路灯亮化、服务优化等目标,全面改变农村落后面貌。要维护好农村优美的环境风貌,需要彻底改变农村居民不合理的生活方式。① 要做好环境宣传以加强农民自我的生态文明意识。农村的生态环境问题,同农村居民的生态环保意识淡薄和落后关系密切,要通过加强生态文明宣传,从根本上让其认识到不良的生活习惯对生态环境造成的危害。采取点面结合的方式加大宣传力度。在"面"的宣传上,营造舆论氛围;在"点"的宣传上,可以采取多种形式,如深入乡村、走向街头、进入家庭,进行近距离宣传;还可制定村规民约,引导农民树立生态文明理念,提高环境保护意识,调动农民参与农村环境保护的积极性和主动性。② 推进农村生活垃圾分类收集和资源化利用。垃圾分类收集是实现垃圾处置减量化、资源化、无害化的重要措施。垃圾分类收集既不需要大量的投资,也没有技术上的难点,整个垃圾的分类过程在家庭内就可完成,简单的行动可以大大提升农村的生态文明建设水平。③ 加强农村社会生态环境监测和监管,找出农村不良生活方式对农村生态环境造成的不良影响的具体方面,深入推进农村生态环境的全面治理。

3. 建立科学合理的农村生态文明设施"建、运、管、护"长效机制

农村生态环境的全面改善,核心是要创新建立一套全面的"建、运、管、护"新机制。要彻底改变当前只管建,不管用和护的局面。① 要建立一套强有力的"建、管、用、护"领导、监督、管理体制,对全省的农村生态文明建设与绿色发展进行领导,并对"建、管、用、护"工作进行推进。加强农业环境监测和执法能力建设。乡镇政府要切实履行环境保护职责,明确农村环境保护工作人员,逐步建立全省农村环境保护工作管理体系。② 加强农村环境保护的科技支撑。依托高等院校和科研机构,重点加强资源综合利用技术、农用化学品减量化技术、农村污染综合防治技术等研究开发,建立农村环保适用技术发布制度和推广服务体系,为农村环境保护提供科技支撑。③ 要实行一套严格的考评奖惩机制,实行定期上报、按时检查、年度考核,研究建立相关考核评价体系,把考核结果作为评价选用干部的重要依据。

4. 加大对农村生态文明建设的资金与政策支持

建立一套农村生态文明建设多元化、多层次的资金筹集机制,加大财政资金的投入,整合资金,吸引民间资金的进入,带动社会资金的投入,加强环境基础设施建设。逐步建立政府资金主导、社会资金参与、农民自主投入的多渠道筹资机制。各级政府应在环保专项资金中安排一定资金用于农村环境保护,并不断加大对农村环境保护的支持力度。加大"美丽乡村"与农村水保、环境保护的投入,着力打造环境优美、生活甜美、社会和美的幸福乡村。同时按照谁投资、谁受益的原则,运用市场机制,吸引社会资金参与农村环境保护基础设施建设。按照"一事一议"的规定,发动农民筹资筹劳,参与到农村环境综合整治中来。还要制定一套综合配套的支持政策,制定帮扶政策、资金整合政策、金融支持政策、土地政策、奖补政策和管护政策,重点用好财政以奖代补、一事一议等政策。

5. 进一步发挥农村居民对农村生态文明建设的主体作用

以人为本是科学发展观的本质和核心,也是农村生态文明建设的本质和核心。

农村生态文明建设就是要改善和保障农民生存和发展的环境，在农村发展中坚持以人为本，也就是坚持以人为价值的核心和社会的本位，把农民的生存和发展作为最高价值目标。建设农村生态文明，发挥农村居民对农村生态文明建设的主体作用，要保障农民生存发展就需要在可持续发展前提下，建设农村生态文明，使人与自然和谐发展，经济发展与资源、环境相适应，不断满足农民日益增长的物质文化需要、发展的需要和享受的需要。要制定一套发挥群众主体作用的有效措施，选派一支驻村帮扶队伍，加强对农民的培训，强化舆论宣传，提升农村居民素质。

案　　例

案例一　金寨县深入推进农村金融综合改革

改革开放以来,我国政府一直高度重视农村经济的发展,进行了一系列的农村金融改革,虽有成效,但也存在很多问题:城乡二元制恶化了农村金融的生态环境,金融系统的市场化让金融要素向城市聚集,农村金融服务质量不仅没有随着经济总量的增加而提升,反而出现了下降。如何打破"二元金融",使金融为农村经济发展服务?金寨县正在探索农村金融改革发展的新路子。

一、金寨县农村金融综合改革的背景

金寨县地处大别山腹地,鄂豫皖三省七县两区结合部,总面积3 814平方千米,下辖23个乡镇、1个现代产业园区、226个行政村,总人口68万,是全省国土面积最大、山库区人口最多的县,集革命老区、高寒山区、重点库区、贫困地区于一体。2011年,金寨县被列入大别山区域扶贫集中连片开发重点县名单。长期以来,融资难、融资贵一直是制约该县经济社会发展和扶贫开发的瓶颈所在,很多好的项目和产业苦于缺乏资金而难以实施或发展壮大,特色农业一直难以摆脱小而散的状态。2011年末,全县贷款余额仅37.1亿元,存贷比仅为44%。如何突破融资瓶颈,实现金融经济良性互动,是该县亟待解决的问题。

2012年6月19日,时任中央政治局常委、全国人大常委会委员长吴邦国同志

在金寨县考察调研时要求金寨应学习广西田东经验,开展农村金融综合改革,增强金融服务扶贫开发的能力,促进经济社会又好又快发展。全国人大将农村金融综合改革列入对金寨县"5+1"帮扶项目,积极给予协调支持。2012年下半年,金寨县按照安徽省抓金寨促全省扶贫开发领导小组出台的《金寨县农村金融综合改革实施方案》(皖抓金〔2012〕1号)的部署安排,以改善农村金融服务为重点,立足"支农、助农和惠农"根本点,坚持"商业可持续"原则,全面推动农村金融综合改革。

二、金寨县农村金融综合改革的做法

金寨县针对农村金融的组织体系、信用体系、结算支付体系、产品体系等方面,加快体制机制创新,深入推进农村金融改革。

1. 健全和强化农村金融组织体系

几年来,金寨县抓住机遇、大胆尝试,开辟金融机构准入绿色通道,不断培育和壮大县域内金融主体,增强金融服务实体经济和支持"三农"的能力建设,建立和完善定位准确、功能齐全、渠道通畅、覆盖全面的县域金融服务体系。

积极推进金融招商工作,引进机制灵活、以资产业务为主要目标的股份制商业银行入驻金寨;通过改制、引进、增设、分设,大力发展与小微企业和农村群众"门当户对"的草根金融;吸收域外资本和民间资本兴办定位明确、服务城市社区和农村乡镇的社区式微小金融机构;推动农村信用社规范改制,支持金融机构合理布设机构网点;鼓励具有融资功能的非金融机构规范发展,扩大农业保险的保障范围和覆盖区域,促进金融市场的规范发展和适度竞争。金寨县农村商业银行完成改制,资本金规模从2亿元增加到5亿元以上;建立村镇银行3家,组建4家农村资金互助社,省担保集团和农业保险公司正在筹办分支机构;全面开展标准化、多功能的农村金融服务室建设,为居民提供方便快捷的金融服务。

2. 加快服务方式转型和产品创新

全县银行业、金融机构加快产品创新。工商银行推出"国内发票融资"、农业银行推出金穗"惠农卡"和"企业+基地+农户"信贷模式、中国银行推出国内融信达融资业务,着力支持农业产业化龙头企业发展,针对当地主要产业和经济实体的现实需求,加快服务方式转型和服务手段创新。

农业发展银行联合安徽省信用担保集团推出"富民兴业"农户担保信贷计划,

实行"担保机构＋金融机构＋政策性支农机构＋龙头企业＋农户"的"五位一体"信贷模式,支持农户发展茶叶、油茶生产,投放信贷1 000万元,受益农户近200人;徽商银行为茶业公司办理商标权质押贷款500万元,支持产业化龙头企业发展壮大;金寨农村商业银行"水电站抵押"贷款投放余额为5 585万元,支持11家小水电企业做大做强。搞活经营和服务机制,全县银行业、金融机构实施差异化信贷政策,扩大信贷授权,优化信贷流程,缩短审批链条。小微企业业务直接上报省分行审批,开辟绿色通道,从上报到批复5个工作日内完成;依托中国移动、中国电信的乡镇服务网络,开展助农取款服务,加大固话POS加盟店建设力度,满足广大农户查询、小额取款、消费、转账等便利性金融需求;邮储银行立足现有"好借好还"小额贷款、个人房产抵押贷款、小企业贷款等贷款品种,与政府部门及茶叶、板栗、养殖等当地特色协会合作,推行"集约式"服务,简化贷款操作手续。另外还扩大抵质押物范围,凡产权归属清晰的各类资产均可作为贷款抵质押物,林权抵押贷款机制逐步健全,建设银行已制定完备的操作流程,中国银行、邮储银行、金寨农村商业银行等已向上级报批,待县产权交易中心挂牌即可开办。

3. 完善农村银行结算支付体系建设

从2012年起,该县各级各类银行通过加强服务网点建设,开展网上金融服务、自助金融服务等,强化银行结算支付的便捷性和安全性。截至2012年年底,全县已发放银行卡65.8万张,有特约商户1 426户,布放24小时自助银行20处、ATM机59台、POS机1 472台,布设存款机18台、自助缴费机3台、多媒体查询机13台,全县共设立309个助农取款服务点,消除网点空白的行政村194个,基本实现了金寨县银行卡助农取款的全覆盖,金寨县农村支付环境大为改善。国有银行通过网点业务的延伸和扩展,强化企业形象宣传,在方便群众的同时也培育了农村客户市场,农村金融服务已实现村级全覆盖,山区群众基本上实现了"贷款申请不出户,存取不出村,结算不出乡"。

2015年,针对该县山高岭大、交通不便、群众居住分散的现状,金融部门创新流动金融服务,开展"拎包银行"和流动银行车业务,把金融服务送上门。"拎包银行"一般是以3名银行工作人员为一个活动单元组,将银行业务终端、3G无线路由器、无线网卡、打印机、密码键盘、读卡器、指纹仪等便携式现代无线通信设备装进拉杆箱行李包,将银行传统柜台业务迁移到山区、灾区等交通不便的偏远地区,迁移至家家户户,进入现场办理。流动银行车服务则是将办理银行业务所需的设备放进流动银行车中,将车子变成了一个流动的银行柜台。流动银行服务主要采取

"四个结合"开展各项业务。① 定时定点服务与临时服务相结合,在工作人员定期到村里、到农户上门服务的同时,对临时有金融服务需求的农户,及时提供实时服务;② 集中服务与分散服务相结合;③ 直接服务与委托服务相结合,在村里建立联络员制度,加强金融服务需求信息交流共享,畅通服务诉求渠道;④ 一般性服务与重点服务相结合,将敬老院等特殊群体作为重点服务对象。目前,金寨拥有"拎包银行"设备9套和流动银行车1辆,主要穿梭服务于偏远乡村,确保金融服务无死角。流动银行服务目前可以办理如转账、发卡、余额查询、银行卡密码修改、存折补登、手机银行、网上银行开户、小额现金存取等各类柜面业务;后期将组织开展残损币、辅币兑换,金融知识宣传和贷款资料收集等,最终可提供转账、现金、信贷及金融知识宣传"四位一体"的综合性服务。流动金融服务使边远地区群众足不出户,即可享受便捷、随心的金融服务,初步实现了家与银行的有机融合,真正实现了实物柜台的移动办公。

4. 创新农村信用体系建设

出台《金寨县农村信用体系建设工作方案》,成立农村信用体系建设工作领导小组,召开农村信用体系建设动员大会,建立了县、乡、村三级信用采集和评审领导组,搭建了农户信用信息系统平台。截至2012年12月末,金寨县已完成13.7万户农户信息信用信息采集和录入系统工作,占全县15.7万乡村户数的87%,初步建立起以人民银行的征信系统为基础,覆盖全县所有乡镇农户的信用信息数据库。创建信用乡镇、信用村、信用户,出台专门的信贷优惠政策;对中小企业授信引入信用担保方式,推广信用额度可循环使用的"融信达"业务,创新研发林权质押担保方式。

5. 落实配套扶持政策

出台《金寨县农村金融综合改革实施方案》,制订配套措施和相关细则,清理制约信贷增长的体制性和政策性障碍。积极向上争取扶持政策,给予改制的金寨县农村商业银行存款准备金率按季上浮的优惠政策,增加农村商业银行可用资金1.6亿元,加大对信用村、户的信贷支持力度。县财政设立了信贷风险补偿资金,对由于自然灾害和市场风险等原因形成的涉农、小微企业贷款及信用贷款损失的,给予金融机构相应补偿。提高对农村商业银行差别准备金动态调整政策的容忍度,允许在支持"实体经济"的前提下,进行合意贷款管理。运行一年后,全县银行业金融机构存、贷款总额快速上升,地方法人金融机构流动性保持正常,金融运行质量稳步提升。

三、金寨县农村金融综合改革的成效及问题

金寨县农村金融综合改革开展几年来,取得了较为明显的阶段性成效。信贷投放全面扩大,经济增长,农民收入快速增加,同时,带动农民合作组织、新型实体发展。

1. 信贷投放加大

金融改革以来,各金融机构全面加大信贷投放。2014年9月底,全县贷款余额达81.8亿元,增幅居全市第一。2014年上半年,全县存量存贷比为50.9%,新增存贷比为64.4%,分别较2012年6月提高8.4%、32%,新增贷款余额17亿元。涉农贷款实现翻番,带动新增农民合作组织1 280家、市级以上农业龙头企业11家。

2. 促进了经济增长

得益于信贷资金的支持带动,县域经济实现了持续健康发展。2013年,全县生产总值为80.2亿元;新增规模工业18家,总数达74家,规模工业增加值达23.5亿元;发展特色产业基地4.5万亩,实现农业总产值30.6亿元。2014年上半年的全县实现财政收入4.5亿元,与2012年上半年的3.09亿元相比,增长了45.6%。

3. 农民收入增加

2014年9月底,全县涉农贷款余额达65.7亿元,占贷款余额的81.7%。在45个整村推进村中,县级投入扶贫资金1 329.5万元,实施产业扶贫到户,撬动银行贷款1.23亿元,支持9 034户农户发展种养业项目,5 961户贫困户实现脱贫。2012~2013年,农民人均纯收入增速分别为13%、14.2%,2013年末农民人均纯收入达到7 146元,减少贫困人口3.9万人。

4. 推动民营经济发展

2012年,金寨县首次将农民专业合作社纳入小额担保贷款范围,每个专业合作社可贷款30万元。目前该县的小额担保贷款覆盖了全民创业整个群体,个人贷款额度从2万元提升到5万~8万元。创新抵押担保方式,在风险可控前提下,尽可能降低贷款门槛。2013年,全县发放小额担保贷款4 169笔,共计3.99亿元,

是 2012 年的 12 倍,带动新建农民合作组织 1 200 多家,新增个体工商户 4 467 户、各类企业 315 家。

5. 新型金融组织兴起

随着农村金融综合改革的深入推进,村镇银行、小贷公司、证券营业部、典当行等新型金融组织纷纷诞生,催生了一批私营业主、能人大户。

农村金融综合改革也存在着一些问题和不足,主要表现在:

(1) 农村金融需求不足。由于金寨县农业产业化程度较低,产业链条短,金融需求结构分散,需求主体信贷承载能力有限,金融有效需求不足。另一方面,农村产权制度改革滞后,影响了农民融资能力,如林权制度改革进展缓慢影响了林农资产核定及林权抵押贷款的发放。依托农业产业化和农民专业合作社的信贷创新,以及基于动产权利开展的抵押贷款等发展不足。

(2) 金融服务能力有限。目前金寨农村金融机构主要是农村信用社和邮政储蓄银行营业网点,大型国有商业银行的营业网点比较少。目前国有商业银行在农村市场仅有农业银行保留了部分网点,而村镇银行因为资金实力不高和公司治理水平较低,导致农村金融服务实体经济能力有限,服务水平有待提高。

四、金寨县农村金融综合改革的启示

1. 完善农村金融基础服务体系是农村金融改革的重要内容

通过农村金融机构、产品、服务、管理等体制机制创新,完善农村金融基础服务体系,是探索农村金融发展路径,破解城乡金融二元化难题,解决"三农"融资难、普惠难的关键。只有全面建立农村金融基础服务体系,农村金融的基本需求才能够得到满足,农民才能享受到借贷款等金融服务,推动农村经济发展。

2. 农业产业化发展是农村金融改革的切入点

农村金融改革要同发展现代农业相结合,积极开发适合企业、农户需求的金融产品,设计出信贷支农产品,推动资金流向"三农"和中小企业,支持当地农业产业化发展。以农业产业化发展为依托,创新金融产品,促进当地农业产业发展的同时,也进一步发展农业产业金融。

3. 金融服务平台建设有助于农村金融服务的提升

金寨位于山区,金融机构在农村地区设立网点的营运成本高,而且农村金融点多面广,仅仅依靠银行网点的辐射在短期内很难实现农村金融服务普惠发展。金寨县通过加快村级金融服务室等一系列金融服务站的建设,在农村地区不断拓展延伸金融服务,短期内能够有效扩大农村金融服务的覆盖面。

案例二　农村基层治理能力现代化的创新及实践
——安徽亳州网上办事大厅做法及成效

党的十八届三中全会颁布的《中共中央关于全面深化改革若干重大问题的决定》明确提出"推进国家治理体系和治理能力现代化"。基层政府如何实现治理能力现代化?亳州市建立的网上办事大厅给出了很好的回答。

一、亳州网上办事大厅建设背景

亳州市群众办事经历了"到每个部门办事""行政服务大厅办事"和"县乡全程代理办事"过程,虽说每一步改革都有很大的进步,但始终有一些不足,群众难以十分满意。"行政服务大厅办事"是全国各个地方通行的做法,把许多相关部门集中在一起为群众"一站式"办事,不需要群众到每个办事部门去跑,但等候的时间长,不能及时了解办理结果,一般事务的办理至少要跑两趟以上。"县乡全程代理办事"是群众把所办的事托付给政府的基层组织,不需要群众跑路,但是政府投入的资金成本、人力成本太高,且难督查,偏远地区群众办事时间太长,最终政府难以坚持。这次亳州市建设的功能齐全、操作便捷、覆盖城乡的"一站式、全天候"的网上办事大厅,则彻底解决了这些问题,是一次基层治理现代化模式的创新和实践,是现代信息技术、互联网技术、大数据技术等高科技手段在基层治理中的综合运用。

二、建设网上办事大厅的过程与方法

1. 全方位摸底

(1) 摸清政府的权力清单,减少不必要的行政审批。坚决按照中央、省的文件要求,在全市范围全面开展政府权力摸底和清理工作。从 2014 年 8 月开始,亳州市查找法律、法规和相关文件 10 万条,按照 18 类政府权力清单梳理、排查,确保无遗漏。通过集中审核、"三审三回"、专家评审等环节,确定全市政府权力 9 431 项,清理后保留政府权力 2 878 项。在政府权力分类明确的基础上,一一对应制订责任清单,明确责任事项和追责情形。

(2) 以权力清单为依据,建立政府权力清单与网上办事大厅事项联动机制。按照"应进尽进"要求,逐项对照保留的政府权力清单事项,研究行政权力事项实践,制定办事指南和运行流程图,推进流程电子化,确保每一个能实现网上运行的行政权力事项都能在网上得以实现。最终确定能够通过网上办理予以实现的行政审批、行政确认、行政备案、行政给付、审核转报共 5 类 483 项政府权力入驻网上办理大厅。行政审批、行政确认、行政备案、行政给付权力实现 100% 网上办理。另外,22 项行政服务类事项推行网上申办。

2. 互联网思维

(1) 政治众筹。建设网上办事大厅是一项重大系统工程,不是一个部门、几个人就能完成的。从参与的部门看,上到全市所有的政府权力部门、事业单位,下到企业、中介组织、乡镇政府、基层行政村及行政组都参与进来。从参加的人员看,行政机关的公务员、网络工程技术人员、专家、乡村基层干部、普通百姓都参与其中。为了确保网上办事大厅流程全面、简洁,市政府专门在市委党校专门召开研讨会,参加人员涉及政府部门领导、工程技术人员、企业人员、乡村干部、普通市民、村民等。

(2) 公开透明。这次建立的网上办事大厅,不仅权力清单公开透明,而且群众在网上办事大厅办事的流程也是公开透明。就拿政府的权力清单来说,这次清理权力清单的行动比历次都彻底:政府的权力清单有多少?现在保留了多少?为什么要保留这些?都有具体的解释和说明。过去群众办事,只有到了政府部门和办事大厅,才知道怎样的流程和需要哪些材料,群众需要两头跑。群众在网上办事大厅办事,只要一上网就知道要走什么流程和要准备什么样的材料,能办不能办一看就知道,过程公开、公正、透明。

(3) 互连、互通。过去实体的办事大厅,群众要办一件事,可能涉及众多部门,必须把材料分送到相关部门审核办理,各部门之间不能及时互连、互通,程序复杂,时间长,效率较低。网上办事大厅能克服这一弊端。网上申报的材料,各相关部门都能看到,可以同时进行审核,不仅效率有很大的提高,部门之间还可做到互联、互通。

(4) 数据直通、共享。网上办事大厅整合了公安、工商、民政、人社、计生、卫生等几十个部门的数据信息,建立了资源数据库群,做到数据库群与网上办事大厅系统实时对接。个人和企业用户在网上办理事项时,只需要通过身份验证,就能调取相关证照及资料信息,减少上传材料数量,更不需要像过去那样,提供多种身份证明的复印件,简化了群众办事的程序,做到傻瓜式操作、一次性办理。各部门在办理过程中,可以共享网上数据库的资料,对当事人的相关情况进行查询、调阅、审查、核实和确认,提高办事的准确性和质量。

3. 高科技手段

网上办事大厅以科大讯飞公司的技术为支撑,广泛运用了信息技术、互联网技术等高科技手段,使全市各县区厅和市直厅界面风格统一、双向链接畅通、用户体验一致,建设了全市统一的前台服务门户、后台支撑系统和网上资费系统。设置了一站式登录、事项分类办理、事项模糊检索、电子监察、办件进程和结果查询、办件统计、在线咨询、在线评价、手机 APP、短信平台等 10 个功能模块。在同一平台上不仅能同时实现"办事"和"审批"功能,同时也能实现事后自动评估、监督、查询、统计、短信平台等其他功能。

4. 扁平化管理

过去群众办事,无论是在"实体大厅办理业务",还是通过"全程代理办事",都是把所有要办的事,按照特定的程序逐级向上传递,相关部门审批办好后再原路传回来,管理的层级过多,时间较长,而且任何一个环节出了问题都会影响事件的办理。网上办事大厅实行扁平化管理,不需要资料传递,群众办事把所有资料放在网上,相关部门在规定的时间内直接在网上阅读、审批,减少不必要的资料传递,不仅提高了效率,也不再存在因资料传递失误而影响所办事项的现象。

5. 低成本运行

互联网技术拉近了时间和空间距离,网上办事大厅充分利用这一特点,实现低成本运行。互联网技术在亳州市已普及,大多数行政村、农村超市,甚至农民家里都可以通过电脑上网。因此,亳州市网上办事大厅的建设,政府和群众基本上没有增加电脑购置成本,政府只需花费少量资金就可建设网上办事大厅技术平台,后期的运作也不需要增加太多成本,运行成本很低。不仅如此,网上办事大厅还能自动评估、自动监督系统,政府还可以节约大量的人力成本。

三、取得的成效

网上办事大厅,自从2015年2月28日正式运行以来,逐步取代了实体办事大厅,取得了明显的效果,得到了群众的一致好评。

1. 服务范围零盲区

按照"纵向到底""横向到边"原则,亳州市网上办事大厅设立了市直厅、谯城厅、开发区厅、涡阳厅、蒙城厅和利辛厅等6个厅。纵向实现了由市到县(区),再延伸到乡镇(街道)、行政村(社区),在每个行政村(社区)设置代办点;横向实现了由市直、市开发区扩展到县(区)。网上办事大厅服务范围覆盖了全部行政区域,不留死角、没有盲区。在服务内容上,覆盖了所有具有行政审批职权和服务管理职责的单位。入驻网上办事大厅的行政审批和为民服务类事项基本囊括个人、企业和社会组织用户的所有办事事项。目前,已入驻亳州市网上办事大厅的行政审批和为民服务类事项3 295项,均可以通过在线办理、在线预约等方式办理。

2. 服务半径零距离

目前,亳州全市的行政审批、为民服务类事项实现了网上申报、网上审批,办事过程和结果由网上实时告知、实时监察。网上办事大厅在每个行政村(社区)设置的代办点,有专人帮助群众网上申报,把办事大厅搬到了群众家门口。网上办事大厅将行政审批和为民服务类事项所需申办材料、程序、时限和收费等信息公布在网上,群众只要登录网上办事大厅就可了解详情,同时农民也可以咨询村代办员。城乡居民、社会组织和企业只需按照要在网上提供材料,相关行政机关就启动了"一站式、全天候"服务,群众就可快速申办行政审批和为民服务类事项,办理的证件由财政出资快递到办件人家中。群众无需来回奔波,实现了"足不出户、足不出村"办成事、办好事,群众十分满意。

3. 服务获取零花费

在网上办事大厅办理行政审批和为民服务类事项时,群众办事无需与办事人面对面打交道,网上监察、限时办结倒逼部门及时进行网上办理,从根本上扭转了办事"吃拿卡要"的不正之风。网上办事大厅从行政村(社区)网上申报、网上受理、网上审核批准、证件打印,到证件快递到户等全部环节的费用都是由财政承担(除法定确须收费以外),群众无需支付额外费用。以前群众办事要到县里或市跑几趟,耗费了大量交通费和时间成本。网上办事不仅不需要花钱,还省了路费、餐费,更不误工时。

4. 服务程序零缺陷

亳州市网上办事大厅办理的行政审批和为民服务类事项都是按照"法定职权必须为、法无授权不可为"的原则,以法律、法规为纲,以政策为目,以"三定"规定为界,通过对权力清单和责任清单进行全面梳理来确定,具有合法性、系统性和全面性的服务程序。按照"能进应进"的原则,以群众办事诉求为根本设计的网上办事大厅,无论是体系上,还是程序上都比较完美,能满足群众的办事要求,除了法律规定群众必须要到现场办的事外,几乎所有的事在网上都能办。

5. 服务效率零误差

网上办事大厅整合了32个部门5 000多万条数据信息,构建了多个数据库群,涵盖了所有办事人的信息。群众在网上申报后,部门在办理时,就能充分利用数据库群核对、验证办事人的信息,提高服务的精准性。另外,群众白天没空办的事,晚上提交到网上,政府部门一样受理,并推行网上监察和限时办结制度,变"8小时政府"为24小时服务的"全天候政府"。

6. 服务质量零投诉

亳州市网上办事大厅的顺利运行,实现了群众办事的三个转变:由"群众跑腿"向"数据跑腿"转变,解决了"门难进"现象;由"人与人打交道"向"人与网打交道"转变,解决了"脸难看"现象;由"办事求政府"向"政府帮办事"转变,解决了"事难办"现象。政府的行政审批和为民服务实现了服务事项全覆盖、部门全开放、管理全要素。群众办事不求人、申报不出村、琐事不烦心、急事不忙乱。2015年1月、2月仅市直厅、谯城厅每天分别办理约100件和300件事项,共分别办理2 705件和8 537件事项(试运行)。目前,全市平均每天办理800件事项,群众均表示满意,没有投诉。

四、网上办事大厅的启示

网上办事大厅不仅取得了较好的效果,在群众中产生了较深的影响,而且改变了社会风气,重建了社会秩序,增加了正能量。

1. 重构主仆关系

"官"作为公共事务的管理者和公共权力的行使者,是"民"的公仆。但是在中国,由于长期受到"官本位"思想的制约,干部虽作为群众的"仆人",却往往是站在"主人"的位置上发号施令;群众作为"主人",却常常要听从"仆人"的指挥安排,干群的"主仆关系"被颠倒。基层治理的最终目标是要让群众满意、让社会和谐。亳州市网上办事大厅在每个行政村(社区)设置代办点,通过信息化技术,帮助群众进行网上申报,促进了干部找准公仆角色、转变工作作风、践行群众路线,让群众真正行使了做主人的权力,实现了干群"主仆关系"向正常状态的回归。

2. 重建社会秩序

由于多种原因,基层治理工作存在封闭运作多、开放运作少的情况,导致这几年基层政府的公信力急剧下降,影响了政府的形象,也降低了政府的执行力。网上办事大厅通过建立信息化工作平台,推进了基层治理的现代化,行政审批、为民服务类事项实现网上申报、网上审批,办理过程和结果网上实时监察,实现了权力运行公开透明、网上记录、全程监控。构造了"按程序办事、按规矩办事"的理念,能办的必须办,不能办的事坚决不办,让权力在阳光下运行、受到了约束,重塑了社会秩序。

3. 重塑社会三观

我国有着几千年封建制度的历史,封建残余思想一直长期存在,同时由于改革开放的深化和市场经济的负面影响,西方不正确的世界观、人生观、价值观也乘虚而入,导致一些人三观不正,为了追逐金钱名利犯下贪污腐败等罪行。亳州市网上办事大厅将市、县(区)行政审批及为民服务事项全部收纳进来,采取各种便民利民措施,使群众无需跑腿,在网上提交相关材料,办理时用到的证件由财政出资邮寄到办件人家中。这是真正的一切从人民利益出发,一切言行向人民负责,全心全意为人民服务,符合马克思主义世界观、人生观、价值观的基本要求。

4. 重构管理理念

当前国际形势风云变幻,在我国不断融入全球化、开放程度不断提高的过程中,对于当前和今后一段时期社会管理工作,要以高度的责任心、紧迫感和危机意识来加以认识,这既是出于经济社会文化发展必须创造和谐稳定环境的需要,也是出于巩固中国共产党执政地位的需要。若让群众被动接受、被迫服从,这种管理有可能成为社会矛盾的触发点。网上办事大厅是以互联网思维重构政府治理方式,实现"24小时在线办事、360度为民服务",真正做到了为企业"松绑"、向市场放权、给群众提供方便,寓管理于服务中。社会管理和公共服务从来都是密不可分的,多些服务意识,让群众感受到政府的诚意,获得更多的方便和实惠,社会管理工作就会好做得多。

案例三 农村小型基础设施建管机制探索
——安徽实施水库移民后期扶持项目成功经验与启示

一、背景

计划经济阶段,国家调动了大批农民进行了大规模农村基础设施建设,取得了巨大成就。改革开放后,随着农村生产和经营体制的变革,这种靠计划动员兴建农村基础设施的方式已失去了效力。当前我国农村基础设施建设,特别是农村小型基础设施建设遇到了前所未有的难题。如安徽省皖北某产粮县,有的乡镇由于农村水利基础设施老化,农地旱涝保收率不到30%。我国农村大型基础设施建设的状况还好一些,如水利防洪工程,直接由国家投资建设。但农村小型基础设施建设,如小型水利、人畜饮水、农村公路等方面设施,面临着需要建设的项目多、单个项目小、分布分散、资金短缺等众多难题。近几年来,国家在农村基础设施方面投入了一定的资金,并安排在不同的部门支配,涉及农业综合开发、扶贫、发改委、农委、交通、财政、林业、水利等部门。但是迄今为止,还没有一个好的办法可把这些小而分散的农村小型基础设施项目建设好,原因是现有的投资体制、机制不适应农村小型基础设施项目建设的要求。

(1) 主管部门审批项目时,由于单个项目小、数量多,因此审批部门不可能对每个项目都十分了解,导致批准的项目不一定是群众急需的项目。有的项目甚至是"面子"工程或"形象"工程,不符合农民的需要,对国家资金造成巨大的浪费。

(2) 项目由基层政府上报,一级一级地报到主管部门审批,环节太多,发生的费用最终都由项目来承担。农村小型基础设施项目本来就小,通过层层环节"瘦身"后的项目,资金越来越少,能做的事也越来越少。

(3) 农村基础设施使用者是农民,但基础设施建设项目从申报、实施到验收都是由政府来完成,农民始终没有参与其中。不仅建设起来的农村基础设施难以符合农民需要,而且也影响到农民建设农村基础设施的热情。

(4) 农村基础设施建设项目从形成、建设到验收,对于资金规模及使用,农民并不清楚,都是由政府或部门"包办"。项目的不公开和不透明,造成资金"跑、冒、漏、滴",甚至成为滋生贪污腐败重要原因。

因此,在现行条件下,应建立一种新的机制,既能把农民的力量引导到农村基础设施建设中,又可以用国家有限的资金做更多的事。安徽省水库移民后期扶持项目建设在这方面作了尝试,取得了良好效果,探索出了一种适合我国农村小型基础设施建设的建管机制。

二、农村小型基础设施建管机制创新的做法

2006年5月国家出台了《国务院关于完善大中型水库移民后期扶持政策的意见》(国发〔2006〕17号),决定拿出一定的资金,对全国大中型水库的农村移民进行20年扶持,以弥补大中型水库移民多年来对国家作出的牺牲和贡献。安徽省的做法是:移民补助资金能发放到移民个人的,以直补形式发到个人;由于时间较长对移民人口无法核实发放的一部分补助资金,启动项目扶持,帮助库区和移民安置区建设一批小型公益性农村基础设施,改善农民生活和生产条件。为了建设好这些小型农村基础设施项目,安徽省移民局在农村基础设施建设体制机制方面进行大胆探索和创新,形成了村民"自建、自有、自用、自管"和政府监管服务的建管机制。

1. 项目形成机制创新

以前的农村基础设施建设项目,基本上由乡镇政府确定,而现在项目的形成由移民村群众自己做主,通过民主选定产生。移民村根据政府确定的投资规模,召开村民代表大会,在广泛征求村民代表意见的基础上,按照"先生存、后发展"和"需要和可能相结合"的原则,经过推荐、筛选、确定、公示四个环节来选定申报项目,项目经公示无异议后才上报。

2. 项目审批机制创新

以往农村基础设施项目都是由基层政府申报,上级主管部门审批,改革后,主管部门不直接审批项目,而是实行项目备案制。省移民主管部门根据移民人口、贫困程度等因素核定各县项目资金规模,将审批权下放到县(区),经过县(区)移民局审批的项目上报到省移民主管部门备案,上网公示。省移民主管部门由原来的项目和资金审批者,变为项目和资金的监管者,角色完全发生了变化。从机制上杜绝了层层跑项目、争投资等现象的出现,最大限度地降低了行政成本和社会成本,在投资体制改革方面是一个重大创新举措。

3. 项目建设方式创新

过去的农村基础设施建设项目,基本上是政府出资,由政府组织招投标建设,再将建好的项目交给群众,群众对项目的参与度和关心度都处于较低水平。新的建管机制核心内容是政府出资,将项目建设权、使用权、管理权和监督权交给群众。各地按照民主程序,由村民选举成立项目理事会作为建设主体,村民由过去的旁观者变成了现在的参与和监督者;所有项目原则上是理事会组织技术人员和村民自建,少量技术上难度大的工程可由理事会组织招投标建设。项目竣工验收后,由项目理事会移交村委会管理,并建立工程运行和管护长效机制。理事会下设施工、理财、安全、监督四个小组,具体负责项目的施工、安全、报账等工作。村委会是项目责任主体,理事会是项目建设主体,理事会在村委会的领导下,组织村民自建项目。项目建设由原来政府主导、群众被动接受转变为群众做主,政府监管服务。

4. 项目资金使用公开化

过去农村基础设施建设项目资金,都是由政府使用、政府管理。改革后,农民不仅知道项目有多少钱,而且还知道是怎么使用的。移民后期扶持项目资金开立专户,由县级财政统一管理,移民村项目资金专款专用,严禁各级政府和部门从中提留工作经费,也严禁用于偿还村级债务和挪作各种行政费用等。值得一提的是,项目所有发生的费用都要向村民公示,村民没有意见后,才按照省和县移民局的要求和程序报账。真正做到公开透明、阳光操作,最大限度地保证了群众的知情权和监督权。

5. 项目实行有偿劳务

水库移民后期扶持项目不仅不需要地方政府配套资金、群众集资和提供义务工,不增加地方政府和民众的任何负担,而且规定移民群众自建项目,实行有偿劳务。村民劳务参照当地劳务工资支付标准,按劳计酬。有偿劳务使移民群众二次受益,直接增加了当地农民的经济收入。

6. 政府职能转变

后扶项目建管机制还有一大创新之处就是,政府在后扶项目建设过程中,职能发生了根本转变——由过去的项目决策者、执行者变成现在的项目监督者、管理者和服务者。新的建管机制明确划分了县乡政府、村民委员会和村项目理事会在项目建设中的各自职责。县乡基层政府及移民主管部门在项目建设中主要承担监管服务职能。在后期扶持项目实施中,县乡政府、村委会和项目理事会三方分工协作、相互制约、不可分割。

安徽省水库移民后期扶持项目新的建管机制实施以后,得到了群众的极大拥护,收到了意想不到的效果:

(1) 调动了农民群众建设社会主义新农村的积极性。由于把项目交给移民群众,让移民群众自己选择项目、自己建设项目、自己的事情自己办,因此极大地调动了群众建设新农村的积极性。在项目实施过程中,不少地方的群众主动调田调地,主动砍树让路,资金不够甚至自愿出工、捐款。如在金寨县梅山镇桦岭村船桦路施工中,群众热忱地为施工人员端茶送饭;在青山镇青山村自来水项目施工中,群众主动出义务工 567 个;在白塔畈乡詹冲桥项目施工中,群众自愿出资 3 万元。

(2) 为农村富余劳动力就业找到了出路。在当前全球金融危机的形势下,我国就业形势十分严峻,后期项目实行村民自建不仅有效地缓解了返乡农民工就业压力,也为当地富余劳动力就业找到了出路。据统计,按劳务收入占工程总投资的 30% 计算,2008 年全省由于后期扶持项目的实施村民获得的劳务总收入达 1.4 亿元。如金寨县通过后期扶持项目的实施,村民共取得劳务收入 2 805 万元。移民群众又一次得到了实实在在的实惠。

（3）提高了项目资金的使用效率。后扶项目实行新的建管机制,让群众对项目进行自建。因此,在项目资金的使用上,他们精打细算,统筹安排。自建项目没有承包商的利润,管理费很少,税负也降到了最低,群众就地取材,减少了建设成本,也从根本上杜绝了工程上的"跑、冒、滴、漏"等现象的发生,工程质量不仅不降,反而因工程材质过硬而大大提高。例如,歙县柘林村护岸工程,长450米、高4米,预算造价56万元,整个项目实际支出只有37.6万元,比当初预算节省了33%以上。

（4）杜绝了项目建设中的腐败现象。公开、公正、阳光操作是新的建管机制的基本要求。项目审批过程的备案制和网上公示制,杜绝了层层跑项目的不正之风;项目的全程公示制,制止了项目资金"层层截留、层层揩油"的现象,不仅确保了项目的每一分钱都用于项目,而且杜绝了项目建设中的腐败现象。从另一层面看,也极大地保护了党和政府的干部。

（5）密切了党和群众的血肉联系。新的建管机制确定"群众花钱办事,政府监管服务"的运作模式,在建设中涌现了一批不拿项目一分钱、专为群众干实事的好干部。拉近了乡村干部与群众的距离,彻底改变了过去乡村干部在群众中的不良形象。正如有的基层干部总结的那样,新机制让"项目实实在在,资金明明白白,干部干干净净,群众高高兴兴"。密切了党群、干群关系,广大群众相信政府,信赖干部,党和政府的威信得到了进一步的提升。

三、农村小型基础设施建管机制的益处

1. 项目建设中政府职能发生根本性的转变

新的建管机制最突出的两大特点：① 主管部门放弃手中的项目审批权,抛弃既得利益,由决策者变成监督管理者;② 项目交给群众自己建设,县乡政府完全由过去的建设者也变成了监督管理者。在这种机制中,政府的职能发生根本性转变,政府完全变成了服务型政府,由过去的"主人"变成了"公仆"。也改变了过去形成的"政府是运动员又是裁判员"的弊端。今天我们全社会建立服务型政府,不可以从中得出一些有益的启示吗？

2. 新的建管机制在我国新农村建设中能发挥重要作用

农村基础设施建设是我国社会主义新农村建设的重要内容。每年各级政府都

安排大量农村基础设施建设项目,其中大多数为小项目。如果这种新机制在新农村建设中推广,不仅能更好地激发广大农民参与社会主义新农村建设的热情,更重要的是使国家投入有限的资金能办更多的事,提高资金使用效率,加快社会主义新农村建设进程。

3. 新的建管机制让村民自治制度落到实处

实行村民自治,其核心内容是"四个民主",即民主选举、民主决策、民主管理、民主监督。新的建管机制突出村民自建、自有、自用、自管,充分体现了农民群众的主人翁地位。通过民主选举出一个群众信得过的项目理事会,再通过民主决策确定后期扶持的项目、建设方式、实施方案等,项目实施过程中,由村委会代表村民管钱管事,理事会花钱做事,项目施工的所有环节,尤其是资金拨付与使用,全程公示,阳光操作,接受群众监督;项目竣工后,由理事会移交给村委会,由广大村民民主管理。可以说,整个项目的运作体现了村民自治。新的建管机制是用民主方法解决民生问题,有利于深化和发展村民自治制度。

案例四　推进传统农业向现代农业转化
——庐江郭河现代农业综合开发示范区调查

20世纪80年代,我国家庭联产承包责任制给广大农村带来了巨大变化。但随着时代的发展、农业的进步,这种曾经解决中国人吃饱问题的联产承包责任制,也遇到前所未有的问题:农户分散经营,规模小,科技水平低,农业基础设施薄弱,抵御自然灾害的能力较差,与现代农业发展需求严重不相适应。如何破除农业发展瓶颈,使传统农业向现代农业转变?安徽省庐江县郭河现代农业综合开发示范区正在探索一条由传统农业向现代农业发展之路。

一、郭河现代农业示范区的做法

郭河现代农业综合开发示范区(以下简称示范区)是2008年经安徽省政府批准确定的全省六个现代农业综合开发示范区之一,位于庐江县郭河、同大两镇交界处,涉及8个行政村和1个社区、9 240户、36 818人。这里原属典型传统农业地区,人多地少,人均耕地仅1亩左右,农户分散承包经营;这些年大多数农村劳动力常年外出打工,务工收入逐渐成为了农户的主要收入。2009年庐江县在省委省政府及有关部门的支持下,按照"规划先行—整合资金进行基础设施建设—村民集中安置—农地大规模流转—招商引资—企业入驻"模式创办现代农业示范区,加快传统农业向现代农业转变。具体做法:

1. 规划先行

示范区建设之初,就邀请南京农业大学按照高标准、高起点编制规划,先后编制了一期、二期和台湾农民创业园总体规划,规划了八大功能区,规划面积共计6.75万亩,其中耕地面积5.35万亩,规划总投资10亿元。

2. 整合资金进行基础设施建设

县政府统筹上级各部门分散安排的支农项目和资金,对园区支农资金进行了整合。整合的资金首先用于示范区基础设施建设,提高了资金使用效率。

3. 村民集中安置

按照"拆散户、建新居,拆空心村、建新农村,填废塘河道、变绿色良田"的要求,制定农民新村规划;按照小城镇标准建设新村,完善配套设施,逐步将示范区内村民迁入新村。农民住宅由群众自愿出资,按规划式样委托建设企业统一施工,政府对旧村庄房屋拆迁安置予以补助;配套设施则由政府出资建设。

4. 土地流转

土地规模经营是发展现代农业的前提。为此,示范区所在地郭河镇成立了土地流转中心和土地矛盾调处中心,制定了土地流转工作实施方案,各村(社区)成立了土地流转服务站,按照"依法、自愿、有偿"原则,有效地推动示范区的土地流转。

5. 招商引资

像工业一样,以园区的土地为载体,按照园内规划的综合服务、优质粮食高产示范区、循环农业示范区、苗木花卉园艺区等八大功能区要求,在全国范围内招商引资,吸引有实力的农业产业化龙头企业、农业科技企业、农业科研院校实体入驻,发展现代农业。

二、郭河现代农业示范区建设成效及遇到的问题

通过几年的建设,示范区建设取得了令人满意的效果。农业基础设施大大改善,土地大量集中,实现了规模经营,现代农业初具雏形。同时,示范效应明显,周边的一些乡镇迫切要求加入示范区。

1. 增加了耕地

通过土地整理、废除田埂、小田改大田等措施,示范区内耕地面积大幅度增加。如福元新村、河口新村两村新村一期建设,可置换新增用地指标达260多亩。将原来5个小圩口整理成万亩大圩,新增土地1 400多亩,为4 400多座零散坟墓集中规划了5个坟场,共新增耕地700多亩。随着"拆散户、建新村"的深入开展,将出现更多新增的土地。

2. 改善了农业生产条件

园区共整合各种财政资金2.067亿元,已投入1.7亿元用于园区基础设施建设。基本完成了园内道路框架和大部分沟渠涵闸配套网络建设和3万亩高标准农田整治,实现了"土地平整肥沃、水利设施配套、田间道路畅通、林网建设适宜"的目标,为发展现代农业创造了前提条件。

3. 招商引资引来了大量的龙头企业和项目

示范区通过招商引资,引来了安徽农业大学、安徽农科院、袁禾实业等十几家科研院所、省级以上农业产业化企业和上市公司入驻,带来众多项目。已带动各类社会资金6 000多万元入园建设,且已经签约十几家公司,签约资金4.8亿元,意向性投资有2.7亿元。

4. 现代农业初具雏形

(1) 示范区土地实现了规模经营。通过政府引导,示范区内部分农民放弃了土地使用权,实现了土地流转。到目前为止,共有23 000多亩土地流转到种田大户和公司手中。

(2) 农业产业化水平提高。示范区内进驻的国内外多家龙头企业和上市公司,发展畜禽水产养殖、大棚蔬菜、粮油加工、生物制种等多种产业,有很多企业与

农民建立了利益分配连接机制,农业产业化水平大幅提高。

(3) 大量使用农业先进科技。引进的农业院校、龙头企业和上市公司,有些建立了"产、学、研"基地,在农业先进技术方面起到带头示范作用。同时,成立的郭河现代农业服务有限公司,向农民提供统一供种,进行科技示范引导,实现增产增效和良法直接到户。

(4) 建立了现代农业社会化服务体系。按照现代农业分工的要求,政府引导成立各种形式的农村服务组织,围绕农业生产的产前、产中、产后,开展生产、销售、科技、金融、信息、培训等各项服务。如成立的"郭河现代农业服务有限公司",拥有农机、植保等多支专业服务队,为科技示范、推广和应用开展农业专业化服务。

5. 推进了社会主义新农村建设

示范区一期规划建设的4个新村基本完成,部分村民已经入住;二期规划正在实施;示范区的拓展区所包含的7个新村正在规划,即将启动建设。建成后的新区道路、下水道、幼儿园、超市等基础性设施和公益性配套设施齐全,全方位改善了农民人居环境和农村社会事业状况,提高了农村文明程度。

当然,示范区在建设过程也遇到了一些难题:

(1) 土地流转操作难度较大。由于家庭经营规模较小,农户种地的比较效益非常低,不少农户都把外出务工当作主业,把种地当作副业。示范区建成后,在政府的引导下,很多农民都把土地按照每亩500元左右的价格托管给村,由村流转给大户和公司,农民则常年外出务工。但还有一部分以农业为主的农户,不愿意进行土地流转,给公司和大户连片经营带来了阻力,村里必须对这部分农户的土地进行调整,实际操作难度大。

(2) 农民集中居住存在矛盾。将村民向新村集中,实行整村推进,操作过程中大多数村民比较拥护,但也有少数村民不愿搬到新村居住。

(3) 设施农业用地受到限制。按照2010年国土资源部、农业部出台的《关于完善设施农用地管理有关问题的通知》,直接用于经营性养殖的畜禽舍、工厂化作物栽培或水产养殖的生产设施用地及其相应附属设施用地受到限制,这对示范区发展高效设施农业是非常不利的,影响了示范区招商引资和市场化运作。

(4) 资金短缺。现代农业意味着规模经营、高投入高产出,需要大量的资本投入。示范区建设也同样遇到了资金投入不足问题,农业基础设施建设标准不高。

三、郭河现代农业示范区建设的启示

1. 发展现代农业需要政府引导和行政手段推动

小规模的传统农业难以向现代农业转变。随着经济的发展和城市化的推进,土地向一部分农民集中为实现规模经营创造了条件,但这不意味着传统农业就能自然向现代农业转变。现代农业不仅需要实现土地规模经营,还需要大量的资金、技术和人才作为支撑。因此,仅仅依靠农民本身难以实现传统农业向现代农业转变,必须依靠全社会的力量,特别是政府的引导和行政手段加以推动。

2. 发展现代农业必须解决两个核心问题

一是资金从哪里来,二是多余的劳动力到哪里去。从资金方面看,示范区基础设施的建设资金主要来源于政府。示范区整合了支农项目资金,实行滚动操作,提高了资金利用效率;农民迁入新村的补贴资金主要来源于村庄土地整治,即"拆老村、建新村"中用多余的土地指标置换出的一部分资金;农业经营中的资金主要是来源于招商引资,民间资本发挥主要作用。民间资本之所以投资农业是因为示范区为其搭建了一个平台,通过土地流转实现了规模经营,基础设施建设降低了农业自然风险并确保了农业的效益。发展现代农业,资金是关键,特别在基础设施的建设阶段至关重要,政府要在农业基础设施的投入方面起主导作用。

发展现代农业必须实现规模经营,农业规模经营意味着一部分农村劳动力将转移出来,"人往哪里去"是难点之一。从示范区的运作看,将土地流转的农民大都选择外出打工,示范区农业企业也可解决一小部分劳动力就业。当前示范区内有一部分农民不愿将土地流转出去主要是因为没有地方能接纳他们。因此,农业园区建设还必须把发展第二、第三产业结合起来,要广开门路,多渠道解决农民就业问题:① 引导外出务工实现一部分农民就业;② 在示范区内大力发展设施农业、休闲农业、观光农业,延伸产业链条,扩大产业规模,解决一部分农民就业;③ 大力发展工业,将示范区建设与全县工业园区建设结合起来,通过工业生产解决一部分农民就业;④ 规划好小城镇,通过发展小城镇第三产业解决一部分农民就业。

3. 提高农业效益是示范区建设的关键

在示范区现代农业及产业发展中,政府的作用是制定规划、推进基础设施建设、引导农民土地流转及服务,农业大户和龙头企业才是园区发展建设的主力,因此,农业效益的提高是示范区建设的关键。具体地说:首先,示范区所在镇和村帮助企业与农民进行土地流转,引导民间资本进入示范区。其次,农业龙头企业和科研单位在流转的土地上进行规模经营,用农业高科技发展高效农业,取得较高的比较效益,这是市场化运作的核心。农业企业从农户手中流转来的土地成本每亩500元左右,按一般的方法耕种不仅不能赚钱,甚至还要赔本。要想取得比较高的效益,必须要发展高效设施农业,延伸农业产业链条,提高农产品附加值。因此,本着"先试先行"原则,建议省国土、农业部门对生产设施和附属设施用地作出进一步规定,出台支持全省六个农业示范区设施用地方面的实施细则,增加示范区内设施农业用地指标,把少量的体验农业、观光农业项目用地纳入农用地范围。

4. 示范区建设需要尝试转变农民身份

当前示范区有不少农民实现了土地流转,有的事实上变成了城市居民,但其农民的身份没有发生转变,而土地承包权和农业直接补贴领取权仅属于农民,这不利示范区内企业的长期经营。针对这种情况,可以在园区进行试点,允许农民以土地承包权置换社会保障,以农村宅基地使用权及其房屋产权置换城镇住房,促进农村劳动力向城镇迁移,促进农民向市民转变。

案例五 城乡一体化建设的实践探索及经验启示
——以铜陵为例

2008年4月,铜陵市被确定为安徽省城乡一体化综合配套改革试验区,从城乡规划布局、产业发展、基础设施、公共服务、就业和社会保障、户籍改革等方面全面推进城乡一体化建设。近年来,铜陵市以统筹城乡发展为先导,坚持全域规划理念,构建了以主城区为中心、新城区为支撑、中心镇为节点、中心村为基础的城乡空间布局,向农村移植城市化建设理念,推进城市交通、供水、供气、供电、通信等基础设施向农村延伸和覆盖,城乡一体化建设走在全省甚至全国前列,成为全国幸福模范文明城市之一。

一、铜陵城乡一体化的做法

1. 城乡规划一体化

自2008年被安徽省确定为城乡一体化省级示范区以来,铜陵市尤其重视规划的指引作用。铜陵市政府首先从确定整体规划的大方向入手,通过拉开城市发展大框架、启动新区大建设,以实现"以城带乡"目标和促进铜陵城乡一体化进一步发展。同时,铜陵市提出建设幸福城市,制定一套测评指标体系引导城乡发展向文明、幸福迈进。基于当时的发展状况,铜陵市陆续出台城乡一体化发展建设综合配套改革试验区方案和相关各方面的详细规划,如气象公共服务体系建设、生态环境建设、户籍改革、劳动就业和社会保障、产业发展体系建设、金融体系建设等。铜陵市还提出统筹发展"三步走"的战略目标,具体明确了城乡"五个统筹"和农村"四化"方向,坚持以加快农村发展为重点,以改革开放和科技进步为动力,全面推进城乡一体统筹发展。

为了解决现有市县的规划自成体系、内容冲突、缺乏衔接协调等突出问题,全国各地在党中央领导下开展"多规合一"工作。铜陵市紧跟国家改革步伐,积极成为省级"多规合一"试点地区,通过划定"一张蓝图"、构建"一套机制",探索建立统一的空间规划信息管理平台,实现规划信息、建设项目信息、国土资源管理信息等资源共享共用。

2. 城乡基础设施一体化

城乡基础设施是实现城乡互动的空间支撑基础,是城乡一体化关键的驱动因素。近年来铜陵市加大村庄综合整治力度,提升农村居住条件、环境质量、健康水平和文明程度,达到"道路硬化、卫生净化、路灯亮化、村庄绿化、环境美化"要求,打造农村新型社区和田园化美丽乡村,形成了布局合理、功能集中、城乡协调的居住生活区、产业集中区、生态保护区。

(1)城乡交通设施建设方面。基本上实现了道路"村村通",城市公交车已连通5个乡镇,行政村通客运班线率达90.8%。

(2)城乡基础设施建设方面。铜陵市推出城乡气象公共服务体系、生态环境和水利设施的建设方案,其中,城乡气象公共服务体系建设共投资近6千万,涉及气象灾害监测系统、新一代气象雷达、防灾监测中心及公共气象服务系统、气象信息站、气象灾害预警信息综合接收平台五项设施,全面覆盖全市农村灾害天气信息的监测、预报、预警、发布、接收和防御的整个过程,保障农村群众的各项生产生活;在近2年出台的水利设施建设方案中,铜陵市理顺农村地区供水体系,市级供水管网逐步延伸至中心镇,城乡供水实现"同网同价";几年来,铜陵城市管道燃气逐步向中心村延伸,燃气普及率达到99%;村庄的污水和垃圾实现集中处理。

(3)农村社会事业设施的建设方面。铜陵市在全省率先实施了村级组织活动场所标准化建设;2012年年底,铜陵城乡文化惠民工程实现文化资源工程设备配置率达100%,文化传播载体愈发多元化,乡镇综合文化站、农家书屋、社区文化家园惠及所有群众;2008年以来,铜陵市仅用了不到3年的时间就完成了213个卫生服务体系建设项目,建成14所乡镇卫生院、140个村卫生室、51个社区卫生服务机构,实行基本药物和补充药品零差率销售,药品价格降幅高达40%。

十八大以后,针对美好乡村建设中规模较小的村庄合并后以社区形式出现的农村空间新模式,铜陵市按照"城乡一体、标准有别"的原则,根据"铜陵模式"创新的城市社区综合体制改革的成功经验,统筹配置全面覆盖农村民众生活的"15+4"项基础设施,并详细规定了不同类型社区的管护资金标准,鼓励城乡社区提高基础设施的综合效益和利用率,对设施运转良好的社区通过以奖代补的方式给予一定的资金补助扶持。

3. 基本公共服务均等化建设

在推进城乡基本公共服务均等化过程中,促进城乡要素平等交换和公共资源均衡配置是关键。铜陵市采取政府购买公共服务的模式,加大财政投入力度,建立以教育、文化、卫生、体育等为主要内容的公共服务体系,推进社区管理等城乡一体化发展进程,加速实现城乡基本公共服务均等化。

(1)推动教育、医疗、文化资源配置均等化。铜陵市注重推动义务教育资源向农村延伸,在全省率先实施了城乡义务教育阶段的"两免一补"政策;仅用了两年时间就完成城乡114所学校281幢校舍的安全改造,全面实施城乡教师交流制度,两年内教师交流量达到60%左右。如今,铜陵基本形成了以市县文化馆、图书馆为重点,以乡村文化站(室)为基础的4级公共文化服务网络。

(2)推动农村社会保障均等化。在国家"新农保"试点工作会议召开之前,铜陵市已出台了"新农保"试行办法,着力加强新农保试点工作的组织领导,强化舆论宣传,尽力为参保人员提供优质便捷的服务,充分发挥试点市县的示范作用,推动其他地区的新农保参保工作向前发展。2013年,《铜陵市城乡居民基本医疗保险暂行办法》和《铜陵市城乡居民和城镇职工大病医疗保险暂行办法》正式施行,同时城乡医保结算系统上线。并轨后铜陵农村居民可报销药品目录从原新型农村合作医疗的1 128种增加到2 397种。新农合缴费方面,铜陵市实行先差别化缴费、再向统一标准过渡的方法,逐步缩小城乡居民的待遇差距。

2011年10月,铜陵率先实现城乡低保标准并轨,全市1.1万名农村低保对象和2.1万名城市低保对象享受同等低保待遇。农村"三属"(农村烈属、农村因公牺牲军人遗属、农村病故军人遗属)定期抚恤逐年增加,2013年分别达到12 050元、10 340元和9 730元。

针对农村流入城市的四类特殊流动人口,铜陵市出台相应的救助政策,颇具亮点。如针对老年流动人口提供老年优待证服务;流动的困难家庭可以得到政府提供的一次性临时生活救助;发生突发性自然灾害时,政府提供保障流动人口人身安全的转移安置救助和临时基本生活救助;乞讨人员可以得到必要的生活医疗救助、教育矫治、返乡救助、临时救助和临时基本生活救助。

4. 城乡户籍制度改革

形成于计划体制时代的农与非农相对立的户籍制度,加剧了城乡割裂,阻碍了城市化进程,近年来已成为社会健康发展的重大制度障碍,城乡户籍制度改革势在必行。

"十二五"前期,铜陵市制定城乡一体化户籍制度改革,实施相关方案及调整实施意见,确定放宽五大类户口管理政策,促使有条件的农村群众顺利转化成城市常住人口。同时,铜陵通过建立户口登记地与实际居住地统一的城乡一体化户籍管理制度,对全市户籍人口取消农业和非农业二元化户口性质的划分,实行一元化户籍登记管理,统称为"铜陵市居民户口",走在全省甚至全国户改的前列。

铜陵市从两方面着手,注重做好农村户改人员各项保障政策的衔接落实工作。① 铜陵市户籍改革方案由一个整体方案和多项配套实施方案构成,被称为"1+12"方案,推动拥有居住证的流动人口与原有的城镇居民享有统一的保障和社会福利。② 铜陵市全面开展农村集体经济组织成员身份认定工作,明确农村八类特殊身份群众的组织成员认定标准,实施全方位动态管理,切实保障农村集体经济组织成员的合法权益,维护进城落户农民的土地承包权、宅基地使用权和集体收益分配权。

二、铜陵城乡一体化建设的经验启示

近年来,特别是十八大以来,铜陵城乡一体化建设取得了大量新成果,城乡一体化水平得到了新提升,形成了城乡一体化改革发展的新经验。

1. 以推进人的城乡一体化为核心,以实现城乡共同繁荣为目标

以人为本,不断推动城乡发展一体化,本质上是要从满足农民实际需求出发,为了人、依靠人、富裕人、发展人,走新型城镇化指引下的四化同步新道路,持续缩小城乡差距,形成城乡融合和均衡发展的新格局。在推进城乡一体化的过程中,铜陵坚定地尊重农村群众的利益,尊重农村群众的权利,尊重农村群众的意愿和选择。

2. 做好顶层设计,系统制定城乡一体化改革发展路线图

规划是顶层设计的纲领和旗帜,铜陵城乡一体化发展一开始就强调全方位、周密地、系统化地制定顶层制度,增强"系统工程"意识,无论是城乡空间布局规划、土地利用规划、新农村建设,还是基础设施、公共服务、户籍改革等专项规划都多方面协调推进,相互衔接,相互支撑,紧密配套,融为一体,既体现了科学性、超前性,更突出了系统性、整体性。

3. 党政主导,多方联动,把城乡发展一体化责任落实到位

推进城乡一体化改革发展,是一项长期重大的历史工程。为了实现城乡一体化的各项举措,铜陵充分发挥政府在有关战略研究制定、行政管理体制创新、规划控制引领、财政杠杆作用等方面的主导和调控作用,用行政推动的力量为城乡一体化撑起一片天,成为城乡发展一体化的重要推手。

4. 牢固树立发展创新理念,实现体制机制的重大突破

城乡发展一体化是一场深刻的社会变革,出路在于创新。铜陵因地制宜,始终把创新的精神贯穿于推动城乡一体化的全过程,开动脑筋创造发展模式破解前进中的各种矛盾和难题,在涉及城乡一体化中的经济建设、社会发展、生态文明、管理创新、责任考核等方面,真正做到了用改革探路,用政策支撑,实现了体制机制方面的重大突破。

总之,城乡一体化建设为铜陵发展带来了蓬勃的生机,在2016年初枞阳县并入铜陵市版图之后,枞阳的发展得到了铜陵市的全力支持。依托铜陵江南区域优质的公共服务资源,铜陵能在更大范围内实现基本公共服务均等化,可以通过加大民生投入、提升城乡就业和社会保障水平、增加城乡居民收入,让改革发展成果惠及更多人民群众,开启城乡一体化发展的新篇章。

案例六 "一委两村(居)"创新农村社会治理模式

滁州市南谯区探索建立"一委两村(居)"的组织架构(一委,即村党总支委员会;两村居,即村民委员会、社区居委会),不仅有效节约了资源、创新了农村基层社会治理服务模式,而且对于推动新型城镇化、促进户籍制度改革和相关经济社会领域改革,引导农业人口有序向城镇转移,有序推进农业转移人口市民化具有一定的探索意义。

一、背景

2007年,滁州市启动并开展了新一轮乡镇区划调整工作,作为市辖区的南谯区经过区划调整,由18个乡镇、办事处、管理区调整为8个镇、2个办事处(现大王街道办事处被整建制划归为苏滁现代产业园,实际为8个镇、1个社区管理服务中心)。

区划调整后,有8个原乡政府所在地的小集镇划归所在地的村管理,随即出现了镇上不便管、所在村不愿管、撤销乡原驻地小集镇居民与驻地单位不服管等问题。镇上不便管,主要是由于乡镇合并以后,现在镇政府驻地与撤销乡原驻地距离较远;所在村不愿管,主要是由于集镇人员成分复杂、管理难度大,同时需要做大量的公共服务工作;撤销乡原驻地小集镇居民与驻地单位不服管,则主要是由于以前这些居民和单位直接与乡政府打交道,乡政府撤并后管理权下划到所在地村,居民心理上存在巨大的落差,对村管理不认同。为及时化解这些棘手问题,进一步理顺关系,"一委两村(居)"架构设想由此被正式提出。

二、"一委两村(居)"模式的做法

为加强撤并乡所在地小集镇建设管理问题,南谯区以民政部门为总牵头,分别到常山、花山、李集三个原乡政府所在地的小集镇进行实地调研,了解居民、村、镇及驻集镇单位对小集镇建设管理的想法和建议,并召开了由区直相关单位参加的征求意见座谈会。经过反复磋商与讨论,在"实行村改居""成立独立社区""增加村干部职数""建立一委两村(居)"四种方案中最终选择了"一委两村(居)"工作体制,即在撤销乡所在地村党总支的统一领导下,经区政府批准,分设村民委员会和社区居委会的工作体制。

2013年7月,南谯区在常山、李集和花山三个原乡政府所在地的小集镇进行了试点,建立"一委两村(居)"工作体制,即在常山、李集、花山所在地村党总支领导下,成立常山、李集、花山社区居委会,与原所在地村"两委"合署办公,村、居干部与村党总支成员交叉任职,工作上实行"五统两分"。"五统",即村、居中心工作由村党总支统一领导;村、居相同的工作,如计划生育、社会保障、文化、民政等由村统一负责;公共服务、文化、计划生育等机构村、居统一设置;村、居财务由村统一管理,村、居单独列收列支;村、居集中办公,在征地拆迁、拆违等难点工作上,工作力量统一调配。"两分",即村、居自治机构各自单独设置;村、居自治事务单独开展,如社区居委会的文明创建、集镇管理、集镇社会治安管理等事务,由社区居委会单独负责。

三、"一委两村(居)"模式的成效

1. 强化了党在基层的执政基础

通过明确村党总支在村、居工作中的领导核心作用,村、居中心工作统一调配,形成了村、居各负其责、齐抓共管的工作局面,强化了党在基层的执政基础,全面提升了村(居)建设科学化水平,有利于推进"强基工程"建设,实现党的工作在村(居)全覆盖。

2. 整合了资源,形成了工作合力

一是工作力量得到加强。村党总支领导下的村、居干部总职数一般为8人(其

中社区居委会选配3人),新设立的村、居委会比单独设立村、居要多3人左右,干部职数的增加进一步增强了村、居中心工作力量。二是工作经费得到增加。实行"一委两村(居)"工作体制后,增加了上级财政的转移支付,村(居)干部工资、村(居)基本工作经费由区镇两级予以保障落实;另外,镇根据自身财力情况对村(居)文明创建、集镇管理等给予单项经费支持。有了人员和工作经费的保障,为村(居)工作开展奠定了坚实的基础。三是资源整合得到加强。实行"一委两村(居)"工作体制后,村、居基本公共服务设施统一设置,如农家书屋、计划生育服务室、卫生室等,避免了重复建设、重复投入,有效整合了公共服务资源。

村(居)社会治理功能得到明显加强。以章广镇常山小集镇为例,自2013年7月设立社区居委会后,社区通过召开居民代表大会议,通过了居民自治章程等自律性规章制度4项,将社区划分成8个网络,实行网格化管理,社会治安、环境卫生整治得到明显改善。过去环境保洁费收取率不足50%,通过设立社区实行自治后,保洁费基本上做到足额收取。保洁人员工资的及时发放,极大提高了他们的工作责任心,随着环境卫生明显改善,居民满意度明显提高,不仅交纳卫生保洁费的意识增强了,环保意识也随之提高,形成了良性循环。村(居)联合争取、利用原常山初级中学闲置校舍,建成了为民服务中心,中心实现一站式受理、全程代理,开展计生、社会救助等8项内容的服务,工作日接待、休息日电话预约服务,打通联系服务群众"最后一公里",极大地方便了群众,社区居民和驻社区单位认同感普遍增强。

四、"一委两村(居)"模式的经验启示

1. "一委两村(居)"模式提高了管理服务效率

(1) 节约资源。实行"一委两村(居)"比单独设立村、居,每年每个村(居)可节约运行成本10万元左右;同时,由于"一委两村(居)"比原先分散单独设立村(居)少配备干部2~3名,节约了人力资源成本。

(2) 具有其他模式不具备的优势。对原乡政府所在地的小集镇管理,若采取"村改居"模式,则原来的村仍然以农业人口为主,主要成员是集体经济组织成员,主要事务是村民事务,而居民事务与村民事务有明显的区别,自我管理服务中较难整合。若采取"单独成立社区"模式,则新成立的社区和原来的村规模均较小,村、居干部都在3~5人,工作力量不足;且社区作为独立的自治组织经费不足,还需再

重新建设公共服务设施,既不利于工作开展,也造成资源的浪费。若仅采取"增加村干部职数"的模式,虽然利于稳定,但街道居民和驻街道单位对村认同度不高,不利于街道管理服务工作的开展。

2."一委两村(居)"具有可复制性

南谯区的"一委两村(居)"模式是在特定的背景和情况下提出的,尽管提出时仅以节约资源、加强社会管理服务为目的,但从实际运行来看,"一委两村(居)"模式的功能与作用远远超出了预期的目的。"一委两村(居)"模式的探索具有较强的现实意义。"一委两村(居)"所在地农业人口与非农人口集中居住,农村集体经济仍然占主导地位,同时又有一定的工商业,甚至企事业单位;居住群体来源广泛,既有本地原居住居民,又有来自非本地的其他居民;其居住人群以农业人口为主导,农业人口中部分人不再从事农业生产,而是以非农生产为主要收入来源。"一委两村(居)"在新农村居住点或美好乡村建设点均具有可复制的借鉴意义。

当前,经济社会快速发展,就业的多元化加剧了人口的频繁流动,尤其是农村剩余劳动力迅速向城市、城镇流动,由此带来的居住地的不断变化、居住群体的复杂化,为各地社会管理服务带来了巨大的挑战。"一委两村(居)"模式既是基层社会治理体制的一种创新,也是根据当地实情,对目前以户籍地管理为主向以经常居住地管理为主转变的有益探索,为实行居住证制度、稳步推进户籍制度改革打下了良好的基础。

案例七 安徽省淮北市建"开放式村部"促党务公开

近年来,安徽省淮北市把建设为民、公开的"开放式村部"作为突破口,拆掉村部高墙大门,配套建设服务设施,深入推进农村基层党务公开。"开放式村部"的小变革带来了农村执政理念的大变化,被广大群众誉为"民心工程""德政工程"。经过不断的实践探索,淮北市"开放式村部"建设的最大特点是拆除了活动场所有形式的围墙,促进了农村基层党务公开;最显著的变化是激活了活动场所功能,促进了农村基层党员干部作风转变,密切了党群干群关系。"开放式村部"的做法主要包括以下几点。

一、坚持突破常规、创新理念,积极引领开放式村部建设

针对村庄合并、村级党组织作用发挥不明显、党群干群关系不密切等问题,淮北市委经过深入调研,大胆破除传统观念的束缚,决定对建有围墙、装有铁门、平时使用率不高的村两委办公场所进行改造,创造性地提出"建设开放式村部"理念,明确了"拆除一堵墙、建好八个室、设立四个栏、打造五个中心"的工作思路,即推倒村部围墙,同步建立党员活动、为民服务代理、图书文件阅览、文体活动、信访调解、计生服务、警务、村干部办公"八室",设立党务公开、村务公开、信息发布、政策宣传"四栏",同时建设"一场一杆旗一杆灯",即适当面积的硬化广场、一盏高杆灯和一根国旗杆,着力把"开放式村部"打造成为党员活动、村民议事、便民服务、教育培训、文体娱乐的"五个中心",推动传统村部由封闭向开放、作用单一向服务综合的现代村级活动场所转变,把"开放式村部"办成老百姓"自己的家"。

二、坚持试点先行、分步实施,全面推广开放式村部建设

2008年,淮北市选择基础较好的杜集区双楼村先行试点,创新村部模式,拆除疏远干群关系的村部围墙,建成开放式村部,并配套建设"六室""四栏""五中心"。继双楼村之后,杜集区又果断拆除全区40个村部的大院围墙。同时,全面取消村干部专用办公室,全区282名村干部走出"单间",集中到为民服务大厅办公,并积极开展为民服务全程代理工作,积极推进"联帮包"工作等,确保以"服务"赢民心。昔日村民不想去、不敢去、不能去、冷冷清清的村部院落,如今变成了密切党群干群关系、人人爱去的活动场所。通过试点实践,淮北市成功探索出一套建设"开放式村部"的成功经验。该市市委、市政府出台了《关于推进开放式村部建设的意见》和《关于开放式村级组织活动场所规范化建设实施意见》,坚持科学规划设计,全面启动"开放式村部"建设。开放式村部建设是一场村级组织的"自我变革",围墙的推倒直接带动了村级组织职能的转变。省委副书记、省长李国英对此高度评价:"淮北市杜集区创造的'两个开放'活动载体,受到群众欢迎,社会效果好。"

三、坚持拓展功能、服务群众,大力推进开放式村部建设

为使建成后的活动场所效用实现最大化,淮北各地着眼于更新服务理念,努力

把活动场所打造成为联系群众、服务群众的综合阵地。一是依托活动场所开展民主议事服务,定期召开党员、村民议事会和民主恳谈会,做到村里的事情群众提、群众议、群众监督,健全村民自治机制。二是依托活动场所开展便民利民服务,如为民服务全程代理、关爱留守儿童、村民纠纷调解等,而条件较好的活动场所,则着重吸引农民专业合作组织进驻,为农民提供产前、产中、产后等生产流通服务。三是依托活动场所开展各类教育培训,举办专题讲座,对党员群众开展政策理论、实用技术和法律法规等学习培训。四是利用活动场所开展群众性文娱活动,如组建村级腰鼓队、篮球队等,定期开展群众喜闻乐见的运动会、电影月等活动,丰富群众精神文化生活。

四、坚持加强管理、健全制度,切实规范开放式村部建设

在推进开放式村部建设过程中,坚持两手抓。一手抓硬件建设。要求开放式村部设计面积不低于300平方米,有条件的村可适当增加建筑面积,但不得增加农民负担。在功能设计、房间分配和场所规划等方面,确保"六室"规范统一,面积要达到村部总建筑面积的2/3以上,并配齐电教设备、图书报刊、文体用品等硬件设施。根据村部规模设置"四栏",做到位置醒目、美观实用,便于群众阅读。根据各村实际情况,在村部及周边安装高杆灯、太阳能路灯以及篮球架等体育健身器材,方便群众平时活动。建立健全党员教育、村民议事、为民服务代理制度等,保障村干部办公、党员活动、村民议事、便民服务等活动的规范化、制度化、经常化。加强对村部固定资产、设施设备的管养和维护,明确专人负责,做好安全保卫、保洁工作,为村民提供环境优美、功能齐全的活动场所。

五、坚持强化职责、形成合力,长效助推开放式村部建设

为保证活动场所规范运行、有效发挥作用,淮北市着力在健全活动场所日常运行、经费保障、资产监管、考核激励等长效机制上下功夫。如在日常运行方面,推行村两委集体办公制度、村干部轮流值宿制度以及活动场所设施设备的定期维护制度等。在经费保障方面,"开发式村部"建设资金采取按阶段"以奖代补"的形式,由市、县(区)财政按7:3的比例分别承担;对集体经济收入低于2万元的村,市级财政建立财政专项补助制度。在资产监管方面,依法明确活动场所主体建筑、配套设施等资产为村集体所有,建设资金接受市、县(区)人大、政协、纪检、监察、审计等部

门和社会各界监督。在考核激励方面,定期组织村民对活动场所运行情况开展评议,奖优罚劣。

案例八　安徽省肥东县石塘镇创新流动党员教育管理与服务方式

针对近年来农村党员在不同行业、地域间的流动性加大的情况,安徽省肥东县石塘镇进一步理顺管理体制,创新工作机制,丰富活动载体,逐步探索出一条流动党员教育管理与服务的新路子,在全省产生了较大影响。

一、背景

石塘镇地处肥东县中北部,人多地少,剩余劳动力较多。近年来,不少农民洗脚上岸、异地发展。大批群众外出给流动党员教育管理工作带来很大难度,"五难"(党费难收缴、去向难把握、管理难实施、活动难开展、作用难发挥)问题日益突出。为此,该镇按照县委组织部"做实、创新、长效"的要求,在"长三角"地区石塘籍农村劳动力集中的城市建立流动党员党组织,保证了外出党员参加活动有归宿、交纳党费有去处、遇到困难有依靠,在服务流动党员、凝聚外出青年、引领回归创业、促进两地(流入地和流出地)发展等方面发挥了重要作用。

二、主要做法

1. 延伸触角,健全组织,把管理网络建设作为一项基础工作来抓

(1) 在外出流动党员较集中的上海市成立驻沪企业党组织。1992年7月,该镇就成立了驻沪企业党支部,当时只有3名党员。后来,党支部发挥了石塘籍老乡联谊会的桥梁和纽带作用,采取"组织找党员、党员找组织"和"党员找企业、企业找党员"的办法,把每一位石塘籍的党员都纳入到党组织中来。随着赴沪创业党员的增多和发展党员工作的开展,驻沪企业党支部又先后升级为石塘镇驻沪党总支、党委,现有9个支部、200多名党员。此外,注重培养政治素质好、热爱并熟悉党务工作、创业有成的党员担任党支部书记,选优配强党组织领导班子。

（2）在合肥成立驻外企业党总支。2007年,针对安徽雄峰起重、江淮起重集团等企业在合肥迅猛发展的良好势头,根据企业所属党员流动范围较广、居住分散的特点,该镇成立了驻外企业党总支,并下设3个企业党支部,加强对合肥及其周边石塘籍企业党员的教育管理。

（3）建立流动党员服务站。对不具备设立流动党员党支部条件的其他城市的流动党员,则全部纳入流动党员服务站管理。流动党员管理服务站制定了工作职责和工作制度,具体负责对外出流动党员进行造册登记、做好信息联络、发放流动党员活动证、提供政策法律和就业信息服务等工作。同时,服务站注重与各村级党组织保持沟通和衔接,做到相互配合、齐抓共管。

2. 结合实际,加强教育,把创新管理方式作为一个有效手段来抓

（1）坚持定期联络,加强对外出党员的教育。镇党委定期通过信件、电话、手机短信、网络、座谈会、茶话会等方式,向流动党员通报家乡经济社会发展情况和党内有关重大决策以及党内其他重要事项,了解外出党员工作学习情况,邮寄学习资料,利用各种手段缩短空间和时间的距离,实现了外出党员与在家乡的党员组织生活同步。

（2）抓住有利时机,开展行前教育和返程培训。实行外出党员返乡必访制度,利用党员春节返乡的时机,采取召开座谈会、邀请专家授课、举办先进事迹报告会、开展交心谈心等活动,对他们进行集中培训。

（3）加大培养力度,确保发展党员工作"不断线"。采取"结对培养"和"跟踪培养"相结合的办法,把那些思想政治素质好、有领导和组织才能、有经营管理能力、有一技之长的外出优秀青年吸收到党内来。

3. 加强互动,架设桥梁,把发挥党组织作用作为一项重要内容来抓

（1）加强与经济发达地区的联系,拓宽党员发展空间。驻沪企业党委充分发挥组织优势、政策优势、人文优势和党员企业家人缘广、信息灵、信誉好等优势,通过党员连党员、党员带党员、党员助党员、党员帮群众等形式,为外出党员群众提供用工信息、技能传授等方面的服务,引领家乡人员外出创业,使石塘镇及其周边地区到上海市务工的人员多达2万多人,有效拓展了家乡党群众的发展空间。

（2）加强与驻地党组织的联系,畅通培养服务渠道。针对流动党员分布点多面广的现状,流动党组织十分注重加强与流入地党组织的沟通联系。如驻沪企业党委在上海市闵行区成立石塘镇流动党员驻沪服务站,并与闵行区有关街道党工委建立双向共管机制,保持经常联络,加强互动。

(3)加强与务工人员的联系,建立联系帮扶机制。驻沪企业党委负责人经常深入到企业和在沪务工人员中,了解情况,掌握动态,解决问题。研究制定了党委成员联系党支部、骨干党员帮扶困难党员、党员企业家结对特困群众等制度,引导广大党员发挥先锋模范作用,团结带领外出党员群众艰苦创业、共同致富。

(4)加强与驻地企业家协会的联系,搭建返乡创业平台。2008年3月,在石塘镇党委和县工商联的牵头组织下,石塘镇驻沪企业家协会成立,共发展会员100多家。协会成立后,石塘镇党委充分利用这一平台,大力实施"凤还巢"工程,积极引导流动党员返乡创业,切实把流动党员党组织的优势转化为家乡经济发展的优势。

(5)加强与家乡党组织的联系,夯实作用发挥载体。石塘镇党委注重发挥流动党员的"双向带动"(即把家乡的劳动力带出创业致富,把外面的资金、技术、项目和管理经验带回家乡)作用,引导他们致富不忘桑梓,支援家乡建设,促进农民增收,带动家乡发展。活动开展以来,外出党员先后送1 600多个就业岗位到村(居),引导石塘镇1万多人到上海的企业务工,帮助家乡外出务工经商人员介绍创业项目30多个,为家乡办实事、好事50多件。

三、主要成效

1. 有效解决了"五难"问题,流动党员教育管理工作实现新突破

通过建立流动党员党组织,改变了现有的以流入地管理为主的管理模式,改变了过去流动党员教育管理中的"五难"现象,呈现出"党费按时收缴、党员去向明了、管理落实到位、活动正常开展、作用充分发挥"的良好局面,初步形成了纵向到底、横向到边、不留空白的流动党员管理网络。

2. 大大强化了党组织的服务功能,党员群众自身发展呈现新气象

流动党员党组织建立后,利用党组织的政治优势,主要针对农民工和农民工流动党员遇到的被拖欠工资问题、子女入学问题、工伤事故处理问题、看病就医问题以及企业家们遇到的发展资金短缺、厂房租赁等问题,协调有关部门进行解决,为他们全身心工作、安心创业解决了后顾之忧。

3. 切实加强了外出务工人员队伍建设,党员干部培养教育有了新渠道

流动党员党组织坚持把教育培养优秀务工人员作为自己的一项重要任务,及时把那些积极向上、文化素质高、勤劳致富能力强的优秀务工人员吸收到党组织中来。

4. 充分发挥了"双向带动"作用,家乡经济社会发展取得新进展

流动党员党组织积极引导在外务工经商的党员和成功人士,发挥自身的资金、技术和人才优势,回乡领办创办企业,带动家乡的经济社会建设。以驻沪企业党员为骨干投资新建的合肥肥东新区重工机械产业园已初具规模,年产值2亿多元,为石塘地区提供就业岗位1 000多个。

四、几点启示

石塘镇的工作实践和成功经验,为进一步加强和改进新时期流动党员的教育管理工作带来了有益的启示,提供了借鉴和参考。

1. 树立"开放"的理念,切实把流动党员的教育管理工作摆上重要位置

流动党员大多年富力强,经常在外,经风雨,见世面,掌握了很多先进技术和经营管理经验,是先进生产力的代表,是党员队伍中的佼佼者。随着社会经济转型,党员在产业和地区间转移流动日趋频繁,而且数量越来越多,这是社会主义市场经济发展的必然趋势。因此,各级党组织要从贯彻落实科学发展观、保持党员队伍的先进性和纯洁性、巩固党的组织基础和群众基础的高度来认识加强流动党员管理教育工作的重要性,摒弃各种偏见和狭隘思想,树立开明开放的"大党建"理念,把流动党员教育管理工作摆上重要位置,切实抓紧抓实抓好。

2. 树立"创新"的理念,改进流动党员教育管理方式

基层党组织必须积极探索新机制、新办法,以改革创新精神研究解决流动党员教育管理工作中的新情况、新问题。要创新组织设置,根据流动党员的分布状况、职业特点和居住地点等情况,在党员流向相对集中的地方建立独立党组织或联合党组织,在流动党员人数相对分散的地方可以采取委派党建工作人员或依托流入地的社区党组织的方式进行管理,以适应当前多元化、多流动、多变化的社会发展形势。要创新管理方式,按照"有利于党员合理流动,有利于加强对党员的教育管理,有利于发挥党员作用"的原则,实行流出地和流入地双向共同管理,构建流出地与流入地党组织密切配合、有机衔接的管理机制。

3. 树立"服务"的理念,进一步丰富基层党组织的职能

做好新形势下的流动党员教育管理工作,必须坚持以人为本,转变思想观念,增强服务意识,提高服务水平,努力把教育、管理、监督和服务融为一体,真正做到"寓教育管理于服务之中,在服务之中加强教育管理"。

4. 树立"统筹"的理念,把促进流出地和流入地经济社会发展作为最终目的

在流动党员教育管理工作中,要注重围绕发挥基层党组织推动发展、服务群众、凝聚人心、促进和谐的作用,加强城乡基层党建资源整合,普遍推行城市党组织与流动党员党组织、流动党员党组织与家乡村级党组织结对帮扶等做法,引导结对各方充分发挥自身优势,坚持基层组织共建、党员队伍共管、干部人才共育、困难群众共帮、党建资源共享、科学发展共赢,着力在互帮、互学、互惠、互促上下功夫,进而推动城乡基层党组织共同进步,带动流入地和流出地经济社会共同发展。

案例九 农村扶贫的创新发展
——金寨县光伏扶贫的创新实践

自十八大首次提出"精准扶贫"战略思想以来,党和政府一直把扶贫作为重点任务,但在扶贫过程中也出现了一些问题:贫困地区经济基础太弱,生产条件落后,贫困人口文化素质偏低,脱贫基础不牢,返贫现象突出等。当前,扶贫脱贫已经被上升到战略新高度,且2020年国家全面实现脱贫的目标已经确定。安徽省也出台了一系列政策,制定了到2018年全面实现脱贫的目标。如何能实现安徽省制定的脱贫目标,全面有效地进行脱贫攻坚?金寨县光伏扶贫工程探索了贫困地区绿色发展的新路径。

一、金寨县光伏扶贫的主要做法

金寨县地处皖西,是集革命老区、高寒山区、库区于一体的国家贫困县。近年来,金寨县紧抓全国人大帮扶实施"5+1"项目的战略机遇,认真落实省委、省政府"抓金寨、促全省"扶贫开发战略部署,以扶贫开发统领经济社会发展,大力推进精准扶贫,并取得初步成效。2012~2014年,累计脱贫8.7万人,在册贫困人口减少至10.64万人,贫困发生率为18.1%,降低12个百分点。2015年全县脱贫2.3万人,贫困人口降至8.34万人。

2014年,国家能源局、国务院扶贫办发布《关于组织开展光伏扶贫工程试点工作的通知》,决定在全国6省市实施光伏扶贫试点工作。2015年安徽正式开始在金寨县、岳西县、利辛县、阜南县、泗县5个县开展试点工作。早在2013年安徽省合肥市已在全国率先实施光伏扶贫;2014年,国家级贫困县金寨县也开始在全县推广光伏扶贫工程。

1. 科学谋划建设规模

金寨县先选择了8户家庭进行试点,试点成功后,制定了《金寨县新能源产业扶贫到户光伏发电项目实施方案》,确定了每户光伏发电项目规模和资金补助办法等政策,并在全县推广。设计确定户用光伏电站装机容量为3千瓦,投资2.4万元,年发电收入3 000多元,受益20年以上,能有效解决贫困户基本生活问题。对村级光伏电站,设计装机为60千瓦,预计年收入6.5万元以上,能够解决贫困村集体经济"空白"和发展村级公益事业没钱的问题。

2. 精准选择扶持对象

为确保扶持对象的精准选择,当地政府按照优先照顾有重大疾病、残疾、丧失劳动能力家庭的选户原则,制订了"五比五优先"的选户方案进行选户。选户程序按照贫困户申请、村级评议公示、乡镇核查、县组织抽查等环节进行,确保最急需扶持的贫困户优先享受光伏扶贫政策。

3. 因户制定帮扶措施

金寨采取3个1/3的商业模式,即政府、企业、农户各承担1/3的建设资金。对无力筹资的贫困户,通过互助资金或小额贷款予以解决,用发电受益逐年偿还,县财政给予贴息;对特别困难的贫困户,从县直帮扶单位、乡镇干部职工扶贫捐款或社会捐助中调集资金解决。在实施第2批光伏发电扶贫项目时,先由贫困户统一向村贫困互助发展资金组织借款,然后分6年从其发电收入中扣除,借款利息由县财政统一贴息解决。

4. 多方筹措建设资金

每户3千瓦光伏扶贫电站需投资2.4万元,贫困户自筹0.8万元,政府及企业承担余下投资,产权归农户所有。针对贫困户无力自筹的,可通过互助资金、小额贷款、社会帮扶等途径帮助解决,借贷款从光伏发电收益中逐年扣除,县财政贴息支持。在建的5 000户分乡镇集中安装的光伏扶贫电站项目,企业捐资40%、政府承担投资60%,实行集中安装,产权归集体所有,发电收入则根据当年贫困户状况,用于公开公平公正地扶持贫困户,解决他们的基本生活问题。

5. 优化提升发电效益

根据山区电网特点,到户光伏扶贫电站采取220伏就近并网,村集体光伏电站采取380伏就近并网,分乡镇建设的光伏电站通过升压接入10千伏线路,以降低接入系统的成本,适应现有的电网消纳能力。上网收益模式由最初的自发自用、余电上网,改变为发用分离、全额上网。对极少数因电网和光照条件不好影响发电的贫困户,进行移址重建,保证贫困户发电收益最大化。

6. 建立完善运维机制

为化解项目风险,让贫困户持久受益,金寨县依托信义新能源公司组建了县级运维中心,建立了运维网络,第一时间发现、解决光伏电站运行中出现的问题。建立短信服务平台,普及维护保养知识,提醒群众科学操作。对乡村技术人员和光伏户进行培训,做到小故障不出村、大故障24小时内解决,切实保证光伏电站的正常发电。建立光伏项目保险机制,按照光伏户每年10元、村级集体光伏电站每年200元政府同比例配套筹集保险金,整体购买了保险,解决贫困户和村光伏电站的运维问题。

二、金寨县光伏扶贫的成效

金寨县经过3年多的光伏扶贫项目实施,取得了显著的成效。农民贫困人口收入增加,盘活了村集体经济,集体收入增加,带动了光伏产业和新能源产业的发展,县域经济增长快速。

1. 扶贫效果明显

2014年参与的2 008户扶贫户满一年后,抄表显示,2 008户年发电总量为6 032万度,户年均发电量3 016度、收入超3 000元,可连续收益20年以上,有效解决了贫困户的基本生活问题,2年多贫困户自筹的8 000元即可收回。218个村集体光伏电站投产后,村集体年收入6.5万元以上,主要用于村公益事业和扶持贫困户。在项目推进过程中,群众由最初的怀疑、观望,发展到后来主动要求建设。县乡村干部从选户、选址、筹资、安装,到整改、维护,一次次向贫困户解疑释惑、排忧解难,融洽了干群关系。

2. 盘活了集体经济

通过光伏发电,村集体有了持续稳定的收入来源,盘活了集体经济。几乎每个村的村委会、卫生室、敬老院、村级综合服务中心等公共屋顶资源目前都处于闲置状态,适宜建设"权属村集体所有、收益归村集体使用"的小型分布式光伏发电站。未来5年,金寨光伏电站总装机将达到300万千瓦以上,总投资在300亿元左右,年产值将达到200亿元以上,可解决5 000人就业,贫困户年均增收3 000元、贫困村年均增收6万元。

3. 产业快速发展

2015年,金寨县建成了装机18万千瓦的信义光伏农业生态园。2016年,阿特斯、协鑫、航天机电、山路能源、华西集团等企业纷纷到金寨投资建设光伏电站,签约项目总规模达到200万千瓦以上。

光伏扶贫产生了巨大的社会效益和经济效益,给精准扶贫提供了一个可供借鉴的模式。"十三五"期间,金寨县将重点打造全国清洁能源生产基地和全省清洁能源高端设备制造基地,并且完成正在建设的5 000户1.5万千瓦分乡镇集中安装的光伏电站。

4. 促进了县域经济发展

光伏扶贫项目带动了新能源产业领域的投资,央企、民企纷纷进入新能源产业,光伏、风电成为投资的热点,目前有意在金寨县投资的光伏项目装机容量超过

800万千瓦。光伏项目建设周期短,见效快,经济增长效果明显。另外,随着大量光伏工程的启动,县域内就业机会增加,很多外出务工农民回到家乡工作,促进了县域经济的发展。

三、金寨县光伏扶贫的启示

1. 以点带面,逐步推广

在扶贫的实施过程中,需要政府根据实际情况不断地调整政策,灵活管理,逐步推而广之,而不是实行"一刀切"的管理模式,这对政府来说是一个考验服务和管理智慧的过程。比如,在推广上,政府先行选取示范户进行试点,成功后发挥示范户的作用,从而大规模启动农村光伏扶贫。在投资模式上,从首批的3家各出资1/3,到第二批政府提供无息贷款、借贷款冲抵电费收益等模式。在实施范围上,从开始的引进分布式光伏扶贫项目到实施集体光伏发电项目。在上网模式上,从最开始的自发自用、余电上网改为发电全部上网。整个项目的运作,并不是一步到位,而是逐步落实,同时也体现了政府的管理和服务水平。

2. 资金来源是光伏扶贫首要解决的问题

光伏电站的前期投入较大、收益周期较长,建设资金的来源应该是光伏扶贫首要考虑的问题。扶贫的对象是贫困户,本身就缺少收入来源,应通过多种手段、多种措施来帮助农民解决建设资金不足的问题。

目前,安徽省有3种光伏扶贫模式:

(1) 户用分布式光伏发电模式。即在每户屋顶上安装一个3千瓦分布式光伏电站,省里补助1 000万元,贫困户自筹1/3,可申请小额扶贫贴息贷款,其余资金由县负责筹措,也可以由建设企业投资,但投产6年内发电收入的1/3归企业。户用电站产权归贫困户。电站建成后,前8年运行维护由建设企业负责,8年后从发电收入中拿出0.02元/度筹建运维基金。

(2) 村级分布式光伏电站模式即在行政村利用村集体的荒地或者公共建筑屋顶建设小型分布式光伏电站,产权归村集体所有,收益主要用于村公益事业。资金方面由县筹资或者企业资助1/3。

(3) 扶贫光伏电站模式由企业投资建设,地方政府以土地入股,产权归投资企业,发电收入的5%用于支持屋顶不能建设户用分布式光伏电站的贫困户。电站建成20年内,每个贫困户每年可收入2 500元。

除此以外,光伏扶贫还可以探索更多解决资金问题的途径,如电费抵押、分期付款、企业共建等方式。

案例十 利益联结,融合发展
——宿州市创新现代农业产业化联合体经营模式

2010年、2011年,宿州市被农业部批准为国家现代农业示范区和全国农村改革试验区,成为现代农业"两区"。国家现代农业示范区立足于构建现代农业产业体系,侧重于发展生产力。全国农村改革试验区立足于创新现代农业经营组织体系,侧重于生产关系方面的探索改革。市委、市政府按照"两区一体化"的构想,提出来"以创新经营组织为核心,以基地和园区建设为平台,以服务体系建设为支撑"的现代农业"两区"建设思路。围绕创新现代农业经营组织这个核心,重点探索了现代农业产业化联合体经营模式。农业产业化联合体的概念和经营模式连续3年被写入了安徽省委一号文件,作为安徽省贯彻中央一号文件的创新举措,在全省进行推广。宿州市创新现代农业产业化联合体经营模式的主要做法如下。

一、坚持问题导向,试点建立现代农业产业化联合体

培育家庭农场、农民合作社、农业企业三大主体,是宿州市农村改革试验区的主要任务。当地政府在培育三大经营主体的实践中发现,单一的经营主体独立经营往往面临诸多困难。如农业企业面临原材料供应渠道不稳定及质量安全问题;家庭农场存在技术、资金、市场、社会化服务等问题;合作社缺少稳定的服务对象,效益难以保证等。2012年9月,宿州市委、市政府出台了《宿州市现代农业产业联合体建设试点方案》,选择16个联合体开展试点,通过经营主体的相互融合、相互服务,建立利益共同体,解决三大经营主体发展遇到的困难和问题。目前,全市联合体已发展到189个,有204个农业企业、688家合作社、1 255个家庭农场开展联合经营,实现优势互补。

二、明确三大主体功能定位,形成联合体经营模式

现代农业产业化联合体是以"农业企业为龙头、家庭农场为基础、农民合作社为纽带"的一体化农业经营组织联盟,由农业产业化龙头企业牵头,联结若干个合作社及家庭农场。企业做市场,家庭农场搞生产,合作社搞服务。龙头企业统一制定生产规划和生产标准,以优惠的价格向家庭农场提供种苗及生产资料,以高于市场的价格回收农产品;合作社统一向家庭农场提供作业、技术、信息等服务;家庭农场按照标准进行生产,向企业提供安全可靠的农产品。

三、建立利益联结机制,实现联合体一体化经营

各方通过签订合同,将农产品、生产资料的买卖关系及服务关系固定下来,形成契约联结;龙头企业为家庭农场担保贷款,垫付资金给家庭农场提供种苗及生产资料,形成资金联结;龙头企业与家庭农场、合作社共同投资建设生产设施,形成资产联结;龙头企业和合作社对家庭农场的生产进行技术指导服务,形成技术联结;龙头企业对家庭农场的产品检验后,统一使用企业的品牌,形成品牌联结。利益联结机制的建立,形成了"你中有我,我中有你"的一体化融合。与传统的"公司+农户"模式相比,联合体优势更加凸显。

四、建立政策扶持机制,推动联合体健康发展

当地制定了《宿州市促进现代农业产业联合体试点建设若干政策意见》,从财政、金融保险、项目支撑、教育培训、人才、用地等6个方面提出了具体的扶持政策。市县财政每年落实联合体扶持资金4 000多万元。探索"去抵押化"信贷模式,建立了有别于工商主体的家庭农场信用评价指标体系,对AAA级信用的家庭农场,实行无抵押、无担保贷款。针对加入粮食产业联合体的家庭农场开展农业政策性保险提标试验,提标部分的保费由市县两级财政给予补贴。出台《关于推进现代农业产业联合体综合服务体系建设的意见》,建立农业科技、农机装备、农村金融、教育培训等四大服务体系,为联合体发展提供了服务保障。

五、融合发展,形成了联合体各方的盈利模式

(1) 解决了企业的生产基地及对农产品原料的质量需求问题,提高了企业的经营效益。企业通过直接与家庭农场联结,建立了稳定的生产基地,既确保了原料供给稳定,又减少了原料采购的中间环节,并且节约了成本。企业指导监督家庭农场开展标准化生产,保障了企业对农产品的质量需求,解决了企业产品质量安全的后顾之忧。

(2) 解决了家庭农场的技术、信息、市场、资金、农机服务等问题,增加了家庭农场的收入。以淮河粮食产业联合体 2015 年粮食生产为例,农机专业合作社以优惠的价格为联合体家庭农场提供全程机械化服务,每亩节省农机作业成本 60 元。淮河种业公司以优惠的价格向家庭农场提供种子、化肥、农药等生产资料,家庭农场每亩降低生产成本 83 元。通过良种良法配套技术的运用,联合体家庭农场的粮食产量高于周边农户 10% 左右,每亩增加收入 230 元;小麦作为良种每斤加价 0.15 元,亩增效 165 元。联合体家庭农场实现每亩增效 538 元。

(3) 解决了合作社的效益保障问题。如淮河农机服务合作社,2015 年与淮河粮食产业联合体的 28 个家庭农场就 16 000 亩粮食生产签订全程农机作业服务合同后,再也不用东奔西跑找活干,规模连片作业使效率提高了 30% 以上,在让利给家庭农场一定的作业费后,合作社的服务收益仍然得到了提高。

六、整合资源要素,凸显联合体四大优势

(1) 联合体串联了农业产前、产中、产后各个生产环节,覆盖了从原料基地到加工、流通各产业,有利于形成相对完整的产业链条,促进了农业第一、第二、第三产业深度融合。

(2) 联合体解决了农业产业化龙头企业、合作社、家庭农场的实际困难,促进了新型农业经营主体发展和农村土地流转。

(3) 联合体搭建新型农业经营主体相互服务平台,促进了农业社会化服务体系建设。

(4) 联合体区域内的农民把土地流转出去,不仅可以获得每亩 1 000 元左右的租金收入,还可以安心外出务工,不能外出的农民可以在联合体打工,促进了农民收入多元化。

案例十一　可复制可推广的龙亢农场垦地合作模式

龙亢农场地处安徽蚌埠西南的怀远县境内,面积36.42平方千米、耕地3.5万亩,与附近的县城、市相距都在35千米以上,但这里处于交通要地,是高速公路的出口处、附近3个乡镇的中心地带。原先这里仅是数千人的农场场部,经过几年的建设与努力,这里已成为3万人的小城镇。镇上商贸流通业兴旺,年交易生产资料10万吨、交易粮食50万吨以上,带动周边10多个乡镇的发展,每天客运、货运车辆达200多车次,有近1.5万人的集市,日均交易量在300多万元、年交易量在12亿元,成为影响周围方圆900多平方千米的贸易物流及人流、信息中心。龙亢农场近期可达5万人、远期可达15万人以上,有望成为蚌埠西部的一个蓬勃兴起的小城镇。

一、龙亢农场垦地合作模式的做法

龙亢农场不仅成为了当地农村物资交流与集散中心,还是农民向往的居住地及农民技术的示范地与扩散地。农场通过与省农科院合作成立了"安徽省农业科学院皖北科技创新中心",直接为农业提供各种科技服务,起到了带动与表率作用。中心以农场为依托,建立高产试验示范点,为周边农户提供服务,带动垦地一体化,建立"农场+农户+合作社"相互关联的一体化经营模式,共同实现现代化。如农场通过集约化农业建设高效设施农场,为场附近3个乡镇搭建结构调整与优化的平台。农场为附近农户提供农机和蔬菜等服务,建立多个(种)合作社、为农户提供种子烘干及仓储服务,还向农户提供工厂化育苗、物联网技术、粮食银行等服务,在一定程度上解决了"谁来种地""怎么种地"等问题。另外,还为农户提供金融担保、原粮加工服务。向周边地区推广秸秆还田、测土配方施肥、农药使用、小麦病虫害防治、土地深耕作业、一喷三防等技术,使得农场与当地农村农业生产跨上了一个新台阶。农场还直接促进了土地流转,现已流转土地3万多亩,为服务科学种田农场还免费发放了"沃·农"专用手机。

龙亢农场还利用场办龙头企业的带动作用,提高农业经营化水平,农场以高于市场价1～2分/斤的价格敞开收购农民余粮,为当地农民增收作出贡献。形成场地互促互进、共同发展的态势,逐步培育出一个新型居民生产、生活集中点,吸引农民进入,就地城镇化。

为加强垦地一体化特色产业体系和实力,蚌埠市还决定将怀远县省级马城工业园区搬迁到龙亢农场附近,规划面积 28 平方千米,依托当地的资源优势及潜力,实施联合招商引资,以加快第二产业发展,吸引当地富余劳动力,并以龙亢农场的食品产业园为基础进行投资建设,起步区建设面积为 5.8 平方千米,实现农民就地、就近就业。

龙亢农场在成为垦地示范区的同时,自身也获得了迅猛发展。2013 年农场试验区就实现财政收入 7 000 多万元,农场试验区人均收入 9 460 元。其核心区龙亢农场财政收入 1 800 万元,职工人均收入已达到 30 000 元,产业园区新增企业 3 家、新增投资 1.5 亿元。龙亢农场还成为远近闻名的小城镇。

二、龙亢农场发展的经验

龙亢农场之所以能成为垦地合作的典范,发展成为农村区域小城镇,与农场的客观条件与自身主观努力有关,也与其所在地的政府大力支持不无关系。

1. 独特的区位条件

这里不仅地处几大城区的交叉与边缘地,而且交通还比较发达,远离中心城市,有较大的土地和较多的人口,为其兴起与城镇扩张成为一个农村商贸及人口的集散点成为可能。龙亢农场抓住就地城镇化这个极好机遇,在当地政府支持下迅速发展起来。如果没有这些客观条件,龙亢是不可能建设成特色小城镇的。

2. 农场自身刻意打造、有意创新

龙亢农场一直致力于创建一个新型社区,在壮大自己的同时也带动周边地区,实现共赢。① 注重以农业科技带动周边地区。早在多年前农场就与省农科院合作建设皖北地区的农业科技中心,致力于皖北地区农业良种和栽培技术的试验与传播,因而成为当地的农业科研传播中心。如向周边推广测土施肥、秸秆还田、土地深耕作业、一喷三防等技术。② 与当地农民建立良好的合作关系,始终以满足农村需求为己任,把带动农民致富作为自己的责任,牢固地树立农民强则自身强的观念,急农民所急,想农民所想,愿意为农民分难解忧,为农民提供良种、烘干、农机、育苗、物联网等农业全程化服务。如农场为帮助农民解决粮食烘干、储存问题投资 7 000 万元,增建种子烘干线 2 条、立筒仓 8 座、仓库 1 568 平方米及配套设施。③ 带动农村新经营方式的成长。2013 年试验区就新增流转土地 10 000 亩,总流转土地 30 000 亩,并为农业专业大户培育了盛世兴农、龙跃、龙科、双赢、友福等农机合作社,解决了家庭农场和专业大户的社会化服务需求问题。④ 与地方共同兴办经济开发区,以农场食品产业园为基础利用当地资源和优势实行联合招商,吸引农民进入园区就业创业。此外,还与地方创新垦地金融合作,参股怀远农村商业银行,使其业务扩大到垦区附近,有效地化解了三农发展中的资金难题。⑤ 积极建设小城镇并向农民放开,探索新型城镇化路径。农场主动欢迎农民搬迁进入城镇居住,主动与农民融为一体,推动城镇公共服务设施建设,共同建设美好家园,并主动承担起社区管理任务。

3. 当地县级政府的大力支持

① 对龙亢农场所在地的税费进行全部返还,留作当地建设之用。这解决了城镇建设中的资金不足问题,使得一些基础设施建设得以进行,城镇管理费用也有了正当的资金来源。② 实行土地升值所产生的收益留在当地,这同样是一项重要政策,使得龙亢镇谋求发展得到资金支持。这两项政策的实施使得龙亢有了自我发展的能力,为小城镇建设提供了资金保障。

垦地合作共建小城镇对农场及当地来说都是互惠共赢的合作:① 带动了农业现代化,提高了科学种田水平,垦地双方的土地产出率、农业劳动生产率普遍得到提高,使农业跨上新台阶。② 有利于农村面貌改变,让农民就近城镇化。龙亢垦区通过发展非农产业带动一批农民入园入镇就业,通过公共设施建设使农民生活水平与生活方式与城市居民相当。③ 为当地建设出一个小城镇,繁荣了农村,真正发挥了国家队的示范作用。

三、龙亢农场发展的启示

龙亢农场实行垦地合作,共同建设和推动小城镇的发展,意义重大:一是带动了当地农村发展,有利于工业化、城镇化与农业现代化的同步发展。二是有利农民就地实现城镇化,走新型城镇化之路。更重要的是,龙亢农场的实践对于农场具有普遍价值,可复制、可推广。

1. 场地合作有利推动农业现代化

农场大多是在非县城的偏僻之地,但农场不同于农村,具备很好的农业生产水平与管理技术,在农业现代化中起到示范作用。垦地合作有利于发挥这种示范作用。现代一些农场不仅能在技术、管理上做出示范,而且直接到农村集中承包土地,这也是安徽、江苏等农垦提出再造一个农垦的有效举措,扩大了示范的意义,变示范为直接参与。农场集中承包提高了土地产出率和劳动生产率,推动了整个农业的现代化水平,农民也实现了增收,在一定程度上解决了"由谁种田"和"怎么种田"的难题。同时就地城镇化,有力地推动"四化"同步发展。仅安徽就有20个农场,发展得好就意味着有20个将崛起的农村小城镇。各农场条件差不多,都具备加快发展的条件。

2. 垦地合作办开发区,有利解决农民就地城镇化中难以就业的矛盾

目前不仅有龙亢农场,而且安徽宣郎广等地农场也在尝试与当地合作共建工业园区,垦地相互优势得到合理利用,拓展产业,增加就业。目前安徽农垦已经与7个市、15个县区签订了战略合作协议,共建农业示范区、工业园区,共同推进城镇化,希望龙亢垦地合作的政策模式得到复制和推广。垦地合作带来的是整个县域经济社会的发展与进步,而不仅仅是农场自身的发展。全国若是推广龙亢垦地的合作模式,可以带动几百甚至上千个小城镇的兴起与发展,影响巨大。

3. 垦地合作离不开当地政府的支持

怀远县从2006年起即开始对龙亢大力支持,目前市、县把垦地合作作为一项事业对待。蚌埠、怀远累计返还税费和土地出让金1.09亿元,投入土地整治、农田水利、增粮项目建设资金1.36亿元。在他们看来支持农场就等于支持当地经济发展和农民就业,使各个农场成为农村发展城镇化的一个经济增长点,是实现县域突破的有效形式。

4. 试验区要创新思路,起到引领作用

为此,农场要有一体化的思想和打算,共同建设美好家园。垦地合作不仅仅只是获得地方的支持,更要承担带动农民致富、加快农业现代化和加速农村城镇化的战略任务和责任。要统筹考虑,对于如何带动周边地区农业现代化进程、如何合作建设好开发园区、农民城镇化的路子如何走、进镇农民如何管理,等等,都没有现成的路子可走,要大胆创新、走出一条新路。目前农垦体制正在探索之中,垦地合作也需要大胆创新,走出一条新路。

案例十二 庐江土地流转"流"出效益"转"出活力

一、庐江县农村土地流转的背景

庐江县位于安徽省合肥市南部,自古有"鱼米之乡"之称,长期位于全国粮食生产先进县行列。全县有农用地面积158.9万亩,其中家庭承包耕地93.5万亩、林地45.8万亩、养殖水面12.5万亩、四荒地7.1万亩。2003年以来,随着农村劳动力大量转移就业,庐江县着力引导农村土地经营权有序流转,取得了显著成效。截至2015年12月底,全县已流转面积79.36万亩,占全县总面积的49.9%,涉及农户12.1万户。其中,耕地流转65.3万亩,水面流转4.31万亩,林地流转9.6万亩,四荒地流转0.15万亩。从流转规模上看,一次性流转50亩以下的土地面积共12.9万亩,占流转总面积16.3%;一次性流转50~500亩的土地面积共38.9万亩,占49%;一次性流转500~1 000亩的土地面积共16.9万亩,占21.3%;一次性流转1 000亩以上土地面积共10.66万亩,占13.4%。从土地流转方式看,主要包括租赁、转包等。

庐江县的农村土地流转产生了积极作用,取得了比较好的收益。

1. 促进了农村经济活跃和农民收入增加

土地流转,推动了土地向家庭农场、合作社、种养大户以及农业企业集中,使农村富余劳动力得以从土地的束缚中解放出来。一些文化程度较高、有一技之长的农民纷纷外出务工经商,把承包地转包他人,在外务工经商人员有收入,而承包他人土地的务农人员收入也有所增加,活跃了农村经济。据统计,2014年庐江县就有30.5万名劳力外出务工经商,带来劳务收入共计56亿元,农民人均纯收入中工资性收入达5 000多元,占人均总收入的49%。土地流转有效地促进了农民增收,是实现农村繁荣的重要前提。

2. 促进了土地利用率的提高,实现了流转双方互利双赢

2000~2003年,庐江县土地抛荒现象十分严重,各类土地抛荒总面积接近30

万亩。通过引导土地流转,庐江县有效地消灭了土地抛荒现象。不仅如此,土地的利用率和产出率也大大提高。通过土地流转实现了农户分散经营向适度规模化经营方向转变,实现了土地与劳力、资金、技术等生产要素的有效结合,提高了农业标准化水平即农业生产水平,加快了农产品标准化基地建设步伐,提高了农产品的产量和质量,土地的产出率大大提升。

3. 促进了农业向适度规模化方向发展

通过土地流转,实现农村土地的有序流动,土地经营权向农业企业和种养大户集聚,极大地促进了现代农业发展。受让土地的农业企业和种养大户,为了获取租地成本外的更大收益,不再从事传统的粮食种植,而是通过技术、资金的投入以及机械化操作,集约发展高效益的现代农业,实现了土地、资金、技术和人才的有机结合,资源得到科学配置,极大地提高了土地产出,提升了农业整体效益。目前,庐江县各类农业经营主体3 800多家,其中农民专业合作社480家(其中国家级、省级、市级示范社分别为3家、8家、22家),家庭农场719家(其中省级、市级、县级示范家庭农场分别为6家、18家、60家),百亩以上种粮大户993家。规模经营总面积达到70万亩,占土地总面积44%以上,已成为庐江县现代农业发展的主流力量。

4. 促进了农业产业化经营和社会化服务,农业发展的组织化程度越来越高

各类农业经济联合体逐渐发展壮大,除最初的农民专业合作社、联合社之外,庐江县已经形成了多个产、供、销一体化的产业化利益连接体,从而创新了经营体制机制,形成了"龙头企业＋合作社＋家庭农场(大户)"的产销新模式,如双福粮油、春生公司、金品果公司等。联合体内部利益联合紧密,走品牌化生产、产业化经营的路子。

随着土地流转,农业社会化服务水平越来越高。① 农机社会化服务日益健全。目前庐江县在工商部门注册登记的农机专业合作社有33个(国家示范社1个、省级示范社3个)。2013年,共完成作业服务总面积52.5万亩,服务总收入3 344.8万元。据统计,除少数农业基础条件差的岗地外,庐江县机耕机收基本实现全覆盖。② 植保统防统治服务发展加快。目前,全县有植保专业化防治队伍40余个,注册的专业合作社23个,可统防统治服务面积90万亩。服务形式多样,有全包式、点单式和计件式服务。全包式即服务对象将某一阶段或生产全程病虫害防治全部交由服务组织代办,由服务组织包防治药剂、包防治效果;点单式即服务对象根据服务组织提供的服务内容,选择部分服务;计件式即服务对象自己提供药

剂,自己确定防治时间(大多是服务组织在防治适期提醒防治对象),防治时按每桶水或每亩田付人工费。③ 工厂化育秧为主的机插秧服务正在兴起。工厂化育秧和机插秧是实现水稻规模化稳产增产的最佳方式,也是当前最需要的服务项目。2012年开始,庐江县利用省工厂化育秧项目,依托种粮大户、农民合作社或农业企业,已建成33座标准化育秧工厂,可服务面积达55万余亩。

二、庐江县推进农村土地流转的主要做法

1. 加强组织领导,引导土地流转

县政府成立了农村土地承包经营权流转工作领导小组,各镇也成立了农村土地流转服务中心,具体负责本镇合同审查、备案、登记等服务工作。在土地流转中,庐江县始终把握一个前提,即"现有土地承包关系保持稳定并长久不变",坚持维护农民土地承包权益和流转主体地位。同时严格遵循四个原则:① 土地集中、规模、增效原则。积极支持各类经营主体开展适度规模经营,提高土地产出率。鼓励家庭农场、农民专业合作社、农业产业化龙头企业、农村种养专业大户、外出务工经商回乡创业者租赁流转后土地,围绕当地主导产业和特色产品,建立农产品标准化生产基地,发展一镇一业、一村一品。② 农民增收原则。土地流转租金全部归属原承包农户,任何组织和个人不得截留、扣缴或挪用,让农民从土地承包经营权流转中获益。③ 依法、自愿、有偿原则。不搞强行流转,不为流转而流转,严格按照有关法律、法规及政策规定进行,不改变土地集体所有权性质和土地的农业用途;充分尊重农民的意愿,引导农民自愿进行土地流转;流转时始终坚持等价有偿原则,切实保障农民的利益。④ 公平公正原则。对流转期限较长以及流转面积较大的合同必须让流转双方商定合理的价格增长机制,提倡以稻谷等实物计价方式确定流转租金,保护流出土地农户利益不受损害。如同大春生农业科技公司与农户签订的流转合同约定年租金按500斤中籼稻当年国家保护价折算,租金逐年增加,其中2011年租金为535元/亩,2012年为625元/亩,2013年为675元/亩,平均年增长12%。

2. 培育农业经营主体,带动土地流转

土地实行规模经营,不仅需要土地能够"流"出来,还需要有规模较大、实力较强的经营主体来承接,从而带动土地流转。① 庐江县大力开展农业招商,引进农

业龙头企业来庐江县投资高效农业。2011年以来,郭河现代农业示范区、台湾农民创业园,已先后通过招商引进了安徽春生农业科技有限公司、上海金品果公司、安徽喜洋洋农资公司等10多家省内外知名农业龙头企业落户园区,共流转土地面积3.5万亩。②大力培育新型农业经营主体,结合庐江县国家现代农业示范区改革与建设试点,不断创新财政、金融、科技和项目建设等多渠道支持发展方式,重点培育农民专业合作社、家庭农场、种养大户。近三年来,新发展农业专业合作社386家,家庭农场719多家、种养大户1 800多家,流转土地61万多亩,占全县流转土地总量的78%,户均经营土地面积210亩。③庐江县还通过扶持做大做强农业经济联合体的方式流转土地,大力发展农业产业化联合体。以龙头企业、合作社和家庭农场(农户)为主,组建农业产业化联合体84个。如双福粮油,形成"企业＋合作联社＋合作社＋家庭农场(种粮大户)"多层次联合体,流转经营土地1.2万亩;鼓励农民以土地入股的方式,扩大规模经营;鼓励农民通过土地流转股份合作方式流转土地,合作经营。

3. 加大政策扶持,鼓励土地流转

近年来,庐江县委县政府相继出台了扶持政策,鼓励农村土地流转。一是对流转期限3年以上、经营面积100亩以上且每亩年租金500元以上的各类经营主体给予资金奖补扶持。二是对接受农户委托、积极开展土地承包经营权流转的村级组织给予一定的工作经费奖励。三是开展免费就业培训。

4. 搭建流转平台,服务土地流转

2014年,庐江县成立了"安徽省农村产权交易所庐江分所",各镇(园区)组建了农村产权交易服务站,形成县、镇(园区)、村三级土地流转服务网络体系,为流转供求双方提供信息沟通、法规咨询、价格评估、网上交易、合同签订、纠纷调处等服务,鼓励农村土地流转入市交易。所有入市交易的流转土地,县交易分所将颁发鉴证书,然后使用统一的规范性合同文本签订土地流转合同。县农委依据《鉴证书》和《合同书》,向流入方颁发《庐江县土地经营权流转证书》。土地经营户凭借上述所有文本,可以到金融部门申请信誉贷款。自2014年年底平台运行以来到2015年9月底,已入市交易的土地流转392宗,完成交易245宗,交易面积达10.4万亩,交易金融共计4.9亿元。

案例十三 农村土地产权制度改革探索
——凤阳县土地确权成功经验及启示

农村土地承包经营权确权登记颁证是中央深化农村改革的重要突破口,也是农村土地产权制度改革的重要环节,但农村土地确权是涉及多方面的一项系统工程,如何能稳步推进农村土地确权颁证?凤阳县小岗村的土地确权颁证走出了一条成功的路子。

一、我国农村土地确权的发展背景

2010年,《中共中央国务院关于加大统筹城乡发展力度进一步夯实农业农村发展基础的若干意见》(中发〔2010〕1号)提出:"加快农村集体土地所有权、宅基地使用权、集体建设用地使用权等确权登记颁证工作,工作经费纳入财政预算。力争用3年时间把农村集体土地所有权证确认到每个具有所有权的农民集体经济组织。"

加快农村集体土地登记确权发证工作,是中央从夯实农业农村发展基础、促进城乡统筹发展和农村社会和谐稳定的高度作出的重要决策。这项工作涉及广大农民切身利益,对农村经济社会发展影响巨大而深远。为加快部署工作,2011年5月,国土资源部联合财政部、农业部下发《关于加快推进农村集体土地确权登记发证工作的通知》(国土资发〔2011〕60号)文件。同年,国土资源部、中央农村工作领导小组办公室、财政部、农业部联合下发《关于农村集体土地确权登记发证的若干意见》(国土资发〔2011〕178号),明确了农村集体土地确权登记发证的范围,详细规定了农村集体土地确权登记发证工作流程及具体操作办法:

权利人出具书面申请——地籍测绘股受理(3个工作日)——调查取证(15个工作日)——分管领导审核(7个工作日)——公告(1个月)——提出确权意见报县政府审批——登记发证。

2013年中央一号文件提出,全面开展农村土地确权颁证工作,健全农村土地承包经营权登记制度,强化对农村耕地、林地等各类土地承包经营权的物权保护,用5年时间基本完成农村土地承包经营权确权登记颁证工作,妥善解决农户承包地块面积不准、四至不清等问题。

2014年11月,中共中央办公厅、国务院印发《关于引导农村土地经营权有序流转发展农村适度规模经营的意见》指出,明确农村所有权、承包权、经营权"三权分置",计划用5年时间基本完成土地承包经营确权登记颁证工作。"三权分置"的首次提出是农村土地产权制度改革的重大创新,为土地确权奠定了制度基础。

2014年,安徽省被确定为全国整省推进的试点省份,启动了20个整县推进试点开展,2015年又新增65个试点县(市、区)。

二、凤阳县小岗村土地确权的做法

小岗村位于凤阳县东部,现辖23个村民组、946户、3 970人,村域面积为2.25万亩,其中农用地1.89万亩,可耕土地面积1.45万亩。小岗村是中国农村改革发源地,1978年12月在全国率先实施农业"大包干",从而拉开了中国农村改革的序幕,被称之为"中国农村改革第一村"。

2012年7月,小岗村在全省率先开展土地确权示范试点工作。至2015年,小岗村868户、13 609.97亩承包土地,全部完成登记申请、地籍调查、核属审核、登记注册等工作。2015年7月8日,安徽省农村承包经营权确权首批颁证启动仪式在凤阳县小岗村举行,16位小岗村民拿到了农村土地承包经营权证。小岗首批农村土地承包经营权证的颁发加快推进了我省土地确权工作进展。具体做法有:

1. 土地面积公示

每个村民组的地块公示图张贴在各个村民组的显著位置,包括每家每户承包的宗地图、四至、面积和田块数。对村民有异议的地方,测绘人员及时核实,修正后再次公布。在发证前,各村民组确权登记颁证台账将进行4次公示。

2. 实行"四公开"

把"阳光作业"贯穿于确权颁证全过程,实现程序、方法、内容、结果"四公开"。具体包括工作方案制定、承包地调查摸底、外业测绘制作图表和建立颁证台账等4个阶段,一旦承包方或者发包方提出异议,就要及时修正并再次公示,充分保证农民的知情权和参与权。

3. 村民参与确权

充分发挥村民理事会、村民确权小组的作用,每个村民组选出5～6名德高望重的老党员、老村干和有一定影响力的村民代表组成土地确权小组,配合镇村干部、测绘人员入户调查、田头指界、审核确认、调处纠纷。村民积极参与全过程一方面能够了解确权颁证的全过程,另一方面也能及时化解在土地确权过程中出现的一些纠纷,从而使得土地确权工作顺利推进。

4. 维护外出务工农民权益

对于常年在外打工,无法经常赶回来参与土地确权工作的农民,凤阳县要求测量土地的基础数据必须由承包人签字确认,尤其是在承包地调查摸底表和外业测绘图表开出来后,必须回来签字确认,赶不回来可暂停该地的土地确权工作,以确保外出农民的权益不受损失。

三、凤阳县土地确权的经验

通过实践以上做法,凤阳县土地确权取得了显著的成绩。截止到 2015 年 7 月,全县农户申请表、调查表填写率已达 95.4%,调查摸底公示过的占申请户数 99.75% 以上,调查摸底表公示占申请户数 99.75% 以上,全县 80% 以上的行政村(农村社区)已完成外业测绘。土地确权的经验有:

1. 遵守相关制度和法规

土地确权工作中严格依照有关制度和法律法规来处理出现的问题。在土地确权中经常会面临两大难题:① 家庭分户后的分地纠纷;② 土地不规范流转造成的纠纷,凤阳县坚持以二轮土地承包为依据和基础,进行调解,无法调解的建议走司法程序。规范的确权制度和法规为土地确权提供了有力的保障。

2. 村民参与土地确权工作

土地确权关系农民的切身利益,需要农民的积极参与配合。村民参与到土地确权实际工作中,不仅充分调动了农民的积极性,确保土地确权工作的顺利完成,更是体现了整个土地确权中"以人为本""农民当家做主"的意识,增强了农民主人翁的观念,这对于以后农村工作的开展都有很好的借鉴意义。

3. 维护弱势群体的利益

在土地确权中,对所有的人都一视同仁,努力解决由于农村习俗、传统观念导致的土地问题,最大程度维护妇女儿童老人等弱势群体的利益。在农村中已出嫁妇女和离婚妇女由于土地不能随着户口迁走,经常导致土地承包经营权流失。为此,凤阳县有关单位修订村规民约,从村民自治政策源头上加强对妇女土地权益的维护,细化了婚嫁落户、村集体经济收益分配等条款,维护妇女应当享有的权利,确保女性"证上有名、名下有权",这不仅有力地促进了土地确权工作的开展,对于整个农村的公平稳定也起着重要的作用。

4. 加快土地流转经营

土地确权是集体土地租赁、抵押的先决条件,将为进一步土地流转做好铺垫。凤阳县小岗村的1.9万多亩耕地率先完成土地确权,推动了土地流转工作的开展。金小岗公司2014年流转1 300亩土地,2015年又新流转900亩土地。6月份,该公司以1 162.3亩土地流转经营权作抵押,从银行获得500万元贷款,这是凤阳县发放的首笔农村土地承包经营权抵押贷款,也是确权后土地价值的一次集中体现。截至2015年6月底,小岗村土地流转率已达44%,平均每亩租金达1 000元。

案例十四　农村资金互助社的发展创新模式
——太湖县银山资金互助社发展历程及经验启示

在新农村建设进程中,资金短缺已成为农村经济发展的瓶颈,中央多次提出创新农村金融体制、积极兴办直接为"三农"服务的各种所有制的金融组织,并启动了农村金融改革的试点工作。如何发展农村金融为当地农村经济发展服务,太湖县小池镇银山资金互助社的发展模式值得借鉴。

一、发展背景

银山村位于太湖县小池镇东北6千米处,共29个村民小组、748户、2 986人,山场面积5 650亩,耕地面积2 500亩,是传统种养业较为发达的地区。1988年年初,太湖县遭受罕见洪灾,为帮助受灾群众生产自救,重建家园,太湖县政府在全县各乡镇选取部分行政村成立救灾扶贫互助储金会,探索通过政府扶持、村民互助的形式解决灾后重建的资金问题。在生产救灾任务完成后,大多数储金会因管理和政策方面的原因自行解散或取消了。小池镇杨埠村储金会(2007年4月更名为小池镇银山农村资金互助社)则在探索中不断发展壮大,为利用民间闲散资金参与地方经济建设,加快农村产业发展,促进共同富裕等方面作出了突出贡献,成为探索农村金融创新的先行者。从1988年成立至今,经历了组建——濒于倒闭——改制——地下状态——规范运行等几个阶段。

(1)组建——濒于倒闭阶段(1988年年初~1990年年底):1988年年初,在县民政局拨款2 000元作为启动资金的基础上,通过吸收村民参股的方式,吸收个人股271股、村集体股100股,每股10元,共吸收资金3 710元。储金会由县民政局主管,村集体所有。由于初期经验不足、管理不善、运转不畅,在不到一年的时间里,5 000多元的股金就只剩下800元,濒临倒闭。

(2)改制——地下状态(1991年~2005年年底):1991年经村两委和股东会议讨论决定,对储金会实行改制,将村级所有改为股份制企业,村级行政力量正式退出储金会。1992年储金会采取以银行同期同档存款利息支付股金红利的方法吸收新增股金,每股50元,吸收2 000新股,计10万元,按略低于同期银行贷款利率借出资金9万元,当年净收益4 000元,为储金会正常向前发展打下良好基础。1993年,储金会在与原白银乡信用社的市场竞争中最终胜出,开始成为村民信赖的"自家银行"。此后,储金会资产总额达155万元,实现利润10.77万元。1999年,国家金融政策调整,统一取缔农村合作基金会。储金会采取政策收紧时转入地下、政策放宽时浮出水面的应对策略,经营得以持续不断。

(3)规范运营阶段(2006年初至今):2006年,太湖县在省财政厅的支持下开展"村民生产发展互助资金试点","杨埠经验"引起各级领导与媒体的高度关注,太湖县抓住国家鼓励农村金融创新的契机,开始着手筹建银山农村资金互助社。2007年年初,在征求多数社员同意的基础上,储金会按照国家有关规定进行了规范,正式更名为"太湖县小池镇银山农村资金互助社",重新确定社员,核定股份。改制后的互助社共629股,每股100元,其中村集体组织100股、农户529股,涉及237户,约占全村总户数的1/3。2007年4月,依据银监会的相关规定,对储金会进行了规范整改,并将材料逐级上报至安徽银监局。2010年3月11日获得银监部门批准,成为规范意义上的农村资金互助社。2010年9月28日资金互助社正式挂牌,成为安徽省第一家农村金融机构。

二、主要做法及成效

银山农村资金互助社的做法主要有:

1. 采取合作股份制经营形式

资金互助社由村委会与持原始股份的村民组成,实行公司制管理、市场化操作,社员代表大会是资金互助社的最高权力机构,每年至少召开一次社员代表大会,决定重大事项。社员代表大会选举产生了由3人组成的理事会、监事会,理事长由专职人员担任,按村级干部正职享受待遇,监事长由小池镇农站站长兼任。在决定重大事项时都遵循一人一票的合作制原则。在日常管理中银山农村资金互助社采取个人决策与集体决策相结合的决策模式。如1 000元以下的贷款由出纳自助放款,1 000~3 000元的贷款由理事会审批,3 000~10 000元的贷款由理事会集体研究,需理事长批准;10 000元以上的由理事会和监事会集体研究审批。

2. 开放式经营方式

互助社服务对象不仅限于社员,非社员(限本村村民)除了不能参与分红外,在其他方面与社员享受同等的待遇。另外,除股本金外(可参与分红),股东和本村其他村民,均可按银行同期同档存款利息将钱存在互助社,同样,也可以略低于同期同档信用社贷款利息从互助社获得贷款。这种开放式经营模式通过增加负债可以筹集更多的资金,促进了资产总量的增长,也可获得更多的盈利。

3. 执行严格的管理制度

资金互助社逐步建立完善了《银山农村资金互助社章程》《理事会议事规则》《理事长工作职责》《监事会工作制度》《监事长工作职责》《财务管理制度》《会计出纳岗位职责》等制度文件,切实做到用章程理事,用制度管人。资金互助社一直对存款实行严格的准备金制度,放款、收款实行规范的责任包干制度,利益分配兼顾社员利益与长远发展。坚持每季度向县银监办和镇农经站报账,接受主管部门的查询和监督。

4. 简化交易手续

资金互助社借贷主要是在村域之内,借贷双方当事人彼此了解,资金投入的相关信息极易获得且高度透明,可以有效解决国家金融机构长期存在的"信息不对称"问题。一般在信用社贷款,正常情况下需13道手续,而资金互助社只需5道手续。即贷款人书面申请—互助社受理研究—签订借款合同—立据(5 000元以上的须提供质押)—发贷。交易过程快捷,借款人能迅速、方便地拿到所需资金。

5. 加强诚信教育

为提高全体村民的诚信度,加强对村民的诚信教育,村两委在召开党员大会、村民代表大会上都要大篇幅、长时间地进行相关教育,做到每会必讲、每会必谈,并要求代表们在村民中大力宣传,同时在各组定期或不定期地开展诚信度评比活动,以提高全体村民的信用度,提高资金利用率和回收率,降低资金互助社呆账、坏账比例。

6. 提供配套服务

资金互助社不仅为农民提供贷款服务,同时还为他们的发展提供信息、技术和市场服务。资金互助社社员中的一批文化程度高、会电脑操作、有经济头脑的农村能人与贷款人结成帮扶对子,全方位提供服务。同时,村级组织还聘请了一批生猪和肉鸡养殖、栽桑养蚕、林果业种植方面的农业科技辅导员,随时为贷款对象提供技术服务,组织开展村内农技培训。

自成立以来,资金互助社取得了良好的经济效益和社会效益,总结如下:

1. 资产规模不断扩大

2007年净收益为5.29万元,2008年为9.43万元。截至2009年6月,互助社资产总额为485.46万元,其中权益资金为32.82万元;成立20年只发生过一笔8 200元的坏账,占资产总额的0.17%;不良借款达20 000元,占资产总额0.41%,远远低于行业标准。

2. 带动全村农业生产

全村有82%的农户受益于互助社,其中735人脱贫脱困,980人进入小康生活,910人步入富裕阶段。资金互助社还对规模生产和特色产业发展给予优先借款支持,对特困户、回乡创业人员、致富能手实行减息或免息政策。在资金互助社的帮助下,银山村蚕业合作社和养殖合作社也相继成立。

3. 辐射周边地区

周边的新华村借鉴银山经验,积极筹建了资金互助社。新华村资金互助社于2008年开始组建,目前村内入股社员105户,自由资本金达14万元,一年内累计吸收存款1 058 796元,累计贷款908 118元。

三、资金互助社的发展经验

1. 保持资金互助社的独立性和自主性

农村资金互助社是为社区内社员提供金融服务的具有独立法人资格的农民专业合作经济组织,各级政府、相关部门和村级组织都不得干预其正常经营活动,保持互助社的独立性和经营的自主性。银山农村资金互助社由"官办"转变为"民办",建立了灵活的运作体制,这是其能够生存并发展壮大的主要原因。

2. 设定经营区域范围

农村金融经营上存在一定风险,需要划定资金互助社经营活动的法定区域范围,不能盲目扩张、跨区经营,否则容易导致信息不对称、管理成本加大、金融风险增加。银山农村资金互助社规定存贷款业务的服务对象仅限于本村村民,不受理外村存款或贷款,这在很大程度上控制了金融风险。

3. 建立完善的监督管理体制

资金互助社要建立起能够有效防范和规范金融风险的管理机制和运行机制,严格执行国家政策、法律、法规和内部管理制度,自觉接受主管部门和有关方面的监督管理,有效防范和规避金融风险。方向上应以"三农"为投放主体,以小额信贷为主要形式,坚决杜绝人情借贷。加强投入项目考察和对投入对象的诚信评估,以确保资金安全。

4. 树立起"以人为本"的服务理念

通过真诚的服务使农民真正认识到资金互助社是自家"银行",在体现低门槛进入、高效率服务的同时,要结合农村特点,多创新一些人性化的服务措施。以最大限度地满足社员的金融需求为根本目的,充分发扬扶贫、济困、助富的服务理念,实现社员与互助社共同利益的最大化。

四、资金互助社发展的启示

1. 农村资金互助社发展是农村金融市场客观需要

农民对资金的需求决定了互助社的生存和发展。农业生产和农民创业需要大量的资金,而一直以来农村信用社和农村邮政储蓄的资金70%以上被调到城镇,能投放到农村的资金本身不足,加上门槛较高,农民很难从这些机构拿到借款;而另一方面,农村又有大量的闲散资金需要找出路,于是出现了农业生产和农民创业资金大部分靠民间私人借贷的局面。

2. 完善的内部治理结构是农村金融机构发展的基础

建立健全内部治理结构的关键在于确保农民在合作社中的主体地位,这就需要把"民办、民管、民受益"落到实处。太湖县1988年成立了61个救灾扶贫互助储金会,但仅银山农村资金互助社一家存活至今,其中关键一点就是原来储金会都实行村管,只有银山农村资金互助社在1991年进行了改制,村级行政力量退出了储金会,由"官管"转变为"民管"。

3. 农村金融机构的地域性可降低其运营成本

农村市场存在着严重的信息不对称,外部人员很难了解贷款的实用情况和还贷的可能性,在农村资金互助社中农民的贷款由农村内部的组织提供,可有效解决这一问题。银山农村资金互助社对本村农户情况了如指掌,能够有效解决信息不对称的问题,降低运行成本。

4. 农村金融发展要符合农村的实际情况

农民金融需求一般都具有金额较小、周期较长、风险较大的特点;另外,由于受到文化水平和生活习惯的限制,农民借贷款喜欢手续简便、灵活快捷。银山农村资金互助社能够生存和发展,并得到当地农民群众的拥护和支持,其中一个很重要原因就是符合农民的实际情况。银山农村资金互助社借款只需要5道手续,并且手续简单,农民基本上都能做到:小额借款随到随借,大额借款一般不超过6小时;信誉优良户还能享受电话预约送款上门的服务。与当地其他农村信用社贷款需要办理13道手续和较长的审核时间相比优势明显。1992年农村信用社曾在该村设立过代办点,因没有揽到业务,不到一年就被迫撤出。

案例十五　贫困地区的文化扶贫模式
——岳西县莲云乡文化扶贫的做法及经验

2015年中央扶贫开发工作会议提出,要深入推进扶贫工作,帮助贫困山区困难群众早日脱贫,到2020年实现全面脱贫的目标。如何打破贫困地区"越扶越贫"的怪圈,实现早日脱贫的目标,实现物质和精神文明的双重增长,岳西县莲云乡的文化扶贫做法和经验提供了很好的借鉴。

一、莲云乡文化扶贫的背景

20世纪80年代中期,中国开始大规模组织扶贫开发活动,揭开了中国扶贫历史的重要一页。一直以来,政府对贫困地区采取的是"输血型"的扶贫方式,即送粮、送衣、送救济金,这种方式容易使贫困地区的干部和群众形成坐等救济的依赖心理。当上级政府把扶贫方式由单纯地给粮给钱演变为注入资金开发项目的"造血"阶段时,扶贫的效果也不明显。多年来,政府扶贫出现了"越扶越贫"一个怪圈,封闭、保守、没有文化、缺乏奋斗和进取心,是贫困地区长期不能摆脱贫困的根源,也是贫穷带来的后果。

在国家刚开始实施大扶贫战略时,安徽省社科院资深社会学研究员辛秋水,几次深入岳西县农村调查贫困问题,发现该地区贫困的主要原因有:① 资源匮乏,人均耕地不到一亩,其中大多数是冷浸田和坡地,作物产量低。各地承包的二三十亩山场基本属于荒山,当地也缺乏矿产资源,农业生产收入非常低。② 交通阻塞,农民到乡政府要翻山越岭走数十千米山路。③ 信息闭塞,文化教育落后。由于交通不便导致外界信息传递不进来,有的村里连报纸都看不到,文盲比例超过一半,有的乡连一所中学都没有。这样的情况造成农民文化水平和身体素质低下,缺乏基本的农业生产技术知识。同时,长期贫困使农民失去了信心,形成了无为、不思进取的心理。辛秋水经调查研究认识到,贫困不止是物质资源的贫乏,更重要的是社会资源、文化智力的贫困,只有输入文化,提高人的素质,振奋人的进取精神,才能从根本上摆脱贫困,于是设计出"扶贫扶人、扶文扶智"的文化扶贫实施方案,在各有关方面的支持下,选择大别山最贫困的地方——岳西县莲云乡进行试验。

二、莲云乡文化扶贫的做法

文化扶贫旨在培植贫困地区社会资源,重在以人为本,着眼于人的素质提高,通过文化载体启动农民自身潜力与智能,促进对自然资源的开发和经济发展,进而摆脱贫困走向富裕。它不仅包括提高人的生产技能和适应市场的经营能力,变革观念,踊跃参与社会经济活动的意识,还包括激励贫困地区形成埋头苦干、奋发向上、自力更生的决心和意志。具体做法如下:

1. 设置贴报栏

在乡道路两旁和村落中设立贴报栏,每天张贴各种报纸,不断向落后的农村注入大量的时代文明信息。贴报栏不仅宣传国家的各种政策法规、新技术、新信息,指导农民进行农业生产经营,而且还传播新的社会规范、观念和道德标准,对农民进行精神文明教育,培养新型农民。据不完全统计,全乡共设置35处常年贴报栏,每天读者平均达到500人次。阅读贴报栏中的报刊已成为莲云乡农民日常生活中不可缺少的一件事。

2. 举办各种实用技术培训班

根据农业生产季节需要和当地生产特点,培训一些与本地资源开发、经济发展相适应的技术项目,通过培训、学习、推广科技,让受培训的农民直接将科技运用于生产以增加收益,在与当地资源开发项目结合时,以培育新的经济增长点来发展经济。据统计,莲云乡仅1990~1991年两年就举办了蚕桑、杂交稻、食用菌、大棚蔬菜、中药材和养猪(鸡羊)等培训班,累计培训1 000多人次,大大提高了农民技术水平,扩大了农业新技术的传播使用面。培训中心还经常深入村组进行巡回教学,放映农业新科技录像。20世纪90年代初中期,培训中心每年下乡放映科技录像都在30场以上,有时还反复播放,让农民彻底掌握技术要点。

3. 建立乡村图书室

1988年利用仓库建立起乡图书室,图书以普及农村生产适用科技小册子为主,同时配有政治、文化、法律等小册子和各种实用科技报刊。创办时,订有26种报刊、400册图书,经过不断发展扩大,到1996年有56种报刊、8 900册图书。其中,报刊中经济科技信息类有32种,占一半以上;图书中科技类占55%、政治类占

5%、法律知识类占 5%、小说文艺类占 35%;图书室白天和晚上都向读者开放,每天开放时间不少于 10 个小时。创办后第一个 10 年期间,图书室共接待 10 万多人次,累计有 6 700 多人次借阅图书。

4. 民主选举村长

① 改变过去由上级提名的方式,转而由选区推荐、联名推荐和自荐,征求群众意见后确定四名候选人。② 在选举大会上由候选人发表竞选演讲和施政宏图,由全体村民进行无记名投票,选举出村长。民主选举乡村干部,改变了过去长期来农村干部的委任制度,提高了村干部为人民服务的积极性和做人民公仆的责任感。腾云村于 1987 年第一次公开选举村干部,民选村长上任后,公开村组账目、清理债务、引导农民进行科学制种,使全村收入比上一年提高了一倍。

三、文化扶贫取得的成效

自 1986 年岳西县文化扶贫措施实施以来,被称之为"安徽农村'大包干'以来又一创举"的文化扶贫,取得了显著的经济、社会效果。1995 年安徽省委正式决定向全省推广。

1. 农业生产力量增强

截至 1996 年,通过培训和自学,莲云乡 85% 以上的农民除掌握农业生产技术外,还有了一技之长。全乡涌现出养蚕专业户 3 200 户,蘑菇平菇专业户 800 户,其他科技示范户 100 多户。进入 20 世纪 90 年代,连云乡的食用菌、蚕桑、大棚蔬菜已成为岳西县重要的农业生产基地,形成了一批拳头产品。

2. 人均收入快速增加

1987 年,莲云乡农民的年收入只有 192 元,到了 1996 年,农民年收入增加到 1 100 元以上,人口增加到 3 000 多人、700 户,人均年收入超过 1 500 元,其中 75 户在县城关镇经商,2 200 多个劳动力从事第二、第三产业。

3. 社会事业发展显著

文化扶贫措施实施以来,传统的习惯和生产生活方式得到改变,学科学、用科学已成为群众的自觉行为,农民文化素质得以全面提升。全乡政治稳定,人心安定,社会风气明显好转,刑事案件数量逐年下降,在计划生育工作方面成为全县先进乡镇。

4. 示范效应明显

首先,岳西县文化扶贫工作全面展开。1995年,岳西县组织收集科技、法律、政策等内容的电影、录像130部,在全县28个乡镇273个行政村放映4 576场,平均每村12.3场,观影人数达274.74万人次。其次,全县经济收入大幅上升。从1991年起,全县农民纯收入以每年200元以上的幅度增加,同时县财政收入先后迈上了1 500万元、2 600万元、4 000万元以及5 000万元的几个新台阶。第三,全县贫困率下降明显。全县贫困率由1985年的68.6%下降到1996年的17.7%,下降了50.9%;贫困人口由24.7万人减少到6.5万人;全县农民人均纯收入由188元增加到1 018元。

四、文化扶贫的经验

1. 以综合文化中心作为文化扶贫的物质载体,是切实提高农民文化素质的重要途径

文化扶贫中最根本的是要提高农民文化素质,办好贴报栏、培训班、图书室等是最直接有效的方式。文化扶贫着力于扶人扶智,目的在于提高人的素质,是一项改造人的工程。通过这三大方式调动、发掘农民的潜在智能,把以前在教育文化上的投入转变成现实的生产力,经济发展起来后,又反过来促进教育文化事业的发展,最终使智力开发与经济发展进入良性循环。同时,岳西县的实践还说明,在农村通过文化扶贫提高人的素质,不是不可实现的,岳西县就提供了一个实实在在的案例。

2. 结合当地实际,通过生产实践提高农民的农业技能

农民素质是多方面的,需要在农业生产实践中摸索、培养和锻炼。岳西县文化扶贫把对农民生产技能的提高寓于当地新技术推广中,收到了人的素质提高和经济收入增加双重效果。把文化扶贫与科技扶贫融为一体,解决了相互脱节的问题,形成相互促进的关系。文化扶贫既是科技扶贫的基础,又能把科技扶贫推向新层次。

3. 充分利用社会力量,全面开发和提高农民素质

文化扶贫是一项复杂的、涉及多方面的系统工程,这不是文化教育或是科技推广等个别部门所能独立承担的,需要社会各方面的配合。岳西县文化扶贫的载体是乡文化站,但十分注意和强调充分利用社会力量,科委、科协、教育、农委、党政各部门都积极参与、全力配合。事实上,文化扶贫把"星火计划""丰收计划""温饱工程""希望工程"以及"教育扶贫"等不同形式的扶贫措施都包含在内。这也是岳西县文化扶贫之所以能长期坚持并取得巨大成绩的重要原因之一。

4. 长期坚持文化扶贫

岳西县的文化扶贫工作从1986年开始,一直坚持实施,促进了经济快速发展,收到了意想不到的效果。全县的经济发展开始飞跃,脱贫奔小康的进程加快。其重要经验就是,提高农民素质这个远大目标要从小事情一步步做起,坚持不懈、持之以恒,不摆花架子,不搞形式主义,最终才能达到脱贫致富的目的。

五、文化扶贫的启示

1. 具有广泛实用性

莲云乡的文化扶贫不享受任何特殊政策优惠和物质资金的支持,仅仅依靠当地原有资源改造建立三个基地,民主选举村长,利用书籍、报刊、录像、讲座、培训班等多种形式,因地制宜、因陋就简。这种做法符合农村实际情况,受到农民欢迎,具有很强的应用性和传播性。岳西县文化扶贫通过文化与物质的相互黏合,使贫困走向自我造血、自求发展的轨道上,对于整个农村建设都有重要的借鉴意义。

2. 符合我国农村现实

农业现代化本质上是人的现代化,是人的观念更新和知识增长,而长期以来,贫困容易带来恶性循环,如何从中国实际出发走出一条提高劳动者素质的新路子,是一个具有世界意义的课题。莲云乡充分发挥回乡知青、农村能人和有市场经验的外出打工者等群体的作用,通过经济的发展、收入的增加来吸引和推动人们对教育文化的追求,实现良性循环。这是适合贫困地区农村现实、符合国情的提高农民素质方法,也是一条切实可行,具有中国特点的新路子。

3. 物质文明和文明建设实现双赢

农村两个文明建设是密切联系、相互促进的关系,经济增长方式的转变和精神文明建设的加强,都离不开文化环境的培育和每个劳动者文化科学素质的提高。文化扶贫使农民的观念变革和生产上的技术变革相互结合、相互促进。农民不仅学到了技术,也了解到党和国家的方针、政策和法规,精神面貌得到很大提升,摆脱了以前的"等、靠、要"的思想,通过提高自己的生产技术水平真正走出贫困,走向小康生活。

案例十六　从农家大院到综合文化服务中心
——郑集文化站发展综述

郑集镇位于天长市区南部,东距扬州 60 千米,南到南京 85 千米,镇域面积 64.8 平方千米。全镇辖 6 个村委会、1 个社区居委会、184 个村民组,总人口 2.4 万人。郑集历史悠久,民风淳朴,文化底蕴深厚,地下蕴藏着硫、铁等矿物质,境内有商周时期的瓦屋墩古建筑遗址、西汉古井和汉代墓葬。

一、发展背景

20 世纪 70 年代末,郑集以敢为人先的精神在全国率先兴建文化中心,在安徽省乃至全国引起强烈反响,成为滁州继凤阳"大包干"后的又一重要事件。"文革"后,农民群众文化生活十分贫乏,农民看电影难、看戏难的问题十分突出,更谈不上开展看书、看报等文化活动以及进行体育活动。为解决农民群众对文化生活的迫切需求,郑集乡党委依靠集体的力量,建设文化中心,兴办了剧场、剧团、电影、图书阅览室、棋室、书画展览室、游戏室、录像室、乒乓球室、灯光球场等多种文化活动和设施,开展多种形式的文化娱乐活动,活跃农民群众的文化生活,每年参加文化活动的达 30 多万人次,一举改变了"文革"以来农村文化萧条的景象。

1982 年,实行农业生产承包责任制以后,郑集文化中心与时俱进,从农民群众的需求出发,打破"小文化"的局限,融文化、教育、卫生、科技、体育、广播等事业于一体,开展"大文化"活动,极大地丰富了文化中心活动内容,收到了较好的效果。

1984 年,随着农村经济改革的深入发展,农民群众急需掌握新技术和信息服务,要求有更丰富、多元化的文化享受,广大农民在文化中心不仅求乐,还要求知、求富。因此,文化中心重点开展了四大方面的活动:

(1) 开展人才培训,组织农民学习新知识。通过办广播讲座、编印《郑集农业》科技小报、举办各类培训班、免费借阅科技图书、下乡放映科技录像片等形式,重点进行现代农业技术推广。举办养禽、养鱼、养蚕、种植、刺绣、电器维修、西瓜种植、果树栽培、蔬菜栽培、书画创作、写作等各类培训班近百期,受训人数多达1.2万多人次。

(2) 推广新技术。利用乡农民科技协会、专业户等方面的力量,举办报告会、技术辅导会,推广沼气、新型育秧、化学除草、稻田养鱼、浅水植藕、小蚕共育、池杉栽培、庭院综合利用等60多项新技术。

(3) 开展信息传递。发挥文化中心接触广、宣传手段多的优势,向农民群众提供信息服务,搜集传递各种经济信息430多条,被群众采用的有100多条,其中有15条带来了较好的经济效益。

(4) 充实内容,更新活动项目。提高文化娱乐活动的质量,逐步淘汰陈旧项目,并根据青年的自我表现需求,开展了歌舞、创作、书画、溜冰、体育比赛、以及百科知识竞赛、法制教育、移风易俗宣传教育活动,从而使文化中心活动更加贴近群众的需求。

上述活动的开展使文化中心从单一型变为复合型,进一步使文化中心发展为文体活动中心、人才培训中心、技术推广中心、信息传递中心、建设社会主义精神文明的阵地,为农村发展经济作出了新的贡献。原中宣部副部长仲秋元、原中共安徽省第一书记张劲夫等领导曾莅临文化中心检查指导工作;侯宝林、马兰、刘兰芳等艺术家前来郑集为群众表演;全国著名书画家赖少其、张建中、李可染等留下了珍贵墨宝。全国各省市自治区(除台湾地区外)都派员来郑集参观学习。文化中心成立以来共接待1 000多个团体,近万人次。郑集文化中心1986年出席了全国农村文化站(文化中心)工作会议;1988年出席了全国文化事业单位以文补文经验交流会;1990年出席了全国文化事业单位先进集体、先进工作者表彰会。被文化部授予"全国先进文化站"称号,成为中国农村文化中心的发源地;1991年被文化部、财政部授予"以文辅文先进单位"称号;1994年被安徽省文化厅授予"安徽省群众文化先进集体"称号;2000年被国家体育总局、农业部、中国农民体育协会评为"亿万农民健身活动先进乡镇";2001年被省委宣传部列为"双百工程"首批示范点,滁州市"杜鹃花工程"先进乡镇;2001~2009年连续三届被评为滁州市"文化百优工程"先进乡镇;2013年元月被评为"安徽省文化体制改革工作先进单位"。

二、综合文化服务中心的主要做法

郑集镇历届党委、政府不断传递着对文化高度重视的接力棒,不断用先进文化占领思想阵地,用先进文化引领经济发展,用先进文化服务人民群众,用先进文化推动社会各项事业全面提升。

1. 筑巢引凤,开拓阵地设施建设新模样

为使群众活动有场所、娱乐有设施,镇党委坚持一次性规划、分步实施的可持续发展模式。2011年,利用建设综合文化站的契机,按照一级文化站的标准规划建设,选择占地面积30亩、价值500万元的黄金地块作为综合文化站站址,又投入400多万元来打造景观塘、农民文化乐园和文化广场。镇党政主要领导和文化站负责同志先后到江苏六合冶山镇农民画广场、高邮凌塘回民乡文化广场、金湖尧帝公园等地参观学习借鉴。如今郑集文化活动场所有市图书馆郑集分馆、青少年活动室、科技培训室、电子阅览室、多功能厅、党员活动室等厅室,各厅室设备齐全、功能完好、制度规范、管理有序、环境温馨,固定资产总价值45万多元。在室外建有综合性文化活动广场4 500平方米,有2个标准篮球场和乒乓球场、14套健身设备、2 000米长的健身步道、20米长的休闲长廊、100米长的文化长廊、120米长的文化墙、25平方米的耕读亭、80平方米的向阳露天大舞台、2个15米高的高杆灯。每当夕阳西下、华灯初上,500多人乐呵呵地从各个方向来到文化广场,大妈妈、小媳妇在广场中心翩翩起舞,小伙子们到球场上挥洒激情,上班一族沿步道休闲健身、释放压力。既丰富了人民群众的业余文化生活,满足了基层公共文化需求,又为广大居民休闲、娱乐、健身提供了良好的场所,文化广场成了全镇人民共同的精神家园。

2. 创造特色,引领文化发展繁荣新时尚

为使文化站最大限度地发挥"传递能量、传习文化、传承文脉、传播文明"的作用,当地政府先后组织了业余舞蹈队、篮球俱乐部、书画摄影创作队、业余文艺宣传队、业余扬剧团等5个团队,精心组织辅导群众开展文体活动,丰富群众的精神文化生活。重大节假日、春节期间,村(社区)文艺爱好者自发组织各种民俗活动,如舞狮子、舞龙、走旱船等文艺演出活动。每年组织参加天长市春节联欢晚会、民生杯综合文化站调演、茉莉花艺术节、送戏下乡、读书演讲、体育比赛、书画比赛、青少年校外辅导、科普培训等大型公益性文化活动 50 多场。充分挖掘自身文化特色和优势,积极举办具有浓郁地方特色和群众参与性强的文化活动,如开展包含乒乓球赛、象棋赛、拔河赛、扑克牌比赛、三分球定点投篮、羽毛球比赛和自行车慢骑比赛等内容的农民体育运动会。创新工作方法,丰富办站内容,提升文化品位。将郑集的文化工作整理成画册,分成领导亲切关怀篇、单位荣誉奖励篇、大型文体活动篇、公共文化服务篇、科普推广培训篇等 5 个篇章,使郑集的文化工作展示图文并茂。从民间搜集并收藏了 116 件农耕用具,设立民俗文化馆,以图文并茂的形式,记录着一代又一代人繁衍生息、砥砺奋进的轨迹。收集整理反映现代艺术气息和历史变迁的新老照片 66 幅,举办"情系家乡、心归故里——崇少敏、张秋生乡情摄影作品邀请展",让人们在拾回旧时记忆的同时,感恩这片土地,体味岁月沧桑。文化站每年接待人员 15 000 多人次。

3. 多措并举,培育文化志愿服务新达人

深入实施文化惠民活动。从群众的需要出发,提升文化产品供给能力,使文化服务更实用、优质、高效和便捷。充分发挥"政府买单,农民看戏、看电影,开展文体活动"的惠民政策,认真组织开展好 3 项农村文化活动。每个行政村每年看 12 场以上电影、2 场以上戏剧及文艺演出,组织群众文体活动 6 次以上。聘请文化志愿者,采取专业与业余相结合、在职与退休相结合、长期与短期相结合的方法,多元化、多渠道聘请文化志愿者,涉及舞蹈、音乐、书画、摄影、锣鼓说唱、电脑网络、免费开放服务等项目。随着群众文化水平的持续提高,电影、电视、戏剧等已远远不能满足人们的精神需求,广场舞受到了越来越多人的喜爱与欢迎,因其不受场地、器材和锻炼者年龄、性别的限制,动作简单易学,易于接受,成为大众健身的最佳方式。在公园、广场、街道、社区、大街小巷,甚至农村晒谷场,只要有一席空地、一套音响设备,就可以开展。为满足群众的需求,当地政府在文化广场安装了 2 个 15 米高的高杆灯,并配备了音响,还聘请舞蹈老师每年培训新舞蹈 6 个,逐步让广场舞走向艺术化。大学生则利用寒暑假为综合文化站开展免费开放服务,为中小学生免费进行校外辅导,综合文化站实行全年"无闭室日开放",每周开放时间不少于 42 个小时,公共电子阅览室为群众提供免费上网服务时间每周不少于 50 个小时。锣鼓说唱每月到文化广场说书 1 场,每年到各村说书 1 场。书画志愿者每年春节走上街头为群众义务书写春联,把党对农民朋友的关怀与温暖化作美好的祝福送到千家万户;每月定期为郑集中学书法班学生开课 1 次,提高中小学生的软、硬笔书写能力。每年义务举办书法培训、青少年校外辅导 40 余次,培训 120 多人,先后有28人参加天长市中小学生书画比赛,6人获奖,为中小学创建书法特色学校作出了一定贡献。

4. 整合资源,搭建综合文化服务新平台

2015年7月,郑集镇作为滁州市试点单位积极申报创建综合文化服务中心。该镇成立了领导组,制定创建工作实施方案;根据群众需求,制订年度活动计划;以现有乡镇综合文化站为依托,进一步发挥综合文化服务中心在公共文化服务体系建设中的组织、指导、协调作用。文化服务中心主要承载着公共文化服务、镇村文明创建、党员电教培训、全民健身活动、青少年校外辅导、成人科普培训等6项重点工作。采取"四轮驱动"的方式推进:一是坚持阵地免费开放。充分利用乡镇综合文化站现有设施,加强跨部门统筹协调,实现场所、设施、资金、项目、人才等资源共建共享、互联互通。二是强化文体培训辅导,定期组织教育培训,开展党的理论和形势政策、实用知识、致富技能、科学知识、法律常识、健康生活、关爱服务、乡镇企业职工和返乡农民工技术技能等教育培训。开展道德大讲堂,提升群众文明素质,广泛开展群众性精神文明创建活动,营造和谐美好的生产、生活环境。三是抓好文体团队建设,综合文化服务中心配备必要的专职人员,负责日常管理和服务。抓好宣讲员队伍建设,适时开展形势政策宣讲和热点问题引导。组建群众文化辅导员、社会体育指导员、科普辅导员等志愿者队伍,协助开展各项文体和科普活动。推动建立各种形式的业余文艺团队,经常性地组织开展活动。四是开展群众文化活动,把弘扬社会主义核心价值放在首位,突出思想引导、文化熏陶,组织开展节庆礼仪、乡风文明、教育培训、文体娱乐等活动,以文化人、以礼塑人。积极推动群众文艺创作,组织开展群众喜闻乐见的文体活动。

三、综合文化服务中心建设发展中的问题

1. 思想认识不高,导致行为上的被动

一些地方没有文化事业的发展规划,长期不研究文化工作,更谈不上有布置、有检查、有落实。农村基层文化的发展,严重滞后于经济发展,农村文化这个主阵地和农民群众这个主群体长期处于"弱势"地位,导致了农村文化工作滑坡,农村文化阵地一度被负面文化占领的不良后果。

2. 经费投入不足,导致设施上的落后

一些地区在现有的文化阵地上"动脑筋",变卖房屋和产权,甚至还在每年仅有的 5 万元免费开放资金上动脑筋,舍不得在文化事业的发展和设施建设上加大投入,从而导致文化设施建设水平与当地经济发展水平很不匹配。

3. 队伍素质不强,导致了工作上的无为

① 年龄老化。现在能在文化站独当一面的文化站长都是 1990 年以前招聘来的,至今 20 多年没吸纳新的文化干部。② 知识退化。文化干部缺乏必要的、经常的业务培训考察和学习,业务素质严重滑坡。③ 人才匮乏。由于受体制、编制、职称等因素的制约,全市文化干部多年来几乎没有新增人员,文化干部后继乏人状况严重,农村文化工作令人担忧。④ 业余骨干弱化。随着大量农村文艺骨干进城打工、外出发展,农村文化活动的开展缺少生力军和热心人。新的农村文化站工作人员自进入文化站开始就因文化部门缺乏有组织的培训学习,工作无头绪,目标不明确,方法未掌握,加上不能专干专用,因而很难打开工作局面。

4. 文化设施建设与管理欠账较多

主要表现在文化产品不完善,总量不足;机制不健全,机构人员编制不到位,维护管理经费缺乏保障;管理人员缺乏培训,业务素质不高,设施使用效率和效果不容乐观,等等。有的文化站基本上没有什么活动,除被动应付上级单位的检查外,平时基本上不开门。设施因闲置而被挤占的现象在所难免。农家书屋管理员都是村干部兼职,无劳动报酬,落实不了责任,也很难调动他们的工作积极性。由于免费开放群体多数是未成年人,他们素质不高,对集体财产缺乏爱护意识,导致公共财物损坏严重,室外的健身器材、花木,室内的图书、球类甚至电脑也经常被损坏,让人心痛。

四、公共文化服务中心建设的经验

1. 提高思想认识,健全考核机制

把文化建设的规划和口号落实到行动上,层层建立领导班子文化工作目标责任制和文化工作绩效量化考核制,主动地发展一方经济、繁荣一方文化、促进一方文明。

2. 加强队伍培训,激发文化活力

制订农村文化干部队伍的培训计划。采取办培训班、函授、选送深造等多种形式为农村文化干部提供学习机会,提高他们的思想水平和业务水平。文化部门每年至少要举办一期文化干部业务培训班,对农村业余文艺骨干进行辅导,以综合文化服务中心为"苗圃",培养和激励"乡土艺术家",激发农村自身的文化活力,将健康高雅的文化种子播撒到各个地方,培育出当地自己的文化队伍。

3. 落实管护措施,实现文化设施高效运行

坚持政府引导,积极探索科学管理、高效使用公共文化设施的新举措。自觉形成以公德意识、社会责任、政治参与等基本价值为内涵的公共精神,使全社会都成为公共文化设施的管理者,让公众在享受基本文化权益的同时,也承担起保护管理文化设施的义务。加强文化志愿者服务队伍建设,通过开展等级管理、教育培训等方式,发挥文化志愿者作用。加强对中小学生的教育,引导他们正确地使用和爱护公物。新闻媒体要积极发挥公益性的宣传功能,为公共文化设施的建设和管理营造良好的舆论环境。让更多的公众了解文化、参与文化、共享文化、管理文化,让他们知道自己既是公共文化设施的使用者,也是管理者,让公众精神深入人心。

4. 加大经费投入,拓新文化载体

文化建设的根本目的是丰富人民群众的文化生活,满足人民日益增长的文化需求。应加大投入,健全完善公共文化服务正常运行的保障机制,把公共文化服务纳入公共财政保障范围,根据各综合文化服务中心的等级和服务项目给予免费开放经费补贴,对特色文化中心可集中资金加强重点扶持,扶优扶强。同时出台优惠政策积极引导企业和社会捐助农村公益文化事业,形成企业搭台、文化唱戏、文企共建、全民共享、众星拱月办文化的生动局面。

案例十七 宁国市山门村美好乡村建设

美好乡村建设是乡村旅游的强大助力,乡村旅游是实现美好乡村的有效途径,两者相辅相成。自开展美好乡村建设以来,宁国市山门村党总支就认识到了美好

乡村建设与乡村旅游的两者之间相互促进关系,在发展美好乡村时,始终坚持以乡村旅游为中心,倾全力实现乡村旅游与美好乡村的统一。山门村美好乡村建设的主要做法如下。

一、以乡村旅游建设为中心打造美好乡村

1. 合理规划,分步建设

山门村党总支聘请上海交通大学设计院结合山门村实际,以乡村旅游为主题进行了整体设计,根据总规划分年、分块、分步进行建设。

2. 整合资源,发展旅游

山门村拥有独特的隐士文化、喀斯特风貌,动植物资源丰富,山门村党总支始终依托特有的资源进行美好乡村建设,主打资源、文化牌,打造乡村旅游。

3. 村企共建,吸引资金

山门村党总支同本地的公司、致富能手共同成立公司,以村企共建的模式来探索美好乡村建设道路。公司自成立以来,主要从事农村基础设施建设、村庄改造、环境整治及土地资源整合、旅游开发等项目。

4. 配套建设,筑巢引凤

在美好乡村建设的过程中,山门村党总支不断加大配套设施建设力度,大力优化服务环境,结合自身发展规划招商引资,已建成的恩龙万亩珍稀树种观光园在春季为山门村吸引了大批的游客。2016年山门村启动隐士文化度假基地、军旅题材影视文化基地建设,为山门村的乡村旅游的发展带来了极大的机遇。

二、以教育引导群众为抓手助力美好乡村

结合山门村美好乡村建设、群众素质提升的需要和港口镇党委政府的部署安排,山门村在美好乡村建设中一直注重开展群众教育引导工作,密切干群关系,使群众的意志同党总支的意志相统一。

1. 三年规划,全员轮训

山门村党总支计划自 2015 开始,计划利用 3 年时间对全村党员群众进行一次全员轮训。2015 年山门村共组织 1 200 人开展培训。

2. 七层联学,五种教育

积极探索实行"七层联学"模式,探索实行集中授课系统学、座谈交流引导学、外出观摩比对学、技术咨询专题学、志愿服务示范学、远程教育网上学、文艺汇演形象学的"七层联学"模式,重点开展五方面的教育,即宗旨教育、蓝图教育、法治教育、道德教育和技能教育。依托教育引导工作来激发群众参与美好乡村建设的热情。

3. 示范引导,以点带面

结合美好乡村建设,全村设立了两个群众教育引导工作示范点,通过对群众教育引导示范点的创建进一步提高群众知情度,通过美好乡村建设的成功事例使群众感受到实实在在的变化,更加坚定了党的领导,密切了党群干群关系,群众主动支持发展、参与发展的积极性得到有效激发,营造了共同促进发展的良好工作氛围,使群众实现了从不理解到理解、从不配合到配合的转变。

三、以产业经济发展为动力推动美好乡村建设

1. 加速流转,整合土地

通过公司化运营,山门村加速推进土地置换流转,对农民手中的闲置零散土地进行资源整合,统一发展规模农业,并聘用失地农民到公司务工。目前已成立山门村土地股份合作社和农民资金合作社,流转 500 余亩土地用于建设彩色农业区。

2. 产业带动,群众受益

发展苗木花卉种植、农家乐、养殖业、土特产、餐饮业、住宿等产业,使农民获得实实在在的收益,激发他们自主推动美好乡村建设的热情。

案例十八 深化股改新常态,催生发展新动力
——宣州区澄江街道花园村农村集体资产股份制改革

一、改革背景

花园村地处宣城市区西郊,辖区面积约 0.39 平方千米,下辖 6 个村民组,户籍人口 1 153 人。

近年来,花园村党总支全力配合城市建设,村里大量土地和房屋被征迁,成为城市化进程中典型的城中村。虽说村集体资产结构因土地征迁而大幅变动,失地农民也获得了一定的经济补偿,但为数不少的村民由此成为了上班无岗、就业无技、种地无田的"三无农民"。如此"坐吃山空",必有返贫之虞,进而形成了新的社会问题。如何管好用好留存于村集体账目上的资金,让失地农民共享由此释放的红利,一个大大的问号摆在了村党总支一班人的面前。

花园村党总支一班人带着问题上路,分赴长三角地区考察学习,拓思路、开眼界、搜寻破题之策。村党总支一班人达成共识:开展"试水"农村集体资产股份制改革,分步实施股份制改革、壮大集体经济、让村民共享红利的经济发展"三步走"战略。

二、改革的主要做法

1. 统一思想认识

花园村党总支一班人清醒地意识到,要想干事,必须取得群众信任,统一思想认识。村党总支一班人从自身做起,以制度约束自我,用行动兑现承诺,建立了铁打不动的"四项制度"(即工作日签到制度、卫生轮流值日制度、节假日值班制度和每周例会制度)。近 5 年来,花园村共召开党员议事会 62 次、村民代表大会 58 次、村民组长会议 75 次。同时,村"两委"干部利用"五级书记大走访""千名干部下基层"和农村党员主题教育活动等契机,走访村民,交心谈心,形成了上下一心、共谋发展的良好局面。

2. 稳步推进合作社建设

在广泛听取村民意见后,村党总支成立了集体经济股份合作社建立筹备组,分6步走,完成村集体资产的股份制改革。① 学习考察,借鉴经验。2012年11月,花园村股份经济合作社筹备组赴浙江省宁波市江东区东郊街道实地考察村股份经济合作社的相关情况,对合作社的股份量化、股民确定、章程制定等进行了深入细致的考察了解。② 集思广益,出台章程。筹备组连续召开了7次扩大会议,就合作社的股份设置、股民身份确定、股份量化、机构设置等问题进行深入探讨,出台了《花园村集体经济股份合作社章程(草案)》,并在党员大会和村民代表大会上表决通过。③ 深入村组,广泛宣传。为加快组建进度,村"两委"干部利用节假日和休息时间,深入各村民组进行宣传动员。通过村干部带领学章程、互动答疑、收集意见等一系列程序,让广大村民共同参与到合作社的成立工作中来。④ 确定股权,清产核资。经核定,符合《章程》规定条件的股民共有1 153人,其中970人既享受农龄股又享受人口股,183人只享受人口股。经会计事务所评估清核,花园村全部总资产折合人民币1 973.68万元。⑤ 股份量化,对外公示。根据《章程》的相关规定,筹备组对股份量化分配进行了详细地计算。经核算,合作社集体股占23%、农龄股占52%、人口股占25%。筹备组对全体股民名单及享受股份情况在各村民组进行了公示,公示期间没有收到任何异议。⑥ 公开选举,规范运作。2013年5月23日,花园村召开股份经济合作社成立大会暨第一次全体股东代表大会,会上通过无记名投票选举产生了5人组成的第一届董事会和3人组成的监事会,全票通过了《花园村股份经济合作社章程》和《花园村股份经济合作社融资奖励办法》,为合作社的规范运作提供了有力的制度保证。2014年5月,注册成立安徽花园实业股份有限公司,成为全省"股改第一村"。

3. 遴选切实可行的项目

面对村集体的千万存款,村党总支一班人没有故步自封、小富即安,而是致力于发展村集体经济,增加村级固定资产投资。经过多次向相关部门积极争取,花园村获批总面积20 000平方米的村社区服务中心暨经济发展用房项目和3 000平方米的村失地农民就业服务中心项目,两个项目可为花园村增加近亿元的固定资产。为了让全村民共享集体经济发展成果,在村党总支的指导下,村委会提出了对村集体资产进行股份制改革的构想。通过将集体资产股份量化给村民,让每个村民都成为集体资产管理经营中的受益者和参与者,让花园村走上可持续发展的道路。

4. 自主经营集体项目

在上级和有关部门的大力支持下,花园村党总支通过扎扎实实的工作,使得村集体经济的发展取得显著成效:① 完成维也纳国际酒店花园店项目。2014年6月,经过前期细致的市场调研,花园村社区服务中心暨经济发展用房项目正式加盟深圳维也纳国际酒店,其中第6~17层用作酒店经营。2015年10月开始试营业,当月即实现营业额40.2万元,预计年收益可达600万元。后期筹划通过众筹模式,启动第1~5层的餐饮等配套服务项目。② 完成幸福花园老年公寓项目。经过"四议两公开"程序,村委会投入400余万元兴办幸福花园老年公寓,共设床位164张,该项目已于2014年11月投入运营,聘请了职业经理人负责日常经营管理。2015年,公寓已入住60余位老人,2015年经营收入达120万元。③ 集体资产租赁。村集体现有两处厂房2 500平方米、办公用房400平方米,其中部分用于对外出租,年收益约30万元。另有1 000余平方米的厂房空置,计划进行重新修缮,兴办劳动密集型企业,以帮助本村失地农民实现再就业并增加收入。

三、改革带来的启示

集体资产变股权、失地农民变股民,花园村党总支新格局下的战略考量,如同一把"钥匙"打开多把"锁",让花园村在"两变"之中迸发出新的活力,从根本上改变了集体资产名义上"人人有份"、实际上"人人无份"的状态。更为令人欣喜的是,花园村先声夺人的股改,还改出了安徽股改第一村、安徽第一家村办老年公寓等多项来之不易的"安徽第一"。一路走来,花园村虽经历了诸多坎坷和曲折,但也留下了许多有益的启示。

1. 发展是新常态下的第一要务

新常态下,经济运行凸显新特征、新规律、新要求,发展仍是第一要务。推进股改,就是为了推动发展。花园村党总支适应新常态,制定实施股份制改革、壮大集体经济、让村民共享红利的经济发展"三步走"战略,率先在全省开展了农村集体产权制度改革的实践探索,以经济发展的新成效回应全体村民的新期待。花园村股份经济合作社转型升级,安徽花园实业股份有限公司应运而生,由此迈上了更高的发展平台。作为公司化运营的成长型和牵动性项目,幸福花园老年公寓和维也纳国际酒店花园店正在悄然形成梯度发展的推动力。

2. 加强党的领导是股改成功的有力保证

党的领导是确保各项事业永续发展的首要前提和根本保证。从谋划股改到实施股改,市委、区委等各级党委给予了花园村前所未有的关怀和支持,确保了股改的有序推进。花园村党总支一班人"靠得住、有本事、肯干事、干成事",充分发挥了党总支在股改中的领导核心和战斗堡垒作用。

3. 充分尊重民意是股改顺利推进的关键

村民是股改工作的主体。推进股改,涉及村民的根本利益。改不改、怎样改,都要充分尊重村民意见,股改各个环节都鼓励群众广泛参与,接受群众监督,实行民主决策,从而赢得了村民的百分百支持。

4. 释放最大红利是股改的最终目标

释放最大的红利,其目的就是让广大人民受益。这既是受不断变化的形势所迫,也是广大村民的共同愿望。深化股改,增强经济发展活力和后劲,壮大公司运营规模和经济实力,股民按股分红,实现利益最大化,让失地农民实现在家门口就业,让村民真正成为集体资产的拥有者和改革红利的共享者。

案例十九 小岗村改革发展再出发
——高举两面旗帜,践行"三严三实"

2014年3月,中央领导同志来小岗村调研座谈时指出,小岗村村小影响大,在全国树起了"大包干"的旗帜和沈浩精神的旗帜,小岗村要高举两面旗帜,深入贯彻落实"三严三实",扎实开展好第二批群众路线教育实践活动。当前和今后一个时期,小岗村把深入贯彻落实中央领导同志讲话精神作为小岗村推进各项工作的行动指南,努力学习先辈的先进事迹,大力弘扬两种精神,切实践行"三严三实",以作风建设提振精气神,全面深化农村改革,推进小岗村的发展。

一、背景

1978年小岗村率先实施了"大包干"后,全面解决了农民温饱问题,但在随后

20 多年的时间里,全村如何富起来的问题却没有得到根本解决。什么原因导致了小岗村出现"一夜跨过温饱线,二十年没进富裕门"的局面?从客观方面看,小岗村地处偏远、交通不便,属江淮分水岭地区,地处高岗,农业生产条件较差、十年九旱,又没有其他资源。从主观方面看,小岗村发展的内生动力不足,人心较散,凝聚力、向心力不强,多年来没能形成稳固的、坚强的领导核心。如果不解决这些问题,小岗村很难富裕起来。

中央和省市县各级党委、政府对小岗村改革发展一直高度重视,且给予了大力支持,自 2004 年初开始,安徽省财政厅连续选派了沈浩、丁俊等三位同志挂任小岗村党委第一书记,在三位书记带领下的村两委班子和小岗村全体村民不间断的持续努力下,小岗村的经济、社会发展等各项事业取得了长足的进步。

1. 人均纯收入和集体经济收入迅速增长

2014 年,小岗村工农业总产值达 7.38 亿元,比 2013 年增长 22.4%;农民人均纯收入 14 500 元,比上年增长 19.8%;旅游接待量突破 90 万人次。农民收入来源实现了种植收入、财产性收入、工资性收入和经营及服务性收入的多元化。2014 年实现村集体经济收入 665 万元,比上年增长 31%;小岗村目前已被批准为农业部"国家农业部农村实用人才培训(小岗)基地"和"安徽省干部教育培训基地"。两年来已经组织了面向农业企业及政府部门的培训 100 多期,培训人员近 3 万人次。2014 年完成了农业部安排的共计八期来自广东、广西、福建等 9 个省 800 人的农村实用人才培训工作,并承接省市县其他培训业务数十期。2013~2014 年,培训业务实现总收入 400 多万元。

2. 公共服务及社会事业快速发展

(1)出行更加通畅。2008 年 6 月,小岗村快速通道全线通车,该通道长约 18 千米、宽 7 米,南接省道 101,北接省道 307。快速通道将小岗村至凤阳县城的距离缩短到 28 千米。

(2)公共服务设施逐步完善。2010 年 5 月,小岗村派出所成立;2010 年 8 月,小岗村敬老院建成投入使用;2011 年 8 月,小岗村卫生服务中心全面建成,小岗村小学扩建工程竣工,9 月小岗村消防中队成立。

(3)基础设施进一步完善。小岗村档案馆、当年农家景点、小岗村村民文化广场、小岗村游客集散中心、"大包干"纪念馆新馆、沈浩陈列馆扩建工程、干部教育培训中心等重点项目均已建成。

(4) 村民居住条件明显改善。2006年,小岗村第一居民小区建成26套居民房。2008年,小岗村完成友谊大道两侧居民房改造,建成第二居民小区131套居民房。2009年上半年,启动石马新区建设,计划建成570套居民房,基础设施配套全面实施;严岗新区于2011年启动建设,计划建成192套居民房。

(5) 农业生产条件明显提高。2011年小岗村自燃灯寺水库引水工程竣工,2013年,对引水干渠一级站和二级站进行了除险加固。至目前,小岗村农业用水难的问题基本解决。小岗村大力提升农业生产水平,整合涉农资金,改造建成4 300亩高标准旱涝保收农田。成功申报以小岗村为核心,辐射周边4个乡镇范围的20万亩"省级现代农业示范区"。

(6) 民生保障成效显著。① 村集体为全体村民缴费办理了4项保险。② 对村五保老人实现了集中供养。③ 实施困难家庭生活保障制度。对新农合报销、县民政医疗救助之后实施追加救助。④ 设立美好小岗创新奖励基金。对符合考核要求、只要有一方健在的"大包干"带头人及配偶,给予每对夫妇每月1 000元的奖励。⑤ 制定了村教育教学奖励制度。⑥ 提升村卫生服务中心的卫生保障和服务能力,享受乡镇卫生院的同等人力、物力及技术待遇,提高了村民就医后的报销比例。⑦ 建立全村劳动力资源档案,外出务工人员陆续回流,村民收入由种植业收入、财产性收入、租金收入、经营和服务性收入的多元化收入格局已基本形成。

二、主要做法

自2012年起,小岗村全面开展了美好乡村示范村建设,实现了"两年大变样"的目标,今后几年将在改革发展中再谋划、再出发、再提升。2014~2016年,村农民人均纯收入年均增长15%,集体经济收入年均增长10%。

1. 推进精准扶贫工作

小岗村本着"扶贫事务事事落地,贫困家庭户户关心,消除贫困人人有责"的原则,积极按照中央"扶持生产和就业发展一批,移民搬迁安置一批,低保政策兜底一批,医疗救助扶持一批,灾后重建帮扶一批"的"五个一批"扶贫攻坚行动计划,村两委安排专人对全村困难群众进行细致摸排,建立数据库,搭建帮扶平台。16位村干部分别与困难户结对帮扶,并采取了多项扶贫措施,积极帮助困难群众脱贫。① 对村里符合五保户条件的老人实行集中供养;② 用集体收入及时为全体村民办理4项保险;③ 实施大病村级救助,对困难家庭开展定期慰问,共发放困难慰问金及物品3.6万元;④ 对本村低保人员,在全县农村低保人均补助标准的基础上,村里还给每人增加50元/月的补助;⑤ 及时为困难群众子女申请办理教育补助;⑥ 开展技能培训,让贫困群众掌握一技之长,获得稳定收入;⑦ 提供就业信息,帮助困难群众积极就业;⑧ 加大招商引资力度,为村民提供就业岗位,同时针对企业特点,为特困家庭、半劳动力提供一些采摘、苗木换盆等简单易操作的岗位;⑨ 因地制宜,提高困难群众经济收入,和金小岗农林科技产业发展有限公司对接,由村委会提供樱桃、蓝莓、树莓等苗木,公司负责技术指导、果品回收,利用困难群众的家前院后或拾边地、自留地开展经济果林栽植,增加家庭收入;⑩ 在村内为12户特困户量身定制清洁工、绿化养护工等工作岗位。

同时,小岗村创新建立志愿帮扶制度。初步搭建了一条社会各界随时且可以长期与困难户结对帮扶的爱心通道和平台,引入社会企业和村里特困户建立帮扶关系。引入安徽国立医药集团为全村17户扶贫户、共18人提供了9.8万元扶贫资金,目前已全部发放到位。

2013年,小岗村有贫困人口92户、217人。经全力开展扶贫工作,2014年仅剩贫困人口71户、162人,2015年脱贫39户、106人。目前除五保户和一类低保户18户、23人以外,全村仅有14户、33人为一般扶贫户。扶贫工作取得良好成效。

2. 大力发展农业产业化

以发展现代农业为重点、园区建设为载体,大力发展农产品深加工产业。

(1) 推进省级小岗现代农业示范区建设。坚持现代农业方向,按照"以小岗为核心、辐射四乡镇"的目标,加大推介力度,并已与凤台一家专业合作社开展对接、合作,邀请安徽科技学院专业团队对4 300亩高标准农田进行评估并提出整合方案,尽快促成4 300亩高标准农田项目区优质小麦、水稻及特色农产品的绿色、环保、高质量种植。

(2) 立足产业园加大招商引资和项目建设力度。一方面,对于有发展潜力的村内企业,村两委将继续给予基础设施、政策等各项支持;对效益不好的企业进行洽谈,尽力帮助企业走出困境,寻求发展出路。另一方面,欢迎优质、环保、有社会责任的企业入驻小岗村,为小岗村的发展注入新的活力。

(3) 提升旅游产业。① 对小岗村内交通道路进行严格管理,控制车辆进出,安装限速带,保证游客人身安全。推进"当年小岗"红色旅游项目的实施,整合金小岗农林科技产业园、宝迪现代化养殖示范、新型社区、高标准农田改造区等高效农业、设施农业、旅游农业,着力构建以"大包干"纪念馆、沈浩同志先进事迹陈列馆和"当年小岗"为重点的融红色旅游、现代农业观光游、农家乐游为一体的小岗乡村风情景区。② 打造友谊大道商贸旅游街。制定支持和鼓励小岗村民创业办法,引导其结合小岗品牌和乡村特色从事工贸活动;制定友谊大道沿路农家乐提升方案,制定星级农家乐达标评定方案,加强对饮食安全的监管、特色菜肴的开发和服务人员的培训力度;坚持一店一品,打造融农家乐餐饮、农特产品销售、旅游纪念品开发销售为一体的友谊大道商贸旅游街;对沿路的超市、营业网点等加强规范管理。③ 启动5A级景区申报工作。启用小岗村游客中心及停车场,购置环保观光车,旅游车辆在游客中心进行换乘;合理规划旅游线路,按照5A级景区要求,建设旅游标识和配套设施;力争尽早通过国家旅游局5A级旅游景区验收。

三、提升集体经济发展

1. 加强资产管理和运营

探索建立灵活自主的管理模式,"小岗创发"既是园区建设项目业主单位,又是园区开发建设的投融资主体和平台,依靠土地、财税、金融等优惠政策,采取公司化运作方式,筹集、管理、支付项目建设资金,不断提高自身发展、滚动开发的能力,支撑和促进产业园发展;盘活、用好小岗村现有资产和品牌,多措并举,积极开展承包、委托、租赁等多种经营方式,挖掘潜力,向资产要效益,逐步壮大经济收入。

2. 拓宽投资合作经营领域

对于已经合作、营运的小岗村文化传媒演艺有限公司、安徽小岗村物美商贸发展有限公司、凤阳小岗村酒业有限公司等项目,加强监管,拓展经营规模,确保实现预期效益。加快推进已签约项目的落户、建设,促成项目早日发挥效应。继续发挥小岗村品牌资源优势,借梯登高、借船出海、借力发展,积极寻求与客商在更宽范围、更新领域的合作,为做大、做强村集体经济、强农惠民提供坚实的经济基础。

四、加强教育事业发展

充分利用好小岗学校现有的优势硬件条件。一方面,在村内加大对小岗学校工作的支持力度,给予专项资金、政策倾斜;另一方面,促进小岗学校师生对外交流学习,学习优秀学校的教学经验。小岗学校初中部已与合肥市初中学校中综合实力较强的琥珀中学进行对接,两校领导、教师进行了深入交流,并将继续保持这种长效交流机制;此外小学部也已经与滁州市优秀小学开展沟通、交流。

当前,小岗村的发展建设已进入一个新的阶段,村"两委"将提振精神、攻坚克难,在省、市、县、镇各级党委、政府的坚强领导下,以十八届三中、四中、五中、六中全会精神为指引,团结带领全体村民,进一步深化改革,谋求更大发展,力争早日把小岗村建设成为安徽一流、全国领先的"美好乡村"示范村。

案例二十 岳西县实施"两品三化",打造山区现代特色农业

近年来,岳西县大力实施品质、品牌和产业化、市场化、信息化的"两品三化"战略,优化农业产业结构,转变农业发展方式,突出优质茶、传统桑、高山菜、生态药、有机猪等五大特色主导产业,努力打造全省绿色发展示范县,该县先后获得全国重点产茶县、全国农业(茶叶)标准化示范县、中国绿色果菜之乡、全省循环经济示范县、华东地区唯一有机黑猪养殖基地、全国休闲农业与乡村旅游示范县等荣誉称号。

一、坚持"品质就是生命"的理念,打造特色基地

1. 建设特色产业基地

近年来,每年新建、改造种植业基地近5万亩,发展无性系茶树良种繁育苗圃近千亩,对新发展茶园基地无偿提供种苗,新建或改造标准化无性系茶园且集中连片在100亩以上的每亩奖励200元。目前,全县特色产业种植基地总面积发展到35.4万亩,其中茶园、蚕桑、高山蔬菜分别为15.44万亩、6.5万亩、13.1万亩;菖蒲镇水阪村茶叶标准园和黄尾镇平等村蔬菜产业园被评为国家级标准示范园。全县建成省级以上安全优质农产品标准化生产示范基地、养殖场10个,有机黑猪年出栏6万头,鲟鱼、大鲵、茭田套养等淡水养殖稳定健康发展,规划不断扩大,对年出栏生态黑猪200~500头的养殖基地给予3万元奖励。

2. 建设农业标准体系

分类制定茶叶、高山蔬菜、蚕桑、瓜蒌、有机黑猪等产业种养基地标准,实行统一品种、统一技术、统一流程、统一加工、统一品牌、统一营销的"六统一"管理,全县主要农产品步入标准化轨道,特色农产品标准化生产基地覆盖率达70%以上,新建茶园基地无性系良种覆盖率100%。建成全国技术领先的蚕种催青室,小蚕共育率达85.6%。小蚕共育技术规范作为标准已在全省推广。

3. 建设质量监管体系

监理和完善县、乡、村三级农产品质量安全监管体系,加大农药残留自检和抽检工作力度,开展无公害农产品、绿色食品、有机食品认证和地理标志农产品登记工作。2014年,全县主要农产品"三品一标"认证面积达23万亩、认证品种达30个,其中,无公害茶园15.45万亩、无公害蔬菜4.05万亩。加强与中国科学院合肥物质科学研究院、中国科学技术大学、安徽省农业科学院等建立战略合作关系,围绕该县主导产业开展科技攻关,解决翠兰茶叶制作工艺创新、高山茭白品种改良、有机黑猪猪种快速大量繁殖和瓜蒌线虫病防治等难题。

二、坚持"品牌就是效益"的理念,打造特色名牌

1. 注重品牌创建

鼓励经营主体开展品牌创建,积极推进中国驰名商标、全国名特优新农产品申报工作。同时,农委、工商、质检等部门和企业联合加大对品牌商标、标识、域名的保护力度,严厉打击假冒、侵权行为。全县注册农产品商标42个,其中4个荣获中国驰名商标,岳西茭白、翠兰茶叶获国家地理标志保护产品并入选全国名优特新农产品目录。岳西翠兰茶叶作为国宾礼茶被赠送给俄罗斯、柬埔寨、丹麦等国家元首。2014年,岳西翠兰茶叶品牌价值达9.18亿元,居全国茶叶品牌前50位。

2. 加强宣传推介

坚持政府搭台、企业唱戏,连续七年举办"大别山(安徽·岳西)映山红旅游文化月"活动,宣传推介岳西农特产品,每年参加各类大型农交会、农展会和制茶大赛10余场次,邀请中央、省市主流媒体到岳西采风,从各个角度、不同侧面、全方位、立体式宣传报道岳西特色农业发展成效,全面提高岳西农产品在省内外的知名度。

3. 做强"一村一品"

鼓励引导各地结合自身资源特色、区位优势和种养传统,大力发展"一村一品""一村多品"。全县被国家、省、市认定的"一村一品"示范村镇21个,"一村一品"村镇农户从业率达90%,主导产业种植规模比例达到80%以上。主簿镇、姚河乡被评为全国"一村一品"示范乡镇;来榜镇建成全省最大的优质蚕茧基地,年产茧稳定在2万担以上;姚河乡梯岭村被评为全国"一村一品"示范村,该村高标准茶园面积达1 720亩,茶叶年收入300万元,人均收入大约4 000多元。

三、坚持产业化经营,壮大新型经营主体

1. 加大政策扶持力度

先后出台《关于加快茶叶、蚕桑、高山茭白三大产业发展的决定》《关于加快中药材产业发展的决定》和《促进现代农业发展的若干政策(试行)》等一系列扶持政策,每年从县财政中分配400万元专项资金,并整合各类农业发展项目资金,每年投入资金近千万元,支持家庭农场、专业大户等新型农业经营主体建基地、联农户、创品牌、拓市场,实行标准化生产加工,提高农产品竞争力,延伸产业链,加快推进特色农业产业化进程。

2. 培育新型经营主体

以全省首批农民专业合作社示范县创建为契机,引导合作社向信息化、规范化、联合化发展,合作社数量达到1 500余家,博源种养专业合作社被列入全国首批农民专业合作社示范社名录,开展农村实用人才和职业农民培训,发展各类专业大户1.2万户。截至2014年,全县各类新型农业经营主体3 748家,农产品年加工产值达70亿元。其中,农业产业化龙头企业77家,产值超亿元的企业10家,超5亿元企业5家,超10亿元企业1家。

3. 推进土地规模经营

稳妥推进土地规范化流转。以土地承包经营权确权等级颁证试点工作为契机,监督和完善农村土地流传机制,引导土地向龙头企业、专业大户集中,不断提高特色产业的规模化、集约化经营水平,全县土地流转面积达12.53万亩,占总承包土地面积的15.78%。

四、坚持市场化营销,开拓农特产品流通渠道

1. 支持发展营销网点

通过政策支持,引导新型农业经营主体走出去,建立农特产品营销窗口,已在省内外建立茶芽连锁专卖店560家。有机黑猪肉等特色农产品全面进入上海、南京、合肥等城市的沃尔玛、家乐福等大型超市,岳西茭白等高山蔬菜成功进入全国40多个大小蔬菜市场。农超对接企业达30家,年销售额4亿元。

2. 加快建设集贸市场

大力支持农产品专业集贸市场建设,全县建有翠兰茶叶大市场、山货大市场、金山中药材大市场等各类专业集贸市场8个,常年从事农产品销售的农贸经纪人超过5 000人。其中,翠兰茶叶大市场坚持四位一体,集茶叶交易市场、茶文化展示、物流配送、质量检测于一体。

五、坚持信息化建设,坚持特色农业快速发展

1. 整合服务平台建设

完善和健全"农技110"服务中心,整合农产品生产加工技术、市场行情动态发布等信息平台,及时将国家农业农村政策、各地农业发展动态、产销信息传递到千家万户,解决农技推广"最后一公里"的问题。

2. 积极发展电子商务

鼓励支持企业发展电子商务,指导龙头企业、农贸合作社建立电子商务网站,不断提高特色产品网络销售额。2014年以来,天赋公司的网上销售额已超过2 000万元,并且入选中国茶业电子商务十强企业。

3. 完善服务体系建设

开发测土配方施肥、病虫害绿色防治、动物防疫、农情信息管理等数据应用系统,建立五大主导产业技术指导员信息库,通过网络、电话等渠道及时解决种养大户、合作社、企业、农户生产中的实际问题,每年发布各类特色农业服务信息2.5万条。

附录　安徽农村改革大事记(1978～2015)

时间		关键词	主要内容
年	月		
1978	11	包干到户	凤阳县梨园公社小岗村生产队首创包干到户,实行"保证国家的,留足集体的,剩下的都是自己的"包干分配方式
1979	2	开放粮油集市贸易	安徽省开放粮油集市贸易,规定完成粮油征购任务后允许粮油上市
	10	恢复成立农业银行	以安徽省人民银行农村金融处为班底,恢复成立中国农业银行安徽省分行
	12	推行承包责任制	全省37.98万个生产队中,实行联系产量责任制的占61.1%,其中包产到组的占22.9%,包干到组的占16.9%,包产到户或包干到户的占10%,其他形式的占11.3%;实行不联系产量责任制的占38.4%;没有建立生产责任制的占0.5%
1980	5	邓小平谈话	邓小平在"关于农村政策问题"的谈话中对安徽肥西县的包产到户和凤阳县的"大包干"予以肯定
1981	3	林业"三定"	全省62个县(市)先后在514个生产大队进行稳定山林权、划定自留山、确定林业生产责任制的试点,简称林业"三定"

续表

时间		关键词	主要内容
年	月		
1981	8	改革人民公社体制	安徽农村人民公社体制改革试点工作在凤阳县考城公社进行,试点内容为实行党政分开、政社分设,建立乡党委、乡人民政府,将人民公社转变为经济组织
1982	1	大力发展社队企业	省委、省政府发布《关于大力发展社队企业的决定》
	3	小城镇建设	省委发布《关于印发〈小城镇建设座谈会纪要〉的通知》,指出发展小城镇具有重要的战略意义,要求全省县级以上党委切实加强领导,解决小城镇建设中存在的问题
	3	农村扶贫工作	省政府在来安县召开全省第一次农村扶贫工作会议。农村实行家庭联产承包责任制以后,来安县率先创造了扶贫工作的经验,并引起国家民政部的重视,后在全国推广
1983	1	农村商业体制改革试点	安徽农村商业体制改革试点工作在砀山等13个县展开
	2	农村人民公社党政分开	凤阳县农村人民公社党政分开体制改革试点工作结束。全县45个公社建立了乡党委和乡人民政府,生产大队改为行政村
	3	承包荒山造林	省委发布《关于鼓励农民承包荒山造林加快绿化步伐的通知》,允许农民承包荒山造林,谁造林谁拥有
1984	4	发展专业户	省政府发布《关于保护和支持专业户发展商品生产的若干规定》,重申坚决保护专业户的合法权益
1985	4	取消粮食统购和生猪派购	取消粮食统购,改为合同定购;取消生猪统购,实行有指导的议购议销
	5	取消木材统购	取消木材统购,开放木材市场
	6	县级经济体制综合改革试点	省委、省政府发布《关于进行县级经济体制综合改革试点的意见》,决定首先在22个县进行综合改革试点,对试点县放权、让利、给政策,规定试点县要建立党委、政府负责制
	6	农村人民公社管理体制改革	全省农村人民公社管理体制改革基本结束。全省共设区公所484个、乡3 215个、镇345个

续表

时间		关键词	主要内容
年	月		
1986	10	减轻农民负担	省委、省政府发布《关于减轻农民负担的若干规定》
1987	3	乡镇企业制度	建立阜阳乡镇企业制度试验区
	4	农村救灾合作	当涂县人民政府成立"当涂县农村救灾合作保险基金会",并制定章程,开启了安徽救灾工作改革的探索和尝试
	10	乡镇企业招标承包制	省政府决定在乡镇企业全面实行招标承包制
1988	11	农资专营	省政府决定从1989年1月1日起对安徽省化肥、农药、农膜实行专营
1989	5	农科教统筹	省委、省政府决定大力推广农科教统筹协调的新型管理机制
1990	5	希望工程	金寨县希望小学在金寨县南溪镇落成,这是全国第一所"希望小学"
	10	社会化服务体系	全省地市委书记、专员会议强调要把建立健全社会化服务体系,不断完善统分结合的双层经营体制,作为深化农村改革的主攻方向
1991	5	调整粮油统销价格	省政府决定调整粮油统销价格。调整后的粮油销售实行全省统一价,取消地区差价
	7	农田保护	安徽省建立400万亩基本农田保护区
1992	9	乡镇企业	省政府制定发展乡镇企业的"1235"工程计划,即重点扶持10个县(市、区)、20个乡镇、30个村、50个企业,力争使全省乡镇企业三年上一个"中台阶",五年上一个"大台阶"
1993	1	农村税费征管办法改革	在太和、涡阳两县进行农村税费征管办法改革试点,将粮食定购、农业税、特产税、村提留和乡统筹五个方面捆在一起,实行税费合一、定量征收、统收分管,一定三年不变
	4	放开粮油购销价格	4月1日起,安徽放开粮油购销价格

附录 安徽农村改革大事记(1978~2015)

续表

时间		关键词	主要内容
年	月		
1994	8	社会发展	淮南市凤台县毛集镇被列为"国家社会发展综合试验区"并正式挂牌
	12	新一轮土地承包	省政府在临泉召开全省农村土地承包制度改革经验交流会,要求到1995年年底基本完成全省新一轮土地承包
1995	5	农田保护	安徽省开始实行非农业建设占用基本农田保护区耕地许可制度
	8	农业产业化试点	在砀山、怀宁、休宁等县开展了专业农协试点工作,在桐城市和祁门县建立了两个省级农业产业化试验区,组织实施了三个农业产业化试点项目
	10	机构改革	全省县乡党政机构改革方案出台
1996	6	村村通电	安徽省实现村村通电,成为全国第九个村村通电的省
	11	农村信用社与农业银行脱钩	安徽省宣布全省农村信用社与农业银行正式脱钩
1997	4	农业产业化启动	安徽省农业产业化"8152"工程正式启动。"8152"指8大主导产业,10个试点县,50个省级龙头企业,20个农业名牌产品
	5	按合作制原则规范农村信用社	先后在桐城、太和、合肥进行试点,下半年扩大到各个县(市、区),1998年全省各地农村信用社普遍开展了按合作制原则规范农村信用社工作
	7	农技推广	农技推广服务"115示范工程"启动。全省选择了100个乡镇农技站、15个县(市)农技推广中心,建立农技推广示范基地
1998	6	粮食流通体制改革	按照"四放开一完善"原则全面部署粮食流通体制改革工作,即实行政企分开,储备与经营分开,中央与地方责任分开,新老财务挂账分开,完善粮食价格形成机制

续表

时间		关键词	主要内容
年	月		
1999	1	农村税费改革	选择了濉溪、来安、怀远和望江四个县进行新一轮农村税费改革试点,主要内容是:取消乡统筹,调整计税面积和常产、农业税税率,调整三提征收方式,完善农业特产税征收制度
	9	民主直选	至9月底,全省30 312个村有30 248个村完成换届。此次村委会换届实行直接民主选举
2000	4	农村税费改革	全省进行税费改革试点,确定农业税的计税税率为7%,附加税比例最高不超过改革后农业税的20%,农村正附税税率合计不超过8.4%,此外,不得再向农民收任何税费
	9	农科教结合	全国农科教结合南方培训中心在安徽农业大学挂牌成立
2001	2	农村税费改革	国务院在安徽召开全国农村税费改革试点工作会议
	9	农村义务教育	9月起,全省全面实行农村中小学教师工资全部上收,并由县里统一发放
2002	1	退耕还林	安徽作为中部试点省份,被纳入国家退耕还林计划
	2	生态建设	金寨县被命名为"国家级生态示范县"
	3	行业标准	"敬亭绿雪"标准被农业部认定为绿茶行业标准,这是全国茶业中的首例
2003	6	粮食直补	从6月1日起,安徽实行粮食补贴方式的改革,由过去在流通环节对农民的间接补贴调整为对农民的直接补贴
	6	新型农村合作医疗	6月18日,安徽省新型农村合作医疗开始启动,率先参加试点的10个县将建立新型农村合作医疗
	12	统一法人试点	安徽省银监局选择桐城市、黄山区、太和县三个县级联社实行统一法人试点

续表

时间		关键词	主要内容
年	月		
2004	2	取消农业税附加,降低农业税税率	2004年起全面取消农业税附加,同时降低农业税税率2.2个百分点,全省农民农业税总体负担从8.4%降到4.8%
	4	免征农业税	马鞍山市决定从当年起率先在全省免征农业税。另外,铜陵市以及合肥、芜湖、池州等市的部分区和乡镇也在当年免征了农业税
	5	实施阳光工程	全省正式启动农村劳动力转移培训阳光工程。繁昌县被确定为全国农村劳动力平等就业试点县
	6	构建农村特困群体救助体系	当年开始实施。主要内容有:建立农村"五保户"基本生活保障制度;建立农村特困群众生活救助制度;建立农村特困群体医疗救助制度;建立农村特困群体子女教育救助制度
	12	组建省联社	12月18日组建安徽省农村信用合作社联合社。省联社是由全省市、县农村合作银行及县级农村信用社联社共同发起并入股组成的,依法履行行业自律管理和服务职能的,具有独立法人地位的地方性金融机构,对全省农村信用社进行管理、指导、协调和服务
2005	1	全面取消农业税	安徽在国家将农业税税率统一降至2%以及对扶贫工作重点县实行免征税试点的基础上,决定在全省范围内取消农业税
	3	扶贫开发	省政府颁布了《关于加快我省国家扶贫开发工作重点县"两免一补"实施步伐有关工作的意见》,从2005年春季学期开始,对国家扶贫开发工作重点县的农村义务教育阶段贫困家庭学生全部免费发放教科书、免除杂费、补助寄宿生活费
	10	农村专业合作组织	省委办公厅、省政府办公厅出台《关于加快发展农村专业合作组织的意见》

续表

时间		关键词	主要内容
年	月		
2005	8	农业标准化	省政府决定推进农业标准化,建立农业标准化体系。其主要内容为:围绕安徽省农业优势主导产业,在已有的国家标准、行业标准和省地方标准的基础上,突出重点,制定省农业标准500项,基本覆盖主要农产品质量,农业种苗,生产、加工管理和包装储运流通等环节,形成安徽省的地方农业标准
	10	农村土地承包法	安徽省于10月1日起实施《中华人民共和国农村土地承包法》,规定土地承包期限及土地承包者依法享有生产经营自主权、土地承包经营权流转等权利。同时废除1993年7月10日通过的《安徽省农业承包合同管理条例》
2006	6	农民专业合作经济组织	安徽省农村合作经济组织联合会成立
	8	培育农民创业带头人	安徽省决定扶持培育农民创业带头人,将一批具有创业创新精神的种养大户、农村能人、农民合作经济组织的组织者、农业科技企业领办人、劳务中介者,培育成为农民合作经济组织的法人或企业法人,力争将1/3的省级农民创业带头人培育成有技术、善经营、会管理的农民企业家
	11	农产品质量安全法	11月1日起开始实施《中华人民共和国农产品质量安全法》
	12	农业产业化龙头企业	省政府出台《安徽省人民政府关于扶持农业产业化龙头企业加快发展的意见》,指出要通过加大财政扶持力度,落实税收优惠政策,扩大金融支持领域等方式促进农业产业化龙头企业加快发展

续表

时间		关键词	主要内容
年	月		
2007	1	林木种子质量管理办法	2006年1月1日起开始实施《林木种子质量办法》。规定了林木种子的生产、加工、包装、检验、贮藏等质量管理办法
	8	农业保险	省财政厅、省农委、安徽银监局联合发布了《关于开展能繁母猪保险工作实施意见》,制定了能繁母猪保险的政策措施和实施步骤
	9	农业技术推广体系	省政府决定深化改革基层农业技术推广体系建设,大力推广农业农业适用技术,推进农业增长方式根本转变,发展现代农业,促进安徽省农业又好又快发展
2008	4	扶贫开发	省政府决定从2008~2010年,在20个国家扶贫开发工作重点县和10个省扶贫开发工作重点县继续实施整村推进工程
	5	农业产业化	安徽实施农业产业化"532"提升行动,计划到2012年,全省农产品加工业产值达3 000亿元,实现年销售收入的龙头企业1家,超50亿的4家,超20亿的20家,超10亿的30家,超亿元的200家
2009	1	农村土地承包经营权流转	省政府出台《安徽省人民政府关于农村土地承包经营权流转若干问题的意见》,准许农民以转包、出租、互换、转让、股份合作等多种形式探索土地承包经营权,发展适度规模经营
	1	农村社区建设	安徽开展农村社区建设,提高农村社区管理和服务水平,推进社区生产、保障、养老、卫生、平安、服务、文化等服务
	3	现代农业综合开发示范区	在淮北平原、江淮丘陵以及皖南山区建设滨湖、百善、耿城、郭河、九华、红星6个现代农业综合开发示范区

续表

时间		关键词	主要内容
年	月		
2009	6	县级经济体制改革	省政府决定在全省61个县(市)全面扩大县级经济社会管理权限,叶集改革发展试验区、毛集社会发展综合试验区及15个县改区扩大经济社会管理权限工作参照县(市)执行
	9	粮食产业化	全面实施粮食产业化"518提升工程",即用5年左右的时间,在全省建成50个大型粮食产业园区或产业集群、100个粮油类省级农业产业化龙头企业,粮油加工总产值达到800亿元
	9	农村集体土地确权颁证	开展全省农村集体土地确权和登记发证工作
	12	农村社会养老保险	开展新型农村社会养老保险试点工作,2020年前基本实现对农村适龄居民的全覆盖
2010	1	现代农业示范区	从2010年开始,用5年时间,在全省有条件的农业县(市、区、农场)建设80个左右省级现代农业示范区
	12	农业机械化	促进农业机械化和农机工业化又好又快发展,到2015年,达到6 400万千瓦;到2020年,全省农业机械总动力达到7 600万千瓦,装备结构趋于合理
2011	4	农业产业化	实施农业产业化"671"转型倍增计划,"十二五"期间实现以下目标——"6":全省培育60个年产值超过50亿元的农业产业化示范区;"7":全省农产品加工业产值突破7 000亿元,年递增20%左右;"1":农业产业化带动农民人均增收1 000元,年递增20%左右
	4	集体土地房屋登记发证	开展集体土地范围内的建设用地和宅基地上房屋的登记发证工作

附录 安徽农村改革大事记(1978~2015)

续表

时间		关键词	主要内容
年	月		
2011	5	农产品质量安全示范区	推进出口食品农产品质量安全示范区建设,在"十二五"时期,按照国际技术法规和标准,建成果蔬制品、茶叶、中药材、粮油类、水产品以及畜禽产品等各类示范区10个以上
	7	粮食产业化	实施粮食产业化2 000亿元跨越工程,确保实现"十二五"末粮食产业化产值超过2 000亿元
	7	村庄整治	进行农村危房改造和村庄整治
	12	农村义务教育学生营养午餐	在安徽省集中连片特殊困难地区的12个县实施农村义务教育学校学生营养午餐计划
2012	5	新型城镇化	省委、省政府决定组织实施"11221"工程,即在"十二五"时期,推动合肥市建设成为全国有较大影响力的区域性特大城市,建设以芜湖市为中心的滨江城市组群,发展20个以上县级中等城市,培育200个左右中心镇,实施万村规划综合整治工程
	7	农村金融机构改革	进行深化农村合作金融机构改革,提升金融服务"三农"水平
	9	美好乡村建设	启动安徽省美好乡村建设,构筑分区、分类、分步骤的美好乡村建设路经,实现"生态宜居村庄美、兴业富民生活美、文明和谐乡风美"的总体目标
2013	6	农业产业化龙头企业	省政府出台《安徽省人民政府关于扶持农业产业化龙头企业发展的意见》,指出应加强标准化生产基地和示范区建设,大力发展农产品精深加工和现代流通,不断完善利益联结机制,切实增强龙头企业竞争力和带动力
	10	农村综合改革	省政府决定在全省20个县(区)开展农村综合改革示范试点工作,重点围绕市场主体培育、土地市场建设、集体"三资"管理、公共基础设施建管、信息和金融服务等6个方面开展改革试点工作

续表

时间		关键词	主要内容
年	月		
2014	6	农作物秸秆发电	安徽省决定加快发展农作物秸秆发电,实现秸秆规模化、能源化利用,推进秸秆禁烧和综合利用,促进大气污染防治
	12	农村人居环境	改善农村人居环境工作正式启动,到2020年,全省农村居民住房、饮水和出行等基本生活条件明显改善,农村生活垃圾和污水、沟塘等水体基本得到治理,人居环境基本实现干净、整洁、便捷
	12	新型城镇化	安徽省被列为国家新型城镇化综合试点省
2015	1	新型职业农民	实施推进新型职业农民培育工作,以改革创新为动力,以提高农民生产经营能力和综合素质为核心,以教育培训、认定管理、政策扶持为重点,培养一批有文化、懂技术、会经营的生产经营型、专业技能型和社会服务型职业农民。力争到2020年,全省培育新型职业农民20万人
	2	农村金融综合改革	安徽省全面推进农村金融综合改革,到2017年,基本形成多层次、广覆盖、低成本、可持续的现代农村金融服务体系
	2	新型城镇化	《国家新型城镇化试点省安徽总体方案》出台,力争到2020年,安徽省常住人口城镇化率达到58%,户籍人口城镇化率达到35%
	4	农村产权流转	正式推进农村产权流转交易市场建设
	8	现代农业产业化联合体	全面启动现代农业产业化联合体培育工作,力争到2020年年底,各省各类联合体达到3 000个,其中省级示范联合体500个

参 考 文 献

[1] 施培毅,等.当代中国:安徽卷[M].北京:当代中国出版社,1992.

[2] 戴小京,潘盛洲,宋继合,等.改革、发展与宏观调控:1978年以来农业发展的统计分析报告[J].经济学家,1989(1).

[3] 黄家声,孙自铎.农村联产承包制及其发展趋势[M].合肥:安徽人民出版社,1989.

[4] 张德元,何开荫.变迁:安徽农村改革述评[M].合肥:安徽大学出版社,2007.

[5] 孙自铎,田晓景,殷君伯.中国农村改革30年:来自改革发祥地的报告与思考[M].合肥:安徽人民出版社,2009.

[6] 辛秋水,吴理财.文化贫困与贫困文化[M].西安:陕西人民教育出版社,2002.

[7] 汪利娜.政府土地收益的利益博弈[J].新华文摘,2014(16).

[8] 白海星.村里来了扶贫工作队[N].经济日报,2015-12-13.

[9] 文晶.安徽省出台振兴举措促皖西老区加快发展[N].经济日报,2015-12-23.

[10] 孙振,汪炜.好品行有好收成[N].人民日报,2016-01-27.

[11] 刘利敏,吴凯之.充分发挥第一书记在美好乡村建设中的作用[J].理论建设,2014(5).

[12] 汪洋.用发展新理念大力推进农业现代化[N].人民日报,2015-11-16.

[13] 中共中央办公厅,国务院办公厅.释放农村改革综合效应[N].经济日报,2015-11-03.

[14] 韩俊.做好农村改革的整体谋划和顶层设计[N].人民日报,2015-11-03.

[15] 王志宏.城市化与农村土地流转制度关系研究[J].边疆经济与文化,2005(3).

[16] 马晓河,崔红志.建立土地流转制度促进农业生产规模化经营[J].管理世界,2002(1).

[17] 葛福东.家庭联产承包责任制的历史轨迹与未来走向[D].长春:吉林大学,2006.

[18] 赵博.家庭联产承包责任制的变迁、现状及前景展望[D].呼和浩特:内蒙古大学,2006.

[19] 梁田中.家庭联产承包责任制的现状及发展趋势研究[D].济南:山东师范大学,2006.

[20] 澳锡君,吴志冲.适当扩大一点自留地好[J].中国经济问题.1981(3).

[21] 毕泗生.中国农业农村农民前沿问题报告[M].北京:人民日报出版社,2003.

[22] 陈吉元.中国农村社会经济变迁:1949～1989[M].太原:山西经济出版社,1993.

[23] 发展研究所综合课题组.改革面临制度创新[M].上海:上海三联书店,1988.

[24] 邓永武.开拓农村土地市场之我见[J].经济问题,1988(11).

[25] 杜润生.杜润生自述[M].北京:人民出版社,2005.

[26] 冯玉华,张文方.加快发展农村土地市场[J].中国农村经济,1993(8).

[27] 胡平,胡安礼.有偿使用:开发农村土地市场之管见[J].农村经济,1989(4).

[28] 江苏省农调队课题组.2003中国农村经济调研报告[M].北京:中国统计出版社,2003.

[29] 彭尼·凯恩.1959～1961中国的大饥荒[M].北京:中国社会科学出版社,1993.

[30] 李功奎,钟甫宁.农地细碎化、劳动力利用与农民收入:基于江苏省经济欠发达地区的实证研究[J].中国农村经济,2006(4).

[31] 李茂岚.中国农民负担问题研究[M].太原:山西经济出版社,1996.

[32] 凌志军.中国经济改革备忘录:1989～1997[M].上海:东方出版中心,1998.

[33] 凌志军.历史不再徘徊:人民公社在中国的兴起和失败[M].北京:人民出版社,1996.

[34] 柳树青.培育和发展农村土地市场问题的探讨[J].当代经济研究,2000(12).

[35] 卢华,胡浩.土地细碎化、种植多样化对农业生产利润和效率的影响分析:基于江苏农户的微观调查[J].农业技术经济,2015(7).

[36] 马克思.资本论:节选本[M].北京:中共中央党校出版社,1985.

[37] 王梦奎.中国经济发展的回顾与前瞻:1979～2020[M].北京:中国财政经济出版社,1999.

[38] 王安岭.中国农村土地市场发展与改革创新[J].现代经济探讨,2002(7).

[39] 皮运明.谈谈社员自留地和家庭副业的性质[J].四川财经学院学报,1981(3).

[40] 宋海文.农业生产合作社中自留地问题的探索[J].经济研究,1957(4).

[41] 许庆,田士超,邵挺,等.土地细碎化与农民收入:来自中国的实证研究[J].农业技术经济,2007(6).

[42] 严瑞珍,龚道广,周吉祥,等.中国工农业产品价格剪刀差[M].北京:中国人民大学出版社,1988.

[43] 杨其洪,贾益谦.发展自留地商品生产的调查[J].河北学刊,1982(2).

[44] 张海鑫,杨钢桥.耕地细碎化及其对粮食生产技术效率的影响:基于超越对数随机前沿生产函数与农户微观数据[J].资源科学,2011(34).

[45] 仲大军.中国社会内部的巨大冲突:户籍分别[M]//黎明.中国的危机.北京:改革出版社,1998.

[46] 朱金鹏.农业合作化和集体化时期自留地制度的演变[J].当代中国史研究,2009(3).

[47] 农业部计划司."十三五"现代农业发展总体形势和政策取向[N].农民日报,2015-04-02.

[48] 朱殿霄,胡志全.城镇化与农业现代化协调发展程度分析[N].中国农学通报,2015(26).

[49] 张元红,刘长全,国鲁来.中国粮食安全状况评价与战略思考[J].中国农村观察,2014(12).

[50] 周云峰,纪明波,陈印军.安徽农村耕地流转情况的调查研究[J].中国农业资源与区划,2009,30(6).

[51] 郑贤功.十年来安徽农村土地流转速度激增,价格逐年上升:安徽省关于农村粮食种植土地承包费有关情况的调研报告[EB/OL].(2013-12-28).

[52] 合肥市农委农经处.合肥市农民合作社发展质量升,多元化,广覆盖[EB/OL].(2015-10-14).http://news.ahnw.gov.cn/nwkx/content/44fc6d38-a9b5-4c32-97f0-1b31ac438f39.

[53] 程茂枝,许梦源."互联网+农业"如何迎风起飞[EB/OL].(2015-09-18).http://www.xcxzny.gov.cn/detail.asp?id=708A6D3F-EB6F-4F70-AC59-FD74AA5D6A20&typeid=3483.

[54] 杨丹丹.农业大省安徽是如何走出一条特色的现代农业之路的[N].农民日报,2012-06-05.